나는 정상인가

일러두기

- 본문의 각주는 저자가 달아둔 것이다.
- 치수나 무게, 길이 등의 단위는 국내에서 통용되는 도량형을 기준으로 표기했다(338~349쪽 제외).
- 국내에서 이름이 알려진 인물이거나 번역서가 나온 경우는 원어를 병기하지 않았으며, 저자 및 책명 표기는 국내 출간작에 의거했다. 단순 인명 등도 원어 병기는 하지 않았다.
- 그 외 인명, 지명 등의 외래어는 국립국어원의 표기법 및 백과사전 등을 따랐으나 해당되지 않는 경우는 실제 발음에 가깝게 표기했다.

AM I NORMAL?

평균에 대한 집착이 낳은 오류와 차별들

나는 정상인가

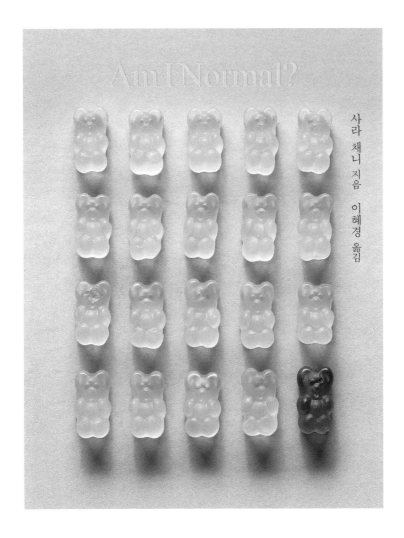

Am I Normal?

사라 채니 지음

이혜경 옮김

와이즈베리
WISEBERRY

차례

1장 정상성은 어떻게 생겨나고 어떻게 적용되어 왔는가

2장 내 몸은 정상인가

3장 내 마음은 정상인가

이 책이 제기하는 질문들을 뒷받침하기 위해 책의 끝부분(338~349쪽)에 1889년 환각 총조사Census of Hallucinations부터 1949년 매스 옵서베이션 (Mass Observation, 영국의 사회 연구 프로젝트)의 성 조사에 이르기까지, 19~20세기에 실시된 역사적인 조사 연구의 질문지 일부를 원본 그대로 실어두었다. 의사, 과학자, 사회학자들은 이 질문지들을 활용해 인간의 정상적인 신체, 정신, 감정, 성생활을 밝히려 했다. 정상이라는 개념이 실제로 얼마나 포착하기 어렵고 변화무쌍한지를 이 질문지들보다 더 잘 보여주는 것은 없을 것이다. 이 책을 읽는 독자들도 한번 시도해 본다면, 정상적인 기준에 부합하기가 얼마나 어려운지를 금세 깨닫게 될 것이다.

나는 정상인가

"나는 정상일까?"

이 질문은 표면상으로는 아주 간단한 것처럼 보인다. 어쩌면 여러분이 평소에도 스스로에게 던지는 질문일 수도 있다. 내 체형이나 신체 사이즈는 정상일까? 다른 사람들 앞에서 우는 건 정상일까? 키우는 개가 얼굴을 핥도록 내버려 두는 것은? 생리 양이 지나치게 많은 것은? 처음 보는 사람하고 섹스를 하는 것은? 대중교통을 이용할 때마다 조마조마한 것은? 식후에 더부룩한 느낌이 드는 것은? 이 같은 정상성에 관한 다른 수많은 질문이 우리의 삶을 틀에 넣고 설명한다. 이 질문들에 어떠한 답을 내리느냐에 따라 우리는 다른 사람과의 관계에서 우위를 점하기도 하고, 친구의 조언이나 의사의 진료처럼 우리에게 필요한 도움을 구하기도 한다.

아울러 이러한 질문들은 정상성이란 개념이 얼마나 복잡한지도 여실히 보여준다.

나는 정상일까, 스스로 물을 때 사용하는 '정상'이란 말은 무엇을 의미할까? 앞서 나온 질문들만 보더라도 그 의미는 매우 다양하다. 때때로 우리는 자신이 대략 평균에 근접하는지를 두고 고민한다. 어쩌면 사회적으로 더 바람직해 보이는 게 무엇이냐에 따라 자신이 평균보다 약간 더 위인지, 약간 더 아래인지 고민할지도 모른다. 예컨대 키는 평균보다 더 크고, 몸무게는 평균보다 좀 덜 나가길 바랄지도 모르겠다.

때로는 내가 건강한지 궁금해하기도 한다. 혈압은 정상인가? 특정 부위에 통증이 느껴지는데, 이거 의학적으로 무슨 문제가 있는 건가? 그런데 여러분의 아이가 몽유병 증상을 보일지라도 이는 정상으로 분류될 수도 있다. 흔한 증상이라서가 아니라(2004년 미국 수면 조사Sleep in America Poll에 따르면 학령기 아동 중에 몽유병 증상이 여러 번 일주일 이상 지속되는 경우는 전체의 불과 2퍼센트밖에 되지 않았다) 건강에 해롭지 않다고 여겨지기 때문이다.

하지만 내가 정상인지 아닌지를 자문할 때 우리가 궁금해하는 것은, 내가 다른 사람과 비슷한지 아닌지다. 나는 전형적인 인간일까? 나는 다른 사람과 같은 방식으로 상황에 반응하나? 내 외모나 옷차림, 말하는 방식은 다른 사람과 비슷한가? 내가 남들과 '비슷하면 비슷할수록' 나의 삶도 더 순탄해질까? 이러한 질문들은 우리 삶에 큰 영향을 미칠 수 있다.

나는 소심하고 서투른 아이였다. 국민보건서비스National Health Service에서 제공하는 두꺼운 뿔테 안경(영국 보건성 규정에 따라 대량으로 생산된 규격화되고 튼튼한 안경이 무상 의료 체계의 일환으로 제공됨_옮긴이 주)을 쓰고 다녔고, 집에서 짠 니트 점퍼를 애용했으며, 대부분의 시간을 더 나은 마법 같은 세상을 꿈꾸며 책에 파묻혀 보냈다.

1990년대 초반, 중학교에 입학할 무렵에 이미 나는 비정상으로 찍혀 있었다. 내 또래들만 아는 이유 때문이었다. 당시 나는 TV 드라마 〈네이

버스^{Neighbours})에 나오는 안경잡이 10대 소녀의 이름을 따서 '크리피 피비(Creepy Phoebe, 으스스한 피비)'라고 불렸다. 장의사였던 드라마 속 피비의 아버지가 애완용으로 뱀을 길러 반 친구들을 겁먹게 했기 때문이다. 열여섯 살 무렵의 나는 세상에 억눌린 분노 그 자체였고, 아무도 내게 말을 못 걸도록 헤드폰을 낀 채 학교의 나무 책상마다 매닉 스트리트 프리처스(Manic Street Preachers, 1986년에 결성된 영국의 얼터너티브 록 밴드_옮긴이 주)의 가사를 새기며 학교에 있는 시간 대부분을 보냈다.

나의 이런 행동 중 하나라도 낯익은 면이 있는가? 만약 그렇다면 어쩌면 나 역시도 결국은 평범한 10대였을지도 모른다. 하지만 대부분의 10대들처럼 나도 내가 정상이라고 여겨본 적이 없었다. 괴롭힘을 당하는 많은 청소년이 그러듯, 나 역시 내게 붙은 왕따 딱지를 받아들였고(또는 받아들였다고 생각했다), 나를 괴롭히던 아이들과 거리를 두기 위해 걔들이 나를 괴롭히며 지적한 것들을 고집스러울 정도로 과장해 내보였다. 나는 백팩을 양어깨에 메고, 다리를 따뜻하게 한답시고 양말을 끝까지 올려 신는 것은 '옛날 사람이나 하는 일'이라는 규정 아닌 규정은 어리석다고 생각했다. 그래서 두 가지 행동 다 고수했다. 나는 화장도 하지 않았고 대중가요도 듣지 않았다. 대신에 음악 전문 주간지 최신 호가 나오는 영광스러운 수요일이면 잡지에 얼굴을 묻고 학교에서 나 말고는 모를 밴드들에 관한 기사를 읽으며 시간을 보냈다.

그럼에도 내 안에는 정상적이기를 갈망하는 부분도 존재했다. 내가 좋아하는 밴드 중 하나가 음악 차트 10위권에 진입하기라도 하면, 내가 좋아하는 것을 다른 사람들도 좋아한다는 생각에 마치 내가 대단히 큰일이라도 이룬 것 같은 느낌이 들었다.

성인기 초반 내내 나를 따라다녔던 불가사의할 정도로 모호한 정상성이라는 관념은, 남들 사이에 끼지 못하는 것에 대한 두려움이나 버려지고 혼자 남을 것이라는 공포심과 극명한 대비를 이루었다. 하지만 내 안의, 또는 사람들이 나에 대해 가지고 있는 그 무언가가 마법처럼 바뀌면 모든 일이 순식간에 괜찮아질 것이라는 느낌도 들었다. 아마도 서른 살이 다 되어서야 나는 '정상'이라는 말이 무엇을 의미하는지에 대해 진지하게 의문을 품게 되었던 것 같다.

이 책을 선택했다면 아마 나와 비슷한 두려움을 가졌거나 나와 비슷한 의문을 품었기 때문일 것이다. 그렇다면 실제로 다르다는 사실을 두려워하는 것이 정상인가? 우리는 인생의 특정한 목표들을 달성하는 것과 관련해 늘 이런 식의 걱정을 해온 걸까? 우리는 어떨 때 다른 사람과 우리의 차이를 인정하고, 어떨 때 그 차이를 두려워하는 걸까? 어쨌든 간에 무엇이 정상인지를 결정하는 것은 누구일까? 나는 이 책에서 그러한 의문을 풀어내는 여정을 펼치려고 한다.

우리는 항상 주변 사람에 비춰 자신을 평가하거나 주변과 잘 어울리지 못하는 사람들을 비난해 오곤 했다. 하지만 정상성이란 기준이 통계학의 급속한 발전을 계기로 의학, 생리학, 심리학, 사회학, 범죄학 같은 유럽과 북미의 과학적 관행 속에 광범위하게 뿌리 내리기 시작한 것은 겨우 200년밖에 되지 않았다. 오늘날 정상성은 우리의 법률, 사회 구조, 건강과 긴밀하게 연관되어 있다. 하지만 1800년 이전에 사용되던 '정상'이란 말은 인간의 행동과 전혀 결부되지 않았었다. 정상은 직각을 가리키는 수학 용어에 불과했다.

19세기에 유럽과 북미에서 통계학이 점차 대중화되자 통계학의 인기에 고무된 과학자들은 인간의 속성을 측정해 처음에는 평균을, 그런 다음에는 표준을 찾아내려고 시도했다. 표준을 정하기 위해서는 인간의 삶 전체를 아우르는 광범위한 표준화 과정을 통해 무엇이, 그리고 누가 정상인지를 정의해야 했으며, 이러한 정의는 결과적으로 무엇이 가장 가치 있고 누가 가장 인간적인가라는 판단을 함축했다.

예를 들어, 많은 국가에서 의무 교육이 도입되자 학급에서 다른 학생들보다 학습 능력이 뒤처지는 아동들이 식별되기 시작했으며, 국가 의료 보험과 산업 재해 보상 보험이 만들어지고 그에 따른 건강 검진이 요구되자 정상적인 건강 상태에 대한 보다 세밀한 정의가 필요하게 되었다. 아동 체중 클리닉이 속속 등장하면서 아동 발달에 대한 개념들이 지속적으로 늘어났고, IQ 검사를 통한 표준 지능이 확립되기 시작했으며, 공장과 산업 노동 현장의 확산으로 이상적인 노동자와 표준적인 생산성 수준이라는 관념들이 생겨났다.

또한 서구 국가들의 제국주의적 팽창으로 과학자들이 지구 곳곳을 측정하고 정의할 수 있는 환경이 조성되었으며, 그들을 통해 모국의 인구와 그 외 지역에 거주하는 사람들이 비교되었는데, 거의 항상 백인에게 유리한 방식으로 비교되었다. 이 책은 유럽과 북미에 초점을 맞추고 있는데 그 이유는 단순하다. 소위 정상이라고 부르는 개념이 탄생한 곳이 바로 이들 지역이기 때문이다. 유럽과 북미를 기반으로 만들어진 기준이 나머지 세계에도 적용될 것이라는 가정은 말 그대로 그저 가정일 뿐이다.

그러므로 서구 연구자들이 만들어낸 정상의 과학이란 서구의 기준에서 '적절한' 개인의 존재 방식에 반하는 모든 공동체를 타자화하는 것과 다름없다. 인간을 측정하고 표준화하려고 시도한 과학자와 의사, 학자들은 부유한 서구 백인 남성이 압도적으로 많았으며, 대부분 (적어도 공개적으로는) 배타적 이성애자들이었다. 그들은 자신에게 성공을 가져다준 현재 상태status quo를 감사한 마음으로 지지했고, 그 과정에서 다른 집단들을 주변화하는 경향을 보였다. 그들이 원하는 변화란 교육받은 전문가 계급에 대체로 이득이 되는 것들로 국한되었다.

그렇다고 그들이 항상 무슨 의도를 가졌거나, 그들 중에 사회적 약자를 지지하는 사람이 아무도 없었다는 말은 아니다. 서구 연구자들 가운데 일부는 자칭 사회주의자였고, 어떤 이들은 페미니스트 운동을 지지하거나 제국주의 침략을 비난하기도 했으며, 동성애 합법화를 주장하는 사람도 있었다.

그러나 많은 서구의 남성 연구자들은 사회적 사다리 맨 꼭대기에 그들이 자리 잡은 것을 자연의 순리라고 생각했다. 그들은 날 때부터 인간 진화의 최상위 단계에 자리 잡은 사람들이거나 그렇게 태어났으리라고 스스로 믿는 사람들이었다. 자선이라도 베푸는 양 타인의 발전을 위한 기준 마련에 노력을 기울이는 사람들이었다. 당시 식민주의를 정당화하기 위해 제기된 주장에는 식민지 사람들의 삶이 서구 규범의 지도를 받아, 아니 오늘날의 표현대로라면, 서구 규범을 폭력적이고 잔인하게 강제함으로써 개선되었다는 의견도 있었다.

인도의 경우 영국 군대에 의해 수십만 명이 죽임을 당했고, 상업적 이익을 얻으려는 영국 정부가 인도 제품을 수출하는 바람에 기아가 거듭 발생해 수백만 명이 목숨을 잃었다. 한편 인도의 공립학교에서는 식민주의 교사들이 영국 스포츠와 영국식 의복을 도입함으로써 지배자들의 이미지로 정의된 '진짜' 혹은 '정상적인' 소년들을 자신들이 어떻게 만들어냈는지를 떠벌렸다.[1] 미국에서는 연방 정부가 기숙학교 제도를 도입해 부족 문화를 뿌리 뽑아 원주민을 '적응'시키고 '동화'시키는 정책을 펼쳤다.[2] 17~18세기에는 많은 식민지 정부가 피지배국 국민과 지배국 국민 사이의 거리를 유지했다. 하지만 19세기에 들어서면서는 동화를 통한 정상화normalisation가 식민 통치의 핵심이 되었다.

오늘날의 우리에게 이와 같은 과거 사례는 말도 안 되며, 명백한 잘못으로 보일 수 있다. 하지만 정상성에 대한 개념이 변했다는 이유로 그토록 많은 사람이 죽임을 당하고 투옥되었으며, 정신병 판정을 받거나 사회에서 배제되었다는 역사적 사실을 돌아보면서 등골이 오싹해지는 기분을 느끼는 게 전부일까? 그로부터 얻을 수 있는 더 중요한 교훈은 없을까?

나는 있다고 믿는다. 우리는 정상성이나 자연스러움 또는 바람직한 것에 대한 정의를 끊임없이 다듬고 확장한다. 그런 와중에도 그런 것이 도대체 있기나 한 건지 고민하기를 멈추지 않는 사람들도 많다. 우리는 정상성을 보이지 않는 자연의 법칙이나 부모 또는 선조들이 알려준 바로 그 자리에 존재하는 법칙으로 가정한다. 거기서 오른쪽이든 왼쪽이든 살짝 비껴 있을 수도 있겠지만 말이다. 그리고 이러한 가정에 의문을 품어온 사람들도 늘 존재한다.

이른바 정상이라고 불리는 것이 전혀 정상적이지 않을 수도 있다. 2010년, 세 명의 북미 행태주의 과학자들은 오늘날의 과학 규범이 세계 인구 중에 극소수인 '위어드WEIRD한' 사람들로부터 도출되었으며, 놀랍게도 이들은 19세기 과학자들이 연구했던 집단과 크게 다르지 않다는 주장을 펼쳤다. 즉 서구의Western 교육 수준이 높고educated 산업화된 industrialised 부유한rich 민주주의 체제democratic의 구성원인 이들은 세계 인구의 12퍼센트에 불과하지만 심리학 연구 대상의 96퍼센트, 의학 연구 대상의 80퍼센트를 차지한다.[3] 이들은 백인이 아닐 때조차 백인이라고 가정된다. 과학과 의학에 관한 한 백인은 중립적인 범주로 간주되기 때문이다.[4] 빅토리아 시대(1837년부터 1901년까지 영국 빅토리아 여왕이 다스리던 대영제국 시기를 말함_옮긴이 주)의 '정상성'에 대한 과학적 유산은 실로 장구하다.

하지만 의약품과 치료법이 위어드한 사람들, 즉 백인 남성용으로 설계됐다면 그 외 사람들에게도 최상의 효과를 내리라고 어떻게 기대할 수 있을까?[5] 질병은 남성과 여성, 피부색에 따라 다르게 나타난다. 1990년까지는 약물 실험 대상이 남성인 경우가 흔했다. 대개 여성보다 남성이 호르몬 수치 변동이 적은 편이어서 연구자들에겐 남성이 좀 더 비용이 덜 들고 편한 실험 대상이었다. 문제는 시장에 풀린 이런 의약품과 치료법이 이를 처방받은 여성들에게 늘 적합하지는 않았다는 것이다.

의사 앨리슨 맥그리거Alyson McGregor가 쓴 《섹스는 중요하다Sex Matters》는 여성들에게 처방된 의약품이 예상치 못한 부작용 때문에 어떻게 미국 시장에서 퇴출되었는지를 보여준다. 예를 들면, 수면 보조제인 앰비엔Ambien의 경우 널리 시판된 후에야 여성이 남성보다 대사 속도가 느리다는 사실이 밝혀지면서 그제야 여성의 복용량을 남성의 절반으로 낮추게 되었다.[6] 엠비엔 복용 여성들은 잠이 덜 깬 상태로 일어났고, 체내에 약물이 남아 있는 상태로 출근길 차를 몰았다. 잠재적으로 위험한 상황에 노출되고 있었던 것이다. 그런데 어째서 이런 사실이 더 빨리 발견되지 않았던 것일까?

위어드 집단을 대상으로 한 연구 결과로 전 세계 인구의 나머지 88퍼센트를 일반화할 수 있다고 '일상적으로 가정'하는 과학자들도 있지만, 위어드 집단이 '인간을 일반화하기 위해 찾아온 기준 집단 중 가장 대표성이 낮은 집단'이라고 주장해 온 과학자들도 있다. 그렇다면 우리의 역사는 대체 어떤 전개 과정을 거쳤기에 이러한 소수 집단이 '정상성' 정의의 서사를 계속해서 지배하도록 만들었을까?

규범과 기준이 채택되어 온 논쟁적 역사를 탐구함으로써 나는 여러분이 무엇을 정상이라고 생각하는지, 어째서 그런 규범적 판단으로 스스로를 정의하려고 하는지에 대해 의문을 품고 자극받기를 바란다. 또한 '정상성'이 우리 삶 속에 어떻게 스며드는지, 우리에게 어떤 영향을 미치는지 생각해 보기를 바란다. 여러분 자신이 위어드에 속하는지 아닌지는 상관없다. 대부분의 사람들이 그렇듯 여러분 자신 역시 다르다는 사실에 두려움을 느낀 적이 있다면, 이 책이 그에 대한 자극제가 되고 해방감을 선사할 것이다.

내가 정상인지 아닌지 걱정하는 것은 정상적일 수 있다. 하지만 정상이란 관념 자체에 의문을 품고 질문을 던지는 것을 멈춰서는 안 된다.

1장

정상성은 어떻게 생겨나고
어떻게 적용되어 왔는가

AM I
NORMAL?

표준의 탄생

　정상성에 관한 이야기는 1801년 1월 1일, 이탈리아의 사제이자 천문학자인 주세페 피아치에 의해서 시작된 것으로 알려져 있다. 당시 화성과 목성 사이의 행성을 탐색하던 피아치는 새로운 별 하나를 발견했다. 피아치는 이 행성을 로마의 농업의 여신 이름을 따서 케레스 소행성이라고 명명하고 그 궤도를 추적했다. 그러던 2월 11일, 케레스 소행성이 태양에 너무 근접하는 바람에 시야에서 사라져 버렸다. 같은 해 10월, 스물네 살의 독일 수학자 카를 프리드리히 가우스는 피아치가 발표한 케레스 소행성의 궤도 자료를 입수했다.

　피아치는 케레스 소행성의 궤도를 예측할 수 있을 만큼의 충분한 측정치를 확보할 수 없었다. 반면에 가우스는 수학 공식을 활용해 궤도의 평균치를 산출한 다음 이를 그래프로 나타냈다. 그러자 가운데에는 둥그스름하고 볼록한 정점이, 좌우로는 긴 꼬리가 나타나는 종 모양의 비슷한 곡선이 만들어졌다. 가우스는 케레스 소행성이 이 곡선 그래프의 정중앙 점에 다다를 때 모습을 드러내게 될 것이라고 주장했다. 다음 날, 맑은 밤하늘에서 이 젊은 수학자의 주장은 옳은 것으로 입증되었다. 얼마 가지 않아 사람들은 이 독일인의 이름만 들어도 종형 곡선을 연상하게 되었다. 이른바 가우스 분포(정규분포)다. 하지만 이 곡선은 처음엔 오차 곡선으로 불렸다.

수 세기 동안 천문학자들은 천문학 측정치들이 틀리기 쉽다는 사실을 잘 알고 있었고, 이들은 다수의 측정치를 산출하는 것으로 이 문제를 처리해 왔다. 그러다 보니 사소한 오류는 빈번했지만 크게 빗나가지는 않았으며, 가우스가 그려낸 곡선 모양 역시 이러한 관행의 결과물이었다. 여기까지라면 그럭저럭 괜찮았을 수도 있다. 어쩌면 여러분도 선반 같은 것을 설치할 때 구멍을 뚫어야 할 자리를 정하느라 여러 번 반복해서 치수를 재고 또 재본 경험이 있을 것이다. 하지만 천문학자들이(또는 아마추어 목수들이) 정확한 거리 측정을 위해 아무리 많은 공을 들인다고 한들, 대체 그것이 인간 삶의 규범과 무슨 관계가 있단 말인가?

정상성과 관련한 의견 충돌의 직접적인 원인 제공자는 1796년 헨트 출생의 의욕적인 벨기에 통계학자 아돌프 케틀레다. 브뤼셀에는 케틀레의 이름을 딴 거리도 있는데, 40년간 그에게 안식처와도 같았던 왕립천문대가 자리하던 곳이기도 하다. 몇 년 전에 나는 이곳을 방문했는데, 도시의 여느 거리처럼 평범한 케틀레 거리는 특별한 데라곤 하나도 없어 보

---

* 또는 가우스보다 거의 30년 먼저 오차 곡선을 사건의 결과 예측에 사용하자고 제안했던 프랑스 수학자 피에르-시몽 라플라스Pierre-Simon Laplace의 공로를 기려 가우스-라플라스 분포라 부르기도 한다.

였다. 평균을 이상화했던 케틀레이니 어쩌면 이런 풍경에 기뻐했을지도 모르겠다.

벨기에가 격동을 겪던 시기에 어린 시절을 보냈던 케틀레는 덕분에 인간 사회를 이해하고 싶다는 열망을 키우게 되었다. 케틀레의 고향 헨트는 네덜란드어를 사용하는 도시로 그의 유년기 동안에는 프랑스의 나폴레옹 지배하에 있었다. 하지만 곧 벨기에는 네덜란드 연합왕국(United Kingdom of the Netherlands, 1815년 빈 회의의 결정에 따라 네덜란드와 벨기에를 아우르는 지역에 세워진 국가로 북부와 남부의 갈등으로 혁명이 발발해 1831년 네덜란드와 벨기에로 분리됨_옮긴이 주)의 일원이 되었고, 그해 열아홉이 된 케틀레는 막 신설된 헨트대학교에서 과학을 공부했다. 그러나 1830년에 벨기에 혁명이 발발하면서 왕립천문학자라는 그의 첫 직업은 위태로워졌다. 천문대조차 거의 병기고로 둔갑할 정도였기 때문이다.[2] 벨기에 혁명으로 본의 아니게 천문학에서 사회 연구로 궤도를 수정하게 되었지만, 그는 여전히 천문학적 방법론을 품고 있었다.

혁명이 끝나고 5년이 지난 1835년에 케틀레는 그의 가장 유명한 저서 《인간과 인간의 능력 개발에 관한 논의, 사회물리학 시론Sur l'homme et le développement de ses facultés, ou Essai de physique sociale》을 발표했다. 혁명이라는 당시의 급격한 변동 이후에 사회 질서를 회복하는 문제를 고민하던 차에 케틀레는 천문학자 가우스의 오차 곡선을 가져와 인체 측정치들에 적용했다.

천체와 인체에서 얻은 측정치들은 본질적으로 종류가 다르다는 점을 감안할 때 오차 곡선이 효과가 있을지는 확실치 않았다. 예컨대 인간의 신장을 측정하는 것과 별의 정확한 위치를 특정하는 것은 별개의 문제다.

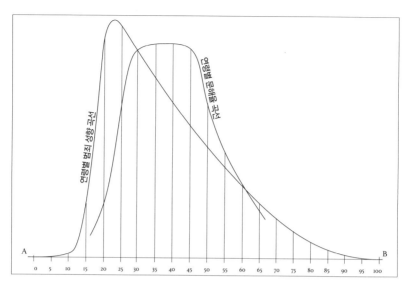

연령별 범죄 성향 곡선

연령별 문해율 곡선

케틀레가 1835년 펴낸 사회 물리학 서적에서 발췌한 도표. 연령별 문해율이 대체로 정규분포에 가깝다면, 소위 연령별 범죄 성향을 보여주는 곡선의 경우 정규분포보다 한쪽으로 더 편향되어 있다.

인간의 신장을 나타내는 하나의 '정확한' 측정치란 존재하지 않으며, 인구 모집단에서 가장 많이 관찰되는 신장에 기초한 평균이 있을 뿐이다. 하지만 참과 오류라는 천문학적 지식 개념에 기반함으로써 인간 사이의 표준은 평균인 동시에 '옳은 것'이라는 가정과 처음부터 뒤얽히게 되었다. 표준적인 이상에 미치지 못하는 사람은 오류가 되었다. 이제 이러한 오류는 천문학자의 실수가 아니라 신이나 자연의 착오가 되었다.

결국 아주 단순한 그래프 하나가 표준에 대한 과학적 강박을 불러일으키기 시작했다. 어쩌면 학교에서 배운 적이 있다는 사실을 어렴풋이 기억하는 사람이 있을지도 모르겠지만, 이 종형 곡선은 사회과학과 생명과학 전반에 걸쳐 오늘날까지도 여전히 널리 활용된다. 하지만 종형 곡선의 기원이 분명하게 보여주듯이 그래프가 나타내는 정규분포는 원래의 의도와는 매우 다른 기능을 수행하고 있다.

어쨌거나 별 위치에는 적용되지 않지만 인체 측정치들에는 영향을 미치는 많은 요인이 존재한다. 신장을 예로 들어보자. 영국 남성의 평균 신장은 약 175.3센티미터며, 여성은 161.3센티미터다.[3] 전체 성인 인구의 약 95퍼센트가 이 신장 수치의 2 표준 편차 안에 포함된다. 즉 남성의 경우는 약 162.6~185.4센티미터 사이에, 여성의 경우는 약 149.9~172.7센티미터 사이에 속한다. 물론 인구의 95퍼센트라고 하더라도 거의 모든 사람이 그렇다고 결코 말할 수는 없다. 300만 명 이상의 영국인이 이 표준 범위 바깥에 위치하며 이 숫자는 바베이도스, 브루나이, 지부티, 룩셈부르크, 몰타의 인구를 합한 것보다 크기 때문이다. 그렇다면 제3의 성, 믹스터(Mx)의 평균은 어떠한가? 이러한 연구에서 양성 정체성을 가진 사람이나 양성 어디에도 속하지 않는 사람을 구별해 낼 수는 없다. 이는 표준 통계학이 인구를 정의하는 특정 방식에 어떻게 특권을 부여하는지를 보여주는 첫 사례에 불과하다.

종형 곡선의 범위와 모양도 측정되는 집단에 따라 달라질 수 있다. 따라서 모든 성별을 합해 하나의 척도를 구성한다면 다른 결과를 얻게 될 것이다.[4] 인종이나 나이를 설명 변수로 설정해도 역시나 다른 결과를 얻게 될 것이다. 그리고 중력도 있다. 체중의 경우 아침에 일어나서 처음 잴 때와 하루를 끝내며 잴 때의 측정값이 약간 다를 것이다. 우주 궤도에 진

✢ 그럴 경우, 최빈값이 두 개인 그래프(이봉분포bimodal distribution)가 나타날 것이라고 생각할지도 모른다. 하지만 표본의 크기가 충분히 크다면, 이봉분포가 아닌 다른 모양의 정규분포를 얻게 된다.

입한 우주 비행사의 키도 지구에서보다 약 5센티미터 크게 나올 수 있는데, 이는 척추뼈가 팽창하고 이완되기 때문이다.

평균 신장처럼 사실에 기반한 듯 보이는 측정치도 처음에 생각했던 것처럼 그리 간단한 문제가 아니란 것이 금세 명확해진다. 그럼에도 종형 곡선은 인구 집단의 특징을 요약하는 하나의 방법으로 여전히 일상적으로 사용되고 있다. 하지만 천체 망원경 너머를 응시하던 종형 곡선의 창시자들은 그 곡선을 정상성의 척도로 삼겠다는 생각은 고사하고, 인간의 특징을 측정하는 데 사용하겠다는 생각은 꿈조차 꾸지 않았다.

평균인, 최초의 정상적 인간

그렇다면 어떻게, 어떤 이유로 사람들은 자신을 '정상'이라고 생각하기 시작했을까? 대략 1820년 전까지만 해도 자신이나 상대방을 묘사하기 위해 정상이라는 단어를 사용하는 사람은 없었다. 과학자나 의사들도 인구 집단을 이해하기 위해 정상이라는 단어를 사용하지는 않았다. 정상이란 말은 수학에서 각도와 방정식, 공식을 나타내기 위해 사용되는 용어였다. 따라서 선과 연산은 정상이지만 사람은 정상일 수 없었다.

그럼에도 당시에 정상의 의미가 변하고 있다는 암시는 있었던 것 같다. 몇 년 전 정상성에 관한 초기 연구들을 추적하던 나는 헨트를 방문했고, 내가 머물던 곳 인근 거리의 명칭이 노르말스홀스트라트 ^{Normaalschoolstraat}라는 걸 알게 됐다. 나는 그 도로명 표지판이 나오도록 셀카를 찍었다.

사범학교를 의미하는 '최초의 노멀 스쿨 ^{Normal School}'이 1771년 빈에 설립됐고, 20여 년 후 파리에 가장 유명한 고등사범학교인 '에콜 노르 말École normale'이 문을 열었다. 오늘날 유럽 대륙과 미국에서 노멀 스쿨은 일반적으로 교사를 양성하는 학교를 가리키지만 과거에는 모범적인 교육 모델로 여겨졌다. 일리노이주의 노멀이란 도시명도 거기에 있는 사범대학의 이름을 따서 지어졌다. 다른 노멀시도 대부분 마찬가지다. 미국 한 곳에만 노멀시가 네 군데다. 노멀 스쿨 졸업생들은 젊은 세대 양성에 걸맞는 바람직한 태도를 갖추게 될 것으로 여겨졌다. 하지만 그러한 생각은 어느새 은근슬쩍 노멀이라는 단어를 현재 우리가 알고 있는 의미로 몰아가기 시작했다.

케틀레의 위대한 업적은 르옴므 모옌l'homme moyenne, 즉 '평균인'이라는 개념을 고안해 냈다는 것이다. 케틀레는 통계 분석을 근거로 평균인이 진정한 인간을 대표한다고 생각했다. 우리에게 평범하다는 말은 수치로 여겨질 수 있다. 하지만 케틀레에게 평균이란 완벽을 의미했다. 케틀레는 "모든 자질은 그것이 적절한 한계를 벗어나지만 않는다면 본질적으로 훌륭하며, 평균에서 극단적으로 이탈하는 경우에만 문제가 된다"고 공언했다.[5]

평균을 산출하기 위해서는 상당한 규모의 표본이 필요했다. 케틀레가 보기에 군대야말로 평균을 위한 완벽한 시험장으로 제격이었다. 이 벨기에 통계학자는 스코틀랜드 군인 5738명의 가슴둘레 측정치를 목록화한 기존의 공식 데이터를 활용했다. 케틀레는 군인들의 저마다 상이한 가슴둘레 치수를 그래프로 나타냈더니, 마치 같은 사람을 5738번 측정했을 때 약간씩 다르게 나올 법한 측정치들과 동일한 곡선이 만들어졌다고 주장했다.

결국 비유하자면, 이 살아 있는 스코틀랜드 군인들은 오차 곡선상의 '오류'들로 전환되었다. 그들은 그저 평균에서 이탈한 것이 아니라 이상적인 인간의 불완전한 복사본으로 전락했다. '실제로 측정된 여러 사람의 가슴둘레 수치들이 한 사람의 한 가지 모형에서 나온 견본인 양 여겨졌기' 때문이다.[6] 오차 곡선은 단순히 통계적인 확률치에 불과한 것이 아니라 자연의 법칙이 되었다. 나중에 정상성을 옹호하게 된 다른 많은 이들과는 다르게 케틀레는 무신론자가 아니었다. 따라서 표준으로부터의 어떠한 이탈도 기본적으로는 오류였으며, 창조주가 설계한 완벽한 인간으로부터의 일탈이었다.

케틀레의 미적 이상과 사회 조사는 그의 관심사이기도 했던 예술과 조각의 영역으로 확대되었다. 케틀레는 스코틀랜드 군인들을 '살아 있는 조각상'이라 불렀다. 군인들의 다양한 측정치들 사이에 존재하는 차이는 기원전 100년경에 제작된 것으로 추정되는 고대 조각상 보르게세의 검투사Borghese Gladiator를 천 개쯤 복제하다 보면 약간씩 달라질 수 있는 차이 정도밖에 되지 않았다.[7] 여러 과학 논문에서도 케틀레는 고대 그리스 조각부터 르네상스 시대 작품에 이르기까지 인간의 신체가 연구되고 구현되어 온 모습을 예술적 견지에서 설명했다. 체형에 대한 그의 관심은 르네상스 시대의 레오나르도 다빈치와 미켈란젤로, 독일의 미술가인 알브레히트 뒤러의 인체 비율에 대한 논문에서 영감을 받았다.[8] 케틀레기록보관소에는 이집트의 미라와 19세기 벨기에인을 메디치의 비너스 조각

---

[*] 케틀레는 데이터를 처리하는 데 많은 공을 들이지 않았으며, 원래의 출처로부터 데이터를 복사하는 과정에서 명백한 실수들을 꽤 많이 저질렀다. 이 주제와 관련해 더 많은 정보가 필요하다면 다음을 보라. Stahl, 'The Evolution of the Normal Distribution', *Mathematics Magazine 79*, no. 2 (2006): 108-10.

상과 비교한 연구 노트들도 소장되어 있다.

그러나 대부분의 르네상스 시대 예술가들이 완벽함을 추구한 만큼이나 다양성도 중시했다면(레오나르도 다빈치의 초창기 데생 목록에는 '늙은 여성들의 목과 늙은 남성들의 머리를 그린 많은 스케치'가 포함되어 있다)[9], 케틀레 시대에는 완벽함과 예술적 이상에 대한 과학적 집착이 평균의 추구로 수렴되었다. 이는 무너져 가는 조각상에 구현된 고대의 이상이 통계적 지식 속으로, 그리고 평범함 삶 속으로 스며들었다는 것을 의미했다. 당시의 재단사들은 벨베데레의 아폴로상(이제는 바티칸박물관의 수많은 인파 사이에서 어쩌다 운 좋으면 볼 수 있는, 그 로마 시대의 조각상 말이다)을 기준으로 재단용 본을 뜨곤 했다.[10] 따라서 현실에 실재하는 인체 사이즈를 재는 일은 좀처럼 없었다.

케틀레는 평균인이 있는 그대로의 모습을 반영한다고 주장했다. 그럼에도 이후의 유럽인들은 신장, 체형, 외모와 관련해 자신들 주변에서 발견되는 모습과 고전적 이상 간에 격차가 있다며 걱정하기 시작했다. 그들은 우려 섞인 목소리로 정상이 더 이상 인구의 평균이 아닌 시대가 도래했으며(마치 과거에는 그랬다는 듯이), 정상적인 모습을 '갖추어야 하지만' 좀처럼 정상적인 모습을 발견할 수 없게 되었다고 선언했다. 케틀레는 '평균인'의 이상적인 신체에는 완벽한 도덕적 정신이 수반될 것이라고 가정했다. 하지만 이러한 케틀레의 명제를 후대의 저술가들은 비정상적인 신체에는 부도덕성, 낮은 지능, 질병이 수반된다고 이해했다.

인간의 특징을 오차 곡선 위에 그려 넣음으로써 케틀레는 통계적 평균으로 사회 현상을 연구하는 길을 열었다. 그뿐만 아니라 종형 곡선의 중심에서 조금이라도 벗어난다면 일종의 일탈로 볼 수 있다는 믿음이 자리

잡는 데 일조했다. 그의 '평균인'은 최초의 '정상적' 인간이었다. 하지만 평균인 속에는 어딘가 모순적인 면이 있었다. 평균인은 자연적 실재의 반영이자 인간이라면 그렇게 되려고 노력해야 하는 이상으로서 신체와 정신에 흠이 없는, 따라서 건강의 완벽한 표상과도 같은 존재였다.

정상의 반대는 무엇일까? 아마도 맥락에 따라 다를 것이다. 만약 정상이 평균을 의미한다면, 그 반대는 극단이나 예외가 될 것이다. 그러나 의학 용어에서 정상의 반대는 병리적 상태다. 건강이 정상이므로 병에 걸린 상태는 비정상일 수밖에 없다.

이러한 의미상의 짝짓기가 의학계에 실제로 도입된 시기는 1820년대로 얼마 되지 않았지만, 그 후 이러한 이분법은 의사들이 건강과 질병을 이해하는 통상적인 방식으로 자리 잡게 되었다. 역사학자 피터 크라일Peter Cryle과 엘리자베스 스티븐스Elizabeth Stephens에 따르면 '정상'이라는 말이 일상적으로 흔하게 사용되기 시작한 것은 20세기가 되고도 한참이 지난 뒤부터였다. 그즈음부터 통계적 평균으로서의 정상 개념과 이상적인 건강 상태로서의 정상 개념이 한데 뒤섞이게 되었다.[11] 이후 줄곧 정상/질병이라는 이분법적 태도가 몸과 마음뿐만 아니라 성과 아동 발달에 대한 사고방식까지 지배해 왔다.

정상이란 무엇인가에 대한 질문이 오늘날의 우리를 가장 곤혹스럽게 만드는 영역은 아마도 이 의료 분야일 것이다. 만약 우리가 정상이 아니라고 한다면, 그 말은 곧 우리가 아프다는 의미인지 알고 싶을 것이다. 1800년대 초반에 통계 수집이 급증한 주된 이유 중 하나도 인구 집단의 건강과 질병에 대한 우려 때문이었다. 케틀레가 '평균인'이란 개념을 세상에 발표하기 불과 몇 년 전 유럽을 초토화시켰던 콜레라 대유행은 숫자에 대한 이러한 집착을 처음으로 널리 확산하는 계기가 되었다.

　1832년 9월 15일, 잉글랜드 국경에서 약 40.2킬로미터 떨어진 스코틀랜드의 상업 중심지 덤프리스에 콜레라가 발생했다. 오염된 물을 통해 전파되는 이 세균성 질병은 극심하고 때로는 치명적인 설사를 일으켰다. 초기에는 사망자가 하루 한 명에 불과했기에 이 역병의 전염 속도는 '더딘' 것처럼 보였다. 35년 후, 덤프리스 지역 신문 편집자 윌리엄 맥도월William McDowall은 덤프리스의 역사를 기록한 책에서 다음과 같이 말했다. "이 소도시의 인구가 1만 명인 점을 고려한다면 하루 한 명의 사망자는 매우 높은 사망률이었으나 경각심을 크게 불러일으키거나 하지는 않았다."[12] 콜레라로 인한 사망률을 인구의 기존 '평균' 사망률과 최초로 비교했다는 점에서 이 콜레라 대유행기의 죽음을 이해하는 방식은 사실상 과거에 발생했던 전염병의 경우와는 달랐다.

　1815년생인 맥도월은 콜레라 발발 당시 10대였다. 그래서 역병이 불러일으킨 공포를 잘 기억하고 있었고, 그런 만큼 그때의 상황을 책에 생생하게 묘사했다. 9월 25일, 14명이 발병하고 그중 9명이 숨졌다는 발표가 있자 "모든 사람이 자신들이 정말로 역병 한가운데에 있음을 실감했으며 잔뜩 겁에 질려 떨었다"고 그는 말한다. 고등학교는 문을 닫았고, 거리마다 관을 옮기는 마차가 지나다녔으며, 교회는 텅 비었다. 묘지가 있는 교회에서 병이 옮을지도 모른다며 두려워했기 때문이다. 10월 3일에는 죽음이 십일조라도 걷듯 도시를 무자비하게 누비고 다녔으며, 거대한 죽음의 장막이 도시를 뒤덮었다. 콜레라가 종식될 때까지 감염자 수는 837명, 사망자 수는 그 절반이 넘는 421명으로 집계되었다. 하지만 맥도 월은 제작된 관의 개수로 미루어 볼 때 전체 사망자 수는 덤프리스 주민의 5퍼센트를 넘는 550명 가까이 되었다고 주장했다.

전염병 발생의 심각성이라는 측면에서 본다면, 덤프리스에서 벌어진 일에 특이 사항이 있었던 것은 아니다. 새로웠던 점은 전염병을 숫자로 기록했다는 사실이었다. 유럽 전역에서 콜레라 대유행으로 인한 사망자가 광범위하게 보고되었는데, 이는 철학자 이언 해킹이 '인쇄된 숫자들의 눈사태'라 부른 현상의 일환으로 1820~1840년대의 특징이기도 했다.[13] 이 시기에는 인구 총조사뿐만 아니라 범죄와 교육, 정신이상과 질병 기록에 이르기까지 통계 정보가 폭넓게 활용되고 이해됐다.

물론 사망률을 기록한 것이 그때가 처음은 아니었다. 1600년대 초, 런던시는 주간 사망률 통계 보고서Bills of Mortality를 발간해 도시 전체에서 다양한 원인(배앓이에서 위장 경련성 발작, 기생충에 이르기까지)으로 발생한 사망자 숫자를 시민들에게 알렸으며, 선페스트가 창궐하고 있음을 경고했다. 그러나 19세기에 유럽 전역에서는 규모 면에서 완전히 새로운 통계 자료가 수집되기 시작했다. 1801년, 영국과 프랑스에서는 최초의 전국적인 인구 전수 조사가 실시됐다. 프랑스와 벨기에에서는 1820년대 무렵부터 숫자에 기반한 양적 사회 연구의 전통이 확립되었다. 영국에서는 1832년 국가 통계청이 설립됐다.[14] 이에 따라 사망률이나 출생률의 변화를 해당 인구의 '평균' 사망률 혹은 출생률에 비추어 평가할 수 있는 시대가 열리게 되었다.

이러한 자료 수집을 가능하게 했던 대규모 관료 조직은 정상성 출현에 중추적인 역할을 담당했다. '평균인'은 바로 이 엄청난 분량의 인구 자료와 통계 분석을 기초로 탄생했다. 국가마다 통계 수치를 측정하는 방식이 다르다는 사실을 두고 계속해서 논란이 빚어지고 있으나(2020년 코로나19 팬데믹 초기에 그랬던 것처럼), 숫자 자체가 중요하다는 생각은 현재 널리 받아들여지고 있다. 하지만 19세기 이전까지만 해도 이런 식의 사고는 존재하지 않았다.

이러한 통계의 시대에 평균이나 평범함의 중요성을 간파한 사람은 당연히 케틀레 한 명만은 아니었다. 프랑스에서는 내과의 프랑수아 조제프 빅토르 브루세François-Joseph-Victor Broussais가 1820년대에 파리에서 정상적인 건강 상태와 질병의 차이를 주제로 개최한 강연에 많은 인파가 몰렸다. 이 현란하고 혁명적인 자유주의자는 청중에게 질병은 개별 감염에서 비롯되지 않는다면서, 모든 질병이 세포 조직에 염증이 너무 많거나 너무 적은 탓에 발생한다고 말했다.[15]

후일 철학자 오귀스트 콩트가 언급했듯이 "브루세 이전에는 병리 상태란 정상 상태를 지배하는 법칙과는 완전히 다른 법칙을 따른다고 보았기 때문에 병리 상태를 탐구하는 것이 정상 상태를 이해하는 데 어떠한 영향도 미칠 수 없다고 여겨졌다."[16] 브루세 이후에는 정상적인 건강 상태와 병리적인 건강 상태를 하나의 연속선상에 위치하는 것으로 간주하는 일이 보다 빈번해졌다. 즉 두 상태는 전혀 다른 종류가 아니라 정도가 다를 뿐이라고 여겨졌다. 이러한 인식은 꽤 유용했고 곧 오차 곡선으로 표현되기 시작했다.

의료 체계를 전혀 새로운 관점에서 이해해야 한다는 이런 식의 원대한 주장은 당시의 청중에게는 초현대적인 소리로 들렸으며 적지 않은 논쟁을 불러일으켰다. 하지만 그처럼 새로운 관점에 따라 제시된 치료법도 아직은 예부터 내려오던 익숙한 방식에서 벗어나지 못했다. 이 프랑스 의사는 사혈의 효험을 맹신했기에 '의료계의 흡혈귀'란 별명으로도 불렸다. 이 무렵 프랑스에서는 사혈을 위해 거머리를 이용하는 것이 유행이었고, 거머리 수를 놓은 브루세 로브라는 의복이 인기를 끌기까지 했다.[17] 오늘날의 우리라면 브루세를 돌팔이 의사쯤으로 취급할지도 모른다. 하지만 브루세는 이 흡혈 생명체가 정말로 치료 효과가 있다고 믿었다. 그는 자신의 여러 만성 질환을 치료하기 위해 주기적으로 몸소 사혈을 실행했고, 소화 불량 치료법의 하나로 한 번에 50~60마리의 거머리를 자가 처방하기도 했다.

거머리 사혈은 여러 풍자만화의 소재가 될 정도로 브루세를 유명하게 만들었다. 하지만 그의 새로운 의료 인식 체계는 거머리 사혈법만큼 널리 알려지지는 못했다. 프랑스어권 밖에서는 브루세의 정치적 색채가 그의 과학에도 영향을 준 것 같다며 미심쩍은 눈길을 보냈다. 그래서인지 그의 흡혈 치료는 프랑스혁명이 남긴 피비린내 나는 유산으로 여겨지곤 했다.[18] 많은 프랑스와 벨기에 과학자가 브루세의 정상적인 건강 상태 개념을 받아들이기 시작했지만, 초기에 브루세의 영향력은 이 두 나라에 국한되었다. 브루세의 개념은 콩트가 등장한 이후에야 비로소 유럽 전역에 확산될 수 있었다.

콩트는 케틀레와 동시대 사람이었다. 그는 케틀레 출생 2년 뒤인 1798년 1월 19일에 프랑스 남부 해안가 인근 도시 몽펠리에에서 태어났다. 혁명 정치는 콩트에게도 큰 영향을 미쳤다. 그가 자신의 철학에서 중

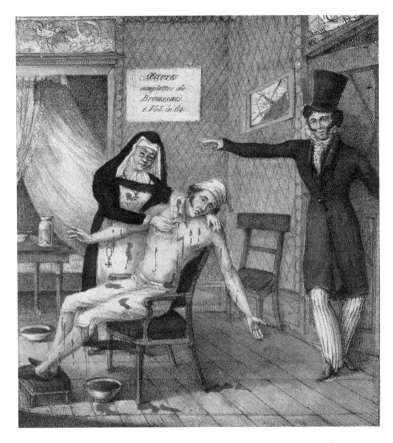

자신에겐 이제 피가 한 방울도 남지 않았다고 항의하는 환자에게 거머리 50마리를 추가하라고 간호사에게 지시하는 브루세를 풍자한 만화(연도 미상, 1832년 이후로 추정됨).

요하게 다룬 주제 중 하나는 혁명 이후의 시대에 사회를 어떻게 재조직할 것인가 하는 문제였다. 심지어 콩트는 실증주의라는 새로운 형태의 종교를 창시하기도 했다.[19]

케틀레가 천문학자 가우스의 오차 곡선이 보편적인 중요성을 지닌다고 주장했다면, 콩트는 브루세의 의료 인식 체계가 보편적인 중요성을 지닌다고 주장했다. 1828년, 브루세의 신간《불안과 광기에 대하여^{De} l'irritation et de la folie Irritation and Madness》를 알게 된 콩트는 정상적인 건강 상태와 질병 상태는 같은 원리를 따르며, 질병 상태는 정상성을 벗어났을 때, 즉 정상성의 강도에 편차가 생길 때 발생한다는 브루세의 생각을 지지한다고 선언했다. 콩트에 따르면 이러한 관념은 비단 체내 질병 상태에만 적용되는 것이 아니라 '모든 것'에 적용됐다.

콩트가 이 독특한 논문에 관심을 가진 데에는 당시 그가 정신병 증세에서 막 회복했다는 개인적인 이유도 작용했다. 콩트의 전기 작가에 따르면, 1826년 4월 12일, 브루세를 포함한 콩트의 친구와 동료들은 1년 일정으로 열리고 있던 콩트의 4차 강연을 듣기 위해 그의 아파트 밖에서 기다리고 있었다.[20] 창문의 차양은 내려져 있고 문은 굳게 닫혀 있어서 강연을 기다리던 무리는 콩트가 아픈가 싶어 결국 해산했다. 그다음 주중에 몇몇 친구가 콩트로부터 다소 두서없는 짧은 편지를 받았다. 콩트의 아내 카롤린(청년 콩트는 한 해 전 2월에 전직 세탁부였던 이 여성과 결혼했다)은 그가 파리에서 가장 좋아하는 장소인 외곽의 몽모랑시에서 콩트를 찾아냈다. 그가 자신이 머물던 호텔 방에 막 불을 지르려던 찰나였다. 카롤린은 남편이 미쳤다고 결론 내렸다. 4월 18일, 콩트는 조증 진단을 받고 사설 정신병원에 수용되었다.

콩트는 격리되어 진정제를 투여받았다. 그는 감정적으로 흥분하기 쉬운 상태였다. 그를 진정시키기 위해 목욕과 냉수 샤워가 처방됐으며, 당연히 거머리 흡혈 치료도 이루어졌다. 이처럼 당시에 가장 현대적이라고 여겨졌던 치료법을 동원했음에도 12월 2일에 콩트는 치료 불가 판정을 받고 퇴원했다. 아내 및 친구들과 집으로 오는 길에 콩트는 오스테를리츠

다리가 골든 혼에 있는 것이라고 말했다. 한 친구가 파리에 있는 다리라고 정정해 주자 콩트는 그 친구에게 주먹을 날렸다.

집으로 돌아와서도 콩트는 좀처럼 말이 없었으며 환상에 사로잡힌 채 고립된 생활을 했다. 저녁 식사 중에 아내와 모친을 상대로 설전을 벌이다가 식사용 나이프로 자신의 목을 그으려 한 적도 있었다. 카롤린은 당시로서는 이례적인 방법을 쓰기로 했다. 정신병을 앓는 사람이 있는 집이면 으레 있을 법한 표식을 모두 없애기로 한 것이다. 카롤린은 콩트의 정신과 의사가 보낸 조수를 해고했고, 창문을 막았던 창살을 제거했다. 또한 콩트가 자신을 다른 사람과 다르게 다룬다고 생각하지 못하도록 콩트의 약을 함께 복용했다. 얼마 지나지 않아 카롤린은 콩트가 좋아지기 시작했다고 여겼고, 6주 후에는 완전히 나았다고 생각했다.

일이 그렇게 쉽게 해결됐다면 얼마나 좋았을까. 1827년 초, 한 차례의 극심한 우울증과 연이은 자살 시도를 고려하면 실제로 콩트가 회복되기까지는 거의 2년이 걸렸던 것으로 보인다.[21] 콩트가 브루세의 논문을 연구하면서 자신이 '개인적 경험'을 통해 얻게 된 통찰을 언급한 것도 바로 이 무렵이었다.[22] 이러한 경험 덕분에 콩트는 정상과 비정상이 별개의 종류가 아닌 그저 정도의 차이일 뿐이라는 명제를 지지할 수 있었다.

그렇다면 이러한 사고의 전환이 의미하는 바는 무엇일까? 우선 콩트가 보기에 정상적이거나 병리적일 수도 있는 대상은 비단 건강만이 아니었다. 인간의 모든 행동이나 관습, 관행, 신념, 관념도 같은 척도로 구분될 수 있었다. 이런 식의 사고 전환이 이뤄지기 전까지만 해도 사람들은 공동체가 기대하는 기준에 부합하지 않는 이웃의 행위를 보면 조롱하거나 기피했다. 하지만 비정상적인 행동이 질병과도 같다는 생각은, 그러한 비정상적 행동을 기준에 순응하는 정상적 행동으로 긴급히 전환시킬 필요가 있다는 새로운 욕구를 불러왔다. 비록 콩트가 의도한 바는 아니었지만, 또한 이러한 사고의 전환은 정상과 비정상을 결정하는 사회 규범이 고정불변의 속성을 지니고 있음을 함축한다.

사회적 기대란 늘 변하게 마련이다. 지나친 학구열부터 실연에 이르기까지 빅토리아 시대의 정신병원 입원 이유를 나열한 인기 밈들을 접해본 적 있는가. 빅토리아 시대의 의사들은 정신병원 입원 이유들이 질병의 증거라기보다는 우울증, 망상 혹은 조증 같은 비정상적 심리 상태를 만드는 근본 원인이라고 생각했다. 따라서 오해의 소지가 있긴 하지만, 이러한 이유들은 비정상적 행위가 각 시대의 사회 규범에 따라 어떻게 다르게 해석되는지를 분명하게 보여준다. 학습은, 무엇보다 의학 서적이나 고전 텍스트를 읽는 것은 여성에게 특히 위험한 행동으로 여겨졌다. 하지만 의학사 공부는 여성인 내게 늘 즐거움을 안겨줬다.

1898년, 이디스 코튼Edith Cotton이 집 밖에서 모자 쓰기를 거부했을 때, 이는 정신병의 징후로 여겨졌다. 모자를 착용하는 것이 올바르고 적절한 행동이었기 때문이다.[23] 1881년 어머니를 여윈 어린 에이미 도렐Amy Dorrell이 '교회에 예배 보러 가기를 거르지 않고 늘 성경을 읽기' 시작했을 때, 이러한 행동 역시 비정상적으로 여겨졌다. 그녀가 종교의식이 사람들의 삶 속에 보다 확고하게 자리했던 이전 시대나 다른 공동체의 일원이었다면, 그녀의 행동은 정상으로 보였을지도 모른다.[24] 실제로 후기 빅토리아 시대의 의사들은 별난 행동과 광기 사이의 경계가 어디인지를 두고 격론을 벌였다. 그럼에도 브루세와 콩트 덕분에 이 두 상태의 연관성에 대해서는 한순간이라도 의심하지 않았다. 두 상태 모두 건강 곡선상의 상이

한 단계들을 나타낸다고 생각했기 때문이다.[25]

그러나 별난 행동과 광기, 건강과 질병이라는 스펙트럼상에 위치 지어졌던 것이 개인들만은 아니었다. 비슷한 시기에 누가 정상이고, 어떤 행동과 어떤 신념이 용인될 수 있는가 하는 생각이 확대되어 모든 집단과 공동체에까지 적용되기 시작하자 정상성의 역사에서 한층 암울한 장이 펼쳐졌다. 정상성의 역사는 곧 배제의 역사다. 일반적으로 정상성은 계급, 인종, 젠더, 종교적 신념이라는 기준과 함께 작동해 왔다. 이러한 경향은 인류의 도덕적·지적 능력을 이해하기 위해 '사회학적 법칙을 입증하거나 완성하려 했던' 과학자들이 점차 인류의 능력을 통제하는 데 그 법칙을 이용하려 함에 따라 더욱 강화되었다.[26]

정상성의 한계

1899년 12월 20일, 작가 윌리엄 코너는 남아프리카 전투의 자원 입대자를 모집하는《타임스》광고를 보고 뛸 듯이 기뻤다. 그의 나이가 아무리 적게 잡아도 육군성이 전투 능력을 고려해 결정한 입대 가능 제한 연령을 훌쩍 넘어섰음에도 그는 즉시 지원하러 갔다.[27] 집기가 도착하지 않아 사무실이 폐쇄되는 등 몇 가지 사소한 관료 행정상의 장애물을 넘은 끝에 마침내 그는 면접 기회를 얻었다.

면접이 끝나고 신체검사와 사격 시험, 승마 시험이 이어졌다. 코너는 군번 6243번을 달고 미들섹스에 위치한 제국 기마 의용병 34중대에 복무하던 이등병 시절을 회상하며 "소수긴 하지만 출중한 사람 중에도 중도 탈락자가 나왔다"고 말했다. 이는 "의사도 현직 병장이나 미술 교관도 떨어질 수 있었기에 매우 유감스러운 일이었다. 하지만 전시의 군 복무 현장에는 체력적 적합성이나 부적합성을 상쇄할 수 있는 많은 자질이 존재한다." 그는 당시 이러한 신체검사 제도가 조국을 위해 봉사하겠다고 마음먹은 남성조차 그 뜻을 펼치기 어렵게 만들었다고 결론지었다.[28]

코너의 신체검사에 신장과 가슴둘레 측정이 포함됐다는 건 말할 필요도 없을 것이다. 전쟁 중에 군대의 통상적인 입대 자격은 하향하는 경향이 있었다. 더 많은 병력이 충원돼야 하기 때문이다. 코너 같은 나이의 신병이 입대할 수 있었던 것도 그 덕분이었다. 1861년에 군인이 되려면 신장이 최소한 172.2센티미터 이상이어야 했다. 하지만 이 기준은 계속 하락해 1900년에는 160센티미터로 낮아졌다.[29] 그러나 코너가 지적했듯이 기준을 이렇게 낮췄음에도 모든 지원병이 이 기준을 통과할 수 있는 것은 아니었다.

일부 평론가들에게 이러한 상황은 공업 도시의 삶이 노동자의 신체를 쇠약하게 만들어왔다는 증거로 보였다. 논객 아놀드 화이트의 보고서에 따르면, 1899년 10월부터 1900년 7월까지 맨체스터 성인 남성 1만 1000명이 보어 전쟁에 지원 신청서를 냈는데 그중 8000명에 달하는 남성이 즉각 거부당했으며, 지원자의 절반에도 못 미치는 3000명만이 "군 당국이 요구한 적정 근력과 가슴둘레 기준을 통과했다."[30] 이 같은 사례들은 발육이 부진하고 빈약한 가슴에 쉽게 지치는 '도시 거주자의 신체적 특징'을 그대로 드러냈다.[31]

화이트의 통계 수치는 출처를 제시하지 않아 계속해서 문제시되었고 독자들에게까지 철저히 외면당했다. 화이트는 정계에서 문제아로 소문난 인사였으며,《효율성과 제국Efficiency and Empire》이라는 저서를 통해 반유대주의와 우생학적 견해를 불쾌할 정도로 자세하게 피력했다.[32] 그럼에도 보어 전쟁에서 군사 작전이 펼쳐지던 와중에 제기된 영국 성인 남성의 신체에 대한 우려는 의회에 의제로 상정됐고 정부로부터 조사 약속을 끌어내는 데 일조했다. 신체적 퇴보가 무엇보다 빈곤층을 중심으로 심화되고 있다는 우려는 수십 년 전부터 생겨나기 시작했던 도덕적 공포심을 더욱 부채질했다. 이러한 공포는 신체 치수와 모양의 변화가 사회에 대한 보다 광범위한 두려움을 실증하거나 정당화하기 위해 이미 19세기 중반부터 어떤 식으로 이용되어 왔는지를 보여준다.

작가 윌리엄 라스본 그레그William Rathbone Greg가 "인간의 경우 자연 선택은 실패했다"고 한 말에 대해 과학자들이 우려를 표명하기 시작하면서 퇴보에 대한 두려움이 20세기 전환기의 유럽 전역으로 퍼져나갔다.[33] 찰스 다윈이 주장했듯이 인간은 집을 짓고 옷을 만들며 도구와 무기를 발명하는 등 '삶의 새로운 조건에 맞춰 습성을 변화시킬 수 있는 위대한 능력'을 가지고 있다. 따라서 그레그는 자연 선택이 인간의 생태에서는 다른 종과 동일한 방식으로 작동할 수 없다고 주장했다.[34] 또한 동물은 아프거나 다쳤을 때 죽지만 인간에게는 의사와 병원이 있다고도 말했다. 게다가 먹이를 찾을 수 없는 동물은 죽지만 인간은 서로 먹여 살린다. 다윈은 이러한 특징이 인간의 도덕적 우월성에 대한 증거일 뿐만 아니라 인간 종의 정신적 진화를 촉진해 왔다고 결론 내렸지만, 다른 과학자들의 의견은 분분했다. 하지만 이런 이견들에도 문명 자체가 인간의 신체적·정신적 기준을 변화시키고 있다는 데에는 과학자들 대부분이 동의했다.

프랑스 의사 베네딕트 모렐의 신체적·지적·도덕적 자질의 세대 유전에 대한 논문(1857)부터 헝가리 태생의 물리학자이자 언론인 막스 노르다우의 인텔리 예술계에 대한 공격(1892)에 이르기까지, 퇴보라는 단어는 19세기 말의 유행어가 됐다. 퇴보에 대한 이러한 논의는 보어 전쟁 와중에 오간 설전에서 드러난 것처럼 주로 노동 계급 남성의 신체적 쇠약을 둘러싸고 이루어졌으며, 일반적으로는 근대성과 도시 생활이 문제라는 인식이 제기되었다. 보통은 신장과 체중 미달이 퇴보의 징후라고 여겨졌지만, 다른 수많은 신체적 특징도 퇴보의 징후로 해석되었다.

스코틀랜드 외과 의사 제임스 캔틀리는 《런던인의 퇴화Degeneration of Londoners》(1885)란 저서에서 스모그와 인구 과잉이라는 런던의 생활환경이 어떻게 런던 사람들을 발육 부진에 창백하고 여위며 볼품없는 모습으로 변모시켰는지를 묘사했다. 이 어둡고 오염된 대기 속에서 자란 한 스물한 살 남성의 신장은 겨우 154.9센티미터밖에 되지 않았다. 가슴둘레는 71.1센티미터로 케틀레가 보르게세 검투사만큼이나 이상적이라고 봤던 스코틀랜드 병사의 평균치보다 정확히 30.5센티미터나 작았다. 청년의 머리는 작았고, 얼굴색은 '밀랍같이 창백했다.' 또한 미간은 좁고 눈은 사팔뜨기가 확실했으며 매우 침울해 보였다(캔틀리가 오늘날 오전 8시에 지하철을 탄다면 자신을 에워싼 침울하고 밀랍처럼 창백한 얼굴들에 십중팔구 공포심을 느꼈을 것이다).

퇴보하는 신체는 빅토리아 시대 소설 속에서도 찾아볼 수 있다. 로버트 루이스 스티븐슨의 유명한 소설 《지킬 박사와 하이드》에서는 약물로 인해 야만 상태에 빠져 정신적으로도 육체적으로도 매우 다른 존재가 되는 인물을 그려내고 있다. 캔틀리의 런던 청년처럼 '창백하고 왜소한' 하이드는 "딱히 어디가 기형이라고 할 수는 없었지만 전체적으로 불구자 같은 인상을 줬다."[35] 그는 과학적 진보의 불가피성에 대한 지킬 박사의 잘못된 믿음으로 생겨났지만 런던이라는 도시의 산물이기도 했다.

지킬 박사는 런던의 의료 중심지인 웨스트민스터의 널찍한 캐번디시 광장 인근에 살고 있는데, 그곳은 1889년 실업가이자 사회개혁가인 찰스 부스가 런던의 빈곤 지도를 작성할 때 노란색으로 표시했던 가장 부유한 지역이기도 했다.[36] 그러나 지킬 박사는 하이드를 위해 소호 근처, 웨스트엔드의 지저분하고 방범이 취약한 지역에 방을 잡아준다. 역사가 주디스 워코위츠의 표현처럼 런던이 '끔찍한 쾌락의 도시'로 변모함에 따라 빅토리아 시대의 시민들은 범죄, 도시, 신체적 퇴보 사이에 밀접한 관계가 있다고 여기게 되었다.[37]

퇴보의 과학은 빅토리아 시대의 박식가 프랜시스 골턴의 연구 안에서 정상성의 과학과 충돌했다. 다윈의 사촌 동생인 골턴은 오차 곡선을 '정규분포'라고 부른 최초의 과학자 중 하나로 많은 과학적 업적을 남겼다.[38] 골턴은 영향력 있는 통계학 이론들을 개발하고 대중화했고, 심리 측정의 기초를 다졌으며, 지문 감식법을 발전시키는 데 기여했다. 또한 '우생학'이라는 용어도 만들어냈다.

골턴의 자칭 '인종 과학'은 (자신이나 그의 부유한 친구들 같은) '적합자'에게는 더 많은 자녀를 낳도록 독려하고, '부적합자(예컨대 노동 계급과 유색인, 임의의 신체적·정신적 기준에 부합하지 않는 사람이라면 누구든)'에게는 자녀를 덜 낳게 하거나 심지어 상황에 따라서는 특정인에게 아예 출산을 금하도록 유도함으로써 국가 자원을 개선하는 역할을 할 작정이었다. 이러한 구상은 결코 소수의 일탈적 주장이 아니었다. 19세기 말과 20세기 초의 서구 과학계 및 의학계에서는 우생학이 이미 주류를 형성하고 있었다. 그리고 적어도 1950년, 마침내 우생학이라는 명칭이 변경되기 전까지도 명성 높은 유니버시티칼리지런던UCL에 골턴국립우생학실험실Galton Laboratory for National Eugenics이 버젓이 자리하고 있었다.

골턴을 이해할 때, 그가 과학자이자 우생학자였다는 두 가지 사실을 분리하기란 불가능하다. 통계학, 정상성, 정체성, 유전에 대한 골턴의 관심은 그가 우생학에 깊이 관여했고 우생학을 촉진하려 했다는 사실을 여실히 보여주었다. 이 점은 자주 간과되곤 한다.

2014년에 런던박물관이 셜록 홈스 전시회(대체로 꽤 훌륭했다)를 열었을 때, 박물관 측은 마지막 전시실을 골턴 컬렉션에서 빌려온 다양한 과학 장비들로 채웠다. 전시 표지판에는 "프랜시스 골턴은 셜록 홈스가 런던의 범죄를 해결하던 때와 같은 시기에 런던에서 활동했던 과학자다"란 안내 문구가 적혀 있었다(물론 문구는 이해하기 쉽도록 내가 약간 바꿨다). "이 방에는 셜록 홈스라면 썼을 법한 장비들이 상당수 전시되어 있다." 전시를 보러 온 관람객들 대부분은 아마도 골턴이라는 이름조차 들어보지 못했을 것이다. 그를 조금이라도 기억해 낸 사람이 있다고 하더라도 '진짜 천재였네!'라고 생각하며 지나쳐 버렸을지도 모른다. 관람객들은 그의 지문 인식 기술이 식민 지배를 촉진하는 데 어떻게 이용됐는지, 우생학이 세계 곳곳에서 '타자'라 여겨진 사람들에게 어떠한 파괴적 결과를 가져왔는지에 대해 주의를 기울이지 않았을 것이다.

＊ 2015년부터 우생학과 지능에 대한 비밀 회의가 열려왔다는 언론의 폭로가 있자 2018년에 UCL은 대학 내 우생학 역사에 대한 조사에 착수했다. 조사 결과에 따라 골턴 강의실의 이름이 바뀌었지만(골턴의 제자인 칼 피어슨을 연상시키는 공간의 명칭을 포함하여). 유감스럽게 그 외에 다른 조치들은 거의 취해지지 않았다. Anna Fazackerley, 'UCL Eugenics Inquiry Did Not Go Far Enough, Committee Say', *Guardian*, 28 February 2020.

골턴은 평균뿐만 아니라 변이에도 관심이 있었다.[39] 골턴은 유전이 신장에 미치는 영향을 측정하기 위한 노력의 일환으로 크기에 따라 분류한 스위트피에서 씨앗을 추출해 친구들에게 나누어주기도 했다. 골턴은 1884년 국제건강박람회에 한시적인 인체 측정 실험실을 설치해서 관람객들이 소정의 요금을 내면 신장, 악력, 시력을 비롯한 다양한 신체 수치 및 능력을 측정해 볼 수 있게 했다. 이렇게 그는 수천 명 관람객의 신체 자료를 손쉽게 얻을 수 있었다.

골턴은 인간의 무수한 속성과 특징에 정규분포를 적용하기도 했는데, 그 적용 범위가 케틀레와는 비교할 수 없을 정도로 광범위했다.[40] 실제로 골턴은 소질과 유전 사이에 긴밀한 연관성이 있다고 확신했으며, 그에 따라 자신이 직접 조사해서 얻은 '재능'의 정규분포가 찰스 부스의 수치를 활용한 사회 계급 분포와 정확히 일치한다고 주장했다. 골턴은 만약 계급과 재능의 분포가 일치한다면 빅토리아 시대의 사회 계급 구조는 자연적인 동시에 정상적이라 할 수 있다고 말했다(기절초풍할 정도로 터무니없는 주장이다). 골턴의 제자인 칼 피어슨은 자신이 젊은 시절 사회주의자이자 페미니스트였다고 밝히면서도 '비정기적인 수입으로 연명하는 극빈층 사람들'은 하찮은 재능의 소유자일 뿐만 아니라 "시민적 가치의 관점에서 볼 때 … 바람직하지도 않다"는 주장에 동조했다.[41] 또다시 순전히 정황 증거에만 기반한 정상성 기준은 뜻하지 않게 누가 가치 있는 인간이고 누가 가치 없는 인간인지를 결정할 수 있는 기준으로 둔갑하게 되었다.

정상성과 관련한 골턴의 연구가 모두 통계에 기반한 것은 아니었다. 꽤 오래전이긴 하지만 나는 골턴의 '합성' 사진에 특히 흥미를 느꼈던 적이 있다. 1878년에 골턴은 진화심리학자 허버트 스펜서의 도움을 받아 '많은 점에서 비슷한' 일군의 사람들로부터 '전형적인 특징을 추출'하는 방법을 발견했다고 공표했다.[42] 그 방법은 1870년대 당시의 장노출 사진기법long photographic exposure을 활용한 것이었다.

골턴은 크기가 같은 여덟 개의 인물 사진을 가져와 사진 속 인물의 눈이 일렬로 포개지도록 사진들을 핀으로 고정했다. 하나의 이미지를 복사본으로 완벽히 재현하는 데 걸리는 노출 시간이 80초라면, 골턴은 사진 하나당 10초씩 카메라에 노출하고 제거하는 식으로 모든 사진이 잠깐씩만 노출되도록 했다. 그런 다음 감광판을 현상했는데, 그러면 감광판에는 '특정 인물이 아닌, 어떤 주어진 집단의 사람들이 가진 평균적인 특징들로 이뤄진 가상의 인물'을 보여주는 한 장의 사진이 형체를 갖춰나갔다.[43] 평균인의 모습이 가시화되는 순간이었다.

초기에 폭력범들의 인물 사진을 대상으로 작업을 시작한 골턴은 그렇게 얻은 합성 사진들이 '범죄자의 특징'을 조명해 줄 것으로 기대했다. 골턴과 동시대 사람이었던 이탈리아 범죄학자 체사레 롬브로소는 범죄자들이 볼에 주머니가 달린 듯 뺨이 불룩하고 코는 납작하며, 두개골은 각이 져 뾰족하고 눈두덩이는 과도할 정도로 두툼한 데다가 "매부리코를 가지고 있어서 대부분이 맹금류와 흡사해 보인다"고 그 특징을 묘사한 적이 있다.[44]

그러나 뜻밖에도 골턴의 예상과는 다르게 합성 사진들은 범죄자의 속성을 두드러지게 하기보다는 누그러뜨리는 효과를 가져왔다. 범죄자들의 '악당처럼 보이는 독특할 정도로 비정상적인 모습들'은 사라지고 '그들의 바탕에 깔린 평범한 인간의 얼굴'이 모습을 드러냈다. 이는 전형적인 범죄자의 모습이라고 부를 만한 특징이란 없다는 결론으로 이어질 수

합성 초상화 표본

개인 그리고 가족

6개의 메달을 합성한 알렉산더 대왕의 모습

두 자매

동일 가족 출신의 남성과 여성 6인

건강	질병	범죄

23 사례
영국군 공병대,
장교 12명,
이등병 11명

6 사례

9 사례

결핵성 질병

8 사례

4 사례

두 가지 범죄 유형

폐결핵 그리고 다른 질환들

I

20 사례

II

36 사례

56 사례

I 과 II 의 재합성

폐결핵 사례

100 사례

50 사례

폐결핵 이외의 질환

골턴이 1883년 출간한 책에 실린 것으로, 범죄자뿐만 아니라 대표적인 질환들을 앓는 환자의 특징을 보여준다. 당시에 소모성 질환인 폐결핵은 유전된다고 여겨졌다.

도 있었다.

하지만 골턴은 유전생물학을 결코 포기할 마음이 없었다. 골턴은 합성 사진이 '범죄자가 아니라 범죄에 연루되기 쉬운 인간'을 나타낸다고 봤다. 즉 모든 인간이 지닌 평균적인 모습이 아니라 어떤 비정상적인 인간들에게서만 나타나는 모습일 뿐이었다.[45] 골턴은 자신의 합성 사진으로 '평균적인' 범죄자의 모습이라 부를 법한 특징들이 있으며, 범죄 성향이 있는 사람인지 아닌지를 신체적 특징으로 구분할 수 있다는 생각을 뒷받침할 수 있다고 믿었다. 마찬가지로 정신 질환자에서 결핵 환자에 이르기까지 또 다른 많은 '유형'도 신체적 특징으로 사전에 구별해 낼 수 있다고 생각했다. 이러한 집단들의 비정상적인 특성이나 기질도 합성 얼굴을 통해 그 모습을 드러내게 될 것이기 때문이었다.

그렇다면 골턴과 그 추종자들은 어떤 모습을 정상이라고 생각했을까? 피터 크라일과 엘리자베스 스티븐스의 연구가 보여주었듯이, 골턴은 정상성 개념을 종형 곡선으로 나타내기 시작하기 전부터 정상성과 관련해 이미 매우 구체적인 생각을 가지고 있었다는 점을 상기할 필요가 있다.[46] 우리는 이러한 경향이 끊임없이 반복적으로 나타난다는 사실을 보게 된다. 골턴과 동료 과학자들은 자신들이 얻은 수치로 평균을 산출할 때조차 전체 데이터에서 이례적으로 보이는 수치들을 삭제하곤 했다. 성장 과정에서 수년에 걸쳐 분노 성향을 점증적으로 발현시키는 아동의 사례들은 통계학자들에게 오랫동안 골치 아픈 문제였다. 여성들도 마찬가지였다. 골턴은 수집한 여성 데이터를 남성 데이터와 직접 비교할 수 있도록 '변형시켰다.' 예컨대 여성들의 신장 데이터가 종형 곡선 상태를 계속 유지하게 하기 위해서는 자신이 고안한 방정식을 활용해 여성의 신장 측정치들에 가중치를 부여하지 않을 수 없었다.

이러한 데이터 각색은 그저 비교를 쉽게 하기 위한 단순한 통계적 기법에 불과한 것이 아니었다. 기준을 정하는 결과를 가져왔기 때문이다. 이제 남성은 여성 데이터가 따라야만 하는 생물학적 표준이 되었다. 그리고 당연하다는 듯이 백인이 다른 인종과 비교하는 표준이 되었다. 그에 따라 빅토리아 시대 후반에 들어서자 중간 계급의 전문직 백인이 새로운 평균인으로 등극했다.

그(이 평균적 기준에 부합하는 것은 오직 남성뿐이었다)는 의사였고, 과학자였으며, 작가, 은행가, 상인, 법률가, 사업가였다. 통계적으로 본다면 그는 가장 평범한 유형에 속하는 사람은 아니었다. 그럼에도 그는 다른 모든 사람을 판단할 때 따라야만 하는 건강하고 이상적인 기준으로 상정됐다. 그는 제임스 캔틀리의 처방대로 자전거를 타고 테니스를 칠 수 있는 여유 시간과 자금이 있었으며, 그렇게 함으로써 하이드라는 유령이 런던에 출몰하지 못하도록 제어할 수 있는 사람이기도 했다. 어쩌면 그는 알파인 클럽 회원일지도 몰랐다. 그래서 정신과 의사 조지 새비지가 그랬듯 친구들로부터 '정력적인 등반가'라는 찬사를 들으며 '암석을 오르고 황야를 누비며 … 눈밭과 얼음길을 스키로 내달리는 일에 푹 빠져' 살지도 몰랐다.[47]

그에 반해 중간 계급 전문 직업인의 이상적인 신장이나 체중, 가슴둘레에 미치지 '못하는' 사회 계급과 인종 집단의 건강 상태는 사회 문제라는 인식이 널리 퍼졌다. 빅토리아 시대 사람들 대부분은 발육 부진이 환경이나 상황에서가 아니라 생물학적 유전과 도덕적 해이에서 비롯된다고 생각했다. 그러므로 우생학 이론은 특정인들의 경우 아이를 낳지 못하도록 금해야 한다고 제안했다. 결혼 허가제는 의사와 과학자, 정치인을 비롯해 많은 논평가의 옹호가 있었음에도 영국에서는 한 번도 도입된 적이 없었다. 하지만 20세기 초반 몇십 년 동안 미국과 유럽에서는 결혼 제한과 불임술을 강제하는 법 조항이 등장했다. 1907년, 미국 인디애나주는 육체적·정신적으로 '부적합'하다고 판단된 사람들이 자녀를 낳는 것을 금하려는 의도하에 세계 최초로 강제 불임법을 통과시켰다.[48]

신체적 퇴보에 대한 이러한 강박은 계급뿐만 아니라 인종을 둘러싼 차별 및 불안과 떼려야 뗄 수 없는 관계에 있었다. 과학자들은 '퇴화한' 영국 백인 남성을 이른바 원시 종족과 비교했다. 과학자들은 신장과 체중을 비롯한 신체적 특징뿐만 아니라 두개골의 크기와 모양을 기초로 인종과 계급에 등급을 매겼다.[49]

빅토리아 시대의 작가들은 아프리카를 '암흑대륙'이라 명명했으며 이스트엔드야말로 암흑대륙과 똑 닮은 쌍둥이 같다고 생각했다.[50] 구세군 창립자 윌리엄 부스는 "이번 여름, 문명 세계의 이목이 스탠리 씨의 '검디검은 아프리카' 이야기에 온통 쏠려 있었다"고 썼다. 그러면서 오늘날이라면 분명 충격적이었겠지만, 당시의 사람들에게는 아무 생각 없이 받아들여졌을 법한 말투로 다음과 같이 말했다. 콩고 분지의 "울창한 나무로 뒤덮인 황무지는 뜨거워진 습지가 내뿜는 수증기로 공기마저 눅눅하고 어둑어둑하다. 그 속에서 왜소하다 못해 난쟁이 같고 난폭하다 못해 식인 풍습을 지닌 사람들이 숨어서 살다 죽어간다."[51] 부스는 탐험가 헨리 스탠리에게서 빌려온 이 경멸적인 묘사를 당연시하면서 다음과 같이 결론내렸다. "검디검은 아프리카만큼이나 검디검은 곳이 영국이라고 없겠는가?"[52] 부스를 비롯한 여러 선교사들에게 종교는 그러한 '야만적' 환경에서 벗어날 수 있는 '탈출구'였다. 하지만 스탠리에게는 국제 무역이야말로 문명화의 동력이었다. 물론 골턴과 그 동료들에게 정상화의 핵심 수단이 과학이었던 것은 두말할 필요가 없었다.

골턴의 우생학 이론은 다행히 믿을 수 없는 것으로 기각되었지만(여러분이 생각하는 것보다 비록 훨씬 더 최근의 일이긴 하다) 백인, 남성, 시스젠더(cisgender, 타고난 생물학적 성과 사회적 젠더 정체성이 일치하는 사람을 가리키는 말_옮긴이 주)가 정상이라는 위계적이고 규범적인 관념은 오늘날 우리가 사용하는 도표와 수치 속에, 그리고 과학계와 의료계 전반에 걸쳐 여전히 작동하고 있다.

인터넷과 소셜미디어 피드 곳곳에서 우리가 여전히 쉽게 발견할 수 있는 부정적인 태도와 선입견들을 뒷받침하고 있는 것도 바로 그러한 관념들이다. 또한 우리가 생각 없이 받아들이는 기준들의 상당수도 19세기와 20세기 초에 이뤄진, 심각할 정도로 왜곡된 연구들에 기초하고 있다. 예를 들어, 건강한 체중과 혈압이라는 기준치들은 20세기 전반 미국의 보험사들이 주로 부유한 백인 미국인들을 대상으로 의료 보험 상품을 판매하기 위해 통계치를 수집하면서 제시되기 시작한 것이다.

BMI 지수와 건강의 관계가 체형에 따라 다르다는 사실이 인정받게 된 것도 아주 최근의 일이다. 이를테면 아시아계 후손이 백인 유럽인에게 '정상'으로 여겨지는 덩치를 가지게 되면 당뇨병과 심장병에 걸릴 위험은 더 커진다. 이에 반해 흑인 여성은 몸집이 커지더라도 그에 따른 건강상의 문제가 발생할 가능성이 상대적으로 더 낮은 것으로 나타났다.[53]

오늘날 골턴 컬렉션은 마치 우리가 잘 쓰지 않는 사무용품을 한쪽에 정리해 두듯 눈에 잘 띄지 않는 보관 캐비닛 안에 치워져 있는 상태다. 골턴의 논문과 사진 대부분은 UCL 도서관의 특별 컬렉션 서고에 보관되어 있다. 서고 책장에는 골턴 사망 당시 책상 속에 있던 내용물, 골턴의 주요 연구 결과들에 딸린 장비, 구색이라도 맞추듯 닥치는 대로 가져다 놓은 개인 물품 등 문서 보관고에 어울리지 않는 잡동사니도 포함되어 있다.

　우생학의 파괴적인 유산을 보여주는 한층 불길한 또 다른 품목은 나중에 컬렉션에 추가되었는데, 그 기다란 금속 상자 위에는 간단하게 '오이겐 피셔 교수의 모발 색상표'라는 이름표만 붙어 있을 뿐이다. 그 안에는 서로 색깔이 다른 인조 머리카락 30개 묶음이 각기 서로 다른 숫자를 달고 깔끔하게 배열되어 있다. 독일 과학자 피셔는 1908년 나미비아에서 독일의 식민 통치하에 있었던 혼혈 인종의 상대적인 '백인 순수성 정도 whiteness'를 판정하기 위해 이 척도를 사용했다. 그의 연구는 지독할 정도로 철저하게 우생학적인 접근법을 따랐다. 그는 혼혈 결혼을 금지해야 한다고 주장했으며, 당시 독일령 남서아프리카(1884년부터 1920년까지 나미비아를 부르던 옛 이름_옮긴이 주)에 거주하던 헤레로인과 나마인의 종족 학살을 옹호했다.

　1912년, 피셔의 제안에 따라 독일 식민지 전역에서 서로 다른 인종의 결혼이 금지됐다. 아돌프 히틀러는 부분적이긴 하지만 피셔의 우생학적 선동에 영감을 얻어《나의 투쟁》을 저술했다. 피셔의 연구는 후일 홀로코스트를 초래하게 되는 반유대주의적 뉘른베르크법을 과학적으로 뒷받침하게 되었다. 1940년, 피셔는 나치당에 공식적으로 합류했다.[54]

　골턴은 1911년에 사망했는데, 이를 미루어 볼 때 색상표는 골턴에게 직접 보내졌다기보다는 칼 피어슨에게 보내졌던 것 같다. 색상표는 20세기에 우생학이 얼마나 광범위하게 영향력을 미쳤는지를 보여준다.

2018년에 《가디언》지는 UCL이 우생학에 대한 조사를 보류하고 있다고 발표하면서 골턴을 "나치에 연관 짓는 것은 감상주의에 사로잡힌 끔찍한 비방"이라는 한 강사의 반대 의견을 보도하기도 했다.[55] 하지만 골턴 컬렉션 자체가 골턴의 후학과 나치 과학자 피셔 사이에 직접적인 관계가 있음을 보여준다. 그들 간에는 여섯 단계만 거치면 누구나 다 아는 사이라는 '6단계 분리 법칙'과는 비교할 수 없을 정도로 짧은 거리만 존재할 뿐이다.

UCL의 국립우생학실험실은 제2차 세계대전이 끝난 이후에도 꽤 오랫동안 존재했다. '비정상' 판정을 받은 특정인의 자녀 출산 억제가 목표였던 우생학 불임 프로그램 역시 유럽과 북미 일부 지역에서 최근까지도 시행되었다. 대표적 예로 체코에서는 집시 여성에 대한 강제 불임 조치가 1971년 처음 시작된 이래로 36년간 계속되다가 2007년에야 마지막으로 시행되었다고 한다.[56]

골턴과 피셔는 매우 다른 환경에서 연구를 진행했던, 어쩌면 아주 다른 사람들이었을지도 모른다. 하지만 그들의 이야기와 그들이 남긴 유산은 '정상성' 개념이 얼마나 위험할 수 있는지, 또한 그것이 얼마나 위험한 권력이 될 수 있는지를 보여준다. 골턴과 피셔는 인간의 신체와 정신을 분류하는 데 관심이 있었다. 하지만 그러한 학문적 관심을 누가 정상인지 판가름하기 위해, 그리고 더 나쁘게는 이러한 기준에 부합하지 않는 사람

---

* 피어슨과 피셔 사이에 서신 교환이 이루어졌다는 건 확실한 사실이다. 1932년에 피셔는 피어슨에게 편지를 보내 피어슨의 루돌프 피르호 메달Rudolf Virchow medal 수상을 축하했으며, 피셔의 동료가 영국을 방문해 우생학교육학회Eugenics Education Society에서 강연을 해줄 수 있는지 문의하기도 했다. Letter from Fischer to Pearson, October 1932, UCL Special Collections (PEARSON/11/1/6/21).

들을 주변화하기 위해 이용했다. 가장 악의적인 대목은 그들이 백인 남성, 엘리트라는 이상에 맞추기 위해 인류를 고의적으로 변형시킬 수도 있는 방법을 제시했다는 점일 것이다. 이른바 정상성의 역사에서 섬뜩한 장이 시작되는 순간이었다.

집단에 어울리는 사람이 된다는 것

1997년 학교를 떠나게 됐을 때, 나는 엄청난 안도감을 느꼈다. 나는 청소년기에 나를 괴롭혔던 작은 도시의 집단 따돌림과 따분한 순응주의자들로부터 벗어나고자 했다. 나는 대학 진학을 위해 마법 같은 도시 런던으로 향했다. 나에게 그곳은 사람들이 하고 싶은 대로 하고 살아도 누구 하나 눈 깜짝하지 않는 곳처럼 보였다.

당시 10대였던 나는 그러한 분위기에 압도당하면서도 나를 둘러싼 다양성에 감탄을 금치 못했다. 백인 이성애자 여자로서, 나는 내 주변에서 벌어지고 있는 대부분의 인종차별주의와 장애인 차별주의, 호모포비아와 트랜스포비아에 대해 확실히 무감각했다. 때때로 나는 나도 모르게 그러한 차별을 강화하는 데 기여했다. 나는 식민주의나 우생학의 유산에 대해서도, 인종차별적 규범이 사회 구조를 계속해서 형성해 온 방식에 대해서도 전혀 알지 못했다. 나의 정상성 관념은 개인적이고 순진했으며 자기중심적이었다. 심지어 내가 페미니스트라 불리는 것조차 싫었다.

런던은 그때 내게 있어 원하기만 하면 무엇이든 할 수 있고 누구든 될수 있는 곳, 다양성이 넘치지만 그 다양성이 익명성이란 안락함으로 보호되는 도시였다. 모두를 위한 무언가가 있었고, 끊임없이 움직이는 군중 속은 안전했다. 나는 여전히 런던을 사랑하며, 그곳은 내가 어린 시절을 보낸 퀸티시타운에서는 한 번도 느껴본 적 없는 고향 같은 느낌을 준다. 그러나 사우스 우드퍼드의 고층 건물로 이사했을 때, 나의 낭만적인 기대 감은 깨지고 말았다. 나는 씁쓸함을 느꼈다.

나는 다른 10대 후반의 소녀 12명과 같은 층을 썼다. 몇 가지 이유에서 나는 그들이 내 중고등학교 친구들보다 더 너그러울 것이라고 생각했다. 하지만 아니었다. 그들은 어떨 때는 면전에서, 어떨 때는 학생회관의 오 래되고 낡은 방문과 얇은 벽 뒤에서 수다를 떨며 킬킬대고 험담을 했다. 그들 패거리가 아니었던 학생들조차 내가 지나가면 대화를 멈추고는 비 난하듯 나를 노려봤다. "너는 참 '조용한' 애구나!" 그들이 늘 반복하던 말이었다. 내게 그 말은 가차 없는 비난처럼 느껴졌다. 내가 그들과 다르 다는 신호 같았기에. "그래서 뭐?" 내가 정말로 하고 싶었던 말이었지만, 나는 감히 그렇게 하지는 못했다.

바보 같게도, 화장을 짙게 하고 무의미한 험담을 즐겼던 그 소녀들 중 에는 내가 그랬던 것처럼 사람들과 어울리지 못할까 봐 걱정하는 아이들 도 있었다. 바로 옆방에 있던 아이는 친구들과 낄낄거리며 불평을 늘어놓 은 날이면 늦은 밤까지 남자 친구를 붙잡고 울어대곤 했다. "여기 진짜 싫 어!" 그녀의 흐느낌이 벽을 통해 내게도 들려왔다. 정확히 한 학기 만에 그녀는 학교를 그만두었다. 그해 말, 내가 인기 있다고 생각해 온 이 패거 리를 놀랄 정도로 많은 사람이 싫어하고 있었다는 사실을 알게 됐다. 어 쩌면 그들도 결국 이상적인 사람은 아니지 않았을까?

그러한 사실을 알게 되었다고 해서 내 두려움이 바뀌는 않았다. 나를 괴롭히던 사람들도 나와 같은 걱정을 하고 있으며, 내가 '정상적'이라고 생각하는 사람들도 특별히 매력적인 사람이 아니라는 사실을 알게 되었지만, 정상성이라는 사고가 너무나 깊게 뿌리내리고 있어서 이에 대한 고정관념이 쉽게 사라지지 않았다. 나는 내 자신을 '고치고 싶다'는 바람을 계속해서 가지고 있었고, 그러한 욕망을 거부할 수 있는 힘을 가지게 되었을 때조차 거기서 헤어나지 못했다.

우리의 정상성 관념은 우리가 개인으로서 지닌 욕망과 집단의 일원으로 받아들여져야 할 필요성 사이 어디쯤엔가 위치한다. 집단에 어울리는 사람이 된다는 것은 늘 가능하지 않을 수도 있고, 때로는 정신적·신체적 건강을 해칠 수도 있다. 하지만 그럴 만한 가치가 있을 수도 있다. 우리가 자라면서 익히게 된 규범이 생각만큼 보편적이지 않다는 것을 어느 순간 깨달았다고 해서 정상성에 대한 신념 그 자체가 흔들리지는 않을 것이다. 설사 그렇다 하더라도 정상성의 역사에 대해 알게 되면 그 신념에 균열 정도는 낼 수 있을지 모른다.

사람들이 세상을 항상 정상과 비정상으로 구분했던 것은 아니라는 사실을 알게 되자 소심한 열여덟 소녀였던 나는 확실히 깜짝 놀랐다. 17세기에 살던 영국 남서부 지역의 어부도 자신을 다른 지역의 어부나 자신의 가족 혹은 이웃과 비교했을지도 모른다. 그러나 확실한 것은, 그가 자신이 어떤 중요한 정상성 기준에 부합하는지 아닌지를 절대로 걱정하지는 않았다는 사실이다. 2세기 전만 해도 사람들은 인간의 자질이나 경험을 묘사하기 위해 정상이란 단어를 사용할 생각조차 하지 않았다. 이 사실을 알게 된다면 그 개념의 힘을 최소한 약간이나마 줄일 수 있다.

나는 수년 동안 의학과 과학의 역사에 대해, 식민주의에 대해, 젠더와 퀴어 이론 그리고 장애의 사회적 모델에 대해 학습해 왔다. 이에 대해 더 많이 알게 될수록 나는 편협하고 자기중심적인 정상성 개념에서 조금씩이나마 벗어나게 되었다. 내 경험과 걱정에도 불구하고 내가 특권을 누려왔다는 것을 깨달았다. 타고난 운 덕분에 나는 다른 사람들보다 소위 서양의 표준에 가깝게 자라났다. 스스로는 영국 남부 부유한 지역의 선발제 공립학교에 다니면서도 정상과는 거리가 멀다고 느꼈지만 말이다.

정상적인 것은 개인적이자 정치적이다. 정상성에 대한 비판은 그 안에서 우리가 어디쯤 위치하고 있는지를 인식하고, 우리가 성장하면서 가지게 된 기대와 가정, 그리고 그러한 기대와 가정들이 우리의 법과 정치, 사회적 상호작용에 스며들어 온 방식에 대해 신중하게 의문을 제기하는 것으로부터 시작될 수 있다. 그것이 바로 내가 이 책을 통해 하려는 일이다.

어쨌든 간에, 무엇이 정상인지를 결정하는 것은 궁극적으로 누구일까? 케틀레와 브루세, 콩트, 골턴, 피어슨을 비롯해 이들의 동료 과학자들은 모두 자신들이 그에 대한 결정을 내린 적은 없었다고 주장할 것이다. 이들은 객관적이고 냉정하게 단지 존재하는 어떤 중요한 사실을 기록할 뿐이라고 생각했다. 그것이 신의 종합 계획의 일부이든, 자연법칙의 일부이든, 진화론적 과학의 일부이든 간에 말이다. 하지만 이들이 통계를 수집한 방식, 통계 분석을 위해 사용한 이론 틀 모두는 인간의 해석이 필요한 일이었다. 이들은 특정 기준은 포함하고 다른 기준은 배제하면서 부유한 서구의 백인 남성을 기초로 소위 과학적 표준을 만들어냈다.

인간의 삶과 행위를 측정하는 척도로서의 정상성 개념의 요체는 바로이 19세기 과학자들의 사상과 방법론에서 비롯되었다. 그렇지만 실제로는 무엇이 정상적인 신체와 정상적인 건강, 정상적인 인간형을 구성하는

가 하는 문제와 관련해서는 결코 명확한 해답이란 '존재하지' 않았다. 이 모든 질문에 대한 답은 시대와 문화에 따라 근본적으로 달라지는 사회적 기대와 태도에 좌우됐다.

　이어지는 장들에서 살펴보겠지만, 이러한 표준들이 변화해 온 방식은 우리로 하여금 몇 번이고 다음과 같은 질문으로 되돌아가게 만든다. 대체 정상적이란 것이 정말로 있기는 한가?

2장

내 몸은
정상인가

AM I
NORMAL?

우리가 신체를 바라보는 방식

나는 신발 사러 가는 일이 늘 끔찍하게 싫었다. 내 특대 사이즈 발에 맞는 신발을 찾는 일은 확실히 어렵긴 하지만 그 때문만은 아니다. 놀라며 어이없어 하는 표정부터 믿기지 않는다는 태도까지 판매원들이 보이는 한결같은 반응 때문이기도 하다. 10대 시절, "이 신발 280 있어요?"라고 작게 물어보면 "280이요?"라며 큰 소리로 반문했고 그때마다 나는 주눅이 들곤 했다. 결국 나는 늘 똑같은 남녀 공용 운동화나 닥터마틴 신발을 사서 다 떨어질 때까지 신곤 했다. 나는 여전히 신발 사러 가는 일이 싫다.

하지만 놀라운 건, 내가 이 문제를 겪어온 지난 25년 동안 280 또는 290을 신는 여성들을 내가 많이 봤다는 사실이다. 그리고 신발 가게에서 살 수 있는 사이즈는 그때나 지금이나 거의 변한 게 없다. 시내 중심가의 몇 안 되는 저가 상점에서 이따금 280 신발을 팔긴 하지만, 영국에서 대부분의 여성화는 여전히 275까지밖에 나오지 않는다.

그런데 우리의 발 크기가 점점 커지고 있는 것은 분명한 사실이다. 2014년 족부 전문 의과대학College of Podiatry, CoP이 실시한 조사에 따르면, 영국인의 발은 점차 커져서 신발 사이즈 역시 1970년대보다 20밀리미터 커졌다. 그 결과 남성의 평균 사이즈는 270에서 290으로, 여성의 경우는 235에서 255로 올라갔다.[1] 이는 큰 신발 사이즈가 50년 전보다 흔해졌음을 의미한다. 만약 영국의 발 사이즈 분포가 미국과 비슷하다고 가정한다면 여성의 '평균(여성 인구의 95퍼센트)'은 225에서 280 사이가 될 것이다.[2] 그렇다면 280은 정상이다.

이 신발 사례는 별것 아닌 듯하지만 많은 것을 보여준다. 첫째, 정상적인 신체(신발 가게가 팔기로 결정한 사이즈를 포함해)란 평범할 뿐만 아니라 문화적 요인과 기대에도 부합한다는 것이다. 이 두 가지 측면은 정상적인 발 사이즈에 대한 우리의 생각에 영향을 미치는데, 그중 문화적 기대가 더 큰 영향력을 행사한다. 어쨌든 10대 시절의 내가 신발을 사면서 불편한 느낌을 받지 않았더라면, 내 사이즈를 요청했을 때 누구도 아무렇지 않게 대했다면 아마도 나는 내 발이 비정상적으로 크다는 생각을 하지 않았을 것이다. 결국 소비자 선택의 역사가 정상적인 신체에 대한 우리의 생각을 형성하는 데 중요한 역할을 해온 셈이다. 사람들이 자신의 옷을 스스로 만들어 입는 것이 일반적인 시대였다면 자신의 신체 사이즈를 다른 사람과 비교하는 것은 그다지 중요하지 않았을 것이다.

둘째, 신체 사이즈와 체형 변화에 대한 우려가 어떻게 우리가 인구 집단에 대해 가지는 보다 광범위한 두려움을 설명하거나 정당화했는가. BBC는 앞서 말한 CoP의 신발 사이즈 조사 연구를 보도한 기사에서 발 사이즈가 왜 더 커졌느냐는 논의를 하다가 '비만 유행성obesity epidemic'에 대한 설명으로 갑자기 건너뛰었다. CoP의 로레인 존스^{Lorraine Jones}가 "우리의 발이 신체 변화에 상응해 더 길어지고 넓어졌다"고 말했다면서, 이 말은 곧 "영국민의 신장과 체중이 늘고 있기 때문"이라고 기사는 해석했다. 그러나 CoP의 조사 연구가 신발 사이즈와 함께 신장 및 체중도 측정했는지는 확실치 않으며, 이들 사이의 연관성을 보여주는 어떤 명확한 증거도 제시되지 않았다. 그럼에도 기사는 큰 발이 신체 건강의 악화를 나타내는 하나의 징후라고 주장했다.

그런데 이는 사람들이 발에 맞지 않는 신발을 신어 발이 망가지는 것을 우려했던 CoP의 조사 연구 취지를 간과한 것이었다. 이런 식의 연관 짓기는 정상 신체의 역사에서 반복적으로 등장한다. 우리는 신체의 다양한 부분이 어떻게 인간 종의 퇴보나 국가 쇠퇴의 증거로 여겨져 왔는지, 어떻게 식민지 확대를 정당화하고 문명의 인종차별적이고 성차별적인 위계질서를 뒷받침해 왔는지를 이미 살펴봤다.

마지막으로, 우리가 우리 자신의 몸과 맺는 관계에서 의학이 해온 역할을 보여준다. 우리는 우리가 우리 몸의 일부라고 느끼는 동시에 또 별개의 존재라고 느낀다. 프랑스 철학자 폴 발레리의 지적처럼 우리는 우리의 몸에 대해 "마치 우리에게 속한 것처럼 말하지만, 우리에게 있어 몸은 전적으로 사물에 불과한 것이 아니고, 몸이 우리에게 속하기보다는 우리가 몸에 속해 있다."[3] 나는 그리스 의학과 중국 의학의 차이를 다룬 구리야마 시게히사의 흥미로운 의학 역사서에서 이 인용문을 우연히 처음 접했다. 구리야마는 인간의 몸을 해석하고 이해하는 방식이 상이한 의학 전통에 따라 어떻게 완전히 달라지는지를 보여준다. 서기 1세기와 2세기에 그리스 의사들이 인간의 몸에서 근육을 봤다면, 중국 의사들은 침술 체계의 침 구역과 혈 자리를 봤다. 구리야마에 따르면 심지어 당시 중국에는 '근육'을 가리키는 특정 단어조차 없었다.

이는 어떤 전통이 '옳은가'의 문제가 아니었다. 두 모델 모두 대부분의 인간 신체에서 외관상 드러나는 특징들에 기반하지는 않았다. 실제로 살에는 여러 유형이 포함되어 있음에도 이 시대의 의학 체계에서는 이를 구분하지 않는 것이 일반적이었다. 특히 그리스 의학은 매우 독특했는데, 무엇보다 그들의 해부학은 인간을 발가벗겨 묘사하고 과장하며 해부학적으로 근육이 존재할 수 없는 부분에까지 근육을 그려 넣었던 예술적 전통에 뿌리박고 있었다.[4] 우리가 우리 자신의 신체를 바라보는 방식은 우리가 정상성과 관련해 스스로 내리는 판단만큼이나 역사와 문화의 영향을 받는다.

아름다움이라는 신화

1945년 9월, 클리블랜드의 주요 신문《클리블랜드 플레인 딜러Cleveland Plain Dealer》는 '당신은 전형적인 여성, 노르마입니까Are you Norma, Typical Woman?'라는 경연 대회를 열었다. 참가자들은 자신의 신장, 체중, 가슴둘레, 엉덩이둘레, 허리둘레, 허벅지 둘레, 종아리 둘레, 발 치수를 제출해야 했다. 대회의 목적은 의사 로버트 L. 디킨슨과 조각가 아브람 벨스키가 1942년에 만든 조각상과 똑같은 여성을 찾는 것이었다.[5]

디킨슨-벨스키 조각상으로 알려진 '노르만Normman'과 '노르마'는 통계적 평균과 이상을 모두 반영하고 있었다. 미국인 남성과 여성 수천 명의 측정치를 토대로 제작되었으며, 따라서 곧 평균적인 미국인을 대표한다고 여겨졌다. 하지만 두 조각상은 모두 과도하게 편중된 표본에 기초했다. 즉 18~20세의 청년들 가운데에서도 신체가 탄탄하고 건강하며 대놓고 백인만을 표본으로 선택했다. 심지어 이 조각상 커플은 '미국 백인 원주민'이라는 제목하에 대중에게 전시되었는데, 마치 이는 표준적인 미국인이 백인이라는 연상을 불러일으키는 동시에 유럽의 식민지로 전락하기 이전부터 아메리카 대륙에 살고 있던 주민들을 역사에서 지워버리려는 것 같았다.[6]

거의 4000명에 달하는 여성들이 대회에 참가했으나 노르마의 신체 치수와 정확히 일치하는 사람은 단 한 명도 없었다. 우승자로 선정된 마사 스키드모어Martha Skidmore는 그저 신체 치수가 가장 비슷했을 뿐이었다. 평균이자 가장 미국적인 이상을 모두 보여준다고 생각됐음에도 인간으로서의 노르마는 완전한 허구로 판명되었다.[7] 이렇듯 노르마가 실존하지 않는다는 것이 밝혀졌지만, 유감스럽게도 이러한 사실은 표준적인 여성의 아름다움과 관련된 이상형들을 전복시키지는 못했다.

노르마 조각상이 나오기 훨씬 전부터 여성들은 외모와 관련해 남성과는 비교할 수 없을 정도로 극심한 압력을 받아왔다. 19세기에 정신병원 조사관들이 베들렘왕립정신병원Bethlem Royal Hospital을 방문했을 때, 그들이 퇴원 불허 의견을 내비친 환자들의 대부분은 부적절한 옷차림의 여성들이었다. 그렇다고 남성 입원 환자가 여성 환자보다 더 단정했다는 의미는 아니었다. 그저 남성들은 외모로 판단되는 정도가 여성들과 달랐을 뿐이었다. 당시 영국에서 여성이 머리를 길게 늘어뜨리거나 외출할 때 모자를 쓰지 않는 것은, 같은 행동을 하는 남성에 비해 정신 상태나 성격에 문

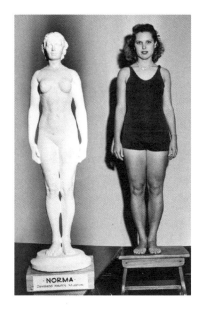

1945년, 평균적인 여성의 전형인 '노르마'와 가장 흡사한 사람을 찾는 대회의 우승자 마사 스키드모어가 노르마 조각상 옆에서 찍은 사진.

제가 있는 것으로 여겨졌다.

돌이켜보면, 나는 살면서 이러한 이중 잣대를 의식하지 않았던 적이 한 번도 없었다. 나는 1980년대에 성장기를 보냈다. 당시에 나는 소녀인 내게 부과되던 기대들이 내 남자 친구들에게는 나와 같은 방식으로 영향을 미치지 않는다는 사실을 알고 있었다. 세 살 때는 나름대로 이 문제를 해결하기 위해 내가 사라가 아니라 마크라는 이름의 남자아이라고 주장했다. 의류 중에 내가 가장 좋아하는 것도 보라색 타이였다. 물론 친구 폴이 훔쳐 가기 전까지였지만 말이다.

초등학교에 입학하기 전, 나와 내 가장 친한 친구는 의무적으로 입어야 하는 저 볼썽사나운 교복을 제외하면 다른 어떤 치마나 드레스도 입지 말자고 약속했다. 선생님이 교실에서 뭔가를 옮겨야 하니 '크고 힘센 소년들이' 자신을 도와줬으면 좋겠다고 말했을 때는 화가 치밀었다. 당시 우리는 여섯 살이었고, 그런 만큼 교실에는 소년들만큼이나 크고 힘센 소녀들이 많았기 때문이다. 그러다 여덟 살 때, 여자아이라서 축구를 하기에 적합하지 않다는 이야기를 학교에서 듣게 되자 내 좌절감은 내부로 향하기 시작했다. 나는 점점 더 소년이 되고 싶었다.

10대 때는 틈만 나면 침실 거울을 벽 쪽으로 돌려놓곤 했다. 나는 내 끔찍한 몸을 숨기기 위해 셔츠와 헐렁한 티셔츠를 여러 벌 끝도 없이 겹쳐 입었다. 하지만 당시가 마침 그런지 룩(grunge look, 60년대 히피 문화로부터 영향을 받은 패션 스타일로 낡고 해진 듯한 의상으로 편안함과 자연스러움을 추구함_옮긴이 주)이 유행하던 끝자락이었던 덕분에 아무도 그 사실을 알아차리지 못했다. 나는 20대에 들어서고 나서도 한참이 지나서야 젠더와 외모 간의 복잡한 관계가 내 삶에 어떤 영향을 미쳤는지 숙고하기 시작했다. 어쩌면 결국 비정상이었던 건 내 몸이 아니었을지도 모른다. 문제라면 아마도 세계가 여성을 대하는 방식이었을 것이다. 아니면 젠더라는 그 관념 자체였을지도.

1990년대 이후로 수많은 연구가 서구 세계의 여성들 사이에서 신체 불만족이 마치 '규범'처럼 고착화된 것을 보여준다.[8] 대부분의 여성들은 자신의 외모를 걱정하면서 평균(내 드레스 사이즈는 적절한가)과 이상(내 피부나 머리카락, 치아는 완벽한가) 사이 어디쯤엔가 위치하고 싶어 한다. 물론 남성들도 자신의 외모에 대해 걱정한다. 또한 이분법적 젠더 관념에서 벗어나지 않을까 두려워하는 사람도 많다. 여성으로 태어나지 않은 성들에게 여성적 외모에 대한 기대가 무엇보다 어려운 문제라면, 여성도 남성도 아닌(논바이너리) 정체성을 가진 누군가에게는 젠더에 기반한 태도가 풀기 어려운 문제로 보일 수 있다. 하지만 일반적으로 본다면 (이따금 불쾌감을 유발하긴 하지만) 외모는 여전히 젠더와 결부된 어떤 중요한 기준으로 작동하고 있다.

분명 프랜시스 골턴이 '미인' 실험의 대상으로 삼았던 것은 남성이 아닌 여성이었다. UCL의 골턴 컬렉션에는 '수동 계수기registrator' 한 벌이 지하 서랍 속에 조심스럽게 감춰져 있다. 내가 골턴의 '기괴한 미인 장갑 creepy beauty gloves'이라는 말을 꺼내자마자 큐레이터는 내가 말하려는 물건 이 뭔지 바로 알아차렸다. 이 재치 넘치는 가죽 장갑은 아무도 눈치채지 못하게 숫자를 셀 수 있도록 골턴이 직접 개조한 것으로 왼쪽 장갑의 엄 지에는 핀이, 손가락 네 개에는 펠트 천으로 만든 판 하나가 가로질러 덧 대져 있었다. 골턴은 펠트 판 위에 길고 가는 종이를 올린 다음, 다른 손가 락들로 핀을 눌러 아무도 눈치채지 못하는 사이에 자신이 본 것을 계속 셀 수 있었다. 골턴의 제자 칼 피어슨에 따르면 골턴의 신조는 "셀 수 있 을 때마다 세라"였다. 마치 애니메이션 〈세서미 스트리트〉의 카운트 백작 (백작과 세다는 같은 영단어 count를 쓰며, 카운트 백작은 세는 게 일이다_옮긴이 주) 처럼 말이다.[9]

골턴이 영국 전역의 여성을 대상으로 상대적인 미모를 점수로 매기겠 다고 결심했을 때, 이 기괴한 장갑은 진가를 발휘했다. 이 저명한 통계학 자는 여러 도시의 길모퉁이에 서서 여성이 지나갈 때마다 코트 주머니 속 에 집어넣은 손을 수상쩍게 움찔거렸다. 골턴은 자신이 본 여성의 미모를 매력적, 평범한, 혐오스러운 식으로 등급을 매겼다. 순전히 주관적인 이 연구를 기초로 골턴은 영국의 미인 지도를 만들고자 했지만 끝내 완성하 지는 못했다.[10] 어쨌거나 골턴은 자신의 고향 여성, 런던의 여성이 가장 아름다운 반면에 애버딘의 여성이 가장 혐오스럽다고 결론 내렸다. 바람 이 휩쓸고 지나다니는 어촌 항구 여성들의 행색보다는 런던 여성들의 머 리 모양, 화장, 옷차림이 같은 수도 거주자에게 더 매력적으로 보였다는 사실이 그렇게 놀랄 일은 아니다. 오히려 우리의 친애하는 프랭크(dear Frank, 골턴의 애칭_옮긴이 주)가 체포되지 않은 게 신기할 따름이다.

현대의 기준에서 보면 추잡한 행동이지만, 여성을 과학적으로 객관화하기 위해 직접 나섰다 해서 골턴을 비난할 필요는 없다. 그는 당시에 널리 퍼져 있던 관행대로 행동했을 뿐이다. 빅토리아 시대의 남성 과학자들은 아이를 낳고 기르는 장소인 가정이야말로 여성이 있어야 할 곳이라고 생각하는 경향이 있었다. 그렇다면 젊은 여성의 주된 역할은 남편을 유혹하는 것이었고, 그래서 여성의 미모는 진화적으로 유용한 수단이라 여겨졌다. 성 선택 이론에서 다윈은 여성의 아름다움이 인간의 결혼에서 중요한 역할을 한다고 보았다. 다윈은 "많은 세대를 거치는 동안 생식 경쟁에 나선 모든 남성에게 가장 매력적으로 보이는 여성들이 선택되어 왔다"고 말했다.[11] 기묘하게도 이러한 주장은 이 진화생물학자가 동물의 왕국을 묘사했던 것과는 정반대였다. 동물 세계에서 짝짓기 상대의 관심을 끌기 위해 형형색색 화려하게 치장하는 쪽은 오히려 수컷들이기 때문이다. 암컷 공작새는 아찔할 정도로 화려한 수컷 공작새를 선택할지도 모른다. 반면 인간 사회에서는 확실히 정반대의 일이 벌어졌다.

자신의 이론을 사회적 기대에 부응하도록 조정하기는 했지만, 다윈은 미의 보편적 기준 같은 것은 없다고 인정했다. 그는 세계의 다른 지역들에서 아름답다고 여겨지는 얼굴 모양과 피부색을 묘사하는 일에 오랜 시간을 할애했다. 하지만 그런 그에게도 유럽인들에게 매력적이라고 간주되는 특징은 전혀 설명이 필요 없을 정도로 명백해 보였다. 유럽인들이 무심코 언급하던 유일한 특징은 바로 여성의 긴 머리였다.[12]

긴 머리가 여성미의 기준이 된 것은 여행가이자 사회진화론자인 윌리엄 윈우드 리드William Winwood Reade 덕분이다. 그는 여성의 긴 머리가 보편적으로 선호될 뿐만 아니라 성선택의 결과이기도 하다고 주장했다. 즉

"긴 머리의 아내들이 계속 선택되는 과정에서 여성의 치렁치렁한 머리 타래가 만들어졌다."[13] 어쩌면 리드는 남성이 머리를 길게 기르거나 여성이 '치렁치렁한 머리 타래'를 짧게 자르는 일이 결코 불가능한 일이 아니란 것을 인식하지 못했을 수도 있다. 다윈처럼 그도 긴 머리를 하나의 사회적 표준이 아니라 생물학적 특성으로 봤다. 남성들은 '여성 신체의 우아함과 피부의 부드러움, 곡선의 기품이 경주마의 대칭성과 스피드, 정원화초의 화려함, 난초의 향기에 결코 뒤지지 않는 우리 인간의 창작물'이라는 것을 기억해야 한다.[14] 이처럼 완벽한 여성과 경주마를 길러내다니, 정말 남성들은 대단하지 않은가.

여성의 아름다움이란 무엇인가에 대해 당시의 저자들은 대단히 모호한 태도를 보였다. 하지만 그들이 제시한 사례들을 보면 그들의 미의식이 식민주의 시대에 발전한 인종적 차이의 위계질서에 기초하고 있었음을 알 수 있다. 예를 들어 다윈은 낮은 코가 아름답지 못하다고 생각했다. 문화역사학자 샌더 길먼Sander Gilman은 그러한 미적 태도가 18세기 말의 인류학적 연구들에서 비롯되었다고 지적한다.[15] 18세기 네덜란드 해부학자 페트루스 캠퍼Petrus Camper는 비지수와 안면각으로 아름다움을 측정하는 이론을 발전시켰다. 먼저 그는 이마에서 코를 따라 윗입술까지 선을 그린 다음, 이 선을 턱에서 시작한 수평선과 교차시켰다. 이에 따르면, 이 두 선이 100도의 안면각을 형성할 때 가장 아름다운 얼굴이 나왔다.[16]

이는 다시 고전 예술로 검증되었다. 로마 시대 조각 작품들의 안면각은 96도, 고대 그리스 조각상들은 완벽한 100도를 보였다(물론 캠퍼 자신도 그 조각상의 실제 모델들이 그렇게 정말 아름다웠을 것이라고는 생각지 않았다). 18세기 유럽인들의 안면각은 80도 안팎으로 완벽한 아름다움에는 미치지 못

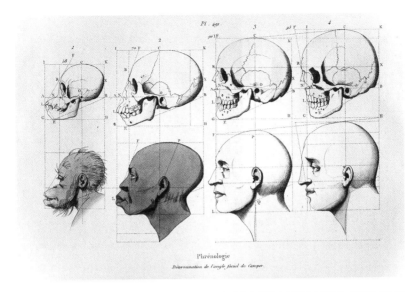

Phrénologie

Détermination de l'angle facial de Camper.

'아름다움'을 측정하기 위한 페트루스 캠퍼의 안면각이 진화의 인종적 서열을 보여주는 증거로 제시된다. 게랭Guerin의 《자연사와 자연 현상에 관한 그림 사전Dictionnaire pittoresque d'histoire naturelle et des Phénomènes de la nature》(1830).

했다. 그럼에도 캠퍼는 이러한 연구 결과가 근대 세계에서 유럽의 백인이 가장 아름다운 인종이라는 생각을 과학적으로 입증하는 것이라고 주장했다. 다른 인종들의 안면각은 훨씬 낮았기 때문이다.

그러다 보니 다윈이 문화에 따라 미의 기준이 다르다는 사실에 주목했음에도 다윈과 그 동시대인들 대부분은 인종에 기반한 위계를 얼굴 모양에 부여했다. 큰 눈과 계란형 얼굴, 높은 콧마루, 얇은 입술, 선명한 턱선은 아름다웠다. 서구 문명과 관련되었기 때문이다. 그러나 이러한 특징들을 근거로 서구 백인 여성이 그 밖의 다른 어떤 인종보다 아름답다는 것이 '증명'되었다고 주장하는 것은 순환 논리에 불과했다. 그렇지만 또다시 서구 유럽이 표준적인 기준이자 모든 것을 평가하는 잣대가 되었다.

이는 단순히 미적 이상에 관한 문제가 아니었다. 빅토리아 시대 사람들에게 아름다움이 중요했던 또 다른 이유는 성격이 얼굴에 나타난다고 생각했기 때문이다. 1775년에 스위스의 작가이자 철학자, 신학자이기도 했던 요하나 라바터가 시작한 골상학에 따르면, 얼굴 모양으로 개인의 기질을 알 수 있었다. 19세기 후반 무렵에는 얼굴 모양에 개인적인 성향뿐만 아니라 유전적인 경향도 드러난다고 여겨졌다. 예를 들어, 미국의 골상학자 새뮤얼 R. 웰스Samuel R. Wells는 인종과 계급에 대한 경직적 판단을 노골적으로 보여주는 다수의 여성 초상화를 제시했다.

여러 저서에서 웰스는 아름다운 여성의 대중적 아이콘으로 추앙받던 덴마크의 알렉산드라 공주(1863년에 빅토리아 여왕의 장남과 결혼했다)를 일반적으로 얼간이 취급을 당하던 켈트족의 후예임을 이름만 들어도 알 수 있는 샐리 머긴스Sally Muggins와 대비시켰다. 또한 정형화된 아일랜드인의 초상에, 마찬가지로 이름만 들어도 아일랜드인임을 알 수 있는 브리짓 맥브루저Bridget McBruiser라는 가명을 붙인 다음 서구 여성성의 이상으로 꼽히는 플로렌스 나이팅게일과 대조하기도 했다. 실물 사진보다 큰 눈, 둥근 뺨, 곧은 코를 가진 나이팅게일은 평평한 코와 사팔뜨기 눈, 푹 꺼진 뺨을 가진 맥브루저와는 현저히 다른 이상적인 여성의 얼굴을 하고 있다. 나이팅게일과 달리 맥브루저는 외면과 내면 모두 아름다움과는 대조적이며 "신체적으로나 정신적으로나 최하층의 삶을 산다. 거칠고 무례하며 무지하고 다듬어진 데라고는 찾을 수 없는 야만적 존재다."[17]

아일랜드인에게 경멸적인 태도를 보이는 사람이 비단 웰스만은 아니었다. 영국의 작가이자 사회개혁가인 찰스 킹즐리는 1860년 7월에 방문했던 아일랜드에 대해 "그 끔찍한 나라를 수백 마일 따라가며 여행하는

CONTRASTED FACES.

Fig. 747. - FLORENCE NIGHTINGALE.   Fig. 748.—BRIDGET McBRUISER.

새뮤얼 웰스의 《새로운 관상학New Physiognomy》(1867)에 실린 플로렌스 나이팅게일과의 노골적인 비교로 유명해진 브리짓 맥브루저의 풍자화.

동안 목격했던 인간 침팬지들이 뇌리를 떠나지 않았다"고 썼다. 비록 그들의 외모는 볼품없었지만, 킹즐리는 아일랜드 사람들이 영국의 지배 아래 "더 행복하고 더 나은 삶을 영위하며 더 안락한 숙식을 제공받았다"고 주장했다.[18] 다시 한번 신체적 열등함이 부유한 식민주의자들의 '자비로운' 지배를 정당화하는 근거로 여겨졌다. 그러나 이 식민주의자들은 그즈음의 대기근(Great Famine, 1845년부터 1852년까지 감자 역병으로 인해 치명적 타격을 입었던 아일랜드의 두 번째 기근_옮긴이 주) 동안 영국이 범한 정책 실패와 태만으로 수많은 아일랜드인이 빈곤과 기아 상태에 내몰렸다는 사실은 편리하게도 무시해 버린다. 킹즐리는 계속해서 직설적인 인종차별적

어조로 차라리 그 "침팬지들이 흑인이었다면 그렇게 강한 인상을 남기지는 않았을 것"이라고 말했다(아일랜드인은 백인 중에서도 유달리 희고 창백한 피부를 가진 것으로 유명하다_옮긴이 주).

어떤 모습이 아름답고 어떤 생김새가 정상인가를 둘러싼 우리의 사고방식은 확실히 빅토리아 시대 후반 이래로 바뀌었다. 우리 대부분은 우리가 경주마처럼 길러져 왔다거나 이상적인 안면각을 추구한다고 생각하지는 않는다. 아마도 대부분은 빅토리아 시대의 '신여성'처럼 합승마차 2층에 앉거나 머리를 짧게 자른다고 해서 논란에 휩싸이는 일은 절대 없을 것이라고 생각한다.

아름다움을 바라보는 문화적 관념 역시 변화해 왔다. 1999년, 인도는 미에 관한 한 전 세계 초강대국이 되었다. 인도는 1994~2000년간 미스 유니버스와 미스 월드에서 우승자를 다섯 명이나 배출했다. 남아시아에서는 새로운 미용 산업이 발전하기 시작했다.[19]

하지만 오늘날 미의 기준들은 여전히 백인의 신체 치수와 체형을 칭송하는 데 머물러 있다. 인도의 모델들은 '비쩍 마른 표준적인 백인 모델'처럼 보이기 위해 점점 더 말라가고 있다.[20] 세계 성형수술의 수도와도 같은 한국에서는 젊은 여성들이 얼굴을 '이상적인' 흰색으로 만들기 위해 미백에 집착하면서 미백 크림과 성형수술이 대형 산업으로 성장했다. 서구 세계 전역에서는 여성들이 (남성보다 훨씬 높은 비율로) 화장이나 성형수술, 다이어트를 통해 자신의 몸을 계속 바꾸는 중이다.

실제로 여러 연구에서 이러한 변화가 유색 인종 여성들에게서 두드러지게 증가하고 있음이 밝혀졌다. 그녀들은 자신의 어머니, 할머니가 그랬던 것보다 체형과 신체 치수에 더 많은 관심을 보인다.[21] 이상적인 백인의 머리카락처럼 곧게 펴지 않고 타고난 머리 모양 그대로 등교했다는 이유로 어린 흑인 여학생들을 집으로 돌려보내는 상황이 여전히 반복되고 있다는 사실은, 서구적 외모가 이상적이라는 식민주의의 유물이 아직도 곳곳에 스며들어 있음을 명확히 보여준다.[22] 과학적 인종차별주의가 백인 여성을 미의 기준으로 만든 것도 벌써 2세기 전의 일이다. 하지만 그러한 문화적 관행은 오늘까지도, 대개는 알아차리지도 못한 채로 계속 이어지고 있다.

비만과 정상

몇 년 전 나는 한 정신 건강 예술 모임과 함께 과학박물관의 전시물들을 관람객들과 같이 돌아보며 재해석하는 프로젝트를 진행한 적이 있다. 전시물들을 보며 서로 개인적인 경험을 나누었는데, 그중 피터라는 이름의 한 신사분이 영양과 건강을 다룬 전시실에서 했던 이야기가 오래도록 기억에 남았다.

피터는 한때 마라톤 선수였다며 자신의 이야기를 들려주었다. 항우울제를 복용하고 난 이후로 그는 급격히 살이 쪘다고 했다. 이제는 길거리에서 마주치는 사람마다 그를 외모로 판단한다고도 했다. 한번은 피터가 집으로 가는 기차를 기다리며 초콜릿 바의 포장을 뜯자, 전혀 모르는 사람이 "그거 '꼭' 먹어야 되는 거예요?"라며 대뜸 무례하게 꾸짖듯 물었다. 정거장에 숨을 헐떡이며 도착했을 때는 "다이어트 좀 하셔야겠어요!"라는 누군가의 의견도 들어야 했다.

피터의 이야기는 내 심금을 울렸다. 나 역시 항우울제가 내 신체 사이즈에 어떤 영향을 미쳤는지 잘 알고 있었기 때문이다. 과거 사진을 들춰 보면 내 외모만으로도 그때 어떤 약을 먹고 있었는지를 맞출 수 있을 정도다. 급격하게 체중이 늘고 얼굴이 부어 있다면? 미르타자핀 때문이다. 체중이 급격히 빠지고 피부에 부스럼이 올라왔다면? 고마워해야 하는지 모르겠지만, 그건 레복세틴 때문이다.

동네 주치의가 불면증에 도움이 될 거라며 내게 처음 미르타자핀을 처방했을 때, 그는 흔히 체중이 증가하는 부작용이 있지만 "운동하고 건강식을 먹는다면 괜찮을 거예요"라고 대수롭지 않은 듯 말했다. 나는 열아홉 살 이후로 마치 종교라도 되듯 독실하게 따라 해 오던 비디오 운동을 줄곧 빼놓지 않고 챙겼으며(나는 습관을 중시하는 사람이다), 20대의 런던 사람이라면 할 법한 어딘가 애매한 구석이 있는 균형식을 유지했다. 그랬는데도 체중이 12.7킬로그램가량 늘었다. 향정신성 약물들은 항우울제보다 체중 증가 폭이 훨씬 더 컸다. 이상한 것은, 내가 이러한 부작용을 알고 있었음에도 피터의 말을 듣고서야 비로소 체중이 개인의 의지와 무관한 요소에 좌우될 수도 있다는 사실을 확실히 인식하게 되었다는 것이다. 나는 뚱보라는 소리를 귀에 못이 박이게 들으며 자랐다. 서구 사회는 이런 식의 낙인찍기가 넘쳐나지만, 실제로는 낙인찍고 있다는 사실을 알아차리지 못하는 경우가 대부분이다.

어쩌면 여러분은 이런 질문을 할지도 모른다. 대체 뚱뚱한 것과 정상적인 것이 무슨 관계가 있지? 글쎄, 아무 관련이 없을 수도 있고, 모든 면에서 연관되어 있을 수도 있다. 서구 사회에서 비만인을 대하는 태도는 지난 200년간 현저하게 변했다. 뚱뚱하다는 것은 18세기에는 흔하지 않았지만 바람직한 모습(부의 표식 중에 하나)이었다. 오늘날에는 흔하지만 바람직하지 않은 모습(질병의 징후 중에 하나)으로 여겨진다. 이 두 경우 모두에서 '비만'은 그 용어를 어떻게 정의하느냐에 따라 정상으로도 비정상으로도 생각될 수 있다.

날씬함을 대하는 태도 역시 변했다. 빅토리아 시대의 여성에게 가는 허리(코르셋으로 조이면 만들어낼 수 있는)는 바람직하지만 수척한 얼굴은 질병이나 빈곤을 암시했다. 오늘날 마르고 탄탄한 몸은 성공의 상징으로 여겨지지만, 자기 열정 하나만으로도 너끈히 살아갈 수 있는, 그래서 자신을 먹여 살려줄 부양자가 필요 없는 유능한 비즈니스 여성이 아닌 다음에야 이룰 수 없는 신화일 것이다.

오늘날 '정상 체중'에 대해 이야기할 때, 우리는 평범한 것보다는 어떤 이상적인 것을 떠올리는 경향이 있다. 그렇다면 적정 체중이란 실제로 어떻게 결정되는 걸까? 체중에 대한 통계적인 연구는 아돌프 케틀레까지 거슬러 올라간다. 특히 오늘날 신장에 따른 건강 체중을 확인하는 데 광범위하게 상용되는 BMI 지수는 케틀레가 1832년에 고안한 방정식에 기초한다. 그래서 수십 년간 케틀레 지수로도 알려졌다. 케틀레는 인구 집단 전반에 걸쳐 나타나는 신장과 체중의 관계를 비교하기 위해 킬로그램으로 환산한 몸무게를 미터로 환산한 키의 제곱으로 나누었다. 그의 관심사는 비만도가 아니라 인간 발달이었다. 그의 문서 보관고에는 그가 자신의 손녀들의 신장과 체중을 매년 측정한 서류철이 그대로 보존되어 있다. 그는 나이에 따른 기대 신장과 체중이 어떻게 달라지는지를 알고 싶었다.

케틀레는 성인기에는 나이가 들수록 체중이 늘다가 어느 시점에 다다르면 노화로 체중이 줄기 시작하는 것이 자연의 이치라고 생각했다. 설령 그렇더라도 이 통계학자가 평균을 내기 위해 사용한 수치는 변동이 엄청 났다. '건강해 보이는 개인들의 체중을 극단 값을 기준으로 살펴보면' 남성은 49.1킬로그램에서 98.5킬로그램, 여성은 39.8킬로그램에서 93.8킬로그램 사이에 위치했다.[23] 상단과 하단의 극단 값들이 평균에서 분명 멀리 떨어져 있었지만, 이 극단에 위치한 남성과 여성 역시 '건강해 보인다'고 묘사됐으며, 그에 따라 정상적인 체중을 가진 것으로 여겨졌다.

오늘날 케틀레 지수가 활용되는 방법에 따르면 케틀레의 실험 대상자들 모두 건강하다는 판정은 받지 못할 것이다. 신장이 가장 큰 여성이 몸무게도 가장 많이 나갈 것이라는 가정하에 172.72센티미터 여성의 BMI 지수를 계산할 경우 31.3으로 오늘날의 기준으로는 공식적으로 비만에 해당하기 때문이다. 하지만 케틀레는 비만이라고 결론 내리지 않았다. 그렇다면 이렇게 케틀레의 공식을 건강한 체중과 연관 짓는 방식은 어디에서 비롯되었을까?

1세기도 훨씬 지난 1972년, 케틀레 지수는 한 연구자 집단에 의해 체질량지수라고 재명명되면서 대중화되기 시작했다.[24] 아울러 이 새로운 명칭은 케틀레 공식의 목적 또한 바꾸어버렸다.

케틀레의 방정식은 개별 인간을 판단하려던 게 아니라 대규모 데이터 집단들을 비교하려는 의도로 만들어졌다. 그러나 '체질량'이라는 용어를 사용함으로써 앤셀 키스와 동료들은 케틀레의 방정식을 개인의 신체를 설명하는 요소로 둔갑시켰다. 그때부터 체질량지수라는 잣대는 신체 건강을 나타내는 가장 대중적인 방식이 되었으며, 건강의 정의가 계속 변해왔음에도 대개는 체중이 가벼울수록 좋다는 경향이 생겨났다. 처음 도입됐을 때는 BMI가 $20\sim30(kg/m^2)$이면 건강하다고 여겨졌다. 하지만 오늘날에는 크게 줄어서 BMI가 18.5~25(kg/m²) 사이에 들어야 건강하다고 여겨진다.

그러나 이러한 변화가 발생하기 위해서는 뭔가 상당한 사고의 전환이 필요하다. 1832년만 해도 인구 집단들을 설명하는 척도였던 체질량지수는 1972년 건강체중지수로 바뀌었다. 어떻게 이런 일이 벌어졌을까? 정상 체중이란 무엇이며, 건강과 관련이 있는지 결정하는 것은 무엇일까? 여기에는 문화적 기대의 변화가 상당한 역할을 했다.

뚱보를 조롱하는 문화사를 연구해 온 에이미 어드만 패럴Amy Erdman Farrell이 보여주듯이, 뚱뚱한 사람을 가리키는 부정적인 수사구들은 과체중과 건강 사이에 어떤 관련성이 생기기 훨씬 오래전부터 존재했다. 그러다 실제로 완전한 반전이 일어났다. 빅토리아 시대 후반으로 가면서 과체중이 건강하지 않은 상태로 보이게 됨에 따라 뚱뚱한 사람은 게으르고 탐욕스러우며 야만적이라는 기존의 고정관념들이 새로운 의학적 신체 건강 모델 속으로 섞여 들어갔다.[25]

오늘날 비만은 종종 빈곤에서 비롯된 열악한 식단을 연상시킨다. 이러한 연상 작용은 건강한 음식일수록 보통은 더 비싸다는 생각에서 비롯되는 것처럼 보인다. 또한 게으른 카우치 포테이토(couch potato, 온종일 소파에 앉아 감자 칩을 먹으며 TV만 보는 사람_옮긴이 주)라는 불쾌한 고정관념 역시 널리 퍼져 있다. 해리 엔필드의 1990년대 코미디에서 음식이 묻은 더러운 옷을 입고 소파에 파묻혀 소일하던 얼간이 웨인과 웨이네타 커플을 생각해 보라.

19세기 후반에 비정상적인 신체 사이즈와 결합된 부정적인 고정관념은 대개는 부유한 신흥 중간 계급에 형벌이라도 되듯 덧씌워지곤 했다.

새로이 얻게 된 부를 어떻게 누려야 할지 몰랐던 신흥 벼락부자들의 허리 둘레는 점차 굵어졌다. 적어도 소위 날씬한 상류층은 그렇게 생각했다.[26] 대조적으로 의사들은 사람의 수명을 놓고 볼 때 체중 증가는 자연스러운 일이라는 생각을 고수해 왔다. 당시에는 결핵 같은 소모성 질환이 흔했기에 체중이 는다는 것은 일반적으로 건강하다는 신호로 해석됐다.

미국의 내과의 사일러스 위어 미첼은 1877년에 출간한 흥미로운 제목의 《지방과 혈액 그리고 그것들을 만드는 방법Fat and Blood and How to Make Them》에서 신경 질환에 휴식 처방을 내리며 유명해졌다. 미첼은 "지방의 증가는 항상 혈액의 증가를 동반한다"면서 결국 지방의 증가는 건강해진다는 것을 의미한다고 주장했다. 따라서 신경 증상을 치료하기 위해서는 지방과 혈액을 증가시켜야 한다며 강제로라도 침대에 누워 안정을 취하고 우유를 꾸준히 섭취하라고 제안했다.[27]

체중에 대한 부정적 태도가 늘어나면서 중간 계급 사람들은 자신의 신체 사이즈에 점점 더 많은 관심을 가지게 됐다. 1880년, 다이어트 권위자 윌리엄 밴팅은 비만에 대한 대중의 우려를 이용해 자신의 다이어트 플랜을 알렸다. 밴팅은 "살이 찌더라도 먹고 마시고 자는 데 전혀 문제가 없고, 통증이 느껴지지 않으며, 특정 장기에 질병이 없다면, 유능한 사람이 아무리 뭐라고 한들 소용이 없는 것 같다"고 푸념했다.[28] 의사들은 병리적 증상이 없다면 그것이 곧 건강하다는 증거라고 생각했다. 하지만 밴팅은 동의하지 않았다. '밴팅 다이어트'는 빅토리아 시대 후반 영국에서 대유행했다. 100년쯤 후에 등장하게 될 애킨스 다이어트의 빅토리아 시대 버전이라고 할 수 있는 밴팅 다이어트는 주로 고기를 먹었고, 애킨스 방식보다는 레드와인에 좀 더 너그러웠다.

20세기 전환기의 새로운 다이어트 산업은 정상적인 외모에 대한 강박이 점차 증가하는 상황을 이용했다. 19세기 말부터 급증하기 시작한 다이어트 알약과 치료법들은 1920년대에 특히 인기를 끌었으며, 마르고 가슴이 밋밋한 여성의 신체가 뉴 노멀로 부상했다. 당시의 다이어트 제품 광고들은 뉴 노멀에 적합한 몸을 가지고 싶다는 소비자의 욕구를 자극했다. 1878년, 앨런Allan의 안티팻Anti-fat은 광고를 통해 '비만은 비정상적 상태'라고 경고하면서 안티팻을 복용하면 체내에서 음식물이 지방으로 전환되는 것을 막을 수 있다고 주장했다.[29] 한편 1914년에 발매된 매직 피겨 몰드 가먼트Magic Figure Mold Garment는 '정상적인 상태로 줄여드립니다'라고 약속하면서 '만약 당신이 뚱뚱하거나 … 당신의 체형이 어쨌든 비정상적이라면 기적의 체형 보정 의상인 매직 피겨 몰드 가먼트가 필요하다'고 선전했다.[30]

전간기(제1차 세계대전과 제2차 세계대전 사이의 시기_옮긴이 주) 때 의료계 전문가들도 비슷한 의견을 피력하기 시작했다. 1936년 의학박사 윌리엄 하워드 헤이William Howard Hay는 "수박처럼 불룩한 몸매는 최고의 피조물을 창조하려던 신의 계획과는 거리가 멀다"며 주의를 촉구했다. "비만은 전혀 쓸모없는 것이니만큼 비만이라는 질병의 피해자 역시 정상과 거리가 먼 존재로 여겨야 한다."[31] 이제 비만은 병이 없더라도 건강하지 못한 비정상적 신체를 정의하는 새로운 방식이 되었다.

비만에 대한 이러한 혐오는 계급뿐만 아니라 인종에도 고착화되었다. 1896년 미국 패션 잡지 《하퍼스 바자》는 "미국 여성들이 앙상하게 야위었는가?"라고 자문한 뒤에 그렇지 않다고 답하면서, 호리호리한 몸매는 미국 백인이 가지는 긍정적인 특성이며, 이에 반해 '억세고 비대하고 넘

복용 '전'과 '후'를 비교한 삽화를 넣은 19세기 후반 앨런의 안티팻 광고. 왼쪽엔 가슴이 크고 뚱뚱한 부인을, 오른쪽엔 소녀 같은 인물을 배치해 체중이 감소하면 신체의 균형미도 증가한다고 암시한다.

쳐나는 살집'은 미개한 아프리카인들 사이에서나 매력적으로 비춰지는 특성일 뿐이라고 결론내렸다.[32] 사회학자 사브리나 스트링스Sabrina Strings가《흑인 신체 공포증Fearing the Black Body》에서 주장하듯 18세기와 19세기 초반의 '인종 과학'은 신체적 차이, 주로 신체 사이즈에 초점을 맞춘 새로운 분류 체계에 따라 유럽인과 아프리카인의 신체를 묘사했다. 인종별로 신체 사이즈와 체중이 다르다는 이러한 주장은, 소위 폭식을 이성에 반하는 행위로 묘사함으로써 아프리카인들의 노예화를 뒷받침하는 데 이용됐다.

1837년에 프랑스 박물학자 쥘리앵-조제프 비레Julien-Joseph Virey는 흑인들이 "우둔해 보이며, 맛있는 음식을 찾아 먹는 것 말고는 아는 게 없다. 늘 뭔가를 소화시키느라 바빠서 생각이란 걸 할 수 없게 된다"고 주장했다.[33] 비레는 19세기 초반 과학계에 광범위하게 퍼졌던 인류학적 '다원 발생설'을 지지했다. 즉 비레는 서로 다른 인종은 서로 다른 조상에서 나왔다고 생각했다.

인간이라는 종은 하나의 공통 조상에서 기원했다는 '일원 발생설'이 진화 과학의 주류 이론이 된 뒤에도 이 같은 다원 발생론자들이 만들어놓은 당시의 인종 구분은 계속해서 높은 인기를 누렸다. 그런 탓에 남아프리카의 이른바 호텐토트족처럼 18세기에는 여행자들이 호리호리하다고 묘사했던 종족들조차 19세기에 들어 '비만'이 '미개한' 속성으로 강조됨에 따라 뚱뚱한 집단으로 재분류되기도 했다.[34] 그렇다면 누군가의 비만 여부는 당사자의 실제 신체 사이즈와 체형이 아니라 어떤 집단에 속하느냐에 따라 달라질 수 있었다. 결국 비만이란 체중계의 실제 눈금만큼이나 인종, 계급, 권력, 통제를 둘러싼 문제였다.

그러면 의사들은 비만인지 아닌지를 어떤 기준으로 판단했을까? 이는 처음부터 전적으로 다른 사람들과의 비교에 기초했다.

이제 막 성장하기 시작한 보험 산업의 도표들 속에 정상 사이즈가 처음 등장했을 때, 이 치수는 해당 사회 시민들의 평균 체중으로부터 산정되었다. 보험 회사들의 최대 관심사는 개인의 건강이 아니라 당연하게도 경제적 성과였다. 이들이 개인의 체중, 신장, 혈압으로 도표를 만든 목적은 잠재적으로 사망 위험이 보다 큰 사람들이 생명보험에 가입하지 못하도록 배제하고, 상대적으로 보험금을 청구할 가능성이 적은 사람들에게는 보험료 할인으로 보험 가입을 유도하기 위해서였다. 보험사의 입장에서는 수익만 창출할 수 있다면 고위험 개인의 상당수가 저위험 개인보다 실제로 더 빨리 사망하지 '않는다'는 사실은 중요하지 않았다. 대량의 데이터를 수집하는 데 보험 회사들이 도움이 되었고, 덕분에 의료계는 그 수치들을 통계적 기초로 삼아 의료 지침을 만들어냈다. 초기의 정상 체중표는 인구 전체에서 같은 신장을 가진 다수의 평균을 보여주는 것처럼 활용되었지만, 실제로는 당시에 백인이 압도적인 다수를 차지했던 생명보험 상품 구매자들의 평균에 지나지 않았다.

미국 최초의 정상 체중표는 1912년 메트로폴리탄 생명보험사가 작성한 것으로, 이후 수십 년간 의사와 간호사, 영양사들이 이 표를 사용해 왔다. 이미 1891년부터 상점에서 체중계를 구매할 수 있었지만, 체중계가 개별 가정에 등장하기 시작한 것은 정상 체중표가 출간된 즈음부터였다.[35] 메트로 보험사는 1942~1943년 신규 데이터를 발표하면서 400만 보험 가입자의 수명을 토대로 산출된 평균 체중을 '이상적' 체중으로 치환시켰다.

하지만 메트로 보험사의 연구원들은 한 가지 문제에 부딪혔다. 어떤 수단을 동원해도 데이터가 정규분포를 구성하지 못했기 때문이다.[36] 그러다가 데이터를 젠더, 나이, 신장뿐만 아니라 세 가지 상이한 체형 사이즈로 분류하자 마침내 데이터들이 정규분포를 이루었다. 이는 정규분포라는 관념이 얼마나 강력한 영향력을 행사하고 있었는지를 보여준다. 데이터는, 비록 그 범주들을 조작하는 한이 있더라도, 정규분포 모델에 부합할 때만이 설득력을 발휘할 수 있었다!

일반인 또는 그들의 주치의가 어떤 식으로 신체 사이즈를 범주화하려고 했는지는 확실치 않았다. 하지만 어쨌든 결과적으로는 범주가 사람들에 맞춰 구성된 것이 아니라, 사람들이 보험 회사 데이터가 만들어낸 범주들에 끼워 맞춰져야 했다. 이는 데이터 수집에 포함된 사람이건 아니건

간에 모두에게 해당됐다. 즉 흑인이든 히스패닉계 미국인이든 백인의 신체를 기준으로 만들어진 평균에 따를 수밖에 없다는 것을 의미했다.

1950년대부터 체중과 건강에 대한 의학적 우려가 크게 높아졌다. 정상 체중과 정상 혈압 간에 깊은 관련성이 있다는 주장들이 여기저기서 제기되었기 때문이다. 1959년, 미국 보험회계사협회는 '체격과 혈압 연구'를 실시해 체중과 혈압 간의 관련성을 조명했다. 서구 세계 전반에 큰 영향을 미친 이 연구는 490만 명의 보험 가입자를 대상으로 한 대규모 조사를 기초로 비만과 고혈압이 높은 사망률과 깊은 관련성이 있다고 주장했다.

체중과 혈압, 사망률 간에 연관성이 있다는 주장이 이때 처음 제기된 것은 아니었다. 실제로 1959년의 연구는, 최근 몇 년 사이에 비만과 고혈압으로 인한 사망자가 늘어났으며 이러한 요인들 사이에 관련성이 있다는 확신이 들어서 연구에 착수하게 되었다고 서론에서 밝히고 있다.[37] 이 연구를 통해 생성된 데이터들은 그 후 수십 년에 걸쳐 건강한 신체 사이즈라는 관념을 형성하는 데 일조했다. 하지만 이러한 연구에도 불구하고 과체중의 정의는 또다시 평균을 기초로 산출되었다. 즉 체중이 평균보다 10퍼센트 이상 더 나가면 과체중으로, 20퍼센트 이상 더 나가면 비만으로 정의되었다.

체질량지수는 단순하고 객관적인 계산 방법을 모두에게 적용함으로써 평균을 제거할 의도로 고안되었다. 앤셀 키스는 체질량지수가 뚱뚱함과 관련해 계속 제기되고 있는 부정적 평가들을 강조하게 되면 '역겹고 불쾌한' 비만을 제거하는 데 도움이 될 것으로 생각했다.[38] 그러나 BMI가 럭비 선수 같은 특정 운동선수들의 신체를 제대로 평가할 수 없다는 것은 잘 알려진 사실이다. BMI를 산정하는 단순한 계산법으로는 근육과 지방을 구분할 수 없기 때문이다. 또한 흑인이 백인보다 근육량이 많고 골밀도가 높은 경향을 보인다는 점도 고려할 수 없다.[39]

앞선 지수들과 마찬가지로 BMI 역시 건강 상태를 나타내는 최종적이고 완벽한 척도는 아니다. 이를테면 BMI로는 우리의 체력 수준이나 상황을 측정하지 못한다. 메트로 보험사의 체중표에서 과체중으로 나온 사람 중에는 정상 체중의 사람들보다 사망 위험률이 훨씬 높은 경우도 있었지만 그렇지 않은 경우도 꽤 있었다. 비슷하게 BMI로 비만 판정을 받은 사람 중에 건강하지 않은 경우가 있다고 해서 비만하다고 다 건강하지 않은 것은 아닐 것이다. 2003년에 실시된 한 연구에 따르면, 흑인 여성의 경우 BMI가 37에 도달하기 전까지는 기대 수명이 감소할 정도의 유의미한 위험이 발생하지 않는 것으로 나타났다.[40] 그러나 마른 백인을 이상적인 기준으로 삼는 이 특수한 정상성의 역사는, 수 세대에 걸쳐 얼마나 많은 사람이 자신의 신체가 문화적으로 결정된 특정 기준에 부합하지 않는다는 이유로 낙인찍히고 비난당해 왔는지를 보여준다.

XS보다 작은 사이즈

나는 옷 사기가 너무 어렵다고 친구들이 투덜대는 소리를 지금껏 평생 들어왔다. 한 친구는 평균보다 두꺼운 종아리 때문에 무릎 위로 올라오는 부츠를 살 수 없었다. 또 다른 친구는 바지를 살 때 지나치게 큰데도 항상 허리 사이즈를 두 사이즈 올려 사곤 했는데, 정 사이즈의 바지는 너무 짧아서 발목 근처에 오지도 않았기 때문이다. 중심가 상점에서 파는 의류에 대해 소매 폭이 좁다거나 가슴 부분이 작아서 꽉 낀다며 "가슴이 밋밋한 10대나 입을 옷!"이라며 불평하는 친구도 있다. 옷 한 벌을 만드는 데 여러 부분의 신체 치수가 필요하지만, 그중 한 부분이라도 우리에게 딱 들어맞는 옷을 발견하기란 하늘의 별 따기 같다.

소비자 사회의 도래는 '정상' 사이즈 되기라는 과제를 더욱 달성하기 어렵게 만들었다. 19세기 이전에 대부분의 사람들은 자신이 입을 옷을 직접 만들거나 자신의 몸에 맞도록 맞춤옷을 해 입었다. 1880년대 런던, 해부학자의 딸 지넷 마셜Jeanette Marshall은 댄스파티나 행사용 드레스를 만들고 고치고 꾸미느라 하루의 대부분을 바느질하며 보냈다.[41] 심지어 1918년 버지니아 울프는 언니 바네사가 '램프 불빛 아래에 앉아 묵묵히 드레스 바느질을 하느라' 자신과 로저 프라이의 찰스턴 공연에 오지 않았다고 불평하기도 했다.[42]

대중을 상대로 한 대량 상품 시장은 우리에게 기성복이라는 편의성을 가져다주었지만, 그로 인해 우리는 개인에 옷을 맞추는 것이 아니라 옷에 개인을 맞춰야 했다. 기성복은 많은 옷이 필요했던 군대에서 제복과 함께 시작되었다. 장교들은 표준 사이즈가 제시되자 불만스러워했다. 미군 대령이었던 조지 크로간George Croghan은 1831년 8월에 작성한 보고서에서 "앞선 보고서들에서 여러 번 언급했지만 또다시 말하자면 병사들에게 지급된 군복 바지의 대부분이 너무 작고 짧다"며 불평했다.[43] 그럼에도 기성복은 편리했으며, 불평이 자자했던 바로 그 군대 치수 통계치를 활용해 제작된 남성용 코트와 양복 등도 쉽게 구매할 수 있게 되었다. 1847년 무렵 파리에는 기성복 제조 업체만 233개에 달했다. 뉴욕의 경우 헨리 브룩스가 1818년 설립한 브룩스 브라더스에서 1849년에 기성 신사복을 처음 선보였다.

역사가 로버트 로스Robert Ross에 따르면, 이러한 기성복이 인기를 끌 수 있었던 것은 대부분 마케팅 덕분이었다.[44] 1860년에 제작된 홍보 책자에서 런던 기업 E. 모지스 앤드 선E. Moses and Son은 자신들이 '새로운 기성복 시스템을 마련한 런던 최초, 아니 어쩌면 세계 최초의 의류 회사'라고 주장한 업체 중 하나였다. 이러한 광고는 기성 신사복과 기술 진보를 연결함으로써 발 빠르게 움직이는 현대인의 삶에 호소하고자 했다. 예컨대 "옷 맞추는 속도, 요즘은 기차 여행만큼 빠릅니다"라고 광고하는 식이었다. 필시 과장이긴 했지만 E. 모지스는 영국 남성의 80퍼센트가 기성복을 구매하고 있다고 주장했다(실제로는 '인구 중 80퍼센트'라고 했지만, 어쨌든 남성이 기준이었다).[45]

서구식 의류는 전 세계로 빠르게 퍼져나갔다. 로스는 1880~1950년 사이에 "아프리카 대륙의 절반이 완전히 새로운 옷으로 갈아입었다"고 주장한다.[46] 시에라리온과 가나, 나이지리아의 일부 도시 주민들은 1860년대부터 런던의 재단사들에게서 슈트와 프록코트를 구매해 왔다. 그랬던 이들 나라에서도 기성복 수요가 증가했다. 다른 지역에서도 전통 의상이 신사복으로 대체되었다. 1872년, 일본 정부는 남성 공무원들에게 서구식 의상을 의무적으로 착용하도록 했으며, 이후 이러한 조치는 사업계와 학교로 빠르게 확산됐다. 한편 터키에서는 1925년, 새로운 터키 건국의 아버지라 불리는 케말 아타튀르크가 "문명화된 국제적 의상이야말로 우리 국민에게 어울리고 적절하다. 따라서 이제 우리 터키 국민은 서구식 의상을 입을 것이다"라고 선포했다.[47] 이제 슈트는 사이즈별로 생산

되었을 뿐만 아니라 지구적 표준이 되었다.

흥미롭게도 여성의 의상은 여전히 나라별로 다양하게 유지되었다. 똑같은 모양의 쓰리 피스 슈트를 입는 남성의 수가 증가한 데 반해 일본 여성들은 여전히 기모노를 입었으며, 인도 전역에서는 사리가 여전히 인기를 누렸다. 유럽에서는 20세기 중반까지도 많은 여성이 손수 집에서 만든 의상을 입거나 재단사가 맞춘 옷을 입었다. 체스터시가 1944년에 실시한 조사 결과에 따르면, 많은 여성이 자신의 드레스와 뜨개옷을 여전히 직접 만들거나 양장점에 돈을 내고 맞춰 입고 있었다.[48]

노르마는 바로 이즈음에 등장했다. 1940년에 가정경제국이 수집한 백인 미국 시민 14만 698명의 신체 치수를 토대로 1945년에 만들어진 노르마는 평균적인 미국인을 형상화한 조각상으로, 여성 기성복에 적합한 최초의 표준화된 사이즈 체계를 구성하기 위해 제작되었다.[49]

최종 보고서에 따르면, 측정 가능한 58개의 인체 치수 중에서 표준 사이즈를 만들어내려면 정확히 어떤 치수를 선택해야 하는가를 두고 많은 고민이 있었으나 '체중과 신장, 가슴둘레, 허리둘레, 엉덩이둘레'에 집중하기로 결정되었다. 이는 다른 신체 부위 치수에 차이가 없어서가 아니라, 어쨌거나 '허벅지에서 가장 두꺼운 부분은 여성이 옷을 다 입은 채로 치수를 측정하기에 불편한 부위'라는 판단 때문이었다.[50] 가슴과 허리, 엉덩이는 여성 의류 사이즈를 표준화하는 핵심적인 인체 측정 부위가 됐고 오늘날까지도 그렇다. 만약 여러분이 나처럼 허리 부분은 헐렁해도 허벅지는 꽉 끼는 바지들을 살 수밖에 없는 경험을 한 번이라도 해봤다면 사이즈가 이런 식으로 결정됐다는 사실에 좌절감을 느낄지도 모르겠다.

1950년대부터 대량 생산이 의류의 표준적인 생산 방식으로 자리 잡으면서 노르마 측정치들은 미국 여성을 대상으로 한 보다 광범위한 연구로 대체됐고, 그에 따라 여러 가지 상이한 체형별로 8에서 38까지를 아우르는 기성복 사이즈 체계가 만들어졌다(하지만 체격과 혈압에 관한 연구들에서 그랬듯이 사람의 체형이 다양하다는 개념은 지난 몇 년간 불가사의하게도 사라져 버렸다). 이는 여성의 신체가 모든 사이즈별 특정 평균치들의 집합에 들어맞아야 할 뿐만 아니라 정상적인 신체 사이즈의 최대 한계치, 즉 시중에서 구매할 수 있는 최대 사이즈 또한 정해졌다는 것을 의미했다.

이렇게 정해진 사이즈 숫자들은 상당히 자의적인 면이 있었다. 하지만 여성들이 이 숫자를 해석하는 데 익숙해지면서 의류 제조업자들은 치수가 같더라도 사이즈 표기 숫자가 작은 옷이 좀 더 인기 있다는 사실을 깨달았다. 그 결과 각 사이즈가 제공하는 실제 치수들이 커지고 공급자에 따라 상당한 차이가 생기기 시작하면서 이제는 제대로 된 표준 사이즈를 만들어보겠다는 생각조차 옛말이 되어버렸다.

당연히 나라에 따라서 의류 사이즈는 다르다. 2000년대 초반, 사람들이 제로 사이즈에 열광하고 있다는 기사를 보고 엄청 당황해하던 기억이 난다. 제로 사이즈는 여성의 신체 이미지를 악화시키고 섭식 장애를 증가시킨다는 이유로 비난받았다. 특히 2006년 우루과이 모델 루이젤 라모스가 사망하면서 제로 사이즈를 향한 비난은 더욱 커졌다. 영국 시내 중심가 상점에서 파는 의류의 가장 작은 사이즈는 8로 XS에 해당하며, 아주 가끔 XXS에 해당하는 6도 있다. 그래서 나는 이 제로 사이즈라는 것이 어디에서 나온 건지, 이렇게 작은 사이즈를 소화할 수 있는 사람이 대체 있기나 한 건지 이해할 수 없었다.

나중에 알고 보니 이따금 보였던 6 사이즈를 가리키는 것이었다. 미국에는 XXS에 해당하는 0~2 사이즈가 있다. 영국 여성의 평균 사이즈는 14로 L에 해당한다. 미국의 10, 독일의 40, 이탈리아의 46, 한국의 77이다. 의류 구매가 전 지구적으로 가능해진 시대에 스몰, 미디엄, 라지 등의 기준으로는 어떤 사이즈를 사야 할지 아무도 모르게 되어버렸다!

결국 노르마의 교훈을 잊지 말아야 한다. 노르마의 통계치는 의류 사이즈를 최초로 표준화해 보겠다며 수집된 평균에서 산출하여 만들어졌다. 하지만 결국 노르마 조각상과 치수가 일치하는 여성은 단 한 명도 없었다. L 사이즈 블라우스는 모두에게 맞도록 재단되지만, 그와 동시에 아무에게도 맞지 않는다. 그렇다면 여러분이 여러분 사이즈에 실제로 딱 맞을 확률은 얼마나 될까?

인간의 또 다른 매력들

1899년 1월 6일, 런던 올림피아에서 '항의 집회'가 열렸다. 집회를 연 사람은 애니 존스Annie Jones로, 그녀는 미국 버지니아주에 처음으로 정착한 이민자 가문 중 하나의 후손이자 바넘과 베일리가 창단한 '지상 최대의 쇼' 서커스단의 단원이기도 했다. 마침 서커스단이 1897년 전 유럽 투어를 시작한 이래로 두 번째 런던 공연을 하기 위해 와 있던 참이었다. 서커스단은 재주넘는 동물들, 공중 곡예와 승마 곡예를 비롯해 당시 유명세를 누리던 기형 인간 쇼를 선보이겠다고 선전했다.

애니는 '기형 인간들과 특별한 예술가들human abnormalities and specialty artists'이라는 이름으로 서커스 공연 중에 펼쳐질 쇼에 반대하는 일련의 결의안들을 준비해 왔다. 애니는 '기형freak'이라는 단어가 '섬뜩함fright'과 비슷한 감정을 불러일으킨다며 항의했다. 이 단어는 사람에게 적용되어서는 안 되었다. 존스는 만약 자신처럼 턱수염이 무성한 숙녀가 섬뜩한 존재라면 똑같이 턱수염이 무성한 남자도 섬뜩한 존재여야 마땅하다고 결론지었다. 하지만 자신처럼 근사한 턱수염을 가진 남자 중에 누가 자기 자신을 섬뜩한 존재라고 여기겠는가! 신문들은 집회에 참석한 사람 모두가 존스의 주장을 지지했다고 보도했다.

집회에 참여한 기형 인간 쇼 단원들은 기형이란 단어가 분노를 촉발했다면서 "운이 좋든 나쁘든 간에 우리는 누구나 다른 사람들보다 팔다리가 길거나 짧고, 머리카락 숱이 많거나 적으며, 몸통이 크거나 작다. 또한 체력적·정신적으로 강인하거나 약하기 때문에 기형이란 말은 부당하다"고 결론 내렸다. 애니는 이러한 저마다의 특징이 섬뜩하거나 비정상적이라기보다는 '인간의 또 다른 매력이자 변화의 촉진제'라고 생각했다. 더욱이 "보통 사람의 눈에 분명하게 드러나지 않더라도 특별한 자질을 타고난 사람도 있고, 또 그러한 자질을 정말로 높은 수준으로까지 발전시켜 탁월한 인물이 되는 사람도 있다는 것이 상식이다."[51] 결국 기형 인간의 기괴함이란 전적으로 관점의 문제에 불과하다.

신문에서 '기형들의 반란'이라고 명명한 집회가 개최된 그다음 주에 집회 참여자들은 대안적인 명칭을 표결에 부치고자 다시 모였다. 거의 12개에 달하는 단어가 물망에 올랐지만 '역설적인 사람paradox'과 '별난 사람curio' 같은 단어들은 대부분 각기 한 표씩밖에 얻지 못했다. '경이로운 인간human marvel'도 꽤 많은 표를 얻었지만 '비범한 인간prodigy'이 21표로 선두를 차지했다.[52] 이 두 명칭 모두 시위자들이 주장하고 싶었던 특별한 자질이라는 의미를 내포하고 있었다. 하지만 당시에는 둘 다 오늘날 우리가 생각하는 것보다 '기괴한'이란 느낌에 약간 더 가까웠던 것 같다. 지상 최대의 서커스 쇼는 기형 인간 쇼를 '불가사의할 정도로 기괴한 인간들의 유명 컬렉션'이라고 광고했다. 이 순회 서커스에서 '기형 인간들'은 재주넘는 코끼리들과 마찬가지로 자연의 신비라 불리며 전시됐다.

1840년대에 시작된 기형 인간 쇼는 20세기가 되고도 한참이 지나도록 인기를 누렸다. 장애학자 로즈메리 갈런드 톰슨의 설명처럼 기형 인간으로 태어나는 사람은 없었다. 기형 인간은 각색과 분장, 장사꾼의 능숙한 장광설, 정교하게 만들어낸 배경 설명과 전문가의 증언을 통해 '평범한 타자ordinary other'로부터 창조됐다.[53] 비정상적인 신체는 정상적인 신체만큼이나 맥락과 태도의 산물이었다. 선천적 차이와 후천적으로 꾸며낸 차이는 구별되지 않았다. 따라서 '팔이 없는 경이로운 인간'과 '문신한 숙녀'는 똑같이 기괴했다.

식민주의와 함께 당시 인기가 높아지던 진화론으로 인해 민족은 19세기 말, 기형 인간 쇼에서 정상과 비정상의 경계를 나누는 핵심 기준이 되었다.[54] 이를테면 '이집트 곡예사Egyptian juggler', '빙글빙글 돌며 춤추는 명상 수행자whirling dervishes', '머리를 흔드는 수단인head-swinging Soudanese'부터 '러시아어로 된 모험 이야기' 읽기를 좋아했던, 일명 개 얼굴을 한 소년 조조로 유명한 표도르 아드리아노비치 예프티체프Fedor Adrianovich Jeftichew까지 그 종류도 다양했다.[55] 전부 다 꾸며낸 것이라 할지라도 그 뒷이야기는 그들의 겉모습만큼이나 중요했다. 월드 서커스 사이드 쇼에서 멕시코의 '유카탄 쌍둥이'로 불렸던 핍Pip과 플립Flip은 사실 조지아주 출신의 제니 리 스노우Jenny Lee Snow와 엘비라 스노우Elvira Snow였다.[56]

진화 이론이 우세해지면서 서커스 포스터들은 이 불가사의해 보이는 존재들을 인간과 원숭이 사이의 '미싱 링크(missing link, 진화 과정에서 영장류와 인간 사이에 존재했을 것으로 추정되지만 그 화석조차 발견되지 않은 사라진 생물종을 뜻함_옮긴이 주)'이자 다윈주의를 대중에게 입증할 수 있는 살아 있는 증거라고 선전하기 시작했다. '지상 최대의 쇼' 공동 설립자 바넘은 '이것은 무엇인가'라는 제목의 막간 공연을 소개하면서 자신의 대리인들이 아프리카 여러 지역에서 발견해 낸 인류의 선조를 보여주겠다고 했다. 하지만 적어도 1877년부터 그 선조 역할은 장애인인 척하는 법을 터득한 한 흑인 미국인이 연기해 왔다.[57]

이러한 종류의 특별 쇼들은 과학적 인종주의를 이용해 유색인이 백인보다 덜 진화했다고 주장했다. 쇼에는 탐험가와 선교사, 과학자들이 미국과 유럽으로 실어온 비서구인들이 점점 더 많이 이용되고 전시됐으며, 개중에는 아프리카계 미국인 노예들도 있었다. 1904년 세인트루이스 만국박람회에 첫선을 보인 오타 벵가라는 이름의 콩고 음부티족 남성은 박람회가 끝난 후 뉴욕 브롱크스 동물원으로 자리를 옮겨 전시됐으며, 도홍Dohong이라는 이름의 훈련된 오랑우탄과 함께 원숭이 우리에서 지냈다. 아프리카계 미국인 공동체 지도자들은 벵가 전시가 인종차별적이라고 항의했다. 그러나 그들 역시도 대부분은 벵가를 미개한 아프리카 '소년'으로 묘사하면서 교육받은 흑인 미국인인 자신들과는 매우 다르다는 점을 부각하는 일에 관심을 기울였다.[58]

바넘의 첫 번째 공연 단원은 조이스 헤스Joice Heth였다. 1835년, 바넘은 조지 워싱턴의 보모였다고 알려진 당시 161세의 헤스를 구입했다.

올림피아에서 열린 항의 집회는 일부 기형 인간 쇼 단원들이 자신들의 차이를 인정해 달라고 요구하기 시작했음을 보여준다. 하지만 20세기에 접어들어 과학적 견해가 우세해지면서 기형 인간 쇼 단원들의 비범한 차이들(때로는 감탄을 불러일으키고 때로는 착취의 대상이었던)은 그저 의학적 이상에 불과한 것으로 여겨지게 되었다. 토드 브라우닝 감독의 1932년 작 〈프릭스〉 오프닝에 영화 배급사가 덧붙인 다음과 같은 으스스한 문구가 보여주듯이 정상적인 기준들은 점차 협소해지고 규범적으로 변해갔다. "이러한 이야기는 결코 두 번 다시 영화화되지 않을 것이다. … 현대 과학과 기형학이 자연의 이처럼 크나큰 실책들을 세상으로부터 신속하게 제거해 나가고 있기 때문이다."[59]

신체적 차이는 '고쳐'지거나 숨겨야 할 어떤 것이 되어갔다. '기형 인간'이 무대에 올라 놀라움의 대상이 되고 있는 동안 장애인의 신체는 미국 거리에서 사라지고 닫힌 문 뒤로 밀려났다. 또는 신체적으로 다른 이들을 표적으로 삼았던 소위 '어글리 법(ugly laws, 1867~1974년에 있었던 법으로 신체적 이상이 있는 사람이 공개적으로 대중 앞에 나서는 것을 금지했음_옮긴이 주)'에 의해 어색한, 그러나 시각적으로 용인될 수 있는 보철술의 대상으로 전락했다.

역사가 수전 슈베이크^{Susan Schweik}는 이따금 도시 괴담처럼 여겨지기도 하는 어글리 법의 역사를 미국의 여러 주와 도시를 누비며 추적해서 도표로 정리했다.[60] 이 법안 폐지 막바지에 일어난 뜻밖의 사건은 한 경찰관이 몸에 '상처와 흉터'가 있다는 이유로 노숙자를 체포하면서 일어났는데, 시 검찰은 추하다는 정의에 문제를 제기하며 사건 자체를 기각해 버렸다.[61] '어글리 법'은 장애인의 신체를 비정상적이고 불쾌한 것으로 규정했다. 하지만 이 법의 주된 초점은 구걸 행위에 맞춰져 있었다. 구걸 장애인, 거리의 악사, 노점상은 평범하지 않은 신체와 노동 관행 탓에 사회적 골칫거리로 여겨졌다. '보기 흉한 구걸 금지 조례Unsightly beggar ordinances'는 꼭 법안의 형태는 아니더라도 영국과 독일의 신문들에도 등장했다.[62]

그렇지만 역설적이게도 산업화와 전쟁이라는 쌍둥이 재앙을 겪는 사이에 타인과 신체적으로 다른 몸을 가지게 된 사람들의 수가 늘어났다. 남북전쟁이 일어나고 2년이 지난 1863년, 미국의 의사이자 시인이었던 올리버 웬델 홈스는 "2년도 안 됐는데 팔꿈치 아래가 없는 사람과 마주치는 것이 드문 일이 아니게 되었다"라며, "맙소사, 이제는 자기 가족 중에는 아니더라도 친구 중에 불구자 한 명 없는 사람을 찾아보기 힘들다"라고 했다.[63]

그러나 신체적 차이가 흔한 일이 되면 될수록 그 낙인 효과 또한 커졌다. 1881년의 시카고 법률은 구걸 장애인들을 '보기 흉하거나 역겨운 대상'으로 규정하면서 필시 이들이 끼치게 될 부정적인 영향력들을 거리에서 제거하기로 결정했다고 공표했다.[64] 샌프란시스코에서 처음 법안이 통과된 1867년부터 네바다주 리노가 법안 대열에 합류한 1905년까지 '어글리 법'은 미국의 다양한 도시에서 통과됐고, 펜실베이니아의 경우는 이미 1891년에 주 전역에서 시행되고 있었다.[65]

비록 경찰이 자주 모른 척해 주긴 했어도, 결과적으로 어글리 법으로 인해 많은 장애인이 생계를 잃었다. 가난한 폴란드 이민자의 아들로 곤봉 모양의 손발을 가지고 태어난 한 젊은 남성은 이동하는 데 형제들의 손을 빌리며 성장했다. 그는 열여섯 살부터 자신이 '유일하게 할 수 있는 것처럼 보였던 일', 즉 길모퉁이에서 신문 파는 일을 시작했다. '불구자들이 길

'기형 인간 쇼'가 진화 과학의 인종주의적 해석에 기초하고 있음을 강조하는
바넘 쇼의 홍보 전단지(1860).

모퉁이에서 판매 행위를 하며 몸을 노출하는 것을 금하는 법률이 시행'되고, 그에 따라 그의 직업이 사라지기 전까지 그의 생활에 큰 굴곡은 없었다. 다행히 친한 약사가 이 젊은이에게 약국 출입구를 사용하게 해줬다. 1916년에 클리블랜드 복지연합Welfare Federation of Cleveland의 조사관과 한 인터뷰에 따르면, 그 '잘생긴' 35세 남성은 여전히 신문을 팔고 있으며 자신의 일에 만족해하고 장애인을 대상으로 한 의료 개입에는 관심이 없었다. 그는 조사관에게 "난 있는 그대로의 모습대로 사는 지금의 내 삶이 만족스럽다"라고 말했다.[66]

이 젊은 남성의 태도는 장애를 숨기는 것이 당연한 일이라고 생각했던 '상류 사회'였다면 용납되지 않았을 것이다. 올리버 웬델 홈스는 "불행히도, 어쩌다 눈에 띈다면 불쌍히 여겨질지 모른다. 그러나 환한 샹들리에 불빛 아래 모습을 드러내는 것은 결코 용인되지 않는다"고 회고했다.[67] 비단 미국에서만 그랬던 건 아니다. 19~20세기 동안 영국부터 러시아 서부에 이르기까지 서구 세계 전역으로 확산된 보형물들은 기능만큼이나 외관을 고려해 설계되었다.[68] 장애는 숨길 수 있는 경우에만 용납될 수 있었다. 클리블랜드 복지연합은 "전반적으로 볼 때 (장애인들의) 재능과 직업, 수입이 다양하고 정상적인 삶과 비슷해지는 경향을 나타낸다"라고 자랑스럽게 주장했다.[69] 사회가 개인의 욕구에 적응하는 것이 아니라, 장애를 지닌 개인이 자신의 '비정상성'을 숨기거나 극복해야 할 책임이 있는 것으로 여겨졌다.

클리블랜드에서 정확히 언제 이 법안이 통과됐는지는 확실치 않다. 법이 언제부터 시행됐는지도 명시되어 있지 않으며, 슈베이크 역시 조사를 통해 자료를 발견하지 못했다.

그런데 장애인의 삶은 클리블랜드 복지연합의 조사 결과처럼 그렇게 녹록하거나 단순하지 않았다. 1911년 영국 버밍엄에서는 신체적 장애가 있는 남성 중 20퍼센트만이 직업이 있었고, 그나마도 임금이 매우 낮았다.[70] 의료 개입의 가능성이 커졌지만, 그렇다고 해서 그런 사실이 장애가 있는 신체를 쉬이 노동력으로 받아들이게 만들지는 못했다. 무엇보다 북아메리카 대륙에서는 약을 먹으며 열심히 일하기만 한다면 누구라도 장애를 극복할 수 있을 것이라는 가정이 되려 많은 장애인을 향해 부정적 태도를 증가시키는 결과를 초래했다.

장애인을 '정상화'하려는 징벌적 시도는 다른 나라에서도 진행됐다. 영국에서는 1970년대까지 청각 장애 아동들이 영국 수어를 사용하지 못하도록 했으며, 심지어 수어를 사용했다고 벌을 내리기도 했다. 2003년에야 비로소 영국 수어는 소수 언어의 하나로 인정받게 되었다. 오늘날까지도 우리는 이러한 배타적 태도와 행동이 남긴 유산과 함께 살아가고 있다. 예를 들어, 영국의 경우 장애인의 거의 43퍼센트가 비경제활동 인구에 속하는 데 반해 비장애인은 15퍼센트에 불과하며, 긴축 정책과 복지 혜택의 축소로 누구보다 큰 타격을 입은 계층도 장애인이었다. 장애인을 향한 적의는 영국 정부가 코로나19의 1차 대유행 동안 이 '취약 계층'에 보인 태도 속에 고스란히 드러난다. 부적절한 대응 탓에 장애 인구의 사망률이 불균형적으로 높게 나타났기 때문이다(2020년 영국의 코로나19 사망자 10명 중 6명이 장애인이었다).[71]

 2017년, 유엔 소속의 한 위원회는 영국 정부가 긴축 기간 동안 장애인의 권리를 보장하지 못한 데 대해 심각한 우려를 표명했다.

정상인에게 맞추라는 요구 역시 과도한 부담이 될 수 있다. 소위 장애를 '초월'한 사람 중에서 가장 유명한 인물은 아마도 프랭클린 루스벨트 대통령일 것이다. 루스벨트는 세계의 다른 많은 사람처럼 소아마비로 심각한 장애를 안게 되었다. 생전의 그는 소아마비에 맞서 승리한 사람으로 유명했지만, 그의 장애가 어느 정도였는지는 세심하게 감춰졌다. 이 정치인은 (휠체어를 사용했음에도) 휠체어에 앉아서는 절대 사진을 찍지 않았으며, 휠체어로 갈 수 없는 위층은 뒤편 계단을 통해 입장하거나 수행원의 부축을 받아 마치 그가 걷는 것처럼 연출했다. 루스벨트는 자신의 장애가 적어도 정치 지도자에게는 나약함의 한 표식이라고 생각했다. 또한 목발이 사람들에게 '두려움과 반감, 동정심'을 불러일으킨다고도 생각했다. 따라서 그는 "사람들 앞에 아무렇지 않은 듯 서서 자신이 불구자라는 사실을 잊게 만들겠다"고 결심했다.[72] 그의 사후 50여 년이 지난 1994년에서야 루스벨트의 장애가 어느 정도였는지 공개적으로 알려졌다.[73]

루스벨트가 만든 이 장애 극복 신화는 자족과 개인의 성취라는 미국적 이상과 결합해 더욱 강화됨으로써 미국 내 다른 많은 소아마비 생존자에게는 따라 하기조차 불가능한 행위 모델이 되어버렸다. 하지만 의사와 가족, 치료사들은 다른 소아마비 환자들에게 루스벨트의 모범을 따르라고 다그쳤다. '프랭클린 루스벨트의 그림자 속에서 살아가야 하는' 소아마비 생존자들은 누가 봐도 알 수 있는 소아마비가 남긴 결과들을 숨기고 '정상인인 척 행세하기' 위해 다양한 전략을 채택했다.[74] 이는 휠체어 없이 보행함으로써 유발되는 신체적 손상부터 정상적인 타인을 모방하는 데서 생기는 정신적 긴장에 이르기까지 심각한 결과들을 초래할 수도 있었다.

미국의 고등학생이자 소아마비 생존자인 스탠리 립슐츠 Stanley Lipshultz

는 정상적인 척뿐만 아니라 정상인에게 뒤지지 않기 위해 최선을 다했다. 오랜 시간이 지나고 립슐츠는 "불행히도 정상인 행세에는 대가가 따랐다"고 회상했다. "누가 알았겠어요? '정상적'으로 보이기 위해서는 육체적으로나 정신적으로나 엄청난 양의 에너지가 필요하단 것을."[75]

정상적인 신체란 무엇인가

20대 후반에 나는 한 대학교의 공공 참여팀에서 잠시 일했다. 우리는 대학교의 연구자들이 자신의 연구를 다른 이들과 공유(항상 쉬운 일은 아니다)할 수 있도록 돕기 위해 다양한 행사와 훈련 프로그램들을 운영했다. 그전까지만 해도 나는 많은 공공기관이나 교육기관의 건물 자체가 얼마나 접근성이 떨어지는지를 진지하게 고민해 본 적이 없었다. 어쨌거나 나는 그런 문제를 고민할 필요가 없었기 때문이다.

내 동료 중에는 휠체어를 타는 사람이 있었다. 그래서 나는 그녀와 함께 캠퍼스를 한 바퀴 돌며 어떤 행사를 기획할 수 있을지 살펴보기로 했다. 우리가 방문한 장소들은 모두 휠체어로 접근 가능한 곳으로 등록돼 있었다. 하지만 난 그것이 사실과 다르다는 걸 바로 알아차렸다. 우리는 건물 뒤편의 후미진 곳에 있는 승강기를 타고 전에는 한 번도 본 적 없는 복도를 따라 구불구불 돌아 내려갔다. 이 과정에서 우리는 마치 장애인들의 이동 의지를 좌절시키는 것이 목적처럼 보이는 장애물들에 계속 직면해야 했다. 나는 공공기관들이 알기 쉽게 제공할 의무가 있는 장치들의 유무를 확인하느라 내 동료가 그렇게나 많은 시간을 허비해야 한다는 데

경악했다. 하지만 그녀는 놀라울 정도로 참을성을 발휘하며 어깨를 으쓱 해 보였다. 익숙했기 때문이다. 이런 일들은 그녀가 감수해야 할 필수 일 과였다.

이러한 경험은 지하철에서 질주하는 통근자들의 성난 무리를 뚫고 집 으로 돌아오는 내내 나의 뇌리를 떠나지 않았다. 열차가 2분만 늦어도 툴 툴대는 사람들에게 승강기를 이용하기 위해서는 복도를 한참 더 돌아 내 려가야 한다고 말한다면, 그로 인해 늘어난 이동 시간에 그들이 어떻게 반응할지 궁금해졌다. 지하철에서 나와 보도를 내려오면서는 근처에 휠 체어가 다닐 수 있도록 도로 연석을 낮춰놓은 곳^{dropped kerb}조차 없다는 사실을 알게 되었다. 한 친구는 보도 턱을 없앤 휠체어용 통로가 턱없이 부족한 탓에 런던의 웨스트민스터 지구는 휠체어 사용자들에게 악몽 같 은 곳이라고 말했다. 도로 한 곳을 횡단하려고 해도 여기저기로 왔다 갔 다 해야 하기에 한 곳에서 다른 곳으로 이동하려면 두 배, 심지어는 세 배 의 시간이 걸릴 수도 있었다. 영국에서 장애인 차별 금지법^{Disability} ^{Discrimination Act}이 처음 제정(1995)된 지 수십 년이 지났고, 장애의 사회적 모델 윤곽이 첫선을 보인 지 거의 50년이 지났지만, 상황은 별반 달라진 게 없어 보인다.

장애에 대한 인식과 처우라는 측면에서 본다면 '정상적인' 신체의 역 사는 논란의 여지가 많고 대개는 불편한 내용을 담고 있다. 19세기와 20세기 초반에 장애를 둘러싼 이야기들은 기형 인간 쇼에 전시된 '경이 로운 존재'에 대한 것이거나 역경을 극복한 감동 스토리들이 대부분이다. 그런 시대이니만큼 '어글리 법'은 의학적 개선이라는 서사 속으로 거의 완전하게 녹아들어 갈 수 있었다. 사회가 차이에 적응할 여지는 존재하지 않았다. 따라서 그것이 얼마나 진기한 신체적 특성이든 간에 오직 개인이 극복하거나, 적어도 숨겨야 할 것으로 기대됐다.

1899년에 항의 집회를 열었던 사람들처럼, 남다른 신체를 가진 사람들 중에는 자신을 바라보는 시선에 오래전부터 문제를 제기해 온 경우도 있었다. 하지만 그러한 배척의 시선이 폭넓게 문제시되기 시작한 것은 그보다 훨씬 나중의 일이었다.

몇 년 전, 예술가이자 활동가인 페니 페퍼Penny Pepper와 나눈 대화를 통해 나는 장애의 사회적 모델을 명쾌하게 정리할 수 있었다. 그녀는 내게 다음과 같이 말했다. "누군가는 '장애가 있는 사람people with disabilities'이라고 부르지만, 나는 '장애로 만들어진 사람disabled people'이라는 말을 선호합니다. 장애는 우리가 가진 어떤 것이 아니라는 메시지를 전달하기 때문이죠. 우리는 사회에 '의해' 장애인이 돼요." 1970년대 말에 장애인 활동가들이 이 개념을 발전시켜 장애의 사회적 모델은 장애인이 아니라 사회를 변화시키도록 요구해야 한다고 주장하면서 개별화된 정상성의 의학적 모델을 완전히 뒤집어놓았다.

일반적으로 정상적 상태란 다른 사람과 비슷해 보이고 다른 사람과 마찬가지로 움직일 수 있는 능력이라고 여겨져 왔다. 하지만 실제적으로 다른 사람에게 맞추는 것이 반드시 최선은 아니다.

1906년에 극작가 조지 버나드 쇼는 의사인 친구에게 시력 검사를 받았고, 친구는 쇼의 시력이 '정상'이라고 진단했다. 쇼는 당연히 이 말을 자신의 시력이 '다른 모든 이들과 비슷하다'는 뜻으로 받아들였다. 그러자 친구는 "남들에 비해 빼어나게 우수한 시력을 가졌으니 넌 엄청난 행운의 사나이"라고 빠르게 덧붙였다. 그러면서 인구의 오직 10퍼센트만이 완벽한 시력을 가지고 있으며 나머지가 비정상이라고 설명했다.[76] 쇼는 보통 사람에게는 없는 능력을 타고났다. 그런데 우리 중 누가 안경을 쓰지 않는 사람을 비정상으로 분류하겠는가?[77] 만약 그렇다면 그 이유는 무엇일까?

완벽한 신체처럼 완벽한 시력도 대부분의 사람은 부응하지 못하는 하나의 이상이다. 결국 우리 중에는 평균적인 여성이나 평균적인 남성, 즉 노르마도 노르만도 실존하지 않는다. 그렇지만 20세기 대부분을 지배해온 개별화된 모델은 평균으로부터의 이탈이 빚어낸 차이가 개인의 실패 탓이라고 여기게 만들었다. 옷 한 벌을 만드는 데는 허리둘레 말고도 다른 많은 치수가 필요하다는 사실은 고려하지도 않은 채, 우리는 32인치 허리의 바지가 낀다고 자신의 몸만 한탄한다. 어쩌면 우리는 허리만 평균 32인치에 맞는 사람들일 수도 있다. 즉 허벅지와 종아리, 다리 길이는 평균이 아니어서 평균대로 만들어진 32인치 바지에 맞지 않았을 뿐인지도 모른다. 군 공학자들은 조종사들의 치수를 재서 1940년대 조종석에 사용된 평균 치수와 비교해 보았다. 그 결과 측정된 10가지 수치 모두가 평균 범위에 해당하는 조종사는 4063명 가운데 단 한 명도 없었다.[78]

의류만 문제인 것은 아니다. 내 형부는 평균보다 신장이 훨씬 더 큰 탓에 집을 떠나 여행이라도 갈라치면 늘 자신에게 맞는 침대를 구하느라 애를 먹는다. 나는 코로나 격리 상태에서 자기 머리카락을 손수 자르는 법에 대한 행사 준비를 도운 적이 있다. 그때 우리는 혼자 머리를 손질해 본 경험이 많은 친구가 있어 큰 도움을 받았는데, 그녀는 자신의 고향 마을에서 아프리카계 흑인 특유의 헤어스타일 느낌을 살릴 수 있는 미용사를 찾을 수 없었기에 수년간 직접 머리를 다듬었던 것이다.

소비자 사회에서는 문손잡이와 전등 스위치의 통상적인 높이부터 즉석식품의 소금 함량에 이르기까지 모든 것이 평균에 맞춰 만들어진다. 이러한 평균들은 사회에 의해 장애인이 된 사람들의 필요까지 고려하지 않는 것 같다. 어쩌면 실제로 우리 중 아주 소수의 사람에게만 최적화된 것일지도 모른다.

그럼에도 역사는 우리에게 정상적 신체와 비정상적 신체가 늘 개인에 국한되는 문제는 아니었음을 보여준다. 19세기 후반 이래로 신체 사이즈와 체형, 외모의 변화는 인구 집단에 대해 커져가는 우려를 예증하거나 정당화하는 데 이용되어 왔다. 퇴보에서 '비만 유행성'에 이르기까지 평균적인 신체와 비정상적인 신체는 국가와 사회의 쇠락을 가늠하는 기준으로 여겨졌다. 신체는 산업적인 도시 생활과 도덕적 쇠퇴에 대한 두려움, 공중 보건의 실패와 국가의 과도한 사회 개입에 대한 우려, 하층 계급과 페미니즘, 인종 혼합에서 비롯된 위협을 실증적으로 보여주는 상징이 되었다.

하지만 차이를 둘러싼 이 모든 공포는 중요하지만 이따금 의식되지 못하는 한 가지 기준을 전제로 하고 있다. 처음부터 정상이라 가정되는 그 무엇에 기초하고 있다는 점이다. 바로 신체에 결코 장애가 없는 중산층의 백인 남성. 이 '이상적인' 정상성 개념이 오늘날까지 서구 사회를 뒷받침해 왔다. 그러한 정상성 개념의 존재를 인정하는 것이야말로 정상성 개념을 무너뜨리는 첫걸음이다.

3장

내 마음은
정상인가

AM I
NORMAL?

폐쇄 정신 병동에서

아무도 없는 병원 복도, 나는 선반의 안내 소책자와 표지판, 포스터들을 훑어보며 꼬박 10분을 서 있었다. 창문이 없는 잠긴 문 옆에 붙어 있는 병문안 규칙은 이미 여러 차례 읽고 또 읽은 참이었다. 오후 5~9시가 면회 시간이라고 적혀 있었다. 모든 면회객은 9시까지는 병동에서 나가야 했다. 지금은 오후 6시, 시간은 충분했다.

마침내 내가 초인종을 누르자 버저 소리가 나며 문이 열렸다. 나는 작은 대기실로 들어갔다. 차단 유리 뒤로 한 여성이 앉아 있는 모습이 희미하게 보이고, 유리 앞 선반 위에는 방문자 명부가 놓여 있었다. 친구를 보러 왔다고 말하자 그녀는 말없이 버저를 눌러 두 번째 잠긴 문을 열더니 나를 들여보냈다. 그녀는 내게 명부에 이름을 적으라고 하지는 않았다.

안쪽 복도는 조금 넓었고 딱히 다른 특징이 있어 보이지는 않았다. 어리둥절했고 약간 무섭기도 했다. 어디로 가야 할지도 몰랐고, 물어볼 사람도 없었다. 오른쪽으로 돌아가자 다행스럽게도 친구가 나를 향해 걸어오는 모습이 보였다. 친구는 환하게 미소 짓고 있었다. 사실 친구는 오늘 내가 올 것이라는 사실을 전혀 모르고 있었다. 마침 그 시간, 그 자리에 우연히 있었을 뿐이었다. 친구 뒤로는 간호사가 따라오고 있었는데, 간호사는 나를 경계하듯 빤히 쳐다봤다. 친구는 나를 꼭 껴안더니 간호사에게 우리가 얘기를 나눌 수 있는 곳이 있는지 물었다. 간호사는 한층 더 미심쩍어하는 것처럼 보였다.

"이 여자분은 누구세요?"

간호사가 물었다.

"내 친구 세라예요!"

친구가 대답했다. 설명에 경계심이 누그러진 간호사는 우리를 옆방으로 안내했고, 우리는 그곳에 앉아 이야기를 나눌 수 있었다. 나를 누구라고 생각했기에 간호사는 처음에 그렇게 적의를 갖고 대했을까. 여전히 잘 모르겠다.

폐쇄 정신 병동에 입원한 친구를 병문안하면서 가장 이상했던 건 정신 병동이라는 장소 그 자체였다. 그곳에 입원한 사람들의 행동이 아무리 기이하다 해도 그 장소에 비하면 아무것도 아니었다. 여러 차례 방문한 끝에, 나는 정신 병동 자체가 사람을 미치게 '만들어버리는' 구조를 가졌다고 결론 내렸다. 모든 정보는 환자가 접근할 수 없는 곳에만 놓여 있었다. 안내 소책자는 폐쇄된 정문 밖에 비치되어 있었고, 환자의 정신 건강 권리를 옹호하는 설명 포스터는 잠겨 있는 직원용 화장실에 부착되어 있었다. 그나마도 내가 포스터의 존재를 알게 된 것은 친구가 누군지 모르는 어떤 직원에게 내가 화장실을 사용하도록 부탁한 덕분이었다. 직원들은 대부분의 기본적인 질문들은 들은 척도 안 했으며, 세탁실 사용이나 전화기 충전 같은 단순한 요청도 미루기 일쑤였다. 한 환자는 복도에서만 입원실을 볼 수 있게 만든 일방 유리창을 가리키며 씁쓸하게 말했다.

"나는 병실에서 밤새 깨어 있었어요. 하지만 밖에서 누가 나를 훔쳐봐도 안에서는 알 수가 없어요. 누구도 말해주지 않고요."

입원 환자들은 주간 휴게실 TV 앞에 놓인 소파에 멍하니 앉아 있거나 옥상 정원에서 담배를 피웠다. 금연 표시가 곳곳에 붙어 있었지만, 굳이 귀찮게 그걸 지키려 하는 사람은 아무도 없었다.

방문객이 나 혼자뿐이라 그런지, 다들 나를 귀하게 대했다. 그들에게 나는 그날 저녁, 아니 어쩌면 그날 하루 종일 혹은 그 주 전체를 통틀어 가장 흥미로운 일이었을 터다. 나와 친구는 잡초가 무성한 정원에 앉아 있었다. 사람들이 돌아가며 다가왔고, 그때마다 과거에 있었던 진짜 같기도 하고 상상 같기도 한 일들을 시시콜콜 얘기하는 통에 우리의 대화가 중단되곤 했다.

내 첫 문병을 끝내야 할 시간이 다가와서 나와 친구는 입구 쪽으로 되돌아가 서 있었다. 유리창 너머 사무실 안에 있는 누구도 우리 쪽으로 시선조차 주지 않았다. 우리는 다른 환자에게 병동을 나가는 방법에 대해 물어보았다. 하지만 그녀도 알지 못한다고 했다. 벌써 몇 분이 지났다. 이미 9시 30분이니 병문안 시간은 한참 전에 끝났다. 갑자기 나는 궁금해지기 시작했다. 만약 내가 여기 서서 그저 주절주절 떠들어대기라도 한다면 나도 정신 병동의 여느 삶 속으로 그대로 빨려 들어가는 것일까? 어쨌거나 나는 방문자 명부에 서명하지 않았으니 어쩌면 병동에서 나가지 못할지도 몰랐다.

그때 한 남성이 당직 간호사실 창문에 나타났고, 친구가 유리창을 두드리며 물었다. "제 친구가 이제 간다는데요?" 그는 나를 한참이나 빤히 쳐다보더니 평가가 끝나기라도 했다는 듯이 마침내 고개를 끄덕였다. 우리는 껴안고 작별 인사를 했다. 그런 다음 친구가 뒤로 물러서자 그가 문을 열었다.

21세기의 정신병원을 방문하고 나니 1973년에 발표된 〈정신병원에서 정상으로 살아가기On Being Sane in Insane Places〉라는 유명한 논문이 생각났다. 논문의 저자인 데이비드 로젠한은 묻는다. "정상인과 정신 이상자가 함께 있는 경우, 그들을 구별할 방법이 있는가?"[1] 정말로 어떻게 구별하는 걸까? 내가 친구를 보러 방문했던 정신 병동은 규칙과 절차 또한 좀 유별나 보였다. 예전에 베들렘왕립정신병원을 지칭하던 베들럼Bedlam이 혼돈과 무질서를 뜻하는 일반 명사가 되었다는 사실에서 알 수 있듯이, 수백 년간 '정신병원'은 사회를 풍자하는 단어이기도 했다.

영국의 풍자 화가 윌리엄 호가스는 도덕적 교훈을 담은 연작 〈난봉꾼의 편력A Rake's Progress〉의 마지막 화에서 주인공 톰 레이크웰Tom Rakewell(이름 안에 Rake가 들어가 있다)이 알코올 중독과 방탕한 생활 끝에 미쳐서 베들럼에 수용되는 모습을 보여준다. 사람들은 이 판화가 대체로 1735년의 정신병원을 정확하게 묘사하고 있다고 생각한다. 그러나 호가스의 작품 대부분이 그렇듯이 이 판화 역시 사회 비평의 일환으로 해석될 수 있다. 판화를 살펴보면, 베들럼을 방문하러 온 두 명의 부유한 여성 앞에서 한 환자는 왕관을 쓰고 홀을 들고 있으며, 또 다른 환자는 십자가에 참배를 하고 있다. 종교와 민족주의, 정치와 계급 체계는 결국 따지고 보면 정신병원 자체만큼이나 미쳤을지도 모를 일이다.

호가스의 〈난봉꾼의 편력〉 마지막(여덟 번째) 판화 프린트. 베들럼에 갇힌 주인공의 모습을 담았다.

로제한의 연구는 발표된 이후로 심리학의 고전이 되었다. 로제한의 논문에 따르면, 로제한을 포함해 '환자 역할을 하기로 한 실험 참가자' 여덟명이 미국 5개 주의 여러 정신병원에 입원 신청을 했다. 이들 모두 이따금 확실치는 않지만 환청이 들린다고 호소했다. 여덟 명 모두 조현병 진단을 받고 7일 내지 52일간 입원 치료를 받게 되었다. 실험 참가자들은 입원 후에는 평소처럼 '정상적으로' 행동했다. 그렇지만 병원 관계자 누구도 이들이 환자 흉내를 내는 정상인이란 사실을 알아차리지 못했다. 오히려 다른 입원 환자들이 이따금 미심쩍어했을 뿐이었다. 이들이 퇴원할때 대부분이 '차도가 있지만 완치되지는 않았다'라는 판정을 받았다.

수년간 많은 사람이 로제한의 연구를 문제시하며 이의를 제기해 왔다. 심지어 최근까지도 실험 참가자들 대부분이 환자 흉내를 낸 것이 아니라 실제로 환자였을지 모른다는 의문이 제기되고 있다.[2] 그럼에도 로제한의 결론은 1960~1970년대 반정신의학 운동 주요 인사들에게 영향을 주는 한편, 받기도 했다. 로널드 랭, 데이비드 쿠퍼, 토머스 사스처럼 서로 다른 배경과 신념을 가진 정신의학자들도 정신의학 치료 기관과 관행에 대해서 한목소리로 공개적인 비판을 이어나갔다. 이들은 정상성이란 개념 자체에 대해서도 문제를 제기했다. 로제한은 "불안과 우울은 실재한다. 심리적 괴로움도 실존한다"고 분명히 말하면서 다음과 같이 덧붙였다. "그렇지만 정상과 비정상, 제정신과 광기, 그리고 이 상태를 구별하는 진단법은 사람들이 일반적으로 생각하는 것보다 훨씬 더 구체적이지 못한 것 같다."[3]

정상적인 정신이 불확실하다는 것도 대개 반정신의학 운동에서 비롯됐다고 여겨진다. 그렇다고 로제한이 광기와 정상의 경계를 문제시한 최초의 인물은 아니다. 지난 150년간 많은 정신과 의사와 심리학자 그리고 이들의 환자들은 정신이상(실제로 그런 것이 있다면)과 정상을 구분하는 문제를 둘러싸고 논쟁을 벌여왔다. 적어도 실체적 차이가 명확하게 드러나는 몸에 비하면 마음의 정상성은 훨씬 더 불확실할 것이다. 어쨌든 오늘날과 같은 신경과학과 두뇌 스캔의 시대에도 정신과학은 정신이상의 원인을 밝혀줄 생물학적 또는 생리학적 증거를 좀처럼 제시하지 못하고 있다. 결국 1870년대에 그랬듯이 오늘날에도 대부분의 정신 질환이 관례에서 벗어난 행동이나 경험으로 판별되고 있음을 의미한다. 그렇다면 우리는 무엇이 정상이고 무엇이 비정상인지를 어떻게 결정하는 걸까?

루이스 복스^{Louis Box}는 자신의 주변 세계를 의심하느라 늘 고통에 시달 렸다. 그는 상상력이 풍부한 젊은 작가였다. 루이스는 얼스 코트의 한 하 숙집에서 살았다. 적어도 처음 이사 왔을 때만 해도 그는 그곳이 하숙집 이라고 생각했다. 하지만 이제는 하숙집이 맞는지 좀처럼 확신이 들지 않 았다.

때는 1891년 12월이었다. 루이스가 찬 바람을 막으려고 옷깃을 세운 채 어두운 런던 거리를 지나쳐 걸어가는 동안 형사들이 그 뒤를 쫓아왔 다. 사람들은 그가 지나갈 때면 냄새라도 맡듯 코를 킁킁거렸고, 이따금 루이스에게도 들리도록 비꼬는 소리를 해댔다. 하루는 길모퉁이를 도는 데 누군가가 비웃듯 내뱉는 소리가 들렸다. "오늘 아침은 꽤 행복한가 봐!" 집에 거의 다 와 갈 때 즈음에는 또 다른 누군가가 루이스를 향해 "저기 그 녀석이 간다" 말하는 소리가 들렸다. 루이스는 사람들이 무슨 말을 하고 싶은 건지 잘 알았다. 모든 사람이 자신을, 잡히지 않는 이스트 엔드 여성 연쇄 살인범 잭 더 리퍼라고 생각했기 때문이다.

루이스는 하숙집이 경찰을 위해 일하고 있음을 깨달았다. 여기 하숙집 이야말로 루이스에게 저지르지도 않은 범죄를 자백하게 만들자는 계획 의 온상이자 루이스가 온갖 종류의 음모에 휘말리게 만든 곳이었다. 하숙 집 주인은 프랑스인이었지만, 그가 여느 프랑스인과 다르다는 것을 루이 스는 감지해 냈다. 얼스 코트의 하숙집을 직접 운영하는 사람은 다름 아 닌 저명한 신경학자 장 마르탱 샤르코였다! 하루는 루이스에게 들리지 않는다 생각했는지, 샤르코가 공범에게 루이스가 자신이 누구인지 알아챈 것 같다고, 하지만 아직은 늙은 신경학자가 런던에 여행 왔다가 하숙집 주인으로 눌러앉았다는 부분까지만 알고 있는 것 같다고 털어놓았다.

루이스를 고문해서 자백하도록 만들자는 계획을 짠 사람도 다름 아닌 샤르코였다. 침대에 누운 루이스에게 전기 충격이 가해지기도 했다. 방에는 전화기들이 있고 찬장에는 인조 척추 모형이 놓여 있었다. 루이스는 샤르코가 자신의 이전 생활에 대해 저주를 퍼붓는 소리를 들었다. 이따금 샤르코는 핏방울이 떨어지는 모습을 연출하면서, 그것이 루이스에게 어떤 반응을 이끌어내는지 유심히 살펴봤다. 때때로 공모자들은 루이스 앞에서 불빛을 번쩍이며 상스러운 사진들을 보여주곤 했다. 루이스는 샤르코가 살인 성향이 있는지를 확인하고자 자신에게 최면을 건 것 같다고 추측했다.

루이스의 이야기는 1920년대 소년지에나 실릴 법한 흥미로운 모험 소설처럼 보인다. 하지만 이는 1891년 베들렘왕립정신병원에 입원한 한 청년의 이야기다. 1247년 문을 연 베들렘은 영국에서 가장 오래된 정신병원이다. 처음엔 비숍스게이트에 세워졌던 이 자선 병원은 이미 두 번이나 이전해서 루이스가 살았던 1890년대에는 녹음이 우거진 램버스 자치지구에 자리하고 있었다. 오늘날 이 건물은 임페리얼 전쟁박물관으로 사용되고 있다(베들렘은 1930년에 마지막으로 다시 한번 이전했다).

화려한 돔 지붕이 있는 이 아름다운 건물에서 부유한 병원장들은 베들렘 하면 따라다녔던 추문들이 아주 오래된 과거의 유물일 뿐이라고 주장했다. 예를 들어, 자선 병원에 대한 기부를 장려할 목적으로 열렸던 공개적인 대중 방문 행사는 비인간적 처사로 여겨져 1770년에 중단됐다. 또한 금속과 캔버스 천으로 환자를 구속하는 방식은 1850년대 초반부터는 더 이상 병동에서 사용되지 않았다. 그럼에도 문마다 자물쇠가 채워진 베들렘은 많은 입원 환자에게 여전히 달갑지 않은 감금 상태를 환기시켰다. 한 입원 환자는 1870년대의 베들렘을 그린 스케치에서 병원을 새장으로, 새장을 열 수 있는 유일한 열쇠는 새장 밖의 의사만 가지고 있는 것으로 묘사했다.

루이스는 결국 베들렘에 입원했다. 사람들이 자신을 끊임없이 괴롭힌다는 생각에 공포와 우울감에 사로잡혔던 루이스가 자신의 형제와 몇몇 의사에게 자살만이 이러한 상황에서 벗어날 수 있는 유일한 길이라고 말했기 때문이다. 그들이 루이스에게 그 모든 일이 환각에서 비롯된 것이라고 말한들 그 일들이 루이스에게 일으켰던 고통이 경감되지는 않았다. 루이스의 이야기에는 1888년 화이트채플의 연쇄 살인 사건을 비롯해 실험 심리학, 강신술, 최면술, 전기 및 전화 같은 신기술, 심지어 정신에 대한 새로운 인식에 이르기까지 빅토리아 시대 후반의 많은 심리학적 요소들이 종합적으로 드러난다. 마침내 루이스는 자신이 의식적으로 누군가를 살해한 적은 없지만 '무의식적'으로는 그랬을지도 모른다는 결론에 도달했다. 정신에 대한 새로운 심리학적 접근 방식의 중요성이 커지면서 모든 행동이 의식적 사고에서 촉발되지 않는단 생각도 중요해졌다. 1890년대에는 무의식과 잠재의식, 이중의식 이론들이 반사적 행위나 숨겨진 기억을 설명하는 데 동원됐다.

루이스가 그처럼 불쾌한 상황에서 '정상적'으로 행동하기란 극히 어려웠을 것이다. 그가 경험하던 세계는 정상적이지 않았다. 만약 우리 중에 그가 당해왔던 괴롭힘이 실제로 있었던 일이라고 믿는 사람이 있다면 루이스의 반응은 매우 타당해 보일 수 있다. 이는 정신건강학 연구원 출신의 소설가 네이선 파일러가 조현병을 주제로 쓴 실화《하트랜드The Heartland》(2019)에서 대단히 중요하게 짚고 있는 점이다. 파일러는 자신이 인터뷰한 사람들이 경험한 이야기를 가감 없이 전달하며 '바로 사람'이 정신의학의 중심이라고 강조한다. "이것이 그들의 이야기다."[4] 만약 여러분의 집주인이 여러분을 대상으로 무언가 실험을 진행하고 있다는 확신이 든다면, 추측건대 여러분도 극심한 심리적 고통에 시달릴 것이다. 다행스럽게도 상황이 여러분의 생각과 다르다는 사실을 깨닫게 되더라도 그때 느꼈던 고통스러웠던 감정은 사라지지 않을 수도 있다.

업무로 심한 스트레스를 받던 15년 전, 내게도 그런 일이 벌어졌다. 마침 비번이라 도서관에 앉아 글을 쓰고 있을 때였다. 갑자기 열람실 다른 쪽에 앉아 있던 모르는 여자 두 명이 내 얘기를 하고 있다는 생각이 뇌리를 스쳤다. 나는 일하는 척하며 그녀들을 주의 깊게 살폈다. 그러다가 그녀들에게는 관심이 없다는 태도로 일어나서, 그쪽으로 좀 더 가까운 선반으로 가 책을 찾는 척하기 시작했다. 열 마디 중 한 마디를 겨우 알아들을 수 있을 정도였다. 그렇다고 해서 그들이 나에 대한 악의적인 소문을 내고 있다는 확신이 가시지는 않았다. 지금은 그때의 내가 업무 스트레스 때문에 피해망상에 시달렸던 탓이라고 생각한다. 그렇지만 그 순간의 기억과 감정이 너무도 생생해서, 그녀들이 절대 그런 행동을 하지 않았다는 걸 알고 있음에도 나를 곁눈질하던 그녀들의 눈빛이 지금까지도 또렷하게 기억난다.

우리가 사회적 상황을 해석하고 적용하는 방식은 넓은 의미에서 인식의 문제라고 할 수 있다. 이러한 인식 자체는 무엇이 정상인가를 둘러싼 편견과 가정에 의해 형성되며, 이러한 편견과 가정은 대체로 계급, 인종, 젠더에 기반한다. 그럼에도 일반적으로 '비정상적 행동'은 정신이상을 보여주는 분명한 척도처럼 여겨져 왔다. 정신 질환 진단에 널리 활용되는 척도인 미국의《정신장애 진단 및 통계 편람》제3판(DSM-III, 1980년)을 보면 "우리의 조현병 개념 근저에는 정신 질환이 정상적인 사회적 역할 수행을 방해한다는 관념이 깔려 있다"면서 중증 정신 질환 진단의 근거를 정상적인 행동이 불가능한 상태에 두고 있다고 지적한다.[5]

그런데 정상적인 역할 수행의 방해 정도를 어떻게 판단할 수 있을까? 아니, 정상적인 사회적 역할이란 애초에 무엇일까? 정상적인 역할과 그 수행의 방해 정도를 판단하는 기준은 우리가 주변 세계를 경험하는 방식에 기반하는 경향이 있다. 이러한 경험은 우리가 사는 시대나 국가, 또는 우리의 나이나 젠더, 배경에 따라 달라진다. 결국 보편적인 정상적 역할이란 존재하지 않는다.

아마도 루이스의 공상적 삶은 상당수 독자에게, 심지어 루이스 본인에게는 전적으로 실재하는 삶이었으니 존중해야 한다고 생각하는 사람에게까지도 확실히 비정상적으로 보일 것이다. 그렇다면 루이스의 일이 있기 몇 년 전인 1886년, 여느 때처럼 평범할 수도 있었을 다음과 같은 일상은 어떤가?

런던 남동쪽 플럼스테드의 리폰 빌라에 사는 조지프 커크Joseph Kirk는 아침 몸단장을 하는 와중에 요란한 쾅 소리를 듣고 깜짝 놀랐다. 그는 지

미국정신의학회에서 1952년 처음 발간한 《정신장애 진단 및 통계 편람Diagnostic and Statistical Manual of Mental Disorder》은 일반적으로 줄여서 DSM으로 표기하며, 뒤에 판본 숫자가 붙는다. 제1판에서 제4판까지는 로마 숫자 I~IV로, 제5판부터는 DSM-5처럼 아라비아숫자로 표기한다. 현재 2013년에 발간된 5판(DSM-5)까지 나와 있다.

하실 정문이 닫히면서 자물쇠가 부딪혀 나는 소리겠거니 생각했고, 우유 배달원이 또 늦었구나 싶어 짜증이 났다. 최근 들어 우유가 제시간에 오지 않는 일이 자주 발생하면서 하녀인 메리가 아침 식사 전에 우유를 가지러 밖으로 나가야만 했다.

커크는 몸단장을 마치고 계단을 내려갔다. 부엌으로 가는 도중에 그는 메리를 지나쳤는데, 외출복 차림의 메리는 밝게 날염된 드레스 위에 검은 천 재킷을 걸치고 갈색 밀짚모자를 쓰고 있었다. 커크가 부엌문에 다다르자 메리는 그의 등 뒤를 지나 싱크대로 향했다. 우유 배달원에게 여전히 짜증이 난 커크는 아내에게 큰 소리로 화를 내며 말했다. "그래서 메리가 또 우유 가지러 밖에 나갔다 왔겠네." 이 말에 놀랐는지, 커크의 아내는 아니라고 머리를 가로저으며 단호한 목소리로 말했다. "오늘 아침에는 나갔다 온 적이 없어요. 지금 거실에서 일하고 있어요." 커크는 지하실에서 들린 소리, 자신이 봤던 메리가 모두 '아주 생생하고 실제 같은 환각'이었다는 사실을 깨달았다.[6]

다른 이들과는 달리 헛것을 보거나 듣는 환각은 오늘날 대부분 중증 정신이상의 징후로 간주된다. 그러나 환각은 고열이나 감염, 약물성 섬망 같은 다른 건강 상태를 나타내는 징후이기도 하다. 나이 많은 우리 시어머니가 동물들이 벽을 타고 올라가거나 이 세상의 존재가 아닌 형상들이 거실에 불을 지르려 하는 장면을 보기 시작했을 때, 나와 남편은 어쩔 줄 몰라 쩔쩔맸다. 그러나 항생제로 요로 감염증을 치료하자 그런 증상은 완전히 사라졌다. 이런 일이 있었는데도 시어머니가 두 번째로 망상을 보기 시작했을 때, 더군다나 우리 집에서 수 마일 떨어진 곳에서 혼자 겁에 질려 계실 때, 우리는 항생제 처방전을 내주지 않으려는 지역 보건의와 끊임없이 설전을 벌여야만 했다. 의사는 "내가 해줄 수 있는 일이 없습니다. 치매입니다"라고 말했다. 우리가 알기론 그렇지 않다고 의사에게 이야기했음에도 의사는 같은 말만 반복했다.

갑작스러운 시력 저하 역시 환각을 일으킬 수 있다. 이는 두뇌가 시신경을 받는 정보가 급격히 줄어들면서 그 공백을 메우려 하는 데서 생기는 환각으로, 샤를 보네 증후군Charles Bonnet Syndrome이라고 한다. 1.0의 정상 시력을 가진 사람이 보는 것조차 눈앞 세상의 객관적인 모습이 아니라 언제나 지각 작용에 의해 걸러진 모습이다. 혹시 여러분은 유튜브에서 대니얼 사이먼스의 유명한 선택적 주의 실험을 처음 봤을 때, 농구 선수들 사이를 지나쳐 가는 고릴라를 발견했는가?[7] 우리가 우리 바로 앞에 있는 대상을 항상 지각할 수 있는 것은 아니다.

결과적으로 환각이 반드시 정신 질환의 명확한 증거는 아니다. 그렇다고 한다면 환각은 정상적인 상태와 양립할 수 있을까?

10년 전쯤, 나는 조종사들의 조직 내 정신 건강을 이해하고 지원할 목적으로 개설된 훈련 코스에 참여한 적이 있었다. 그중에서도 특히 한 세션이 분명하게 기억난다. 그 세션은 극도의 정신이상 상태를 판단할 수 있도록 돕기 위해 리더들이 참가자들을 짝지어 서로의 일상을 공유하도록 고무하는 것으로 시작됐다. 중년의 경비원이었던 내 파트너는 그저 그 자리에 있다는 사실만으로도 불안해 보였다. 나는 그에게 넌지시 물었다. "누군가가 당신 이름을 부르는 소리가 들려서 돌아봤더니 아무도 없다면 어떤 생각이 들까요?" 그는 순간 몹시 당황한 듯 보였다. "하지만 그게 … 정상은 아니지 않습니까?"라며 말을 더듬었다. 그렇다. 이것이 이 훈련에서 가장 중요한 지점이었다.

자신을 비정상으로 볼지도 모른다는 이 경비원의 두려움은 오늘날 광범위하게 퍼져 있는 가정, 즉 객관적으로 실재하지 않는 것들을 보거나 듣는 행위가 병일 수도 있다는 우려에서 비롯된다. 20세기 말에 임상심리학자 메리 보일Mary Boyle은 "사회 집단별로 다른 반응을 보이긴 하지만, 현대 서구 사회가 환각에 특히 적대적이라는 점에 대해서는 일반적으로 의견이 일치된다"고 했다.[8]

대조적으로 특정 종교 분파에서는 단식이나 수면 박탈, 고통이나 사회적 고립을 부여하는 방식을 통해 신비한 체험을 추구하기도 한다. 역사적으로 본다면 다른 이들과 달리 헛것을 듣거나 본다고 해서 항상 정신 질환으로 판단되었던 것은 아니다. 역사학자 마이클 맥도널드Michael MacDonald는 17세기 초반의 점성술사이자 의사였던 리처드 내피어Richard Napier의 문서들을 조사하면서, 많은 사람이 심적 고통이나 비정상적 행동에 대한 도움을 얻고자 내피어를 찾았지만 환각이 문제로 보고된 경우는 흔치 않았다는 사실을 발견했다.[9] 맥도널드는 17세기의 종교적·문화적 맥락에서 볼 때 환각과 같은 경험들은 오늘날보다 한층 너그럽게 받아들여졌다고 결론 내렸다. 신의 목소리를 듣는 것은 일종의 영적인 체험이었다. 그 당시 초자연적인 존재를 보거나 신비한 일을 목격하는 것은 의사에게조차도 액면 그대로 받아들여질 수 있었다.

1886년 조지프 커크가 하녀의 환영을 본 사건은 심령연구협회Society for Psychical Research, SPR가 편찬한 《환각 총조사Census of Hallucinations》에 많은 '정상인이 경험한 망상'의 하나로 실려 있다. SPR은 1882년 유령 출몰부터 강령회, 텔레파시에 이르는 초자연적 현상을 과학적으로 조사하기 위해 설립됐다. SPR 회원들 대부분은 빅토리아 시대 후기에 유행처럼 퍼졌던 초자연적 현상에 대한 목격담들이 엄청난 속임수에 불과하다고 생각했다. 하지만 정신과 의사이자 SPR 지지자였던 대니얼 핵 튜크Daniel Hack Tuke가 시적으로 표현했듯이, 일부 회원들은 "더 광범위한 법칙 혹은 보다 넓은 현상계가 … 존재할 수도 있으며, 계속해서 발견될 수도 있다"는 주장에 열린 태도를 보였다.[10]

SPR의 규약에 따르면, "SPR의 회원이 된다는 것은 조사 중인 현상에 대한 어떠한 특정 설명도 받아들이지 않으며, 자연과학이 인정하는 것 이외의 힘이 물질세계에서 작용한다고 보는 어떠한 신념도 받아들이지 않는다는 것을 의미한다."[11] 진리는 저기 바깥에 있을 수도 있지만 없을 수도 있다. TV 시리즈 〈엑스파일〉의 주인공 멀더와는 달리 SPR은 진리가 이쪽과 저쪽 모두에 있을 수 있다는 신중한 입장을 취했다.

1889년에 시작된 SPR 총조사는 1892년에 완료됐다. 조사 설문지에는 다음과 같은 질문들이 포함되어 있었다. "완전히 깨어 있는 상태에서 무언가 살아 있는 존재 또는 무생물을 보거나 접촉했다는 생생한 느낌을 받은 적이 있습니까? 혹은 어떤 목소리를 들었다고 느낀 적이 있습니까? 그리고 그러한 느낌이 당신이 아는 한, 어떤 외적이고 신체적인 문제 때문에 생긴 것은 아니었습니까?" 조사 응답자 1만 7000명 중 2272명이 그런 경험이 있다고 답했는데, 이는 전체 응답자의 대략 13퍼센트에 해당하는 숫자였다.[12]

물론 빅토리아 시대에 이루어진 조사 연구의 대부분이 질문지를 배포할 때 연구자의 인간관계망에 크게 의존했던 만큼 SPR의 표본 추출 기술과 관련해 문제를 제기하기란 어려운 일이 아니다. 또는 조사 연구를 통해 텔레파시를 이용한 의사소통 메커니즘을 탐구하려 했던 총조사의 목적을 문제 삼을 수도 있을 것이다. 하지만 SPR 총조사는 환시와 환청에 대한 최초의 통계적 조사 연구 중 하나였다.

환각 총조사는, 환각이 사람들 대부분이 겪는 흔한 일상적 경험은 아니지만, 그렇다고 환시나 환청이 비정상의 증거는 아니라고 결론지었다. 작가 에드먼드 거니Edmund Gurney는 환각이 병이라는 가정이 환각을 이해하려는 노력을 더디게 만들어왔다고 말했다. 또한 "어떠한 종류의 환각 사례도 접한 적이 없는 사람들의 마음속에는 환각에 대한 어떤 모호한 선입견이 존재한다"면서 다음과 같이 덧붙였다. "대체로 그러한 선입견에 사로잡힌 사람들은 제정신의 건강한 사람도 깨어 있는 상태에서 잠시나마 궤도를 이탈할 수 있고, 또 아무 소리도 들리지 않는 곳에서 목소리를 듣거나 아무도 없는 텅 빈 곳에서 사람의 형상을 볼 수 있다는 사실을 아예 상상조차 못 할 것이다."[13]

20세기의 여러 연구도 SPR과 비슷한 결과를 도출했고, 거기에 더해 인구의 10~50퍼센트가 일생의 어느 시점에선가 환시나 환청을 경험한다고 보고하고 있다.[14] 물론 이러한 경험이 항상 무해한 것은 아니다. 그렇다고 해서 환각에 적대적인 오늘날의 세계에서조차 환각이 꼭 고통스럽거나 불쾌한 것도 아니다. 사람들이 환각을 삶의 일부로 편입시키거나 환각을 다른 이들에게 설명하려 고군분투할 때, 보통은 그럴 때 환각이 문제가 된다.

목소리 듣기 네트워크Hearing Voices Network, HVN의 엘레노어 롱든은 2000년대 초반에 출간한 자신의 정신과 치료 경험을 담은 책과 2013년에 출연한 테드 토크에서 이러한 환각 문제를 이야기한다.

롱든은 자신의 일거수일투족에 해설을 해대는 목소리를 학생 때 처음

들었다. 사실 처음에는 환청으로 인해 아무런 일도 일어나지 않았다. 친구 한 명과 연이어 의사로부터 그 정도면 심각하게 아픈 것이란 말을 듣고 난 뒤에야 문제로 인식하기 시작했다. 자신의 머리에 구멍을 뚫어서라도 환청을 머릿속에서 *끄*집어내겠다고 하는 바람에 부모가 말리느라 애를 먹었을 정도로 롱든의 환청은 심해졌다. 그러다 롱든은 조현병 진단을 받았다. 백약이 무효했다. 그러던 차에 한 정신과 의사가 마지막으로 롱든에게 환청의 의미를 찾아서 그것에 응답해 보라고 권유했다. 그리고 마침내 증상이 개선되기 시작했다. 2013년에도 롱든은 여전히 환청이 들렸다. 하지만 이제 그녀는 환청에 귀 기울이는 법을, 또 환청을 다스리는 법을 알게 되었다.

오늘날 HVN 같은 단체들은 환청과 환시를 겪는 이들을 지지하고 있다.[15] 그들의 웹사이트에는 다음과 같은 글귀가 적혀 있다. "비교적 흔하게 일어나는 일임에도 환청을 듣거나 환시를 보거나, 혹은 이와 유사한 경험을 하는 많은 이들이 혼자라고 느낀다. 편견과 차별, '미치광이' 취급과 무시당할 것이라는 공포가 사람들을 침묵하게 만들 수 있다." 하지만 "환청을 듣는 사람들 대부분이 어떠한 질병도 가지고 있지 않은 것으로 진단되고는 한다. 이들에게 환청과 환시는 이들의 삶을 구성하는 중요한 한 부분이다."[16]

HVN 같은 네트워크들이 환청이나 환각 경험자들을 옹호하기 위해 많은 활동을 전개해 온 데 반해, 현대 의학은 환각에 대한 우리의 인식을 개선하는 데 크게 기여하지 못했다. 어쨌거나 환청은 소위 정상적인 삶과 양립 가능할지도 모른다. 그러나 시도 때도 없이 밀고 들어오고 이따금 고통스럽기까지 한 것들을 보여주는 환각뿐만 아니라 다른 이들의 반응에도 잘 대처하면서 매일매일을 그럭저럭 살아가기 위해서는 엄청난 노력이 들 수도 있다.

나는 언젠가 런던 남부 지구에 있는 HVN 지원 단체를 방문한 적이 있다. 마침 회원들이 자신의 생각과 아이디어를 토론 중이었다. 한 여성은 커피숍에 들어갔을 때 자신의 행동으로 차별받는 것이 아니라 정상인처럼 대우받는 게 자신의 간절한 바람이라고 털어놓았다. 다른 이들은 음악, 명상, 기분 전환거리 같은 저마다의 대처 방안들에 관해 이야기했다. 엄청난 양의 약을 먹지만 단체의 모든 회원이 여전히 환청을 듣고 있으며 스트레스 상황에서는 특히 더 심해진다는 사실을 감안할 때, 그들에게 이러한 완화 전략들은 생활의 필수품과도 같았다. "사람들에게 환청을 이해시키기 위해 가장 하고 싶은 일은 무엇인가?" 운영자가 회원들에게 물었다. 세션 내내 좀처럼 말이 없었던 한 조용한 청년이 바로 말문을 열었다. "약을 먹고 있고, 그래서 모든 것이 정상일 거라는 생각은 사실과 전혀 달라요."

위대한 비정상인들

19세기와 20세기 초를 지나면서 정상과 정신이상의 경계는 점차 모호해지게 되었다. 환청과 환시가 재해석되면서 이러한 증상들이 그리 희귀한 경험은 아니라는 인식이 증가했을 뿐만 아니라 정신생활에서 감정적 고통과 걱정, 불안 같은 특징들이 보다 광범위하게 나타났기 때문이다. 19세기 초반의 정신과 의사들이 사람들 대부분은 사실상 모든 면에서 정신적으로 정상이라고 가정한 반면에, 후대의 정신과 의사들은 정신 건강의 연속성에 보다 큰 비중을 두었다. 이러한 사고의 전환으로 보통 사람들이 자신의 정신을 이해하는 방식이 변화했으며, 그에 따라 비정상으로 여겨지는 사람들의 숫자 역시 급격히 증가하게 되었다.

그리고 마침내 프로이트가 우리 '모두'는 신경증 환자라고 선언하면서 정상적 정신이란 답하기 어려운 수수께끼 같은 문제가 되어버렸다. 신경증 환자는 흔하지만 건강하지 못한 사람이었다. 반면에 아무 문제 없이 완전히 건강한 사람은 흔하지 않거나, 그런 사람을 찾는 게 거의 불가능한 일이 되었다! 그렇다면 과연 누가 실제로 '정상'인 걸까?

T. B. 하이슬롭T. B. Hyslop이란 근사한 이름의 정신과 의사는 대중적 인기를 누린 자신의 저서 《경계 지대The Borderland》(1924)에서 "우리는 정신의 변화 과정을 넓은 도로에 비유할 수 있다"고 말했다. 정상인이란 좁은 오솔길 위를 걷는 것과 같다. 사고가 일어나거나 부상을 입지 않는 한, 그는 '비교적 안전하다.' 배수로에는 오솔길에서 떨어진 '범죄자, 주정뱅이, 미친 사람들'이 있다. 두 길 사이에는 인생이라는 넓은 도로가 놓여 있고, 대다수 사람이 불평을 하며 신경이 불안정한 채로 떠들썩하게 무리 지어 이 길을 통과한다. 그들은 지금 생존하기 위해 아등바등 애쓰는 중이다. 하이슬롭은 괴짜나 몽상가란 말을 듣는 군중은 '변덕스럽고 성적이며 불안정'해서 자신과 타인을 위험에 빠뜨릴 수 있는 속도로 움직인다고 말했다.[17] 하이슬롭에게 위협성을 불러일으킨 이 방대한 군중은 통계적으로 보면 인구의 정상 혹은 평균에 해당했고, 의학적으로 보면 모두 신경증 환자였다.

하이슬롭은 흥미로운 인물로, 그를 통해 신경증에 대한 우려가 어떤 식으로 증가해 왔는지를 추적할 수 있다. 《경계 지대》를 집필할 무렵 하이슬롭은 60대로 이미 10년간 개인병원에서 일하는 중이었다. 그의 후기 저작들을 보면 그가 독선적이고 모순적이며, 이따금은 전통적 사고방식을 보인 사람임을 알 수 있다. 런던에 살았던 그는 도시 생활의 소음과 스트레스가 육체적·정신적 상태 악화(또는 그의 표현대로라면 '신경쇠약')의 주범이라고 비난했다.[18]

하이슬롭의 경력과 생활은 그의 정신이 한창 '경계 지대'에 속해 있었을 즈음에 이루어졌다. 1863년에 태어난 하이슬롭은 어린 시절 정신병원에서 자랐다. 그가 두 살 되던 해에 부친이 슈롭셔의 정신병원인 스트레튼 하우스Stretton House를 사들였기 때문이다. 당시에는 병원장의 가족이 병원에 거주하는 것이 관례였다. 이러한 성장 경험이 계기가 되어 하이슬롭은 후일 정신의학을 전공했고, 베들렘에서 20년간 일하다가 1910년에 개인병원으로 옮기게 되었다. 그는 열정적인 예술가이자 작가, 음악가였으며 다양한 사회단체와 정치단체의 회원이기도 했다.

하이슬롭의 이력 중 오늘날 저술가들의 이목을 끄는 부분이 있다면, 그가 염세적인 우생학 지지자였다는 대목일 것이다. 그는 자신의 환자들을 경멸했고, 모더니즘 예술을 근대성의 광기가 표출된 것이라며 비난했다(실제로 그는 '후기 인상주의'란 말을 만들어낸 비평가 로저 프라이와 로저 프라이가 속한 모더니즘을 추구하는 지식인·예술가 모임인 블룸즈버리 그룹을 좋아하지 않았다).[19]

하지만 현실은 좀 더 복잡하게 마련이다. 사실 하이슬롭이 베들렘에서 가장 친하게 지냈던 사람의 상당수는 그의 환자들이었던 것으로 보인다. 교과서로 집필한 《정신 생리학Mental Physiology》의 서문에서 하이슬롭은 세

명에게 감사의 말을 전하는데, 그중 한 명은 제자였고, 다른 둘은 환자였다. 실제로 하이슬롭이 정신병원 밖에서 살아가는 수많은 신경증 환자들에 대해 느꼈던 좌절감은 광기 자체에 대한 낭만적 견해에서 비롯됐던 것으로 보인다. 한 동료가 "소설 나부랭이"라며 저주에 가까운 평가를 내리기도 했던《라퓨타, 부활한 걸리버가 1905년에 다시 오다 Laputa, Revisited by Gulliver Redivivus in 1905》에서 하이슬롭은 라퓨타 정신병원에 수용된 환자들에 대해 이들 모두 '진실하고 고결한 영혼'을 가지고 있으며, 이들의 행동에는 '기이함'을 넘어선 어떤 것이 있었지만, "소위 제정신을 가진 사람들의 행동과 조금도 다를 바가 없었다"고 묘사했다.[20]

하이슬롭은 1925년에《위대한 비정상인들 The Great Abnormals》이란 과시적 제목의 책을 내기도 했다. 폭군과 독재자, 몽상가, 마법, 미신, 천재들에 대한 역사적이고도 철학적인 내용을 잡다하게 엮은 이 다소 혼란스러운 책에서 그는 "보다 관대한 태도를 호소한다"고 말하면서 다음과 같이 지적했다. "우리 자신의 독선적인 정신 기준에 부합하지 않는 사람들이 간혹 존재한다." 그럼에도 "곧 살펴보게 될 '비정상적' 개인 중에는 지구상에서 가장 위대한 인물들에 속하는 사람들도 상당수 있다."[21] 하이슬롭은 만약 우리가 보다 관대한 태도를 지닌다면 천재적인 사람들이 '기이하고 비관례적인, 또는 비정상적인' 행동을 숨기기 위해 더 이상 '피난처(하이슬롭에게 이 말은 정신병원을 뜻했다)'를 찾을 필요가 없어질 것이라고 확신했다.[22] 그러면서도 그는 그들이 여전히 자녀를 가져서는 안 될 것이라고 경고했다.

어쩌면 이 대목에서 하이슬롭은 자신의 환자이자 친구인,《정신 생리학》서문에서 감사의 말을 전한 셋 중에 한 명인 월터 에이브러햄 헤이그

Walter Abraham Haigh를 염두에 두었을지 모른다. 1882년 스물일곱 살에 처음 베들렘에 입원한 헤이그는 이후 입원과 퇴원을 반복했다. 그는 대학 교육을 받았고, 교사로 일했으며, 여가 시간에 작곡을 하고 악기를 연주했다. 그러면서 환각과 망상, 편집증으로 고통받았다. 그는 병원 밖을 자유롭게 오갈 수 있는 통행권을 부여받았지만, 증세가 너무 심해서 한 번도 사용해본 적이 없을 정도였다.

1888년 하이슬롭이 베들렘에 부임한 뒤에 두 사람은 음악으로 가까워진 것으로 보인다. 헤이그는 하이슬롭과 정기적으로 편지를 나누며 자신의 증세뿐만 아니라 일과 가족에 대한 의견을 나눴다. 헤이그는 정상과 정신이상이 상대적 용어라고 주장하고 싶었는지, '정상적인sane'과 '정신이상의insane'란 단어에 거의 항상 인용 부호를 사용했다. 나중에 하이슬롭이 집필한 교과서에서 '소위 정신이상'을 언급할 때면 늘 인용 부호를 쓰기 시작한 것도 어쩌면 친구 헤이그에게 영향을 받은 건지도 모르겠다.[23]

하이슬롭이 경계 지대의 신경증 환자들에게 가졌던 적의는, 부분적으로는 길 아래로 추락해 버린 사람들에 대한 유대감에서 비롯됐다. 아마도 정상적이었을 하이슬롭은 건강하지 못한 다수의 신경증적 인간들보다 '미친' 헤이그와 공유하는 부분이 더 많았다. 적어도 하이슬롭은 그렇게 생각했다. 1933년에 하이슬롭이 사망했을 때 한 예전 동료는 하이슬롭의 말년이 "본질적으로 신경증과 유사한 증세 탓에 슬픔으로 점철"됐으며, 제1차 세계대전 공습 기간 와중에 시작된 이러한 불안 상태가 얼굴과 어깨의 틱 장애로까지 나타났다고 기록했다. 어쨌거나 하이슬롭은 신경증 환자였고, 그래서 아주 정상적인 사람이었다.

1880년대의 정신과 의사들은 대부분 정상과 정신이상이 종류가 다르다기보다는 정도가 다른 정신 상태라는 주장을 당연시했다. 정상과 정신 이상은 여전히 양극단에 위치했지만, 이제는 '신경쇠약을 일으키는 다양한 원인을 넘치도록 지닌' 거대한 인간 무리가 이 둘을 갈라놓고 있었다.[24] 그렇다면 의사들은 이 경계 지대의 거주자들을 어떻게 알아볼 수 있었을까? 간단히 말해 이들은 성도착자부터 사회 부적응자, 건강 염려증 환자, 자해 환자에 이르기까지 '보다 상식적인 사회 관습'을 무시하는 온갖 '부류의 사람들'이었다.[25] 이들의 신경증은 이들이 속한 가족과 또래 집단, 사회 지도자들의 기대에 반하는 것으로 규정됐다. 그들의 행위는 다른 사람들에게 고통이나 위해를 가할 수도 있었고, 단순히 불편할 수도 있었다. 어느 쪽이든 비정상성은 대개 비관례적인 행위들로 정의되었고, 이러한 행동은 의학적 치료가 필요한 증상으로 새롭게 해석됐다.

물론 빅토리아 시대의 많은 관습이 오늘날의 우리에게 매우 이상해 보인다. 이는 비정상적인 정신에 대한 정의가 사회적 기대에 얼마나 크게 의지했는지(그리고 지금까지도) 확실히 보여준다.

1895년 10월, 스물네 살의 젊은 사회주의자 이디스 랜체스터Edith Lanchester는 부유한 부친에게 자신의 노동 계급 연인과 함께 집에 들어와 살고 싶다고 말했다. 그녀는 장차 1935년에 개봉될 영화 〈프랑켄슈타인 2: 프랑켄슈타인의 신부〉의 여주인공 엘자 란체스터의 어머니이기도 했다. 경악한 부친은 즉시 초로의 정신과 의사인 조지 필딩 블랜드포드 George Fielding Blandford를 불렀고, 의사는 이디스를 정신이상으로 진단했다.

블랜드포드는 전혀 다른 사회 계급 출신의 남성과 결혼하지 않은 채 동거하겠다는 젊은 여성의 결정은 '사회적 자살' 행위와 다르지 않다고 여겼다. 이디스의 행동은 관습을 비웃는 행위일 뿐만 아니라 앞으로 그녀의 지위에 상당한 위해를 초래하게 될 것이 분명했다. 이디스는 '얼마간 저항을 했지만, 결국은 강제로' 로햄프턴 정신병원Roehampton Asylum에 수용됐다. 그렇지만 정신감정 위원회(Commission in Lunacy, 정신병원 국가감독 기관) 소속 감독관 두 명의 판정과 블랜드포드의 진단 번복 덕분에 그녀는 거의 곧바로 퇴원했다.[26]

1896년《정신과학 저널Journal of Mental Science》에는 조심스럽게 선별된 단어들로 자신의 입장을 항변하는 블랜드포드의 글이 게재됐다. 블랜드포드는 정상적인 사회적 관례를 과감하게 조롱한다고 해서 자동적으로 정신이상 판정을 받는 것은 아니지만, 그럼에도 이디스의 행동들은 광기의 결과일 가능성이 농후하다고 적었다.[27]

법원은 블랜드포드의 의견에 동의하지 않았고, 그에 따라 이디스는 정상 판정을 받았다. 하지만 이 사례는 지난 100년이 넘는 기간 동안 정신이상 판정을 받았던 사람들의 상당수가 어떻게 그들의 비관례적 행동 때문에 당국의 감시를 받아야 했는지를 명확히 보여준다. 부와 권력을 가진 사람들은 자신에게 내려진 판결에 맞설 수 있었을지도 모른다. 하지만 다른 이들은 그럴 수 없었다.

정신병 진단으로 부정적인 영향을 받게 될 가능성이 가장 큰 사람들은 '20세기 사회의 주변인, 취약 계층, 경제적 박탈 계층'이었다. 이를테면 미혼 여성, 흑인, 노인, 정치적 반체제 인사, 양심적 병역 거부자, 성소수자, 노숙인 등이 여기에 해당됐다.[28] 1851년 미국 의사 새뮤얼 카트라이트Samuel Cartwright는 흑인 노예들이 도망가는 것은 정신병 때문이라며 드라페토마니아(drapetomania, 그리스어로 탈출을 뜻하는 드라페테스와 광기를 뜻하는 마니아가 합쳐진 용어_옮긴이 주)라는 새로운 질환명을 만들어냈다. 카트라이트에 따르면, 미국 노예들의 도망은 잔인한 취급과 박탈된 자유를 거부하는 합리적 반응이 아니라 '여러 유형의 정신 착란만큼이나 심각한 정신 질환'이었다.[29]

정신의 정상성sanity은 사회적·법적 통제의 강력한 수단이 될 수 있었다. 카트라이트는 그가 치료하는 노예들을 '정상화'하려고 애쓰면서 어떠한 흑인도 우리가 성경에서 배운 대로 그가 있어야 할 위치, 즉 복종의 자리에서 벗어나지 못하도록 하겠다고 노예 소유주들에게 말했다. 이는 명백히 인종차별적인 의료 통제적 관점이었다.[30] 비슷한 시기에 소설가이자 페미니스트인 샬롯 퍼킨스 길먼처럼 히스테리로 진단받은 중간 계급 여성들은 '휴식 요법'의 대상이 되어 침상 안정, 격리, 전기 치료, 마사지, 충분한 영양 섭취 같은 처방을 받았다.[31] 물론 신체적 가혹 행위의 정도는 상당히 낮았지만, 이 역시 여성들을 복종의 위치에서 벗어나지 못하게 하려는 의도를 지니고 있었다. 책 읽기도 일하기도 금지당했던 길먼은 1892년 작《누런 벽지》에서 자신이 경험했던 정신을 마비시킬 정도의 지루함에 대해서 저주라도 하듯 써 내려갔다.

역사가 일레인 쇼월터Elaine Showalter의 지적처럼, 히스테리는 전형적인 '여성 질병'이었다.[32] 히스테리로 진단받은 남성도 있었으나, '자궁'을 의미하는 그리스어에서 유래한 히스테리라는 용어 자체가 여성이라는 생물학적 성이 병의 원인임을 강조했다. 대개의 경우 남성들은 신경쇠약이란 진단을 받았다.

신경쇠약은 1869년 미국의 신경과 의사 조지 밀러 비어드George Miller Beard가 처음 명명한 것으로, '문명으로 야기된 병'이라고 여겨졌다. 비어드가 묘사한 바에 따르면, 신경쇠약은 신경 탈진의 한 형태였다. 근대적

광태의 2단계

그림 1 몸을 과장되게 움직이는 모습

그림 2 몸을 비트는 모습(둥근 활 모양)

1881년 신경학자 장 마르탱 샤르코가 제시한 히스테리 발작의 대표적인 두 가지 단계. 샤르코는 적어도 입원 환자에 한해서는 히스테리에 일정한 패턴이 존재한다고 주장했다.

삶이 그러한 신경쇠약의 원인으로 지목되었는데, 근대적 삶 자체가 끊임없이 정신적 에너지를 소모하도록 요구하다가 결국에는 신경을 탈진시킨다는 이유에서였다. 비어드는 신경쇠약이 두통, 관절통, 신경통, 조급증, 병적인 공포, 오한, 떨림, 발한, 불면증을 비롯해 온갖 다른 신체적·정신적 증상을 일으킨다고 말했다. 다행인지 불행인지, 이러한 신경쇠약은 사회적 지위를 나타내는 표지이기도 했다. 신경쇠약은 부유하고 교육받은 사람들이 걸리는 병으로, 대체로 백인 미국인에게 흔했으며, '거의 모든 사무직 노동 가구'에서 발견됐다.[33] 비어드는 노동 계급의 남성이나 흑인이 비슷한 증상을 보인다면 그것은 십중팔구 게으름 때문이라고 넌지시 비췄다.

히스테리도 신경쇠약처럼 엄청나게 다양한 증상을 보였으며, 대개는 신체적 원인을 찾을 수 없는 경우에 마지막으로 진단이 내려지며 주로 젊은 미혼 여성 환자가 많았다. 히스테리로 실명, 마비, 발작, 경련, 졸도, 탈진, 감정 폭발 같은 증상이 나타날 수도 있었다. 관습과 다른 행동 또한 애초부터 신경증적 증상들을 유발하는 원인으로 비난받았던 것 같다. 에벌린 존스Evelyn Jones가 1895년 베들렘에 입원했을 때, 다윈을 비롯한 다양한 과학 서적들을 읽고 여자 친구와 지나치게 친밀한 관계를 맺었기 때문에 그녀가 병에 걸렸다고 여겨졌다.[34]

여성의 신경쇠약 질환들을 치료하기 위해 보통은 결혼이 권장되었다. 영국 남동부의 하르펜덴 출신이었던 스물다섯 살의 교사 앨리스 로즈 모리슨Alice Rose Morison이 1894년 저명한 신경과 의사 빅터 호슬리Victor Horsley의 진찰을 받고 얻은 처방도 결혼이었다.

앨리스는 최근 4년간 몽유병을 앓고 있었고, 그로 인해 걱정이 이만저만이 아니었다. 수면 상태로 이따금 거리로 나갔을 뿐만 아니라, 그 길로 자매의 하숙방까지 내처 걸어간 적도 있었기 때문이다. 때로는 불을 내기도 하고, 다른 위험한 행동을 하기도 했다. 문을 쾅쾅 두드리고, 마룻바닥에 자신의 머리를 쿵쿵 찧으며 소음을 내기도 했다. 1893년 성탄절 무렵에는 수면 상태에서 편지를 쓰기 시작했으며, 이듬해 여름부터는 한낮에도 몽환 상태에 빠지기 시작했다. 이 시기를 전후해서 다양한 인격들이 나타났다. 밤에는 녹터나Nocturna가 앨리스의 몸을 차지했고, 또 다른 제3의 인격이 숨어 있다가 모리슨 몰래 물건을 훔치기도 했는데, 앨리스는 모리슨을 자신의 원 자아라고 불렀다. 1894년 7월 호슬리의 진찰을 받은 앨리스는 '휴식과 결혼'이 자신을 낫게 할 것이라는 자신을 무시하는 듯한 처방에 화가 났다. 이 단호한 젊은 여성은 후일 베들렘 의사들에게 자신은 "그 의사의 조언을 따르지 않기로 했다"고 말했다.[35]

다른 여성들도 가족과 친구, 의료진으로부터 결혼을 하고 자녀를 키우는 관습적인 길을 따르라는 압력을 받았다. 정상적인 행동이 곧 치료법이었다. 1880~1890년대에는 많은 의사가 결혼으로 '신경 질환을 치료'할 수 있다고 생각했다. 하지만 다른 이들은 오히려 결혼이 신경성 긴장을 인구 전체로 확산해 불안정한 사람들의 수를 훨씬 더 증가시킬 위험이 있다고 우려했다.[36]

지도를 그리듯 경계 지대에 속하는 신경증들을 최초로 구체화한 앤드류 윈터Andrew Wynter는 여성의 환경 변화가 알코올 중독 증가의 원인이 되었다고 시사했다. 중간 계급 여성은 불완전한 교육을 받았고, 새로 생긴 철도 덕분에 일터까지 통근할 수 있게 된 남편과 분리되었으며, 모든 집안일을 하인이 처리했다. 윈터는 이러한 상황에서 소외되고 지루한 가정주부들이 어떻게 '현명한 아내'가 되기를 기대할 수 있겠느냐며 의문을 제기했다.[37] 여성들이 충분한 양의 가사노동을 수행할 수 있다면 비로소 정상성을 회복할 수 있으리라 그는 생각했다.

우리를 둘러싼 사회가 신경증을 만들어낸다는 생각을 받아들이기란 어렵지 않을 것이다. 하지만 정신 질환 중에는 사회와 무관하게 늘 존재해온 것들도 있다는 가정 또한 똑같이 받아들이기 쉽다. 그러나 정신 질환이 그것을 직접 겪는 사람들과 이들을 돌보는 사람들에게 아무리 파괴적이고 고통스러운 경험을 선사하더라도, 정신 질환은 우리가 믿어온 만큼 그렇게 우리의 삶과 이질적인 어떤 것이 아니다. 또한 정신 질환이 한 인간 존재의 모든 측면에 영향을 미치는 것도 아니다.

온전한 정신으로도 비정상적인 행동을 할 수 있는 것처럼, 정신이상 상태에서도 확실히 정상적인 행동(그것이 뭘 의미하든)을 할 수 있다. 그렇기에 1895년 하이슬롭이 말한 다음과 같은 역설이 이번 연구를 수행하는 내내 내 뇌리에 남아 있었던 것이다. "온전한 정신의 소유자인 우리는, 다른 사람이 자신의 경험을 어떻게 해석하든 우리가 설정한 한계를 넘지 않는다면 그에 대해 너그럽게 볼 수 있어야 한다."[38]

신경증, 새로운 표준이 되다

의식이란 무엇일까? 최근 이 주제에 대한 철학적 에세이들을 모은 한 책을 보면 의식이란 개념이 오늘날까지도 "모호하기로 악명이 높다"고 한다.[39] '의식적'이란 말은 단순히 깨어 있고 뭔가를 자각하는 상태를 의미할까? 우리는 우리를 둘러싼 세계를 관찰하고 해석하는 내적 자아를 가지고 있을까? 아니면 자아라는 관념 자체가 우리의 의식적 사고가 창조해 낸 서사의 산물일까?

만약 내적 자아가 존재한다면 자아의 분할 혹은 다중 자아는 비정상처럼 보인다. 그러나 만약 자아가 의식의 산물이라면 다중 자아를 이해하는 일이 보다 용이해질 것이다. 히스테리의 시대에 의식은 분할되고 조각나거나 증식될 수 있게 되었다. 최면술이나 몽환 상태를 이용해 전환될 수도 있었다. 의식에는 식역하의식(subliminal consciousness, 인간 지각 한계 영역에서 작동하는 의식으로 텔레파시 및 기타 초심리학 현상을 설명할 때 제시됨_옮긴이 주), 잠재의식, 무의식 같은 다층적 수준이 존재한다. 앨리스 모리슨 같은 사람들의 경험은 이전까지만 해도 '정상적' 정신의 정의 그 자체와 같다고 여겨졌던 단일하고 통일된 의식이라는 관념에 의문을 제기했다.

앨리스가 이중의식을 보인 것으로 기록된 첫 사례는 아니었다.[40] 프랑스의 10대 재봉사 펠리다 엑스Felida X는 1858년부터 의사의 진료를 받기 시작했다. 당시 그녀는 수시로 두 번째 인격 상태에 빠져들곤 했는데, 그 상태에서 한 말과 행동은 원래의 '정상 상태(펠리다의 주치의는 원래 상태를 정상 상태라고 불렀다)'로 돌아오는 즉시 잊혔다. 시간이 지나면서 펠리다의 두 번째 인격이 평상시 상태가 되었고, 원래의 인격은 사라져 버렸다.[41]

샤르코의 학생이었던 피에르 자네Pierre Janet도 그의 환자 중 한 명에게 최면을 걸어 비슷한 결과를 이끌어냈다. 최면에 걸리자 농부인 중년 여성 레오니Leonie는 레오틴Leontine이라 불리는 보다 활기찬 인격으로 바뀌었다. 나중에는 레오니와 완전히 다른 존재처럼 보였던 또 다른 인격 '레오니 3' 혹은 레오노르Leonore를 분리하는 데 성공했다.[42] 영국과 유럽 대륙,

미국의 심리학자 및 철학자들은 이러한 다중 인격체들이 우리가 히스테리뿐만 아니라 정상적인 의식 자체를 이해하는 데 도움을 줄 수 있을지도 모른다고 주장했다.

하지만 그러한 주장은 현실화되지 못했다. 20세기 초반이 되자 최면과 심령술 연구는 점차 미심쩍어 보이게 되었다. 1903년 SPR 설립자 프레더릭 마이어스Frederic Myers가 《인간의 인격과 육체적 죽음의 초월Human Personality and Its Survival of Bodily Death》을 출간할 무렵부터 강신술과 심리학 사이에 금이 가기 시작했다. 두 분야의 결렬이 마이어스 자신이 명명했던 '초정상supernormal' 연구의 끝을 의미하지는 않았다. 하지만 이제 정상적인 정신에 대한 연구는 새로운 방향으로 나아가고 있었다. 이렇게 된 이유는 아주 단순했다. 프로이트가 최면술을 폐물 취급했기 때문이다.

자네를 비롯한 다른 정신과 의사들처럼 환자에게 최면을 거는 대신에 이 젊은 학자는 환자 옆에 앉아 환자가 하는 말의 의미를 해석했다. 이러한 프로이트의 접근법은 환자들에게 카타르시스 최면 요법을 사용했던 그의 스승 요제프 브로이어와도 확연히 달랐다. 그렇지만 후일 정신분석학의 토대를 확립하는 데 중요한 역할을 한 유명한 사람은 다름 아닌 브로이어의 히스테리 환자였다. '안나 오'라는 이 가명의 주인공은 훗날 베르타 파펜하임으로 밝혀졌다. 오스트리아의 페미니스트였던 안나 오는 후일 유대여성협회Jewish Women Association를 설립하기도 했다.

1881년 브로이어가 처음 파펜하임을 치료했을 때 그녀는 스물두 살로, '청교도적 분위기의 집안에서 극도로 단조로운 생활'을 했음에도 '지성적 활력이 펄펄 끓어 넘치는' 상태였다.[43] 브로이어와 프로이트는 파펜하임의 정신이 비정상적인 상태로 발전하게 된 원인이 당시 유럽 중간 계급 여성에게 정상적으로 여겨졌던 세속적 생활방식 때문이라고 결론 내렸다.

파펜하임의 첫 번째 증상은 '규칙적으로 몽상'에 잠기는 것이었다. 하지만 이내 가족들도 알아차릴 수 있을 정도의 증상이 뒤따라 나타났다. 이를테면 사시와 중증 시력 장애, 사지 위축과 마비, 지속적인 몽유병(수면 보행) 등. 1880년 12월 11일부터 1881년 4월 11일까지 파펜하임은 침대에 결박되어 지냈다.

4월부터 파펜하임은 브로이어의 치료를 받기 시작했다. 파펜하임의 증상은 심각했고, "그녀가 어느 정도라도 정상으로 돌아오는 시간은 하루 중 아주 잠깐뿐이었다."[44] 치료를 진행하는 동안 브로이어와 파펜하임은 각 증상의 특징에 대해 심도 깊은 이야기를 나누었고, 질병이나 아버지의 죽음 같은 그녀가 어린 시절에 경험했던 사건들과 증상 간의 관계를 탐색했다. 놀랍게도 브로이어는 파펜하임이 최면 상태에서 '각 증상이 처음 발현된 상황을 묘사하고 나서부터 증상이 사라졌다'는 사실을 발견했다.[45] 하지만 역사가들은 안나 오에게 적용된 치료법에 대해 상당히 다른 평가를 내려왔다. 브로이어가 파펜하임을 진료하는 과정에서 회상 요법은 치료 후반기에 도입되었으며, 브로이어가 암시하는 것처럼 그렇게 장기간에 걸쳐 치료가 이루어지지는 않았던 것으로 보인다.[46]

브로이어는 안나 오의 치료법을 '대화 치료'라고 불렀다. 이는 누가 봐도 그의 제자인 프로이트를 연상시켰다. 오늘날 정신병 치료에 심리학적 방법을 적용한 최초의 인물로 대개는 프로이트가 언급되곤 한다. 또한 많은 사람이 프로이트가 광기를 정신이상에서 신경증, 정상적인 건강 상태에 이르는 하나의 연속선상에서 이해한 최초의 의사라고 생각한다. 우리

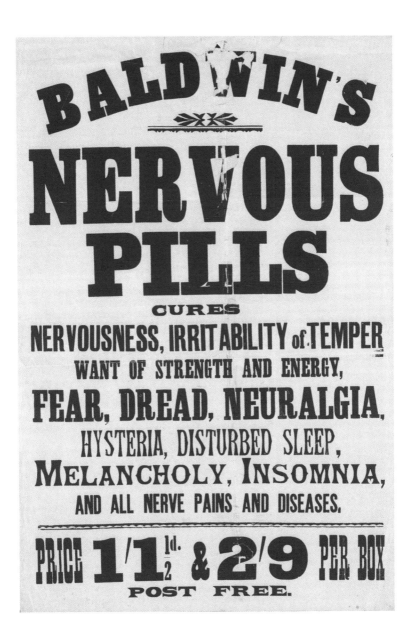

1900년경에 제작된 볼드윈의 너버스 필스 광고. 히스테리를 비롯해 여러 가지 다양한 '신경 통증과 질환'을 치료한다고 주장했던 많은 특허 신약 중 하나였다.

가 지금까지 살펴봤듯이 이러한 평가는 사실과 전혀 다르다. 정신 건강 관리에서 심리 치료라는 말은 프로이트와 직간접적인 연관을 지닌 것처럼 여겨지지만, 프로이트가 이를 도입한 최초이자 유일한 의사는 아니었다.[47] 그럼에도 프로이트는 유년기 발달 과정의 중요성을 강조하고, 비정상성을 경계 지대 너머로까지 확대하는 등 정상적 정신의 역사에서 중요한 역할을 하게 되었을 뿐만 아니라 숭배의 대상이 되었다.

프로이트가 보기에 우리는 모두 신경증 환자다. 따라서 우리는 모두 그저 정규분포 곡선의 정상 범위 가장자리에 겨우 속해 있을 뿐이다. 1913년에 프로이트는 자신의 제자 칼 융에게 보낸 유명한 결별 편지에 다음과 같이 썼다. "신경증은 우리 정신분석가들 사이에서 마치 관행처럼 흔한 일이라, 우리 중 누구도 자신이 약간의 신경증 증세를 보인다고 해서 부끄러워할 필요가 없소." 프로이트는 융이 '비정상적으로 행동하면서도 자신은 정상이라고 줄곧 소리치는' 사람이라고 주장했다. 이는 통찰력의 부족을 보여주는 것으로 용인될 수 없는 일이었다. 프로이트는 "나는 우리의 개인적인 관계를 완전히 끝내자고 제안하는 바이오"라고 격앙된 어조로 편지를 끝맺었다.[48] 자신이 비정상적이라는 사실을 인식하고 있는 한, 비정상적인 것이 반드시 문제되는 것은 아니었다.

프로이트 이후에 정상적 정신이라는 말은 더 이상 사용되지 않게 되었다. 이는 정신분석학의 인기를 높이는 데 크게 기여했다. 1939년에 프로이트가 사망하고 나서 한참이 지난 뒤에도 돈깨나 있는 사람이라면 누구나 치료사를 만날 것으로 기대될 정도였다. 특히 미국에서 그랬다.

이제 '신경증'은 진단명이라기보다 불안해하는 행동에 대한 설명이나 자조적인 말처럼 일종의 비유적인 표현이 되었다. 그렇지만 신경증이란 개념은 우리 삶에 영향을 미쳤으며, 20세기 말에 이르러서는 우리가 정신의 정상성이라는 문제와 관련해 느끼는 공포를 증폭시켰다. 거미 공포증이나 광장 공포증이 나라는 사람에 대해 어떤 걸 말해주는지 궁금해지기 시작했는가? 혹은 성인기에 나타나는 유별난 행동이 유년기의 어떤 내밀하고 어두운 비밀에서 기인했는지 알고 싶어졌는가? 비정상은 빅토리아 시대 초반에 그랬던 것처럼 더 이상 먼 곳에 있는 위협이 아니었다. 그것은 거기, 우리의 모든 행동 뒤에 마치 그림자처럼 따라붙어서는 우리를 압도해 버리겠다며 매일 끊임없이 협박해 댔다.

정상적인 정신이란 무엇인가

여러분은 내가 미쳐가고 있는지도 모른다고 걱정해 본 적이 있는가? 이는 내가 20대 후반, 광기의 역사 수업을 들었을 때 강사가 우리에게 처음 던진 질문 중 하나였다. 수강생의 4분의 3이나 되는 학생들이 그런 적이 있다고 바로 인정했다. 그런 적이 없다고 한 학생들은 자신들이 다수에 속하지 않는단 사실에 거북스러워했다. 어쩌면 융처럼 자신들도 통찰력이 부족한 사람으로 몰리는 게 아닌지 염려됐을지도 모를 일이다. "저는 제가 미쳐가고 있다고 걱정해 본 적이 한 번도 없습니다!" 그런 적 있다고 손을 든 학생들을 둘러보며 그 숫자에 놀란 한 학생이 우려된다는 듯 말했다. "그렇다면 제가 정상이 '아니란' 건가요?"

19세기 후반 내지 20세기 초반의 정신과 의사라면 십중팔구 그 학생이 건강한 정신 상태를 지닌, 보기 드물게 운이 좋은 사람이라고 생각했을 것이다. 하지만 그 학생의 질문은 자신의 정신 상태를 의심해 본 적 없는 사람은 그저 자신이 정상적이라는 착각에 빠져 있을 뿐이라는 프로이트 이후의 가정이 점차 확산되고 있음을 보여준다. 이러한 우려에도 불구하고 여전히 많은 사람이 미칠까 봐 일상적으로 두려움에 시달리는 자신과 누가 봐도 확실한 광인을 구분하려고 애쓴다.

빅토리아 시대 후반의 정신과 의사들은 대부분의 사람이 정신적으로 비정상적이라고 생각했다. 프로이트는 한술 더 떠서 모든 사람이 비정상이라고 주장했다. 최근의 통계는 다행스럽게도 '4명 중 1명'이라고 한다. 2000년대 초반 이후 정신 건강 단체들과 낙인 반대 운동anti-stigma campaigns은 우리 중 25퍼센트가 사는 동안 한 번쯤 정신 건강 문제를 겪게 될 것이라고 말해왔다. 이는 프로이트가 가정했던 것보다 훨씬 더 적은 수치지만, 그럼에도 정신적 고통이 비교적 흔하게 나타나는 일임을 보여준다.

그런데 이런 통계치는 대체 어디에서 나왔을까? 이 수치는 21세기가 시작되는 시점에 세계보건기구가 펴낸 보고서에 처음 등장했다. 보고서는 다음과 같은 놀라운 주장을 펼쳤다. "인구의 25퍼센트 이상이 사는 동안 한 번 이상의 정신 질환 혹은 행동 문제를 경험한다."[49] 하지만 보고서의 참고 문헌들을 살펴보던 정신과 의사 스티븐 진Stephen Ginn과 신경과학자 제이미 호더Jamie Horder는 25퍼센트라는 숫자가 뜬금없이 나타났다는 사실을 발견하게 되었다.[50] 실제로 보고서가 인용한 세 건의 논문 중 어디에서도 이러한 주장을 찾을 수 없었다. 오히려 두 건의 논문은 정신 질환의 평생 유병률을 그보다 훨씬 높게 제시했다.

진과 호더가 찾을 수 없었던, 4분의 1에 근접하는 수치를 제시한 연구는 성인 정신 질환 이환율 조사Adult Psychiatric Morbidity Survey, APMS가 유일했다. 여기에는 영국인 중에 지난 한 주 동안 정신 건강 문제를 경험한 비율이 23퍼센트라고 나와 있었다. 이 수치로 평생 유병률을 추정한다면 당연히 23퍼센트를 크게 웃도는 수치가 나올 수밖에 없을 터였다. 아울러 진과 호더는 연구마다 조사 대상으로 삼은 정신 질환의 종류가 상당히 다르다는 점을 발견했다.

대부분의 조사 연구에는 DSM 리스트에 올라 있는 '남성 발기 장애'와 '니코틴 의존도' 같은 질병 항목들이 포함되어 있지 않았다. 2010년에 실시된 한 연구는 주의력 결핍 및 과잉행동 장애ADHD를 질병 항목에 추가했다가 정신 건강 문제 유병률을 크게 높이는 결과를 낳기도 했다. 진과 호더는 4명 중 1명이라는 비율이 인기를 얻게 된 이유가 증거에 입각했기 때문이 아니라 "너무 많지도 너무 적지도 않기 때문"이라고 결론지었다.[51] 즉 이 비율은 정신적 괴로움이라는 우리의 경험을 받아들일 수 있는 것처럼 보이게 만들 뿐만 아니라, 우리에게 그러한 고통이 곧 끝날 것이란 희망 또한 안겨준다. 하지만 국가별 정신 질환 평생 유병률 추정치를 비교해 보면, 그 수치가 대략 절반에 이른다는 사실을 알 수 있다.[52] 달리 말하면, 통계적으로 볼 때 정신 질환은 매우 정상적인 상태다.

그러나 우리가 한 번쯤 경험하게 되는 정신이상의 경계 지대가 계속해서 확장해 왔다는 사실은 정신적 정상과 비정상의 정의가 의학적 및 사회적으로 얼마나 극적으로 변화해 왔는지를 보여준다. 빅토리아 시대의 정신과 의사들은 정상성이 사회적 관습에 따라 결정된다는 점을 잘 알고 있었다. 그럼에도 그들은 많은 사람의 정신이 전적으로 '온전하다'고 가정했다. 정상성이란 협소한 경계에 부합하지 않는 사람들에게는 치료법으로 관습을 따르라고 권고했다. 히스테리를 보이는 소녀에게는 결혼을 하고, 알코올 중독에 걸린 주부에게는 청소나 육아 등의 가사노동을 좀 더 많이 하라는 것 같은.

오늘날의 우리라면 감정과 행위의 화학적 또는 신경학적 모델을 따를 것이다. 그 모델이라고 해서 항상 우리의 행복에 도움이 되는 것은 아니지만 말이다. 때로는 이로 인해 정상적 행동과 비정상적 행동을 대하는 우리의 태도를 결정하는 중요한 요인이 사회적 기대라는 점을 인식하지 못하게 되기도 한다. 물론 약물은 우리가 가장 어두운 순간을 지날 때 우리를 견디게 해주거나 지탱해 줄 수 있다. 하지만 그 약물이 정신 질환 경험에 대한 협소한 해석의 틀 속에 우리를 가둘 수도 있다.

1967년에 미시간대학병원이 정상적 정신을 정의하기 위해 실시한 실험을 살펴보는 것으로 이번 장을 마무리 짓도록 하자. 이 연구의 목적은 정신 건강에 적용할 수 있는 보다 일관된 정상성 개념을 확립하는 것이었다. 정신과 수련의 집단과 조현병 진단을 받은 환자 집단, 이 두 집단을 대상으로 동일한 테스트가 실시되었다. 참가자들은 '전형적으로 정상적인 사람'이라면 다음과 같은 특정 상황에서 어떻게 반응하겠느냐란 질문을 받았다. 예를 들어, '전형적으로 정상적인 사람'이라면 상사가 동료들 앞에서 자신을 "바보 멍청이"라고 불렀을 때 어떻게 반응할지 생각해 보라는 것이었다.

수련의들은 "화가 나지만 완전히 잊기로 마음먹을 것이다"에서 "화를 내고 사표를 던질 것이다"까지 다양한 반응을 보였다. 비록 표본 크기는 매우 작았지만, 연구자들은 이 편차로부터 유의미한 특징들을 발견했다.[53] 달리 말해, 정상적인 사람들은 어떠한 행동이 정상적이냐에 대해서 매우 서로 다른 견해들을 가지고 있었다. 환자 집단은 수련의 집단보다 더 큰 견해 차이를 보였다. 하지만 이들의 응답은 척도의 보다 중간에 위치한 대답에 쏠리는 경향이 있었다. 수련의 중에는 정상적인 사람이라면 '바보 멍청이'라고 불렸을 때 전혀 신경 쓰지 않을 것이라고 답한 사람이 없었던 데 반해, 환자 중에는 10퍼센트가 전혀 신경 쓰지 않을 것이라고 답했다. 반면에 환자들의 31퍼센트가 척도상의 중간 응답("화가 나지만 그 일을 완전히 잊기로 마음먹을 것이다")에 그렇다고 한 것에 비해, 수련의들은 8퍼센트만이 이렇게 대답했다.

　이러한 차이는 무엇을 의미할까? 조현병 진단을 받은 사람들이 소위 '정상적인' 정신과 의사들보다 다른 사람의 행동에 덜 구애받는단 뜻일까? 아니면 정신병원 환자들이 정상성의 정의로부터 얻거나 잃을 것이 훨씬 더 많다는 것을 의미하는 걸까? 이들의 반응은 이들이 정신적으로 문제가 있다는 진단을 받았을 때 정상성 관념이 중요한 역할을 했다는 직접적인 경험에서 비롯됐을 공산이 크다. 정신병원 생활과 관련된 10년 전 연구가 지적하듯이 '정상' 개념, 즉 환자가 정상이라고 생각할 수 있게 만드는 모든 함축적인 약속이야말로 환자가 병원에서 보이는 모든 행동을 의식적으로 하게 만드는 주된 요인이다.[54] 다른 사람들로부터 정상적이라고 인정받는다면 좀 더 빨리 퇴원할 수 있겠다, 제재 대상인 '비정상적' 행동들을 한다면 고된 치료를 받거나 병원 내 특전들을 박탈당할 수도 있겠다 등.

　이처럼 고도로 함축적 의미를 지닌 정상성 개념은 오늘날 정신 건강 측면에서도 여전히 중요한 위치를 차지하고 있다. 문제는, 대개의 경우 정상적 개념에 문화적 차이가 들어설 여지가 거의 없다는 점이다. 미시간 대학병원의 조사 연구가 보여주듯이 정상 행동의 정의는 환자보다는 그들을 진료하는 고수익 전문직 의사들의 생활방식과 경험에 우선권을 부여하는 경향이 있다. 19세기 말, 여성의 적절한 사회적 행위와 관련된 가정들을 만든 사람은 다름 아닌 남성 정신과 의사들이었다. 마찬가지로 오늘날 중상위층 정신과 의사들도 정상성 개념에 자신들만의 가정과 편견을 투영한다. 내게는 승용차와 신용카드, 아이를 돌봐줄 보모가 있지만 남들은 아닐 수도 있다는 사실을 망각하는 경향이 있는 사람에게 마트로 장 보러 가는 것은 쉬워 보인다.

정상성 개념은 일반적으로 중산층의 특정 생활방식에 기반하는 경향이 있다. 그 경우, 그 영역 밖에 있는 사람들이 그 정상성 개념에 부합하기란 특히나 더 어려워진다. 그럼에도 그에 부합하지 못하는 것 자체가 질병의 징후로 여겨진다.

이러한 정상성 개념은 연령과 젠더, 계급, 인종의 경계를 따라 형성된다. 나는 20대 초반에 극심한 우울증을 앓은 적이 있다. 어느 날 밤, 친구들과 술집에 갔을 때였다. 분노가 폭발해 위기 상황이 닥쳤다. 결국 나는 응급실로 실려 갔다. 그 전에 내 남자 친구와 룸메이트가 술집 현관에서 대판 싸우는 바람에 근처 사람들이 경찰을 불렀다. 경찰이 도착했을 때 나는 피범벅이었다. 경찰은 내 팔에 난 상처를 가리키며 "누가 이랬습니까?"라고 묻고 또 물었다. "남자 친구가 그랬어요?" 이스트런던 공공 임대주택에 사는 데다 상처를 입은 채 불안에 떨고 있기까지 하니 경찰은 가정 폭력으로 생각한 모양이었다. 마침내 내가 자해한 것이라고 간신히 말하자 경찰은 술집을 떠났다. 그렇게 상황은 종료됐다.

그런데 내가 만약 흑인 남성이었어도 상황이 같았을까? 경찰이 흑인 남성을 나와 똑같이 대하거나, 나처럼 위협받았기 때문이라고 불안해한다고 생각했을까?

2010년도 카운트 미 인 센서스(Count Me In census, 정신 건강 서비스 이용자를 대상으로 잉글랜드와 웨일스에서 매년 실시하는 총조사로 2005년에 처음 시작됨_옮긴이 주)에 따르면, 영국의 국영 의료 병원과 민간 병원 238곳의 정신 질환 입원 환자 비율을 살펴볼 때 흑인이 평균보다 2~6배 높았다. 이는 대개 아프리카계 흑인과 카리브계 후손의 입원 비율이 특히 높기 때문인데, 이들의 경우 형사 사법제도를 통한 강제 입원 가능성 또한 큰 것으로 나타났다.[55]

정신과 의사들은 이 결과를 보고 정신의학이 제도적으로 인종차별적인 것은 아닌지 논쟁을 벌였다. 한 의사는 경찰과 법원이 그 많은 사람을 각자에게 필요한 치료를 받도록 병원에 넘겨주는 셈이니 결국 좋은 일 아니겠느냐고 주장했다.[56] 하지만 애초에 경찰이 그들을 체포한 것 자체가 당국이 흑인의 행동을 이해하고 해석하는 방식이 다르다는 것을, 당국이 특정 사람들을 종종 폭력적으로 다룬다는 것을 보여주는 건 아닐까? 우리가 목격해 온 이러한 불평등은 정신의학뿐만 아니라 과학 및 의학, 법률 및 치안 유지, 심리학 역사 전반에 깊이 새겨져 있다. 사회가 인종차별적인 상황에서 정신의학이 어떻게 제도화된 인종차별주의를 벗어날 수 있는지는 알기 어려운 문제다.

4장

내 성생활은
정상인가

AM I
NORMAL?

성을 둘러싼 다른 생각들

2000년대 초반에 런던에서 사는 대부분의 젊은이가 그렇듯, 나 역시도 20대의 거의 전부를 셰어 하우스에서 살았다. 섹스는 대화의 단골 주제였고, 우리는 주로 은어 같은 농담과 암호 같은 말로 섹스에 관해 이야기했다. 우리는 셰어 하우스 거실에 있는 크고 화려한 거울을 벽 삼아 각자 '남편'이라고 부르는 최애 연예인 사진을 거기다 도배했다. 우리에게 "차나 좀 우려볼까"란 말은 아는 사람만 폭소를 터뜨리게 만드는 비밀스러운 농담이었다('차'는 '가십'과 '오르가슴 시 음핵에서 나오는 액체'란 뜻으로도 쓰임_옮긴이 주). 우리 그룹에 속하지 않은 사람이라면 그 성적 함의를 이해할 수 없을 것이기 때문이었다. 우리는 침대가 삐걱거린다고 킥킥댔고, 아침 일찍 화장실에 다녀와 보니 침대에서 자고 있는 사람이 누군지 모르겠더라는 '벌거벗은 털북숭이 남자' 얘기에 낄낄댔으며, 오르가슴에 도달한 새 파트너가 했던 이상한 말이나 행동을 두고 키득댔다. 또한 노골적인 팬픽 소설을 참 많이도 쓰고 공유했다.

끊임없이 키득거리기도 하고 불안해하기도 했지만, 우리는 모두 우리 자신에 대해 그냥저냥 평범하다고 생각했다. 공동생활이라는 아이디어는 우리가 보고 자란 1990년대의 텔레비전 프로그램들에서 나왔다. 이를테면 〈프렌즈〉 같은 TV 시리즈로 거의 모든 등장인물이 젊고 매력적이었으며, 백인이고 이성애자였다. 〈뱀파이어 해결사〉는 특히 섹스에 집착했는데, 주인공 버피가 처녀성을 잃자 버피의 남자 친구는 글자 그대로 악마가 되어 세상을 파괴하려고 한다. 뮤지컬 형식으로 구성된 이 드라마 (우리는 거기에 나오는 노래들을 반복해서 따라 부르곤 했다)의 한 대목은 사회 규범이 시리즈 곳곳에 스며들었음을 잘 보여준다.

연인 사이인 동성의 윌로우와 타라는 친구들에게 속이 빤히 드러나는 핑계를 대며 섹스를 하기 위해 집으로 간다. 버피의 10대 여동생 던은 그들을 향해 "꽤 낭만적이야"라고 한다. 그러자 버피와 친구 잰더는 던의 말이 채 끝나기도 전에 불쑥 끼어들며 소름 끼친다는 듯이 "아냐, 그건 아냐!"라고 말한다. 뭐가 아니란 건가? 그러니까 그 말은 레즈비언 섹스가 낭만적이지 않다는 뜻인가, 아니면 10대인 던이 섹스로부터 안전하도록 전적으로 보호받아야 한다는 뜻인가?

합의된 성관계를 둘러싼 규범들을 제대로 이해하기 위해서는 그 역사를 살펴볼 필요가 있다. 1940년대의 한 연구는, 모든 사람이 성적 정상성

빈번하게 발생하는 강간과 성폭행, 소아 성애는 우리 사회 내에서 작동하는 권력 관계와 관습의 크기가 어느 정도인지를 가늠하게 해주며, 어떤 특정한 사회적 맥락에서는 혼란스럽게도 '정상적 행위'가 되기도 한다. 하지만 이 장에서는 쌍방 합의에 의하여 성립하는 섹스에만 초점을 맞출 것이다. 강간의 역사에 대해 더 읽어보려면 다음을 보라. Joanna Bourke, *Rape: A History from 1860 to the Present* (London: Virago, 2007).

과 관련해 다른 사람의 행동 방식에 대한 막연한 생각을 기초로 저마다
지극히 개인적인 정의를 내리고 있다고 주장했다. 연구에 따르면, 사람들
은 비정상적인 성적 행동을 성행위의 본질과 성 활동의 빈도라는 두 가지
주된 기준에 입각해서 판단했다.

하지만 어떤 식으로 얼마나 자주 하는 게 정상인가 하는 문제에 결론
을 내리는 저마다의 방식은 복잡하고 혼란스러웠다. 사람들은 영화 스크
린, 정신과 의원 소파 위, 교회 강단, 병원 수술실, 길모퉁이, 피임 클리닉
같은 다양한 곳에서 나온 잘못된 정보들을 취합하여 '반쯤은 이해하고,
반쯤은 받아들이며, 반쯤은 무시하는 가운데' 결론에 도달하기 때문이
다. 연구 보고서는 "정상성이라는 관념이 얼마간은 도덕성이라는 관념
을 지배한다"고 지적하면서 다음과 같이 덧붙였다. "하지만 다른 사람들
이 실제로 어떻게 하는지를 정확히 알기 어려운 불확실한 상황에서 일반
인이 무엇이 정상이고 무엇이 비정상인지를 결정하기란 전례 없이 어려
운 문제일 수 있다."

그런데 이런 식으로 정상성을 개인적인 관념이라고 생각하게 되면 법
과 의학, 사회적 기대가 사람들이 다른 사람들의 삶에 기대하는 방식에
얼마나 큰 영향을 미쳐왔는지 인식하지 못하게 만든다. 1885년부터
1967년까지 영국을 비롯한 많은 나라에서 남성 간의 성행위는 어떠한
것도 위법이었다. 아직도 일부 국가에서는 동성 간에 성관계를 맺으면 투
옥되거나 심지어 사형에 처해지기도 한다. 여성, 특히 유색 인종의 여성
들은 혼외 성관계를 하거나 사생아를 가졌단 이유로 사회적·법적 처벌
을 받아왔으며, 일부 나라에서는 간통이 여전히 형사상 처벌 대상이다.
결국 섹슈얼리티의 역사는 법적·의료적 통제의 역사이자 타인에 의해

특정 사람들에게 가해져 온 강제의 역사이며 성적으로 '다르다'고 여겨지는 사람들에 대한 배제와 억압의 역사다.

성의 역사가 강제와 통제로 뒤얽혀 온 과정은, 건강한 성인이라면 모두 마땅히 쌍방 합의에 따른 섹스를 누릴 권리가 있다는 근대 서구의 과정을 무색하게 한다. 성은 여전히 어려운 문제다. 우리 중 상당수는 여전히 자신의 성적 관심을 부끄러워하거나 다른 사람들의 반응에 어찌해야 할지를 모른다. 예전에 막 새로 사귀기 시작한 남자 친구가 처음 집에 왔을 때 침대 옆 탁자 위에 있는《이색적인 성행위 백과사전The Encyclopedia of Unusual Sex Practices》을 보고 움찔하는 바람에 쥐구멍에라도 찾아 들어가고 싶었던 기억이 난다. "어, 그게, 그러니까, 연구용이야." 나는 말을 더듬었다. 그는 불편하다는 듯 대화 주제를 바꿨다.

소호의 지저분한 책방에는 유리창을 빼곡히 가리고 있는 진지한 책더미들 사이로 은밀하고 쑥스러운 기운을 풍기는 이질적인 잡지들이 책장 꼭대기 칸을 차지하고 있다. 섹스를 끼워 넣어야 신문, 영화, 책의 판매량이 증가한다는 것은 너무도 당연한 사실이다. 만약 2015년에 당시 영국 총리였던 데이비드 캐머런이 대학 재학 시절 죽은 돼지 입 속으로 성기(일명 피그 게이트 파문으로 통하는 캐머런의 사생활 폭로 일화_옮긴이 주)가 아닌 신체 해부학상 그의 다른 신체 부위를 밀어 넣었다는 기사가 나왔더라면 여론이 그처럼 엄청난 반응을 보였을까?

우리는 섹스를 일상생활의 정상적인 일부라고 여기면서도 천박하고 은밀하며 숨겨진 어떤 것이라고 생각하기도 한다. 어쨌거나 대개의 경우 섹스는 여전히 닫힌 문 뒤에서 이뤄진다. 그렇다면 우리는 자신의 성생활이 정상인지 아닌지를 대체 어떻게 알 수 있을까?

루이는 스위스 로잔에 사는 시계공이었다.* 1950년대에 열일곱 살이된 그는 얼마 동안은 행복했다. 일터에서는 활기찼으며 건강 상태도 좋았다. 이 어리고 철없는 나이에 루이는 자위라는 끔찍한 습관에 중독되고말았다. 하루에 한 번이나 두 번, 심지어는 세 번까지 했다. 그해가 지나기도 전에 루이는 맥이 빠지기 시작했고, 무시무시한 증상들이 나타났다. 침대를 벗어날 수 없었던 루이는 어쩔 수 없이 일을 그만두게 되었다. 내과의 사뮈엘-오귀스트 티소가 보기에 10대인 루이는 살아 있는 사람이 아니라 시체 같았으며, 몸에 수분기라곤 없이 수척하고 창백했을 뿐만 아니라 불결했고 불쾌한 악취를 풍겼으며 움직임도 거의 없었다. 입속에는 거품이 가득했고, 코로는 옅은 색 피가 흘렀으며, 대장 밖으로는 대변이 새어 나왔고, 정액이 끊임없이 배출되었다. 루이는 기억을 못했고 더 이상 아무 말도 이해하지 못했다. 티소는 자위가 어린 루이를 침몰시켜 '짐승 같은 상태'로 만들어버렸다며 사람들에게 주의를 당부했다. 의사의 강장제 처방에도 불구하고 루이는 몇 주 후 사망했다.[2]

아마 요즘이라면 '비정상적' 성행위라는 말에 자위를 제일 먼저 떠올리는 사람은 없을 것이다. 하지만 이제 자위가 정상적인 건강한 행위의 하나로 널리 여겨지게 되었더라도 자위는 섹스에 대한 우리의 태도가 얼

---

* '루이'는 논문에서 단순히 'L. D.'로 적혀 있다. 나는 그가 스위스의 프랑스어 사용 지역에서 살았다는 점을 감안해서 독서 편의상 실례를 무릅쓰고 그에게 흔한 프랑스 이름을 붙였다.

마나 복잡한지 보여주는 특정 금기를 유지하고 있다. 몇 년 전 나는 대입 준비과정 학생들의 박물관 안내를 맡은 적이 있다. 한 학생이 내게 진열장 속에 전시된 한 쌍의 물건이 무엇인지를 천진난만한 얼굴로 물었다. 그것은 빅토리아 시대의 자위 방지 장치와 일본의 성 보조 용품이었다. 내가 설명을 시작하자 남녀 학생 모두 얼굴을 붉히며 부끄러워했고, '자위'라는 단어가 내 입 밖으로 나올 때마다 키득거렸다.

나 역시 그들 나이였다면 필시 쑥스러워했을 것이다. 1990년대의 10대 잡지들은 자신의 신체를 이해하는 방법의 하나로 자위를 적극 권장했다. 하지만 그럼에도 자위는 여전히 자기 스스로 알아서 해결해야 하는 사적인 어떤 것이자, 어떤 이유에서건 남들과 논의할 수 없는 행위였다. 돌아보면 당시의 나는 누군가가 내게 자위에 대해 구체적으로 말해준 적 없음에도 자위가 다소 추잡한 행위라고 생각했던 것 같다. 실제로 1994년까지만 해도 아프리카계 미국인으로서는 처음으로 미국 공중위생국장Surgeon General에 임명된 조이슬린 엘더스Joycelyn Elders는 젊은이들에게 자위하는 법을 가르쳐야 한다고 제안했다가 빌 클린턴 행정부의 지지를 잃고 결국에는 사임까지 하게 되었다.

대체 무엇이 자위를 그렇게 도덕적으로 수상쩍어 보이게 만들었기에 얼마 후면 백악관 인턴이었던 모니카 르윈스키와의 섹스 스캔들에 연루될 클린턴 대통령조차 자위가 공론화될 수 없게 막은 걸까? 200년이 넘는 동안 자위는 모든 면에서 비정상적인 행동으로 여겨져 왔다. 즉 자위는 도덕적으로도 의학적으로도 사회적으로도 종교적으로도 비정상적이었다. 자위는 가장 큰 우려를 불러일으켰을 뿐만 아니라 대개는 가장 혐오스러운 성행위였다. 그러다 보니 대중에게 경계심을 환기시키기 위한 다양한 완곡어법들이 동원되었다. 자기 타락, 자기 학대, 고독한 악행 같은.

시계공 루이의 사례는 1760년 티소가 프랑스어로 처음 출간한《자위가 일으키는 질병들L'Onanisme. Dissertation sur les maladies produites par la masturbation》에 실려 있다. 티소의 책은 자위가 특별한 의학적 관심의 대상이 된 지 얼마 지나지 않아서 출판되었는데, 그전까지만 해도 자위는 막연히 불쾌한 비행 정도로만 여겨졌을 뿐이었다.[3] 1712년 런던에서는 한 익명의 의사가 공포를 조장하는 듯한 다음과 같은 책《오나니아: 혹은 자신을 타락시키는 파렴치한 죄악과 그에 따른 온갖 끔찍한 결과에 대한 탐구와 이 추악한 행동으로 인해 이미 자신에게 스스로 위해를 가하게 된 사람들에게 주는 정신적이고 육체적인 조언Onania: or, the Heinous Sin of Self-Pollution and All Its Frightful Consequences (in Both Sexes) Considered with Spiritual and Physical Advice to Those Who Have already Injured Themselves by this Abominable Practice》을 출간했다.[4]

다행히《오나니아》는 자위에 의학적 효능이 있다는 아주 간단한 치료법을 제시함으로써 독자들을 안심시켰다. 자위로 인한 고름, 불임, 발기부전, 그 밖의 다른 문제나 상처가 있는 사람이라면 누구든 런던의 한 거리에 있는 건물의 문을 찾아 들어오기만 하면 됐다. 공교롭게도《오나니아》의 출판사가 자리한 그곳 말이다. 사람들은 이곳에서 건강과 원기를 회복시켜 주는 두 가지 치료제를 살 수 있었다. 만약 매우 걱정스러운 상태라면 두 치료제의 효과를 촉진시키는 탕약과 주사액도 같이 구매할 수 있었다.[5] 본질적으로《오나니아》는 아주 장황한 광고에 불과했다.

사실이 이러했음에도《오나니아》가 촉발한 자위 공포증은 18~19세기 내내 의료계를 사로잡았다. 역사가 토머스 라쿼Thomas Laqueur는 도덕성이

역사상 처음으로 자율 규제의 문제로 여겨지기 시작한 시대에 자위가 사람들의 신경을 건드렸다고 주장한다.[6] 자제력은 이제 개인의 문제였고, 신과의 관계를 통해 더 이상 외부에서 부과되는 것이 아니었다. 따라서 자위는 이기적이고 방종한 개인이 사회에 가할 수도 있는 위협을 상징하게 되었다.

고독한 이기심의 위협은 19세기 의학 서적들에도 그 흔적을 남겼다. 《오나니아》가 빠른 치료를 장담했던 데 반해, 빅토리아 시대의 사람들은 자위가 개인과 사회에, 정신과

《오나니아》 183판(1756)의 속표지. 거의 2세기 동안 자위에 대한 공포를 불러일으킨 책이다.

육체에 장기적인 손상을 가져올 것이라고 우려했다.

1861년, 정신병원 원장 로버트 리치^{Robert Ritchie}는 정신이상으로 자신의 병원에 입원한 환자 중 119명이나 자위로 인한 것이라고 주장했는데, 이는 자위의 무서운 결과를 계량화한 초기의 시도였다.[7] 그는 남성 극빈층 환자의 경우는 6.59퍼센트, 자부담 환자의 경우는 12.52퍼센트가 여기에 해당된다며 자위는 사회 질서를 어지럽히는 중상층 계급의 질병이라고 말했다. 리치는 또한 "이 환자들은 사회적 오락거리에 관여하지 않고 군중 속에서 고독하게 살아간다"라고 밝혔다. 이들은 다른 사람들과 이야기를 나누지도 않고 게임이나 오락에 끼어들지도 않았다. 산책할 때

도 혼자, 앉아서 쉴 때도 혼자였다. "이들은 사교적 즐거움을 추구하지도 않고 친구를 만들고 싶어 하지 않는다." 자위는 의학적으로도 문제였지만 사회적으로도 그에 못지않게 큰 문제였다.

19세기의 마지막 10년쯤은 상황이 다소 진정되는 분위기였다. 자위는 여전히 불유쾌한 행위였지만, 의사들은 자위가 자동적으로 육체를 소진시켜 사망에 이르게 하지는 않는다고 생각하기 시작했다. 하지만 그들의 선동적 언어의 수위는 더 높아졌다. 외과의 제임스 패짓James Paget은 자위가 "아주 역겨운 행위"이자 "신이 금지한 추잡한 행동"이며 "남성이라면 경멸해야 마땅한 사내답지 못한 짓"이라면서 어쩌다 하는 것도 실제로는 건강에 더욱 해롭다고 주장하고 싶다고 했다.[8]

한편 정신과 의사 데이비드 옐로리스David Yellowlees는 자위를 "치료 불가능한 병폐"라고 했다. 자위에 탐닉하는 사람은 타인과의 접촉을 기피했다. 그런 자들은 친한 친구도 없고, 감히 결혼할 꿈도 꾸지 못했으며, 심지어 "상대방의 얼굴을 똑바로 쳐다보지도 못했다. 늘 감추어야 하는 더러운 비밀을 지니고 있다는 생각이 머릿속을 떠나지 않았을 뿐만 아니라 들통날지도 모른다는 항시적인 공포에 시달렸기 때문이다."[9] 빅토리아 시대 말기에 자위는 그저 하나의 성행위에 불과한 것이 아니었다. 자위를 하는 사람의 인성과 품행 전체에 영향을 미치는 것이었다. 비정상적 행동에서 비정상적 인간으로 초점이 이동하는 이런 식의 관점 변화는 정상성의 역사에서 반복적으로 나타나는 중요한 특징의 하나다.

많은 사람이 자위가 유쾌하고 정상적인 젊은이를 비정상적이고 음침한 중독자로 바꿔버린다는 생각에 동의했다. 자위가 건강에 위험하지 않을뿐더러 보편적으로 행해지는 것처럼 보인다는 사실은 중요하지 않았다. 그렇듯 혐오스러운 습관의 유병률을 측정하려고 시도한 사람은 많지 않았다. 잉글랜드 워릭셔주에 있는 사립 기숙 중학교 럭비스쿨의 보건 담당관 클레멘트 듀크스Clement Dukes가 그 드문 사람 중 하나였다(그가 어떤 측정 방법을 사용했는지는 알려지지 않았지만). 1884년, 듀크스는 기숙사 학생 중 90~95퍼센트가 자위를 한다고 말했다. 그는 아마도 학생들이 푸짐한 저녁을 먹은 지 한 시간도 채 안 돼서 잠자리에 들어야 하는 기숙사의 통상적인 취침 시간이 원인인 것 같다고 생각했다.[10] 먹은 음식이 미처 다 소화되지 않아 잠들지 못했던 소년들은 꿈나라로 가기 위해 은밀한 비행을 할 수밖에 없었다.

1712년에 출간된 《오나니아》는 자위가 남녀 모두에게 똑같이 문제라고 주장했다. 하지만 빅토리아 시대의 도덕적 공황은 주로 남성의 자위 행위에 초점을 맞추었다. 20세기로 넘어오면서 성 평등이 자위 문제에도 적용되기 시작했다. 이는 주로 1898년 '자기 성애auto-erotism'를 주창한 영국 의사 헨리 해브록 엘리스Henry Havelock Ellis 때문이었다.

엘리스는 자기 성애란 자신의 육체를 자극해서 성적 몽상과 환상을 만족시키는 것을 말한다며, 여성의 경우는 신체 자극보다는 몽상과 환상에 보다 허용적인 경향이 있다고 지적했다. 또한 그는 자기 성애를 부자연스럽거나 병적인 것으로 봐서는 안 된다고 주장했다. 동물뿐만 아니라 '우리가 잘 아는 거의 모든 인종의 사람들'에게서 흔하게 나타나는 일이었기 때문이다.[11] 자연계의 사물들조차 여성의 자위가 정상적임을 나타내는 것처럼 보였다. 바나나의 경우 "그 크기와 모양으로 성적 용도를 표현하는 것처럼 보인다."[12] 엘리스는 말타기나 자전거 타기 같은 오락거리는 물론, 흔들리는 열차에 앉아 있거나 심지어 재봉틀을 돌리는 것만으로도 일상적으로 성적 흥분을 일으킬 수 있다고 생각했다. 남성 중에는 이러한 이유로 여성의 자유를 박탈해야 한다고 주장하는 사람들도 있었다. 하지만 엘리스는 그러한 사실이 섹스와 자위, 성적 공상 모두 남성과 여성 누구에게나 지극히 정상적인 일임을 입증한다고 주장했다. 욕망과 관습의 충돌이야말로 비정상적인 일이었다.

프로이트는 엘리스의 아이디어에 착안해서 곧 서구 세계 전역을 휩쓸며 유명세를 얻게 될 성적 충돌sexual conflict이라는 개념을 만들어냈다. 엘리스와 달리 프로이트는 특정 상황에서 이뤄지는 자위만이 정상적이라고 생각했다. 자위는 모든 아동이 거쳐야 하는 성적 발달 단계의 하나로, '성적 위계 단계에서 가장 낮은 단계'였다.[13] 자신을 향한 자기 대상의 섹스는 아동에게는 자연스러운 것이었다. 그들의 세계는 그들 자신의 신체적 욕구를 중심으로 돌기 때문이다. 그러나 정상적인 성적 발달이 이뤄지기 위해서는 이 단계를 넘어 타자를 대상으로 한 성적 충동으로 이행할 필요가 있었다. 실제로 프로이트는 '정상적인' 성적 추구, 즉 이성애적 삽입 성교가 이뤄져야 할 단계 이후에 행해지는 자위는 심지어 해롭다고까지 주장했다.[14]

20세기가 되고 한참이 지났어도 보통 사람들은 여전히 자위 행위를 걱정스러워했다는 것은 결코 놀랄 일이 아니다. 영국의 작가이자 고식물학자인 마리 스토프스Marie Stopes는 1918년에 《부부애Married Love》를 출간하고 나서 수천 명의 영국인에게 피임에 관한 조언을 구하는 편지를 받았다. 이따금 자위가 신체적·정신적으로 결혼 생활에 미치는 영향에 대한 우려 섞인 편지도 있었다.

역사학자 레슬리 홀Lesley Hall은 제2차 세계대전이 한창일 때 스토프스에게 편지를 보낸 남성들 역시 1918년의 남성들만큼이나 자위 행위를 걱정했다는 사실을 발견했다. 즉 자위에 대한 오명은 여전했다.[15] 1927년에 한 젊은 철도 사무원은 다음과 같은 침울한 편지를 보내왔다.

"자위로 인해 저의 피부는 너무도 창백하고, 저는 끔찍한 우울증에 시달리고 있습니다. 어떤 것에도 관심이 없고, 제가 제 직업에 어울리는 사람 같지도 않습니다. 가끔은 너무 우울한 나머지 죽고 싶습니다."[16]

오늘날이라면 이 젊은이의 걱정은 정신 건강이 약해진 탓으로 돌릴 수 있을지도 모른다. 하지만 그는 기분 저하에 동반되는 두통과 눈의 통증, 신체적 흥분 상태가 모두 자신의 성적 습관 때문이라고 확신했다. 실제로 자위가 초래하는 '성적 신경쇠약'을 비롯한 다른 의학적 위험들을 경고하는 시사 논평들이 제2차 세계대전 이후에 발행된 신문과 섹스 관련 주간지들에 여전히 버젓이 올라오고 있었다.[17]

의료계는 자위가 젊은이들의 성장 과정에서 결국 빠져나와야만 하는 유쾌하지 못한 단계라는 시각을 여전히 고수하고 있었다. 스토프스는 철도 사무원에게 동정 어린 답장을 보냈다. 하지만 그러면서도 그에게 자위는 "당연히, 점차 억눌러서 종국에는 중단해야만 하는 습관"이라고 다짐하듯 말했다.[18] 정신과 의사 유스터스 체서Eustace Chesser는 1949년에 출간한 《성장과 삶Grow Up-And Live》에서 10대 독자들에게 "우리는 그 자체로 매우 정상적인 많은 충동을 억제하며 살아가야 합니다. 자위를 '정상적' 행동이라고 여길지도 모릅니다. 그렇지만 최선을 다해 억제해야 하는 이

---

*　20세기 초반에 성을 주제로 집필한 해브록 엘리스나 다른 많은 작가처럼, 스토프스는 우생학을 공개적으로 지지했다. 이는 스토프스의 생각을 이해하려면 국가의 성적·사회적 통제라는 맥락을 함께 고려해야 한다는 것을 의미한다.

유를 생각해 보는 것이 현명하고 건강하다고 할 수 있습니다"라고 조언했다.[19] 체서는 자위가 청년의 '정상적인 성생활'을 파괴하고 개인의 자제력, 명예, 품위를 손상시킨다고 경고했다.

그러나 이러한 유형의 조언은 빅토리아 시대의 의학 서적들과 크게 다르지 않았다. 자위는 더 이상 의학적으로 해롭지 않을지도 몰랐다. 하지만 관계를 파괴하고 반사회적 행동을 부추긴다는 점에서 여전히 도덕적이고 사회적인 문제였다.

200년이 지나는 사이에 자위를 대하는 태도는 변했다. 많은 성적 죄악 중 하나에 불과했던 자위는 가장 위험한 행위가 되었고, 심지어 생명에 치명적일 수도 있었다. 자위는 신체와 정신을 소모시켜 신경 질환을 야기하는 동시에 이기적이고 비밀스러운 반사회적 태도를 형성시킬 수 있었다. 20세기 초반의 정신과 의사와 성 과학자들은 이 주제를 계속 탐구하면서, 자위가 개인보다는 사회에 훨씬 더 해로울 수 있다는 생각을 고수했다. 건강한 성생활이 결혼과 이성애를 의미했다면, 자위는 정확히 그것의 안티테제였다. 정신분석가들은 질 오르가슴을 느끼지 못한 채 오직 클리토리스에 자극이 가해질 때에만 흥분에 도달할 수 있는 여성들을 불감증으로 진단했다.[20] 1940년대에 한 여성이 자위를 통해 이따금 '성적 에너지를 분출'하는 자신의 습관으로 고민하다가 삽입 성교에 대한 혐오를 극복해 보려고 고군분투한 데에는 확실히 그러한 시대적 분위기가 작용했다.[21]

20세기 후반에도 자위가 정상적인지 아닌지를 걱정하는 것은 10대나 성인이나 똑같았다. 그들은 여전히 궁금했다. "네가 실명한 게 자위 때문은 아니야?" "자위로 인해 페니스는 작아지고 클리토리스는 커진 건가?"

"자위가 발기 불능 상태를 유발하고 심장병을 일으켰나?" "손바닥에 털이 자라는 것도 자위 때문인가?" 과학적으로 볼 때 이 모든 질문에 대한 답은 절대로 그렇지 않다였지만, 1970년대의 고민 상담가들과 1980년대의 성 교육자들은 여전히 이러한 고민이 널리 퍼져 있다고 지적했다. 이는 초기의 의학적 태도가 남긴 오랜 유산이었다.[22]

동성애는 죄인가

1870년 4월 28일, 젊은 숙녀 두 명이 런던 스트랜드 극장Strand Theatre에서 체포됐다. 패니 그레이엄 부인Mrs Fanny Graham과 스텔라 볼턴 양Miss Stella Boulton으로 극장에서 관객을 다소 당황하게 할 법한 행동을 했다는 이유에서였다. 겉보기에 그들은 사회적 지위가 높은 듯했다. 하지만 시시덕거리며 낄낄대고 담배를 피워대는 품으로 보아 하층민이거나 어쩌면 매춘부일지도 몰랐다.[23] 이틀 후 이 커플이 보 스트리트 치안 법정Bow Street Magistrates' Court에 출두했을 때 신문들은 옷차림을 제외하고 이들을 제각각 서로 다르게 묘사했다.

타블로이드지 《일러스트레이티드 폴리스 뉴스The Illustrated Police News》는 "스물두 살의 볼턴은 '목둘레가 사각으로 파진' 선홍색 새틴 드레스를 입고, 목을 가리기 위해 흰색 스카프를 두르고 있었다"고 썼다. 아울러 재판 심리가 진행되는 동안 형사 피고인을 지칭할 때면 으레 그렇듯 '대명사'를 채택하기로 했으며, 대명사를 사용해 그녀가 작은 인장 반지를 끼고 금발 가발을 썼으며 "땋아서 쪽진 머리를 하고 그리스 스타일의 드레스를 멋지게 차려입고 있었다"고 강조했다.[24] 《타임스》는 남성 대명사를 사용해 '중범죄를 저지를 의도로 스트랜드 극장에 자주 출몰한' 혐의로 두 사람이 기소되었다고 전하면서도, 이들의 옷차림에 비슷한 관심을 보였다. 공동 피고인인 패니 그레이엄은 스물세 살의 법대생으로 "목이 깊게 파이고 검은색 레이스 장식이 달린 짙은 녹색 새틴 드레스를 입었고, 레이스 장식과 같은 재질의 숄을 어깨에 두르고 있었다. 머리는 금색으로 곱슬곱슬하게 컬을 말았으며, 손에는 흰색 아동용 장갑을 끼고 있었다."[25]

오늘날의 우리라면 두 사람에게 트랜스나 게이 또는 보다 간단하게 퀴어라는 호칭을 붙여주고 싶을지도 모른다. 이들은 스스로를 몰리스Mollies 또는 메리-앤스Mary-Annes로 불렀는데, 이는 오늘날의 성 정체성 관념과 정확하게 맞아 떨어지지 않는 특정 하위문화다. 두 사람은 여성용 의상을 자주 착용했고, 여성 인칭 대명사를 사용했다. 하지만 그러지 않을 때도 많았다. 사실 법정에 출두했을 때 두 사람은 체포 당시 입고 있었던 옷을 갈아입기를 원했다. 하지만 경찰은 이들의 요청을 받아들이지 않았다.[26] 이들은 이따금 남성용 의상을 입고 화장을 하는 등 젠더 경계를 허무는 장난을 치고는 했다. 두 사람 모두 실명인 프레더릭 윌리엄 파크Frederick William Park와 어니스트 볼턴Ernest Boulton 외에도 다양한 여성용 이름을 함께 사용했다. 재판 과정에서 여러 신문과 목격자들, 법 집행관들은 패니와 스텔라를 가리키기 위해 여성 인칭 대명사와 남성 인칭 대명사를 섞어서 사용했으며, 가끔은 한 문장 안에 같이 나오기도 했다.[27] 이 둘을 어디에 위치시켜야 하는지 아무도 확신하지 못하는 것처럼 보였다.

19세기에 이른바 복장 도착은 무엇보다 체제 전복적인 행위로 간주됐다. 법 사학자 주디스 로보덤Judith Rowbotham의 지적대로 복장 도착 행위는

THE LIVES
OF
BOULTON AND PARK.
EXTRAORDINARY REVELATIONS.

THE TOILET AT THE STATION.
PRICE ONE PENNY.
Office : 5, Houghton Street, Strand.

'삼류 통속 소설'에나 나올 법한 삽화로 볼턴과 파크의 재판을 선정적인 스캔들로 그려내고 있다.

반체제 인사들과 관련 있었다. 1839년과 1842~1844년에 일어났던 레베카 폭동(Rebecca Riots, 영국 남웨일스에서 공공 도로의 통행 요금 부당 징수에 항의해 일어난 사건으로 참가자들이 밤에 여장을 하고 다니며 징수소를 부수고 징수원에게 위협을 가함_옮긴이 주) 세력 및 러다이트 운동 세력과 아일랜드 반란 세력처럼.[28] 경찰 역시 여성복 차림의 남성들이 '변장'한 상태로 도둑질과 사기 같은 보다 세속적인 범죄를 저지를 지도 모른다고 의심했다. 이를테면 패니와 스텔라가 체포되었을 당시 경찰들은 이들이 전문 소매치기단에 속한 좀도둑일지 모른다고 의심했다.[29] 볼턴과 파크의 재판을 의미심장하게 만든 것은, 볼턴과 파크를 비롯한 6인의 공동 피고를 대상으로 진행된 이 재판이 과거와는 다르게 관련자들의 성적 취향과 관행을 두고 이뤄졌다는 사실이었다.

이 재판은 중대 범죄였던 남색 공모 혐의를 밝히는 데 맞춰져 있었다. 하지만 볼턴과 파크 모두 부분적이긴 해도 상충되는 의학적 증거 덕에 결국 무죄 판결을 받았다. 1835년에 마지막으로 사형이 집행되긴 했지만, 10년 전만 해도 남색은 사형에 처해질 수 있는 중범죄였다. 여기서 남색은 동성애와 같은 말이 아니었다. 이성애 커플이라도 항문 섹스를 하는 경우 남색으로 고발될 수 있었다. 하지만 볼턴과 파크의 재판 이후 10년이 지나는 동안 법조계와 의료계, 대중은 특수한 유형의 '비정상적인' 성적 존재로서의 동성애자 남성에게 점차 많은 관심을 쏟기 시작했다. 쉽게 말해, 볼턴과 파크의 재판이 있기 전까지는 적어도 법적이고 의학적인 측면에서 동성애자란 존재하지 않았으며, 기껏해야 동성애적 행위만 있었을 뿐이었다.

1880~1890년대에 동성애자가 인간의 한 유형이라는 사고가 생겨났으며, 종종 젠더적 용어로 표현되기 시작했다. 하지만 '동성애자'라는 용어를 많은 사람이 사용했던 것은 아니었다. 독일 법률가 칼 하인리히 울리히스Karl Heinrich Ulrichs는 그 자신을 고전 신화에서 유래한 개념인 '어닝 Urning' 또는 '우라니언Uranian'이라고 불렀다(플라톤의 《향연》에서 빌려온 것으로, 우라니아는 천상을 뜻하며 남성 간의 사랑을 천상의 아프로디테라고 추앙한 데서 비롯됨_옮긴이 주).

어닝은 남성의 몸에 여성의 영혼을 가지고 태어난 사람을 가리킨다. 이로 인해 그들은 남성에게 성적으로 끌렸고, 자신을 보통과는 다른 의미에서 여성적이라고 생각했다. 영국 작가 에드워드 카펜터와 존 애딩턴 시먼즈도 이 용어를 받아들여 사용했다. 어닝은 의학계보다는 문학에서 동성 관계를 이해하는 보다 대중적인 표현이었지만, 여성화된 정신이라는 관념만큼은 이내 확고히 자리 잡았다. 의학 교과서에서는 동성 만남을 '규범적인' 이성 만남과 대조하여 정의했다. 예컨대 '성 역전sexual inversion'이나 '성 도착', '상반된 성적 본능' 같은 임상적 용어들은 동성 만남이 정상적인 상태의 역전 또는 반대라는 의미를 나타냈다. 그렇다면 정확히 무엇이 역전되었다는 말일까? 여기에서 정상이란 그저 가정된 것에 불과했다.[30]

하지만 병리적 섹슈얼리티라는 이 새로운 의학적 견해도 자칭 메리-앤스들이 소호에 모여드는 걸 막지는 못했다. 음란물이라는 유쾌한 도락이 확산하는 것도. 1881년에 출간된 최초의 동성애 소설 《평원 도시들의 죄악Sins of the Cities of the Plain》은 오스카 와일드도 1890년에 한 부 구입한 것으로 알려졌다.[31] 이 책은 이른바 잭 사울Jack Saul이라는 젊은 매춘부의 회상을 토대로 쓰였다고 추정되며, 개머후싱(gamahuching, 구강 성교를 뜻하는 프랑스어에서 파생한 말로 커닐링구스를 뜻함_옮긴이 주)과 과다 사정copious spending부터 성교frigging와 발기cockstands에 이르기까지 지금은 사용하지 않는 많은 완곡어법을 찾는 재미가 있다. 발기를 의미하는 cockstands라는 단어만 봐도 발음(cock-stand)만 들으면 발기가 아니라 가구의 일종처럼 들린다. 또한 이 책에서는 동성애와 성 도착 사이의 긴밀한 관련성이 강조됐는데, 심지어 잭은 자신이 패니와 스텔라를 알고 있다고 주장했다.[32]

기록으로 남아 있는 많은 게이 남성의 삶은 결코 녹록하지 않았다. 하지만 남성의 정체성을 가지지 않았던 퀴어의 삶은 아예 기록으로 남겨지지도 않았다. 존 애딩턴 시먼즈는 다른 남성들과 가진 '덧없는 만남'을 떠올릴 때면 황홀감과 혐오감이 격렬하게 뒤섞인다며 불안해했다.[33] 게이 남성을 위한 비밀 클럽 카이로네이아 결사단Order of Chaeronea의 설립자이자 자칭 '소소한 천 개의 기벽을 가진 셜록 홈스'인 조지 아이브스George Ives는 런던이 위험과 공감이 판치는 도시라고 봤다.[34] 결국 영국의 자유당 국회의원 헨리 라부셰르Henry Labouchere가 1885년 수정 형법Criminal Law Amendment Act에 새 조항 도입을 제안함에 따라 유럽 전역에서 남성 간의 '공공연하거나 은밀하게' 자행되는 '중대 음란 행위(gross indecency, 남성들 사이의 성행위를 범죄화하기 위해 1885년에 도입된 법률 용어_옮긴이 주)' 방지법이 통과되었다.[35] 이제는 남색뿐만 아니라 두 남성 사이에서 이루어지는 모든 종류의 성행위가, 비록 밀실에서 이루어지더라도 불법이 되었다.

빅토리아 시대 후반에 가장 유명했던 의학 서적은 아마도 독일의 정신의학자 리하르트 폰 크라프트에빙이 쓴《광기와 성》일 것이다. 이 책에서 '사디즘'과 '마조히즘'이란 용어가 처음 소개되었다. 이 책 또한 '정상적인' 섹스와 병적인 섹스가 문화적 기대에 따라 어떻게 정의되는지를 잘 보여준다.

크라프트에빙은 마조히스트가 거의 항상 남성이라고 말했다. 왜냐하면 여성이 사회에서 '수동적인 역할'을 수행한다는 것 자체가 여성은 섹스에서도 '복종적이라는 관념'과 자연스럽게 연결되고, 복종은 '어느 정도 정상적인 표현'이라는 것을 의미했기 때문이다. 하지만 그러한 복종적 행동이 남성에게 나타난다면 그것은 비정상적이었다. '여성 고유의 정신적 요소가 커지고 있다는 병리적' 징후였기 때문이다. 크라프트에빙은 심지어 가정 폭력조차 잠재적으로는 정상적인 행동으로 볼 수 있다면서 다음과 같이 주장했다 "슬라브족 하층 계급들은 아내들이 남편한테 맞지 않으면 오히려 고통을 느낀다고 한다."[36]

폭력과 복종이 '자연스러운' 젠더적 속성이라는 관념은 오랫동안 여파를 남겨왔다. 남성과 여성의 성적 기질로 관심의 방향을 전환한 것은 이분법적 젠더 모델을 강화했을 뿐만 아니라 그에 따른 사회적·법적 결과들을 낳았다. 적어도 1970년대까지만 해도 많은 나라의 경찰과 법원은

이러한 법들은 여성 사이에서 이루어지는 성행위는 금지하지 않는 경향이 있었다. 여성 간의 섹스가 크게 문제라고 생각하지 않았기 때문인데, 아마도 많은 의학 저술가가 여성은 섹스에 흥미가 적거나 아예 없다고 생각한 것으로 보인다.

가정 폭력을 사소한 일로 간주했다. 영국만 하더라도 혼인 관계에서 이뤄지는 동의 없는 성관계가 법적으로 강간으로 인정된 것은 1991년부터였다. 젠더 기반의 폭력은 아주 오랫동안 사회적으로 정상적인 것으로 용인되어 왔다. 이는 대체로 성 병리학이 의학의 한 분야로 등장했던 시대의 사회적 태도에서 기인했다.

그런데《광기와 성》의 핵심 주제는 사디즘과 마조히즘이 아니라 동성애였다. 1887년 2판이 출간됐을 때 크라프트에빙은 동성애를 명확한 도착적 행동으로 규정했다. 이러한 사고방식은 일반 독자들이 자기 자신을 책에 비추어보고 평가한 뒤 크라프트에빙에게 '편지를 무더기로' 보내기 시작하면서 더욱 강화됐다.[37] 이 편지들이 책에 추가됨에 따라, 1903년 발간된《광기와 성》의 12번째 독일어판은 47건의 사례 연구를 포함해 110쪽짜리 소책자로 발행하려던 애초의 계획에서 벗어나 238건의 사례를 포함한 600쪽이 넘는 책이 되어버렸다.[38]

일부 독자들은 크라프트에빙의 책으로 자신을 이해할 수 있는 새로운 방식을 발견했다며 좋아했지만, 일부는 이 정신과 의사의 견해를 비판하고 반대했다. 한 중간 계급의 남성이 자신의 '비정상적 상태'에 대해 죄책감과 수치심이 들어 괴롭다고 고백했다면, '닥터 X'라는 독자는 크라프트에빙이 제안한 치료법을 거부했다.[39] 닥터 X는 "나 같은 아줌마(aunts, 나이 든 남성 동성애자를 이르는 은어_옮긴이 주)들 대부분은 자신의 비정상성에 대해 결코 뉘우칠 생각도 없을뿐더러 상태가 바뀐다면 오히려 유감스러울 것이다"라고 써서 보냈다.[40]

크라프트에빙은 자신에게 편지를 보내온 불행한 남성 동성애자들, 이른바 어닝들에 대해 점차 공감하고 그들을 동정하게 되었다. 하지만 그의 정신의학 모델은 동성애를 여전히 병리적 현상으로 분류했다. 《광기와 성》의 인지도가 높아지면서 동성애자의 삶과 성격까지 점차 면밀한 조사 대상이 되었다.

　20세기 전반 50년 동안에도 크라프트에빙과 그와 동시대인들의 이론을 계승한 정신의학이 '정상적인' 섹슈얼리티를 정의하는 데 여전히 중심적인 역할을 했다. 이 정의들은 섹슈얼리티를 젠더적 속성에 계속해서 결부시켰다. 1936년에는 심리학자 캐서린 콕스 마일스Catharine Cox Miles와 루이스 터먼Lewis Terman이 남성성-여성성 테스트를 개발하기도 했는데, 이 테스트의 목적은 '피실험자가 그 혹은 그녀 자신이 속한 성 평균으로부터 이탈한 정도와 방향을 계량적으로 측정하는 것'이었다.[41] 처음에 이들은 젠더적 속성과 섹슈얼리티 간에는 항상 긴밀한 관련성이 존재한다는 당시의 널리 퍼진 가정에 이의를 제기하기 위해 연구를 시작했다. 그랬는데도 이들 역시 "수동적 성향의 남성 동성애자들의 경우 대체로 여성성 점수가 눈에 띄게 높은 것으로 나타났다"고 결론 내렸다.[42]

　이러한 고정관념들은 보통 사람들의 삶에도 영향을 미쳤다. 미국에서는 제2차 세계대전 동안 동성애가 신경증의 결과라는 가정에 기초해 정신 질환으로 인한 피해자 수를 줄이기 위해 군 지원자 사전 적격 심사가 실시됐다. 발가벗는 것을 불편해하거나 이발사로 일한 경력이 있다면, 여성스러운 몸짓을 보이는 경우라면 입대가 거부될 수 있었다.[43] 입대 여부를 판정하는 의사들이 사용했던 표준 질문지에는 심지어 "여자를 좋아합니까?"라는 직설적인 질문이 포함됐으며, 공식적인 조사 연구들은 젊은 남성의 정상적인 발달 여부를 '이성과 만족스러운 성관계를 맺고 있는지'로 판단하기도 했다.[44] 4000~5000명의 남성들이 동성애를 이유로 군

입대를 거절당했다. 제2차 세계대전 와중에는 1만 명 이상의 군인이 동성애 특별법에 따라 유죄 판결을 받았다.[45]

전쟁이 끝나고 미국 사회는 소위 정상적이었던 과거로 회귀하고 싶다는 욕망에 휩싸였고, 그러한 욕망은 전쟁 이전의 젠더 역할을 중시하던 태도와 가족 가치의 부활, 철저할 정도의 보수적인 문화로 나타났다. 미국의 21개 주는 '성 사이코패스' 법을 도입해 규범적 기준에 부합하지 않는 행동들을 단속하기 시작했다.[46] 그에 따라 합의된 남색, 공공장소에서의 음란 행위, 게이 바 이용, 복장 도착 등을 '비폭력 범죄'로 유죄 판결을 내릴 수 있게 되었다.[47] 나중에 법이 바뀌긴 했지만, 동성애가 정신 질환이라는 인식은 빅토리아 시대가 막을 내리고 나서도 좀처럼 사라지지 않았다. 1973년에 이르러서야 비로소 미국정신의학회가 게이 인권 집단들의 압력에 굴복해 DSM에서 동성애를 삭제하는 데 동의했다. 세계보건기구는 그보다 한참 늦은 1990년에야 동성애를 국제질병분류에서 제외했다.[48]

동성애가 젠더적 속성과 관련 있다는 기존의 관념 또한 계속해서 통용됐다. 그러다 보니 게이 남성은 여성적이고 레즈비언 여성은 사내 같다는 생각이 사회적 통념으로 자리 잡게 되었고, 이는 다시 이분법적 섹슈얼리티와 젠더 모델을 강화했다. 즉 여성적 속성과 남성적 속성이 있는 것처럼 사람은 동성애자 아니면 이성애자로 나뉜다고 여겨졌다. 하지만 실제로 매사가 이거 아니면 저거라는 식으로 단순화되던가? 만약 다른 정상적 속성들의 스펙트럼이 다양하다면, 성이라고 해서 그러지 말란 법이 있는가?

성의 스펙트럼

1891년 12월의 어느 토요일. 서른두 살의 의사 헨리 해브록 엘리스는 패딩턴 등기소에서 서른 살의 작가이자 여성 인권 운동가 이디스 리스 Edith Lees와 조용히 결혼식을 올렸다. 하객이라곤 엘리스의 여동생 루이와 리스의 친구들인 이블린과 시빌 브룩뿐이었다. 결혼 피로연도 없었다. 이디스는 인기가 많았지만 새신랑 해브록은 사람들이 많이 모이는 자리와 공개 석상에서 말하는 것을 극도로 싫어했다. 이디스는 그날 오후 자신의 친구들을 위해 연 파티에 해브록이 늦게 와도 좋다고 '너그럽게' 허락했다. 해브록이 '불편해하는 시간을 잠깐이라도 줄여주기' 위해서였다.[49]

다음 날 부부는 파리로 여행을 떠났다. 해브록은 부인이 된 이디스에 대해 "결혼이 그녀를 황홀하게 만들지는 않았지만 상당한 자유를 안겨주었다"고 기록했다.[50] 한두 해가 지나 이디스가 자신의 친구 클레어에게 느끼는 감정을 해브록에게 편지로 전달했던 걸 보면, 확실히 충분히 자유로웠던 것 같다. 후일 해브록은 그 고백에 마음이 아팠다고 했다. 당시에 그는 '타고난 성도착적 기질'에 대해 조금도 아는 바가 없었기 때문이다.[51] 그랬음에도 그는 이디스에게 "당신이 클레어와 그렇게 친밀한 사이라니 나도 더할 나위 없이 기쁩니다"라고 했다.[52] 엘리스 부부는 대외적으로는 결혼 관계를 유지하기로 합의했다. 그렇게 동성애는 해브록의 첫 연구 주제가 되었다.

해브록 엘리스는 '성 권위자'가 되었다. 해브록은 자신의 친한 여자 친구들이 그러한 상황을 매우 재미있어 했다고 회상했는데, 그도 그럴 것이

'그는 이쪽 방면으로는 거의 경험이 없었기' 때문이다.[53] 1897~1908년에 이 조용하고 나서기를 꺼렸던, 의사이자 철학자, 예술가이자 우생학자였던 해브록은 6권 분량의 《성 심리학 연구 Studies in the Psychology of Sex》를 펴냈다. 해브록은 '매우 건강하고 정상적인 사람'의 섹스에 관심이 있었고, 이러한 그의 관심은 성의 병리적·법적 측면만을 강조하던 기존의 관점과는 괴리가 컸다.[54] 해브록의 연구는 동성애에 대한 정신 병리학적 견해를 거부했을 뿐만 아니라 동성 간의 끌림을 성도착으로 보는 것에도 이의를 제기했다. 해브록은 "남성적 특징은 실제로 이디스에게서 그렇게 두드러지지 않았다"고 회상하며 다음과 같이 옹호하는 듯한 결론을 내렸다. "이디스는 어디로 보나 남성과는 거리가 멀었다. 그녀는 한결같이 여성이었지만 소년 같았고, 아이 같은 데가 있었다."[55]

여성 동성애자들은 그 어떤 곳에서보다 해브록의 저서에서 큰 주목을 받았다. 주로 이디스와 그 친구들이 제공한 정보들 덕분이었다. 이디스는 《성의 역전 Sexual Inversion》에 실린 사례 연구 중 하나가 되었다. 미스 H라는 이름으로 등장하는 이디스는 서른 살의 여성으로 네 살 때 처음 다른 소녀들에게 성적인 흥미를 느꼈다.[56] 성인이 된 미스 H는 '사랑하는 이의 몸을 부드럽게 쓰다듬고 애무하며 입 맞추는 데서 성적 만족감'을 느꼈다. 미스 H는 "동성애적 사랑은, 그것이 한 개인이 지닌 본성의 진정한 일부인 한 도덕적으로 정당하다"고 단언했다. 하지만 동성애를 '정상적인 여성이 관능의 단순한 일시적 대용품이나 표출'로 이용한다면 용인될 수 없었다.[57]

이러한 사랑의 도덕적 중요성, 동성애가 본질적으로 타고난 본성의 일부라는 가정은 해브록의 연구를 관통하는 주제였다. 시먼즈와 같이 쓴

《성의 역전》에서 해브록은, 크라프트에빙이 동성애자를 병적인 도착자로 취급했던 것과는 달리, 그들을 이상적이고 문명화된 인간이자 강한 도덕관념과 엄청난 자제력을 갖춘 사람으로 묘사했다. 동성 간의 만남을 비정상적인 것처럼 보이게 만들어서 이디스나 시먼즈 같은 사람들이 그들의 연인과 '영속적 관계'를 형성하려는 노력을 방해하는 것은 다름 아닌 사회였다.

해브록이 집필 작업을 이어갔던 20세기 초반은 정상적 섹슈얼리티 개념과 관련해 프로이트의 영향력 또한 지대한 시기였다. 프로이트는 처음부터 도착과 병리학에 관심이 있었으며, 학대를 비롯한 아동기의 성적 경험을 이용해 성인의 신경증을 설명하는 일에 집중했다. 하지만 프로이트는 1899년 아동기의 정상적인 성적 충동과 리비도의 존재를 제안하더니, 1905년에 발간한 섹슈얼리티 이론에 관한 에세이에서는 자신이 그때까지 '성적 일탈'이라고 불러온 동성애 같은 행위들을 자연적인 변이의 일종으로 이해하기 시작했다.[58]

그런데 앞에서 살펴봤듯이 프로이트의 모델은 발달 단계에 기초했다. 따라서 자위처럼 동성애도 성적 발달의 한 단계였으며, 다른 모든 성적 행동이 그렇듯이 '정상적' 행위인 질 중심의 이성애적 삽입 성교로 나아가는 과정에 불과했다. 어린이에게 나타나는 동성애적 욕구는 정상적이었다. 하지만 프로이트가 보기에, 성인에게 동성애적 욕구가 나타난다면 그것은 발달의 지체를 의미했으며 신경증의 한 형태였다. 해브록도 약간 다르긴 했지만 적잖이 규범적인 견해를 가지고 있었다. 즉 해브록은 섹스에 관한 한 두 개인의 행위를 정상적으로 만드는 것은 애정과 일부일처제에 따른 유대관계며, 이러한 이상에서 벗어나는 어떠한 행위도 도착적이라고 생각했다. 프로이트와 해브록 모두 섹슈얼리티는 절대적이고 불변적이라고 가정했다. 이러한 견해는 제2차 세계대전 이후 알프레드 킨제이가 정상적 성이라는 개념을 제거해 버리고 나서야 비로소 다시 한번 전환을 맞이하게 되었다.

영화 〈킨제이 보고서〉에는 의미심장한 장면이 나온다. 리엄 니슨이 연기한 알프레드 킨제이와 피터 사스가드가 연기한 킨제이의 동료 클라이드 마틴은 성 인터뷰 수집 여행 도중 호텔 방에서 휴식을 취한다. 이들은 섹슈얼리티가 상대적이고 유동적인 개념이라는 아이디어에 기초해 고안된 킨제이 척도에 대해 토론을 벌인다. 킨제이에 따르면 사람들은 대부분 0(완전한 이성애자)과 6(완전한 동성애자) 사이 어디쯤엔가 위치한다.

마틴은 킨제이에게 묻는다. "내 생각에, 난 3 정도인 것 같은데. 자네는 어때?" 킨제이는 신중하게 대답한다. "인생 전체를 돌이켜보면 1 또는 2였던 것 같아." 마틴이 다그치듯 묻는다. "그럼 지금은?" "아마도 3." 킨제이가 말을 끝내자마자 둘은 키스하기 시작한다. 실제로 킨제이는 자신과 동료, 친구들이 자신의 집 다락방에서 섹스하는 장면들을 촬영하기도 했다. 연구에 대한 개인적 몰입의 결과였지만, 이러한 행동은 후일 일부 사람들에게 그가 내린 결론에 의구심을 낳게 했다. 그의 동기야 어쨌든 간에, 킨제이 척도는 이분법적인 인간 섹슈얼리티 모델에서 탈피하려 했던 첫 시도였다. 척도는 광범위한 차이들을 포착할 수 있도록 설계되어 있어서 어떠한 수준의 동성애적 혹은 이성애적 경험도 정상 또는 비정상으로 정의될 수 없었다.

1938년부터 1963년까지 과거 곤충학자였던 킨제이와 그의 성 조사 연구소Institute for Sex Research 동료들은 1만 8216명에 달하는 엄청난 수의 미국인을 대상으로 상세한 성 이력 자료들을 수집했다.[59] 해브록처럼 킨제이도 '정상적인' 섹스를 탐구하고 싶었다. 하지만 그는 연구 과정에서 질적 방법이 아닌 양적 방법을 동원했다. 수천 명의 상세 이력들을 취합함으로써 킨제이는 미국 사회에서 사회 규범에 따른 행위가 아닌 통계적으로 일반적인 실제 행위 유형들을 밝혀내고자 했다. 따라서 그는 다른 조사들에서 사용되던 가치 구조에서 벗어나려고 노력했다. 예컨대 기존 조사들은 자위나 동성애에 반대하도록 사전에 구성된 질문들로 이루어져 있었다.[60] 그렇지만 킨제이 조사단은 자위를 한 적이 있는지를 묻는 대신, 자위를 시작한 게 몇 살 때였는지를 물었다.[61]

킨제이와 그 동료들은 통념상 동성애자와 이성애자는 신체적으로도 정신적으로도 또 감정적으로도 다르게 여겨진다는 점에 주목했다. 게이 남성은 피부가 곱고, 나긋나긋하게 행동하며, 목소리 톤이 높다고 생각되었다. 아울러 예술적으로 민감하고, 감정이 불안정하며, 예술 일반에 관한 관심이 높을 것으로 생각되었다. 하지만 킨제이는 "세상을 양과 염소로, 즉 선과 악으로 정확히 구분할 수는 없다"고 적었다. "범주들을 고안해서 객관적인 사실들을 칸막이 쳐진 그 작은 범주들 속에 강제로 쑤셔넣는 것은 오직 인간의 마음속에서나 가능한 일이다."[62] 킨제이는 동성애자와 이성애자라는 별개의 두 집단 사이에 분명한 차이가 있다는, 거의 한 세기 넘게 지속되어 온 가정이 틀렸음을 수집된 자료를 근거로 논박했다. 실제로 "인구의 상당수는, 아마도 남성 인구의 대다수는 적어도 어떤 식으로든 동성애적 경험을 하게 된다."[63] 킨제이의 연구는 동성 간의 행위들이 흔하게 볼 수 있는 '인간 성적 행위의 중요한 일부'라는 점에서 비정상적이라고 할 수 없음을 입증했다.[64]

동성애를 성의 역전으로 보는 젠더 도착적 동성애 모델을 기각시키는 것은 중요한 일이었다. 이 도착적 모델은 모든 사람을 남성과 여성, 동성애자와 이성애자, 정상과 비정상 같은 단순한 이분법적 범주로 구분할 수 있다고 가정했다. 심지어 해브록조차 양성애를 미심쩍어했다. 이디스는 양성애자가 동성애를 '일시적 대용품' 정도로만 생각한다며 반대했는데, 이분법적 성 또는 젠더 모델에 부합하지 않는 양성애자는 진정한 '영혼'의 느낌을 거부하거나 사랑보다는 육체적 쾌락을 추구함을 의미했기 때문이다. 다시 한번 이러한 일련의 규범들은 오랫동안 영향을 미쳐왔다. 1990년대 TV 시리즈 〈디스 라이프〉의 등장인물 페르디는 자신이 아내와 다른 남성에게 '동시에' 끌릴 수 있는 사람이라는 사실을 아무도 믿어주지 않을 것이라며 커밍아웃하기를 두려워했고, 그 때문에 끊임없이 비난받았다.

킨제이는 이분법적 성 모델을 거부했으며, 섹슈얼리티를 젠더와 무관한 척도상에 위치시켰다. 생물학자이기도 했던 그는 변이를 긍정적인 현상으로 이해했다. 킨제이는 인디애나주립대학교 학생들에게 '소위 성도착적이라 여겨지는 거의 모든 행동이 생물학적 정상 범위 안에 속하기' 때문에 비정상적인 성적 행위 같은 것은 없다고 말했다.[65]

하지만 킨제이라 할지라도 규범적인 판단을 완전히 피해갈 수는 없었다. 그가 '정상적인' 미국인의 성과 관련된 진실을 밝혀내고야 말겠다고 결심했다는 것은, 그가 발표한 연구 결과들이 주로 가장 '정상적이라' 여겨지는 집단을 대상으로 얻어졌다는 것을 의미했다. 즉 킨제이 연구의 주된 연구 대상은 대학 교육을 마친 백인 중산층이었다. 킨제이는 모든 '일탈 행위'를 소수 집단 탓으로 돌리는 비판자들의 잘못된 가정을 멈추게 하고 싶었다. 실제로 흑인 남성과 백인 남성의 성 경험 유형은 같은 사회 계급에 속하는 경우 비슷한 것으로 나타났다. 그런 점에서 킨제이의 연구 대상 편중은 부분적으로는 의도된 것이었음에도, 결과적으로는 백인 미국인이 정상의 기준이라는 관념을 유지하는 데 한몫했다.[66]

당연한 일이지만, 사람들은 여전히 자신을 규범적인 고정관념에 비추어 평가했다. 1949년에 영국에서 실시된 한 조사에서 응답자들은 "전반적으로 볼 때 당신은 스스로가 성적으로 정상이라고 생각합니까, 아니면 비정상이라고 생각합니까?"라는 질문에 숙고해 답해달라는 요청을 받았다. 매스 옵서베이션Mass Observation이 영국인의 성적 태도와 습관을 기록하기 위해 실시한 이 조사는 '리틀 킨제이'라는 별칭으로 불렸다.°

응답 결과는 매우 다양했다. 일부 응답자는 사회적 관례와 무관하게 자신은 정상이라고 생각했다. 예를 들어 한 25세 남성은 "나는 동성애자고 정상이다"라고 분명히 말했다. 매스 옵서베이션의 자료 입력원은 이 판단에 동의하지 않고, 남성이 회신해 준 응답 설문지에 여느 때처럼 정상을 나타내는 '0'이 아니라 동성애를 나타내는 '2'를 붉은색 펜으로 써넣었다. 늘 그렇듯 정상이란 개개인이 자신에게 가지고 있는 정체성의 문제라기보다는 지배적인 사회 통념의 문제였다. 자신을 성욕 과잉이라고 표현한 두 남성의 경우, 한 명은 자신이 전반적으로 볼 때 정상이라고 생각했고 다른 한 명은 자신이 확실히 정상이 아니라고 생각했지만, 두 사람

° 매스 옵서베이션은 좌파 연구자들이 '우리 자신에 대한 인류학anthropology of ourselves'을 만들기 위해 1937년에 설립한 단체다. 그들은 자원 응답자들과 유급 조사자들을 동원해 수집한 각종 조사, 일기, 개인적 기록을 토대로 영국인의 일상을 재구성하려 했다. 그들이 연구 대상으로 삼았던 집단의 구성원들은 (반드시 그런 것은 아니었지만) 대체로 중산층이었으며, 남성이 여성보다 압도적으로 많았다.

모두 비정상으로 범주화되었다. 한편 26세의 한 실험실 조교는 애석하게도 다른 청년들처럼 문란한 성생활을 하고 있지 못하기에 자신은 정상이 아니라고 답했다. 이 청년의 자료는 코딩에서 전부 제외되었다.[67]

영국인들이 성적으로 정상적인지 아닌지를 결정하기 위해 1940년대 사회과학자들이 들인 노력에도 불구하고, 그들이 사용한 설문 항목으로는 영국인들의 성적 태도와 경험에서 나타나는 엄청난 차이들을 포착할 수 없었다. 조사에 참여한 응답자들 역시 정상적인 성의 기준이라는 개념 자체에 의문을 표했다. 자신이 정상이라고 밝힌 한 48세 남성은 "정상이라고 말하긴 했지만, 정상의 기준이 뭔지는 사실 나도 잘 모르겠네요"라고 말했다. 또 다른 응답자는 "정상이 뭔지 정의를 좀 내려주시겠어요?"라고 되묻기도 했다.

리틀 킨제이 조사 결과, 5명 중 1명은 어떤 형태로든 동성애 경험이 있다고 답했다.[68] 동성애를 경험한 남성의 비율과 여성의 비율은 미국에 비해 유사한 것으로 나타났다. 남성의 21퍼센트, 여성의 19퍼센트가 어떤 형태로든 동성과 성관계를 맺은 적이 있다고 보고했다.[69]

물론 여성의 표본 크기가 매우 작았음을 감안해야 한다. 남성 표본이 300명 이상이었던 데 반해 여성 표본은 100명도 채 되지 않았다. 그럼에도 결과는 동성끼리의 성관계가 대다수의 경험은 아니더라도 드문 일도 아니라는 것을 보여줬다. 또한 동성애가 당시 영국에서는 여전히 불법이었음에도 불구하고, 사람들은 동성애를 꼭 비정상적인 어떤 행동이라고 생각하지도 않았다. 동성애 경험이 있는 남성의 3분의 2와 여성의 4분의 3은 자신을 성적으로 정상이라고 여겼다. 반면 동성 간의 만남을 경험한 적이 있는 여성의 4분의 1은 자신을 비정상적이라고 생각했고, 동성애 경험이 전혀 없는 여성의 4분의 1도 자신을 비정상적이라고 생각했다.

다른 응답자들도 자신의 삶과 사회적 기대 사이에 어긋남이 있음을 마지못해 인정했다. "나는 정상이 아닐지도 몰라요." 한 40세 공무원이 한탄하며 말했다. "성교는 오직 다른 성별과 해야 한다는 게 관습이긴 하죠." 하지만 그는 자기 자신의 경험이 '보다 보편적인 것이 되기를' 바란다고 했다. 그는 만약 사회가 '자신 같은 사람이 속한 공동체의 성원들에 대해 좀 더 이해심을 갖고 대한다면, 보다 안정적이고 영속적인 관계가 생겨날 수도 있을 것'이라고 생각했다.

자신을 동성애자이자 비정상이라고 설명했던 한 여성은 얘기할 만한 성 경험이 전혀 없다면서 다음과 같이 해명했다. "나는 내가 성적으로 정상이 아니라는 걸 잘 알고 있어요. 서른 살이 되도록 사랑에 빠져본 적도 섹스를 해본 적도 없고, 보통 사람들이 섹스, 결혼 또는 자녀에 대해 가지는 정상적인 욕망도 전혀 가져본 적이 없거든요." 그녀는 수줍은 탓에 남성이든 여성이든 성관계를 맺으려는 시도조차 해보지 못했다. 그나마 래드클리프 홀의 레즈비언 소설 《고독의 우물》을 읽어봤기에 어쩌면 여성과는 섹스가 가능할 수도 있지 않을까 생각은 해보았다. 그녀는 놀랄 정도로 퉁명스러운 어조로 말을 마쳤다. "그래서 아마도 난 독신으로 죽지 않을까 싶어요. 그렇다고 그걸 걱정하거나 그것에 대해 깊이 생각하거나 하지는 않을 거예요."[70]

리틀 킨제이 이후, 성에 대한 조사 가운데 가장 대규모였다는 평가를 받고 있는 영국민의 성 태도와 생활 방식 조사British National Survey of Sexual Attitudes and Lifestyles가 1994년에 실시됐다. 이제 동성애는 더 이상 불법도 의학적인 질병도 아니었다(적어도 공식적으로는). 하지만 이상하게 동성애 경험자 수는 '더 적은' 것으로 나타났다. 남성의 5.3퍼센트와 여성의 2.8퍼센트만이 같은 젠더에 속한 사람과 성관계를 맺은 적이 있다고 보고했다. 1999~2001년쯤, 마침내 동성 섹스와 이성 섹스의 성관계 동의 연령(성관계를 맺어도 상대방이 처벌되지 않는 최저 연령_옮긴이 주)이 같아졌을 때 남성 동성애 경험 비율은 8.4퍼센트, 여성은 9.7퍼센트로 상승했으나 이 역시도 1949년의 리틀 킨제이 조사 때와 비교하면 절반에도 미치지 못하는 수치였다.[71]

이 같은 결과가 나타난 것은 에이즈 유행에 따른 낙인 효과와 응답 거절 비율이 높은 것을 비롯해 여러 요인들이 작용했던 것으로 보인다.[72] 동성애가 더 이상 범죄나 정신 질환으로 분류되지 않았음에도 게이 섹스는 여전히 도덕적으로 좋지 않은 행위로 여겨지곤 했다. 1998년 가수 조지 마이클이 공중화장실에서 체포되었을 때, 공중화장실과 공원이 소위 '음란' 행동의 온상이 되고 있다며 도덕적 공황을 떠들어댄 언론을 생각해 보라.[73] 게이 인권 운동이 많은 성과를 이뤄냈지만, 그와 동시에 동성애를 본질화(essentialisation, 표면적 특징을 본질적 특성으로 삼는 결과를 가져온 것을 의미함_옮긴이 주)하는 데 일조하기도 했다. 내가 10대였을 때는 킨제이가 그랬던 것처럼 성적 욕망과 행위의 기준이 변할 수 있다고 이야기해 주는 사람이 아무도 없었다. 사람들은 그저 '게이 유전자'를 찾는 데만 급급했다. 동성애자든 이성애자든 그저 '지금 있는 모습' 그대로 타고났을 뿐이다.

이 본질주의(사물의 표면적 특징이 그 기저의 본질이 나타난 결과라고 믿는 현상_옮긴이 주) 시대에 성장해서 그런지, 1940~1950년대의 조사 연구들(킨제이와 리틀 킨제이 모두)은 동성애에 대한 법적 억압과 동성애를 둘러싼 도덕적 태도와 개인적 죄책감에도 불구하고 기묘할 정도로 자유로워 보인다. 어쩌면 나는 마음 한편에서 과거의 사람들이 은밀한 동성 간의 만남이나 의미 있는 관계의 부재로 인해 모두 하나같이 덫에 걸리거나 비참한 느낌을 받으며 살았을 것이라고 가정해 왔던 것 같다.

하지만 패니와 스텔라에서 리틀 킨제이에 이르기까지 많은 사람이 동성 구성원들과 함께 활발하고 즐거운 성 생활을 누리고 장기적인 관계를 유지해 왔다. 1890년대에 닥터 X는, 그가 살았던 인구 3만 명의 작은 마을에서 대략 120명의 '아줌마들'과 개인적으로 알고 지냈고, 자신이 그때까지 만난 '아줌마들만' 계산해도 '수천 명'은 족히 된다고 크라프트에빙에게 말했다.[74] 가수이자 배우였던 베라 '잭' 홀름Vera 'Jack' Holme은 제1차 세계대전 동안 많은 여성과 성관계를 가졌다. 간호사였던 헤르미온 블랙우드 부인Lady Hermione Blackwood과 카틀린 뒤 소토이Cathlin du Sautoy는 제1차 세계대전 동안 프랑스에서 만나 함께 살며 일하다가, 프랑스인 고아 두 명을 입양한 뒤로는 영국 햄스테드에서 아이들을 함께 양육했다.

물론 모든 사람이 같은 혜택을 누리지는 못했다. 하지만 특권 계급이라는 사회적 배경은 자주 상당한 보호막 역할을 했다. 하지만 놀랍게도 리틀 킨제이 조사 결과에서 '성적으로 비정상적이라' 불행하다고 응답한 기혼 여성의 수가 동성 상대와의 경험으로 고민하는 사람의 수보다 훨씬 더 많았다. 성적 정상성에 관해서는 여성에게 특히 가혹한 판단 기준들이 적용돼 왔던 것으로 보인다.

1984년, 알 건 다 알면서도 묘하게 순진한 여자를 노래한 '라이크 어 버진Like a Virgin'은 대히트를 치며 마돈나에게 큰 성공을 안겨주었다. 이 곡으로 마돈나는 처음으로 싱글 차트 1위를 차지했다. 이 노래가 나왔을 때, 나는 다섯 살이었고 내 동생은 두 살이었다. 그러니 우리 두 사람이 마돈나 음악에 심취하게 된 건 그로부터 한참이 지난 1990년대 초반이었다.

당시 교외에 살면서 2층 침대에 마돈나 사진을 붙여두었던 우리에게 그녀의 삶은 완전히 딴 세상 속에 있는 것 같았다. 1992년에 마돈나의 다섯 번째 앨범 〈에로티카〉가 발매되었을 때, 여동생은 자신의 용돈을 전부 끌어모아 우리의 우상이던 마돈나의 전기를 사는 데 썼다. 전기는 엄청나게 재미있었다. 당시 열한 살이던 동생은 할머니에게 다음과 같은 솔직한 심정의 편지를 보냈다.

"엄마는 마돈나가 온갖 남자들과 잤기 때문에 좋은 사람이 아니라고 말해요. 그런데 제 생각에는 그녀가 그냥 너그러운 사람인 것 같아요."

섹스를 얼마나 많이 해야 너무 많이 하는 건지를 판단하는 기준은 갖가지 상황에 따라 달라지게 마련이다. 대체 얼마나 많은 섹스 파트너가 있어야 섹스를 너무 많이 하는 사람이 되는 걸까? 섹스를 너무 많이 하는 그 사람에 대해 우리는 섹스가 아닌 다른 면과 관련해서는 어떻게 생각할까? 그의 행동을 우리의 삶이나 경험과 비교하는 기준은 무엇일까? 아마도 가장 확실한 질문은 다음이리라. 그 사람의 젠더는 무엇일까?

우리 세대는 성적인 측면만 놓고 보면 "남성은 화성에서 왔고 여성은 금성에서 왔다"는 말을 들으며 성장했다.[75] 남성에게는 육체적 성관계가 필요한 반면, 여성에게는 감정적 유대가 중요하다는 주장은 이제 식상할 정도다. 역사적으로 남성과 여성을 이처럼 뚜렷하게 구분 짓은 현상은 비교적 최근에 나타난 현상이다.

16~17세기에 여성은 문학과 의학에서 음탕하고 추잡하며 정열적이고 성적으로 적극적인 존재로 묘사됐다. 하지만 모순적이게도 그와 동시에 젊은 여성의 순결은 높은 가치를 부여받았고, 그럼으로써 늘 단속의 대상이었다.[76] 여성의 성적 쾌락은 여성의 생식 능력과 관계되는 한에서만 긍정적으로 여겨졌다. 심지어 여성의 성기는 남성의 것과 본질적으로 같다고 생각됐다. 역사가 토머스 라쿼가 명명한 이 인간의 '단성one sex' 모델에 따르면, 여성의 생식기는 남성의 생식기를 뒤집어놓은, 혹은 고환이 몸 밖으로 나오지 못하고 몸 안에 정체된 형태에 불과했다. 즉 여성의 생식기와 남성의 생식기는 모양만 다를 뿐 그 본질은 같았다.[77]

하지만 19세기가 되면서 여성의 신체와 정신은 남성과 근본적으로 다르다고 생각되기 시작했다. 1789년 프랑스 대혁명 이후에 이상적인 여성은 점차 무미건조하고 수동적이며 순결할 뿐만 아니라 육체적·정신적 노동에 부적합한 존재로 그려졌다. 이제 여성의 유일한 존재 이유는 임신과 모성이었다.[78] 바로 이러한 맥락에서 여성과 남성을 성적으로 구분하는 이른바 '이중 잣대'가 등장했으며, 그때부터 이 차별적인 잣대가 여성들을 따라다니며 괴롭게 만들었다.

1865년 의사 윌리엄 액턴William Acton은 이렇게 지적했다. "대다수 여성은 (그들에게는 다행히도) 그것이 어떤 종류의 것이든 성욕sexual feeling으로 곤란해지거나 하는 경우가 거의 없다." 액턴의 이 지적은 발기 불능 남성의 기운을 돋우려는 의도에서 나온 말이었지만, 다른 의사들은 여성이 성에 전혀 흥미를 느끼지 못한다는 주장을 액턴만큼 확신하지는 못했던 것 같다. 그렇지만 이 시대의 의사들 대부분은 여성의 성적 욕망이 한정적이라는 데는 의견이 일치했다.[79] 액턴은 "성욕이 남성에게 항상 존재하는 어떤 것이라면, 여성에게는 오직 예외적으로만 나타난다"고 결론 내렸다.[80] 이러한 그의 주장은 오늘날까지도 대중의 생각을 관통하며 남성과 여성을 구별 짓는 데 일조하고 있다. 그렇다 보니 남성은 일분일초도 섹스를 생각하지 않는 순간이 없다(사실은 그렇지 않음에도)는 말이 마치 도시 전설처럼 회자된다.[81]

이 무미건조한 기준에 부합하지 않는 여성들은 님포마니아(nymphomania, 그리스 신화에 나오는 님프와 광기를 합친 말로 여성의 비정상적인 성욕을 뜻함_옮긴이 주) 취급을 받았다. 이러한 성적 욕구의 팽창은 음란 행위, 자위, 난교를 비롯해 간통, 불장난, 이혼, 남편의 성욕을 능가하는 강렬한 성감 같은 증상을 동반했다.[82] 1850년대 보스턴에서는 밤마다 달려드는 아내 B 여사의 욕구를 더 이상 남편이 따라갈 수 없게 되자, B 여사의 부인과 주치의는 일시적인 별거와 다양한 성적 박탈을 통해 육욕을 제한하라고 충고했다. 그러면서 "현재의 탐닉적 습관이 계속되면, 아마도 부인을 정신병원에 보낼 수밖에 없을 것"이라고 경고했다.[83] 지나친 섹스는 모두에게 문제가 된다고 여겨졌다. 하지만 사티리아시스(satyriasis, 술과 여자를 좋아한다는 그리스 신화의 사티로스에서 유래한 말로 남성의 이상 성욕을 뜻함_옮긴이 주)처럼 섹스 과잉이 남성에게 문제를 일으키는 경우는 경증이거나 흔치 않은 일로 여겨졌다.[84]

물론 사회적 관례에 따르지 못하는 아내를 두고 걱정하는 사람은 남편

만이 아니었다. 여성 자신도 고민
이 컸다. 어떤 이들은 의사의 도움
을 받으려 했고, 어떤 이들은 친구
나 가족 손에 이끌려 강제로 성적
흥분 억제 치료를 받기도 했다. 미
국에서는 음핵 절제술이 자위 치료
법으로 인정되면서 이 외과적 치료
법이 20세기가 지나서까지 시행되
었다.[85] 영국에서는 1867년 음핵
절제술 옹호자인 산부인과 의사 아
이삭 베이커 브라운Isaac Baker Brown
의 평판에 금이 가는 일이 생기면
서 수술 자체의 효능을 신뢰하지

알렉산더 모리슨Alexander Morison의 《정신 질
환과 골상학Physiognomy of Mental Diseases》
(1843)에 실린 삽화. "음탕한 생각에 사로잡힌
한 늙은 여성의 모습으로, 님포마니아라고 불린
별종의 여성을 보여준다."

않는 분위기가 형성되었다. 브라운은 당시 의사들에게는 돌팔이나 하는
짓으로 여겨졌던 자기광고를 일삼고, 음핵 절제술 전에 환자의 동의를 받
지 않은 일로 비난을 받았다.[86] 결국 브라운은 산부인과협회Obstetrical Society
에서 제명되고 1873년에 사망했다. 하지만 영국의 음핵 절제술이 브라운
과 함께 완전히 사라진 것은 아니었다.[87]

외과 수술을 받을 필요가 없었던 여성들도 사회의 요구에 따라야 한다
는 중압감을 견뎌야 했다. 런던의 한 저택에서 식료품 저장고를 관리하는
하녀장으로 일하던 스물한 살의 낸시 제시 조이Nancy Jessie Joy는 1888년
베들렘왕립정신병원에 입원했다. 겨우 닷새 일찍 퇴원한 조이는 '유혹'에
굴한 이후 자살을 시도했다. 여기서 유혹이란 빅토리아 시대의 대중적인

완곡어법의 하나로 여성의 혼전 섹스를 가리켰다. 그녀는 퇴원 후에도 여전히 우울했는데, '처녀성을 잃는다면 마음에도 변화가 일어날 것'이라고 생각했다. 의사는 "낸시가 대담하게도 한 신사에게 다가가서 그녀와의 성관계를 허락했지만, 이내 지옥에 떨어지는 기분이 들었고, 그 행위가 빨리 끝나기만을 바랐다"라고 기록했다.

이 '처녀성 파괴ruination' 행위는 조이의 마음을 무겁게 짓눌렀다. 여섯 달 후 다시 퇴원한 조이는 1891년 병원으로 편지를 보냈다. 곧 결혼할 예정이었던 조이는 약혼자가 자신의 과거를 알게 하고 싶지 않았다. 혼란스럽고 고통에 찬 이 젊은 여성은 자신을 담당한 의사에게 자신의 회한에 대해, 그리고 '혼자 있을 때면 흘러내리는 비탄의 눈물'에 대해 말하면서 도움과 조언을 청했다. 비록 '제정신일 때는 불결한 생각이 마음속에 조금도 들지 않았음에도' 조이는 자신의 상태를 걱정하느라 여러 해를 보냈으며, 이제는 최후의 답변을 듣고 싶을 뿐이었다. 그녀는 "내가 정말 타락한 걸까요?"라고 물었다. "만약 내가 타락한 것이라면 나는 절대 결혼하지 않을 거예요. 그래서 누구도 나를 비난하지 못하게 할 거예요." '타락한' 가여운 조이는 약혼자와 결혼하지 않았다. 몇 년 후 조이가 다시 베들렘에 입원했을 때 그녀는 여전히 독신이었다.[88]

많은 여성이 조이 같은 사람을 위해 사회 운동을 벌였다. 그중에서도 가장 유명한 여성은 성병 방지법Contagious Diseases Acts 반대 운동을 주도한 조세핀 버틀러Josephine Butler였다. 버틀러는 여성을 다르게 대우하라고 남성을 설득하는 일에 매진하기보다는 도움이 필요한 여성들을 직접 찾아가서 지원하기로 결심했다. 이 운동은 개인적인 동기에서 시작되었다. 1866년 어린 딸 에바가 예기치 않게 사망하자, 버틀러는 '나보다 더 심하게 고통받고 있는 이들을 찾아서 돕고 싶다는 억누를 수 없는 욕망에 사로잡혀' 선교사 같은 열정으로 이 일에 뛰어들었다.[89] 그녀는 거리의 여성들을 데려왔고, 이들이 여생을 그녀 집에서 보낼 수 있게 했다.[90] 이들의 공통점은 "거리의 시궁창으로 전락한 채 남성의 발에 유린당해 왔다"는 것이었다.[91] 버틀러는 이 여성들의 고뇌를 다음 두 가지로 요약했다. 무고한 수동적 피해자로서의 지위를 회복하고 싶은 바람과 자신들을 '짓밟은' 남성들에게 복수하고 싶다는 분노.

버틀러와 동료들은 남성과 여성의 생물학적 차이로 인해 남성이 섹스에 더 관심이 많다는 생각에 이의를 제기하지는 않았다. 하지만 머지않아 다른 이들이 이러한 가정에 공개적으로 항의하기 시작했다. 마리 스토프스의 《결혼 후의 사랑Married Love》(1918)은 남성의 욕구뿐만 아니라 여성의 욕구도 중요하다고 강조함으로써 수많은 부부의 성생활을 개선하는 데 이바지하며 베스트셀러가 되었다. 구빈원에서 일하는 한 변호사가 '정상적인 남성'의 성적 열망이 정상적인 여성의 열망보다 더 강하다고 주장하는 편지를 보내왔을 때 스토프스는 동의하지 않았다. 그녀는 다음과 같이 답했다.

"나는 정상적인 남성의 성 욕구가 정상적인 여성보다 더 강하다고 생각지 않습니다. '평균적인' 남성의 욕구는 확실히 그래 보입니다. 하지만 이는 여성의 욕구를 순전히 부당하게 억눌러 온 데 따른 것입니다."[92]

1864년 군대 내 성병 발생률을 줄이기 위해 제정된 이 법으로 인해, 어떤 여성이라도 매매춘 행위가 의심되면 체포해서 강제로 진찰을 받게 할 수 있었다. 버틀러와 동료들은 이 성병 검사를 검사 도구에 의한 '기구 강간'이라 칭하며, 검사 행위에 함축된 이중 잣대를 비난했다. 사건의 전모를 알고 싶다면 다음을 보라. 주디스 R. 워코위츠, *Prostitution and Victorian Society: Women, Class, and the State* (Cambridge: Cambridge University Press, 1980).

개인적으로는 우생학적 인종차별주의를 따랐음에도 스토프스는 남성과 여성의 성적 욕구 차이는 생물학적으로가 아니라 사회적으로 결정된다고 주장했다.

킨제이도 비슷한 결론에 도달했다. 그는 남성과 여성이 심리적으로는 다르다고 생각했지만, 성적으로는 근본적으로 다르지 않다고 주장했다. 여성은 남성보다 더 많은 성적 차이를 보였다. 하지만 그러한 차이는 '인간 행위에서 나타나는 가장 영속적인 특징'에 불과했다.[93] 이는 개별 인간들 사이의 차이가 집단으로서의 남성과 여성의 차이보다 더 크다는 의미였다. 섹슈얼리티가 젠더와 무관하다는 주장을 지지해 주는 증거이기도 했다.

하지만 젠더를 하나의 연속선상에 놓고 이해하는 킨제이의 관점에는 분명한 한계가 존재했다. 1940년대 말에 트랜스젠더 활동가 루이즈 로렌스Louise Lawrence는 트랜스젠더들이 "우리 대부분이 생각하는 것보다, 심지어는 저명한 의사들이 인정하려 하거나 인정할 수 있는 것보다 훨씬 흔하다"라고 킨제이를 설득하려 했다.[94] 그렇지만 역사가 케이티 서턴Katie Sutton이 설명하듯이, 킨제이가 오르가슴에서 성의 신체 구조를 강조했다는 것은, 넓은 의미에서 트랜스젠더들에게 호의적이었다고 하더라도 그들의 성전환 수술까지는 지지하지 않았음을 의미했다.[95]

리틀 킨제이 조사 결과에 따르면, 1949년 영국의 많은 중산층 젊은이들은 혼전 성관계에 적극적이었지만 여전히 이중 잣대의 영향을 받고 있는 것으로 나타났다. 혼외 자녀를 둔 여성은 못마땅한 눈총을 받았으며, 때로는 시설에 수용되기까지 했다. 하지만 아버지인 남성은 거의 대부분 잊혔다. 성폭행을 당한 여성도 기피 대상이 되었다. 그녀가 애초에 주의

를 끌지만 않았다면 벌어지지 않았을 일이었다고 가정됐기 때문이다.[96]

조사에 응한 남성 중 상당수가 이러한 이중 잣대에 의지하고 있음을 보여주었다. 스물세 살의 한 건축회사 근로자는 리틀 킨제이 면접자에게 말했다. "만약 즐기기 위해서 나간 경우라면 저는 매춘부를 사는 일이라도 마다하지 않을 거예요. 하지만 결혼하고 싶은 아가씨와 외출한 경우라면 그녀에게 손대는 일은 절대 없을 겁니다."[97] 비슷하게 런던에 사는 스무 살 남성도 비록 자신이 10명의 여성과 성관계를 맺어오긴 했지만, 만약 자신의 약혼녀가 자신의 성관계 요구에 응한다면 더 이상 그녀와 결혼하고 싶지 않을 것 같다고 힘주어 말했다.[98] 스물아홉 살의 자동차 엔지니어 역시 다음과 같은 의견을 피력했다. "저는 혼전 성관계를 허락하는 여성과는 결코 결혼할 마음이 없었습니다. 그런 사람을 찾기란 엄청나게 힘든 일이었지요. 하지만 결국 찾아냈고, 그 사람과 결혼했습니다."[99]

이러한 위선적 태도는 1960년대 내내 계속됐다. 당시 영국은 소설《채털리 부인의 사랑》이 외설 혐의로 재판을 받으면서도 피임약이 출시되던 모순된 시대였다. '피임약'은 여성의 성적 욕망을 해방할 수 있는 수단으로 여겨졌음에도 처음에는 기혼 여성만 구입할 수 있었다. 1964년에 문을 연 영국 최초의 미혼 여성을 위한 산아제한 클리닉은 "성적 문란을 부추긴다는 비난을 끊임없이 들어야 했다."[100] 여성의 성적 쾌락은 더 이상 정신 질환에 따르는 징후가 아니었지만, 여성이 보이는 다양한 수준의 성 행동은 정신의학뿐만 아니라 생식의학에서도 여전히 주의 깊게 관찰되었다.

1967년 미국에서는 열여덟 살의 수산나 케이슨Susanna Kaysen이 '문란하다'는 이유로 맥린정신병원McLean Psychiatric Hospital에 수용되었다. 입원 결

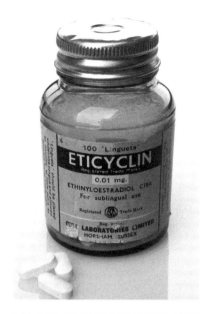

여성 호르몬 에스트로겐과 프로게스틴을 합성한
초기 피임약 에티시클린(1954~1971).

정을 내린 정신과 의사는 그러지 않는다면 그녀가 "자살하거나 임신할 수도 있다"고 경고했다.[101] 따라서 케이슨에게는 병원에 입원하는 것 말고는 다른 선택지가 없었다. 후에 케이슨이 말하기를, 당시 함께 입원했던 사람들로 미루어 보건대 강박적 문란함compulsive promiscuity은 1960년대 미국의 젊은 여성에게는 흔하게 나타나는 증세였다. 케이슨은 말했다. "만약 열일곱 살 소년이 강박적 문란함이라는 진단을 받으려면 대체 그는 몇 명의 소녀와 관계를 맺어야 할까요? 추측건대 아마도 열다섯 내지 스무 명은 되어야 할 거예요. 물론 그것도 의사들이 소년들에게 그런 진단을 내린 적이 있다면 말이에요. 하지만 제 기억으로 그런 적은 없는 걸로 알아요." 그녀는 다음과 같이 대답 없는 질문을 하며 말을 마쳤다. "그렇다면 열일곱 살 소녀는 몇 명의 소년과 관계를 맺어야 그런 진단을 받게 되는 걸까요?"[102] 결국 지나치게 많은 섹스의 정의조차 젠더화된 규범에 의해 결정됐다.

20세기 후반에도 '문란하다'는 말은 여성들에게 여전히 위험한 꼬리표였다. 예를 들어, 1980년에 전 세계 언론과 잡지들은 스웨덴의 한 연구 결과를 보도하면서 여성의 성적 문란함이 자궁암의 발생을 높인다고 했다. 하지만 이는 사실과 달랐다. 연구는 정자에서 암을 일으키는 박테리아 병원균(나중에 인유두종 바이러스로 확인됐다)이 확인됐다고 보고했다. 이상한 것은, 대부분의 신문이 박테리아를 퍼뜨리고 있는 남성들을 치료하자거나 사람들에게 콘돔 사용을 권해야 한다는 결론을 내린 게 아니라 여성의 문란함이 문제라는 결론에 도달했다는 점이다.[103]

흑인 여성들은 이러한 젠더화된 고정관념뿐만 아니라 거기에 덧씌워진 인종주의적 편견과도 싸워야 했다. 한번은 동료 중 한 명이 내게 자신이 10대였던 1980년대에 자궁경부암에 걸릴까 봐 겁났었다고 말했다. 흑인 여성이 자궁경부암 발생 위험률이 더 높다는 이야기를 들었기 때문이었다. 그녀는 몇 년이 지나서야 이 '위험'이 흑인 여성은 백인 여성보다 더 문란하다는 기존 의료계의 편견에 근거했으며, 그러한 인종차별적 선입견이 적어도 17세기까지 거슬러 올라간다는 사실을 알게 됐다고 했다.[104]

내가 10대였던 1990년대에도 젊은 여성에게 정상적인 섹스란 적정한 균형점을 찾기 어려운 문제였다. 섹스에 겁을 내면 불감증 소리를 들었고, 섹스를 지나치게 잘 아는 것 같으면 헤프다고 손가락질을 받았다. 너무 어린 것 같은데 피임약을 복용한다면 어딘지 수상쩍어 보이고, 뜻하지 않게 실수로 임신이라도 하게 되면 도덕적으로 심각한 결함이 있는 사람 취급을 받았다. 열여섯 살인 내 사촌이 임신했다고 말하자, 같은 반 친구는 보수당 지지자인 아버지를 흉내 내며 "이 나라가 더 살기 좋은 곳이 되려면 그저 여자들이 가랑이를 벌리지만 않으면 된다니까!"라고 선언하듯 말했다. 이 나라를 살기 좋은 곳으로 만드는 책임을 왜 여성에게만 전가하는지는 의문의 여지가 없었다. 독신모single mother는 미혼모unwed mother

로 대체되었고, 대처 정부로부터 버림받은 채 더 큰 생활고를 겪어야 했다(전후 영국에서 미망인은 사회보험 급여대상이었지만 이혼 여성과 미혼모는 아니었는데, 1960년대 이후 사별 외의 이유로 한부모 가구 비율이 급증하면서 문제가 되자, 1979년에 집권하게 된 대처 정부는 복지 정책을 축소했다_옮긴이 주).

10대의 섹슈얼리티 문제는 1990~2000년대의 소녀 잡지들을 관통하는 주제이기도 했다. 이 잡지들은 '젊은 여성을 대신해 성 경험을 탐구'한다느니, 새로운 성적 시도를 '정상'으로 봐야 한다느니 하는 특집 기사들을 싣는 한편, 고민 상담 코너를 통해 섹스하기에는 아직 준비가 부족하다는 점을 강조하며 소녀 독자들의 욕구를 억눌렀다.[105] 이성애적 기대에 부합하지 않는 욕구를 가진 이들에게는 기다려야 하는 이유로 다른 종류의 안이 제시되었다. 동성에 대한 호감을 표현하는 소녀에게는 "아직은 아니니, 어떤 것이 됐든 자신에게 꼬리표가 붙지 않도록 조심하라"는 경고가 주어졌다.[106]

2016년에 기혼자를 위한 혼외 데이트 사이트 일리시트인카운터스닷컴IllicitEncounters.com은 회원들을 대상으로 새 파트너에게 기대하는 사항들을 조사했다. 조사 결과, 이성애 남성은 상대 여성이 관계한 과거 상대의 수를 여전히 조금 더 신경 쓰는 경향이 있었다. 그렇더라도 남성과 여성 회원 모두 그들의 새로운 연인에게 있었으면 하는 과거 섹스 파트너의 이상적인 수는 반올림해서 딱 떨어지는 10명으로 나타났다. 사이트의 한 대변인은 "만약 우리가 10년 전에 이런 조사를 실시했다면, 남성들은 미래의 연인이 훨씬 더 적은 수의 사람과 동침했기를 바랐을 것이다"라고 주장했다.[107] 정말 이 대변인의 말대로였을까? 혼외 관계에 보다 허용적으로 보이는 사람들 사이에서조차도 이중 잣대가 그렇게 오래 지속돼 왔다는 말인가? 충분히 가능한 이야기처럼 보인다. 모든 나라가 다 그렇지는 않겠지만, 현재 많은 나라에서 혼인 관계에서건 혼외 관계에서건 섹슈얼리티나 젠더 정체성과 무관하게 모든 사람이 섹스를 즐길 수 있을 것으로 기대된다.

하지만 한 꺼풀 벗겨보면, 그 아래에는 젠더화된 기대가 여전히 작동하고 있다. 가족의 규모나 한부모라는 이유로 비난을 감내해야 하는 것은 남성이 아닌 여성이다. 게다가 밤 외출 때 여성이 입는 옷이나 하는 행동은, 서구 세계 곳곳의 언론과 법정에서 여전히 성폭력 가해자들의 옹호 수단으로 이용된다. 2019년 3인의 심리학자들은 강간 범죄의 경우, 피해자들(여성이 압도적으로 많다)이 도리어 폭력의 원인 제공자로 지목당할 "가능성이 유독 크다"면서 다른 개인 간 범죄에서는 나타나지 않는 현상이라고 설명했다.[100] 정상적인 섹스라는 관념이 젠더와 결부되어 있을 뿐만 아니라 이중 잣대에 의해 뒷받침되고 있다는 사실을 우리는 여전히 애써 아무 일도 아니라는 듯 외면하고 있다.

그래서 정상적인 섹스란 무엇인가

몇 년 전, 내가 일하는 직장에서 대규모 조직 개편이 있었다. 하급 관리자였던 나는 팀 개편에 참고하라며 내려온 짧은 문서 하나를 읽게 되었다. 어떤 이유에서인지 펭귄에 빗대 쓴 글이었다. 글 속의 펭귄들은 저마다 다른 기술과 능력을 가지고 있었고, 만년설을 녹여 안전하게 옮기는 일을 협력해서 수행해야만 했다. 등장인물은 모두 펭귄이지만, 다양한 방식으로 인간화되었다. 펭귄들은 직업과 도구, 언어를 가지고 있었다. 하나도 예외 없이 모든 펭귄이 일부일처제의 이성애 관계를 맺고 있었으며, 핵가족을 이뤘고, 판에 박힌 젠더적 속성을 빈번하게 드러냈다(글쓴이들이 일부 암컷 펭귄을 분명히 지도자와 엔지니어로 설정하고 있었음에도 그랬다). 사실 그런 부분들은 글이 전달하려는 메시지와는 무관했지만, 어쨌거나 나를 짜증스럽게 했다. 내가 한 친구에게 그 점에 대해 불평했더니 그녀는 얼굴을 찡그리며 공감을 표했다. "말도 안 돼. 펭귄 사회가 '이성애 규범적'인 건 아니지 않나?"

'이성애 규범적heteronormative'이란 용어는 1991년 마이클 워너Michael Warner가 주창한 것으로[109] 그때부터 이 말은 젠더와 섹슈얼리티라는 원칙에 따라 사회를 감시하는 다양한 방식들을 묘사하기 위해 사용되어 왔다.[110] 이성애 규범적이란 이성애가 하나의 범주로 형성되는 과정에서 특권을 부여받게 된 방식뿐만 아니라, 그러한 특권화 과정이 이따금 어떻게 젠더화된 편견이나 배제의 형태들을 수반하는지를 강조한다. 문서 작성자는 경영 지침을 만들면서 펭귄을 모조리 이성애의 핵가족 구성원들로 만들 필요는 없었다. 이러한 세부적 요소들은 만년설 재난 프로젝트와 아무런 관련이 없을뿐더러 모든 펭귄이 이성애이며 일부일처제란 것도 사실이 아니기 때문이다.

이 펭귄 이야기가 사소해 보일지도 모른다. 하지만 이성애 규범적인 펭귄들은 역사적으로나 문화적으로나 무수히 (때로는 매일, 때로는 보다 악의적으로) 반복되고 있는 여러 사례 가운데 단지 하나에 불과하다. 이 속에서 이성애라는 특수한 형태의 한 가지 섹스가 다른 다양한 형태를 완전히 배제하는 가운데 정상적인 것이라고 반복적으로 강조된다. 우리가 책, 영화, 신문, TV에서 보고 있는 것이 바로 그것이다. 이성애자는 모든 곳에 존재함에도 기묘할 정도로 모습이 드러나지도 않고 명확하게 정의되지도 않는다. 규범으로 간주되는 이 이성애적 기준에 부합하지 않는 가상의 인격들만이 그들의 섹슈얼리티나 젠더 정체성과 동일시된다. 그렇게 150년간 이분법적 젠더 모델과 관련된 특정 유형의 섹스가 정상적이라고 여겨져 왔으며, 그 밖의 모든 행위는 그 정상적인 섹스와 관련되어 정의돼 왔다. 차이가 제거당했고, 그럼으로써 이 그림에 부합하는 사람들 사이에는 모든 이가 똑같다는 잘못된 인상만이 남았다. 그 결과, 이성애 규범적인 펭귄 무리의 삶 속으로 섞여들어 갈 수 없는 온갖 사람들은 점점 더 주변화되었다. 그러나 킨제이 조사가 보여주었듯이 1940년대에조차 순전히 이성애적이기만 한 사람은 그렇게 흔치 않았다.

지난 수 세기 동안 정상적인 섹스를 판단하는 기준이 변화해 온 과정을 살펴보면, 성 규범을 정의하는 데서 문화적 태도가 얼마나 중요한 역할을 해왔는지와 성 규범에 부합하지 않는다는 이유로 얼마나 많은 사람이 투옥되고 배척당하며 협박받아 왔는지를 알 수 있다.

오늘날 우리 대부분은 자위를 일반적이고 자연스러운 행위로 여길 것이다. 하지만 수 세기 동안 자위는 '가장 비정상적'인 성행위였다. 자위가 신체에 해로운 결과를 가져온다는 주장이 하나의 신화가 되어버린 후에도 자위는 오랫동안 불명예스러운 일로 여겨졌다. 반면에 동성애는 19세기 말이 되어서야 비로소 의학적으로 비정상적인 성행위의 하나로 분류되기 시작했다. 이성애적 섹스가 규범적으로 자리 잡게 된 이유는 소위 이 동성애라는 질병에 대한 관심이 높아졌기 때문이었다. '이성애자'라는 용어가 게이 문학을 통해 도입되었음에도 19~20세기의 의학 교과서들은 질 성교를 기준으로 다른 종류의 성행위가 상대적으로 얼마나 정상적인지를 판단했다.

섹스에 대한 이러한 상대적 관점은 여전히 어느 정도는 계속 유지되고 있다. 만약 지금까지 몇 명의 섹스 파트너가 있었느냐는 질문을 받는다면 여러분은 그 숫자를 어떤 식으로 계산하겠는가? 1949년의 리틀 킨제이 조사처럼 '모든 형태의 성관계'를 다 포함시킬 것인가, 아니면 삽입이라는 기준에 가장 근접했던 경우들만 포함시킬 것인가?

리틀 킨제이 조사 응답자 중 일부는 그러한 엄격한 섹스의 정의에 적잖이 당황했다고 한다. 쉰다섯 살의 한 여성은 "애무를 하다가 성기 삽입 직전에 중단한 적이 있습니까?"라는 질문에 강한 반감을 표하며 다음과 같은 메모를 달아두었다. "내 생각에 이 질문은 좀 상세한 설명이 필요할 것 같다. 나 역시 사랑을 나누는 과정에서 삽입까지 가지 않았던 경우가 종종 있었다. 하지만 그렇다고 해서 삽입 직전에 멈추기 같은 방침이 있어서 그랬던 것은 아니었다."[11] 그때까지 총 여섯 명의 파트너(남 5, 여 1)와 섹스를 해봤기에 그녀에게 경험이 부족하다고 할 수는 없었다. 그녀는 애무가 단순히 삽입으로 가기 위한 전희에 불과한 것은 아니라고 주장했다. 섹스는 생물학적인 문제가 아니었다. 누구와 하느냐에 따른 문제였다. 결국 섹스에는 협상과 타협, 소통과 숙련된 기술이 필요했다.

단순히 무엇이 정상적인 섹스인가, 라는 질문은 성립되지 않는다. 그렇다면 대체 섹스란 무엇일까?

5장

내 감정은
정상인가

AM I
NORMAL?

무서운데 웃음이 나와

타는 듯이 더운 1986년의 어느 여름날이었다. 어쩌면 그렇게까지 덥지 않았을지도 모른다.

내 어릴 적 여름날들을 떠올릴 때면, 희미한 기억 속에 햇볕이 따갑게 내리쬐던 날들만 연일 이어진다. 이따금 갑작스레 폭우가 쏟아지기도 했는데, 우리 가족이 야외에서 바비큐를 하려고만 하면 꼭 그랬던 것 같다. 야외에서의 물 사용 금지령이 내려졌던 탓에 아스팔트로 포장된 학교 운동장 가장자리에 난 풀들이 시들시들 죽어갔다. 풀 사이로 바싹 마른 채 드러난 땅이 육각형 모양으로 갈라진 모습을 홀린 듯 들여다보면서, 흡사 사막이 그런 모습이 아닐지 궁금해했던 기억이 난다. 물론 기억 속의 모습과 일치하지 않는 날들도 많을 것이다. 하지만 일곱 살짜리 눈에 인상적이지 않았던 많은 일은 이미 오래전에 내 마음속에서 사라져 버렸다.

그날은 방학이 끝나가던 무렵이었다. 처음에는 특별할 게 없는 날 같았다. 엄마는 나가봐야 한다며 나와 동생에게 옆집에 가서 그 집 남자애들과 놀라고 했다. 옆집에서 반나절을 보내는 게 당시의 우리에게 이상한 일은 아니었다. 아빠가 두 집 뒷마당 정원 사이에 문을 달아주신 덕분에 우리는 쉴 새 없이 오가며 축구든 탐정 놀이든 소문난 악동 오총사 놀이(the Famous Five, 영국의 동화 작가 에니드 블라이튼이 쓴 21편짜리 어린이 모험 소설을 뜻함_옮긴이 주)든 그해 여름 우리가 빠져 있던 놀이를 실컷 할 수 있었다. 매튜가 여섯 살짜리가 지을 수 있는 가장 심각한 얼굴을 하며 내게 "네 친구 중 하나가 방금 죽은 것 같아"라고 말했을 때만 해도 나와 내 동생은 대수롭지 않게 여겼다. 매튜는 "근데 그게 그렇게 중요한 문제는 아니야. 왜냐하면 너에겐 아직도 나나 다른 친구들이 있으니까"라고 덧붙였다.

나는 매튜보다 나이가 많았고 더 똑똑했다. 나는 걔가 또 뭔가 이야기를 지어내거나 들은 얘기를 잘못 이해했나 보다고 생각했다. 그래서 크게 걱정하지는 않았던 걸로 기억한다. 얼마 지나지 않아서 엄마가 돌아왔다. 엄마는 집으로 오라며 우리를 불렀다. 땡볕 정원에서 놀다가 들어가서 그랬는지 집 안은 시원하고 어둡게 느껴졌다.

결국 매튜의 말이 맞았음이 드러났다. 매튜는 우리 엄마가 자기 엄마에게 내 가장 친한 친구 케이티가 자전거를 타다가 화물 트럭에 치여 즉사했다고 말하는 소리를 엿들었던 것 같았다. 전화로 소식을 전해 들은 엄마는 충격을 받고 믿기지가 않아 확인할 겸 케이티의 집에 다녀왔던 모양이었다.

엄마가 그 소식을 전했을 때, 나와 내 동생은 놀랍게도 웃음이 터져 나왔다. 슬플 때 어떻게 반응해야 하는지 정도는 충분히 알 만한 나이였던 네 살배기 앨리슨조차 자신의 반응에 스스로도 황당한 눈치였다. 나중에 과일 음료가 담긴 플라스틱 컵과 버번 비스킷을 앞에 두고 우리가 울어대자, 엄마는 웃음이 나오는 바람에 당황스러웠겠지만 그건 지극히 정상적인 반응이라고 말해주었다. 엄마도 어렸을 때 집에서 기르던 개가 죽자 너무 무서운 나머지 웃음이 나왔었다고 했다. 엄마 역시 그때 웃음이 나와서 너무 충격적이었다고 말했다.

웃음은 예상치 못한 나쁜 소식을 들었을 때 나오는 자동적인 반응의 한 가지다. 그때의 웃음은 여러분이 그 일을 대수롭지 않게 여긴다거나 그 일로 당황하지 않았다는 것을 의미하지 않는다.

여러 가지 감정은 아동들에게 특히 혼란스러울 수 있다. 지금 우리가 느끼는 기분은 어떤 의미고, 또 우리는 그 느낌을 타인에게 어떤 식으로 표현하거나 설명할까? 유치원에 다닐 때였다. 한번은 선생님이 우리 5세 반 아이들에게 언니의 초콜릿을 훔친 어린 소녀의 이야기를 읽어주셨다. 이야기를 들은 나는 울고 또 울었다. 선생님이 뭐가 문제냐고 물었지만 나는 말로 설명할 수가 없었다. 결국 나는 테일러 선생님께 그냥 배가 고파서 울었다고 말했다. 나는 그 말이 그때 내가 받았던 느낌을 설명하기에 적절한 표현이 아니라는 걸 알고 있었다. 하지만 배고픈 것과 약간 비슷한 느낌이었기에 그렇게 설명할 수밖에 없었다.

그런데 감정을 정의하기 어려운 건 비단 어린이들만의 문제가 아니다. 심리학자와 정신과 의사들(그전에는 철학자와 신학자들)은 감정이 정확히 무엇인지를 정의하기 위해 오랫동안 고군분투해 왔다. 1884년 미국의 심리학자 윌리엄 제임스는 감정이란 특정 사건에 대한 생물학적 반응이라는 유명한 명제를 제시했다. 제임스의 말대로라면, 우리는 슬퍼서 우는 것이 아니라 울기 때문에 슬픈 것이다. 우리의 반응은 즉각적이고 충동적이며 무의식적이다. 반응이 일어나고 난 뒤에야 비로소 우리는 그 반응에 어떤 감정이라는 꼬리표를 붙인다.[1]

제임스 이후에도 우리가 감정을 이해하고 논하는 방식은 계속 많은 변화를 겪어왔다. 이를테면, 정신분석학자들이 우리의 느낌에 해석이 필요하다고 주장했다면 행동주의자들은 감정이 무의식적 조건화의 증거라고 주장했다.

보다 최근에는 신경생리학자들이 특정 감정들을 두뇌의 여러 영역에 위치 짓는 시도를 하고 있다. 이러한 시도 중 가장 유명한 예는, 두뇌 하부 근처에 있는 작은 아몬드 모양의 세포 집합체인 편도체에서 '공포' 감정을 처리한다는 주장일 것이다. 위협이 발생하면 편도체는 그 유명한 '투쟁-도피' 반응을 촉발한다고 알려져 있다. 그러나 이 신경학적 모델로는 설명할 수 없는 수많은 문제가 여전히 문화적이고 개인적인 요인에 의해 결정된다.

애초에 우리는 무엇을 위협으로 인식하는가? 우리는 공포를 어떻게 경험하는가? 우리는 공포를 우리 자신에게, 또는 남들에게 어떻게 설명하는가? 그래서 우리는 실제로 공포에 어떻게 반응하는가? 이 모든 질문에 대한 답은 역사에 따라, 문화와 개인적 환경에 따라 달라진다. 예를 들어 당신은 거미를 무서워할 수도 있지만, 나는 거미가 길고 약한 다리들을 가진 사랑스럽고 공격에 취약한 생명체라고 생각할 수도 있다(나는 실제로도 그렇게 생각한다. 걸 스카우트 캠프를 다녀온 뒤로 나는 모든 친구 집단에서 공식적인 거미 제거반 역할을 맡아왔다).

이러한 의문들에도 불구하고, 인간의 마음을 탐구하는 연구자들 대부분은 감정이 인간 삶의 보편적인 측면의 하나로서 실존한다고 가정해 왔다. 하지만 아주 최근까지도 티베트어에는 '감정'에 해당하는 단어가 없었다. 이 사실을 알고도 놀라지 않을 사람이 있을까? 티베트어 교사들에게 번역을 요청하는 경우가 잦아지면서 마침내 감정이라는 단어가 새로 만들어졌다. 그렇지만 많은 티베트인이 감정이라는 단어의 의미를 받아들이는 데는 꽤 오랜 시간이 걸렸다. 이는 티베트인이 감정을 느끼지 않는다거나 티베트어에 특정 유형의 기분을 표현하는 단어들이 존재하지 않는다는 말이 아니다. 단지 티베트인들에게는 여러 느낌을 아우르는 하나의 개념, 즉 감정이라는 개념이 존재하지 않았을 뿐이다.[2]

역사적으로 볼 때, 감정이라는 개념이 존재하지 않았던 건 서구도 마찬가지다. 1830년 이전에 마음에 대한 글을 썼던 영어권 작가들은 느낌을 나타내기 위해 열정, 애정, 정서 같은 종교에서 빌려온 매우 다양한 용어들을 사용했다. 이 범주들 사이에는 상당한 차이가 있었다. 예컨대 열정은 충동적이고 본능적이었던 데 반해, 정서는 계발하려면 경험이나 교육이 필요했다. 프랑스 대혁명 동안 공포 정치를 계획하고 확립한 정치인 중 한 명이었던 루이 앙투안 드 생-쥐스트는 다음과 같이 지적했다. "우리는 영혼의 정서를 열정으로 혼동해서는 안 된다. 정서는 자연의 선물이자 사회적 삶의 원리다. 반면 열정은 찬탈의 결과이자 야만적 삶의 원리다."[3]

1850년에 이르러 역사학자 토머스 딕슨은 단순한 분노와 열정부터 복잡한 동정적 정서에 이르기까지 매우 상이한 느낌들을 포괄할 수 있는 과학적 범주로 '감정'이라는 용어가 선호되기 시작했다는 것을 보여줬다.[4] 물론 인간의 느낌을 표현하는 다른 용어들도 계속 사용됐다. 하지만 다양한 종류의 느낌을 '감정'이라는 항목 아래에 한데 묶음으로써 빅토리아 시대의 작가들은 분노와 사랑, 공포와 연민이 신체적으로나 정신적으로 유사한 방식으로 작동한다고 새롭게 가정했다. 또한 우리의 느낌들을 감정으로 인식한다는 것은 이 느낌들 사이의 균형에 더 많이 주목한다는 것을 의미했다.

19세기에 접어들면서 심리학자와 정신과 의사를 비롯한 다른 여러 분야의 과학자들은 인간의 감정을 측정하려고 시도했다. 이들은 감정을 느끼는 수위가 어느 정도여야 정상인지, 그리고 그 수위를 어떻게 정의해야 하는지 의문시하기 시작했다. 만약 누군가가 지나치게 많이 느낀다면 그건 무엇을 의미할까? 너무 적게 느낀다면 걱정해야 하는 걸까? 우리가 반드시 느껴야만 하는, 아니면 반드시 느끼면 안 되는 특별한 감정들이 있을까? 우리는 이 느낌들을 어떤 식으로 표현해야 할까? 감정을 판단하는 기준들은 우리가 지금까지 살펴본 정상적인 신체나 정신보다 훨씬 더 복잡하다. 감정이 실제로 무엇을 가리키는 것인지 관련해서조차 오늘날까지도 아무런 동의가 이뤄지지 않았기 때문이다.

가슴이 찢어지는 슬픔

케이티가 죽고 난 이후의 내 어린 시절은 슬픔이 지배했고, 오랫동안 케이티의 죽음에 대한 악몽에 시달렸다. 2013년 언론은 DSM-5에 사랑하는 사람의 사후 2주 이상 슬픔이 지속되는 것도 정신 질환의 일종이라는 내용이 실려 있다고 보도했다. 그때부터 슬픔이란 감정은 오늘날의 우리가 정상적인 감정과 관련해 가지고 있는 걱정들에서 중심적인 위치를 차지하고 있다.

가까운 누군가를 잃어본 사람이라면 누구라도 슬픔이 깊고 복잡한 과정이라고 말할 것이다. 내 일곱 살 인생은 계속되었다. 나는 학교에 갔고, 옆집 남자애들과 축구를 계속했으며, 새 친구들을 사귀었다. 확실한 건, 당시의 내가 매 순간 대체로 슬퍼하지는 않았단 사실이다. 하지만 누가 나를 조금이라도 무시하는 것 같으면 바로 울음을 터뜨렸으며, 나에 대한 다른 사람들의 감정이 영원할 것이라고 믿지 않았다. 중등학교에 입학했을 때는 모두를 향해 "나는 친한 친구가 없어. 원래 친한 친구란 죽거나 떠나가 버리거나 하는 법이거든" 하고 말하고 다녔다. 이런 행동이 '정상'이었을까? 아니, 정상이었을까 하고 묻는 것이 유용한 질문이긴 한가? 우리는 우리의 슬픔을 인정받을 권리가 있다. 하지만 의학적이거나 영적인, 또는 다른 수단들을 통해 그 고통을 완화하려고 시도하는 것 또한 우리의 당연한 권리다.

어쨌든 슬픔이 건강하지 못한 상태라는 인식이 새로울 건 없다. 과거 수 세기 동안 슬픔은 신체적으로 해롭다고 여겨져 왔다. 1667년 3월 26일, 서른네 살의 런던시 공무원 새뮤얼 피프스는 그의 유명한 일기에 다음과 같이 썼다. "어머니 생각에 슬픈 마음이 들며 잠에서 깼다. 아마 다음번 편지에서는 분명 어머니의 사망 소식을 듣게 될 것이다. 아버지 역시 비록 돌아가실 정도까지는 아니더라도 어머니로 인한 슬픔과 고통

DSM에 정확히 그런 문장이 실린 것은 아니었다. 확실한 건, 우울증 진단에서 배제돼 오던 사별이 진단 요인의 하나로 포함되었다는 것이다. 현재는 슬픔을 비롯한 어떤 극심한 우울감이 2주 이상 지속되면서 일상생활이 방해받는 경우라면 우울증으로 진단받을 수 있다.

에 매우 편찮으신 상태다."[5] 다음 날, 피프스는 어머니가 돌아가셨다는 편지를 받았고, 그와 아내는 엄청나게 울었다. 극심한 심적 고통에도 불구하고 피프스의 아버지는 10년 넘게 더 살았다.

하지만 아버지가 슬픔으로 생명이 위독해질지도 모른다며 두려워했던 피프스의 심정은 이해할 만하다. 피프스가 살던 시대에 런던시는 주간 사망률 통계 보고서를 통해 시 전체에서 발생한 모든 사망 원인을 매주 공표했다. 보고서에 따르면, 슬픔은 가장 치명적인 감정이었다. 1629년부터 1660년까지 350명이 넘는 사람이 슬픔으로 사망한 것으로 기록됐다. 공포로 사망한 사람이 불과 30명밖에 되지 않았다는 사실을 감안한다면 이는 상당히 높은 수치였다.[6]

오늘날의 우리라면 감정과 신체를 이런 식으로 연관 짓는 것에 대해 은유적인 표현으로 치부할지도 모른다. 하지만 17~18세기에는 과도한 감정으로 인해 글자 그대로 심장이 부서지고 터지거나 쪼그라들 수 있다고 믿었다. 감정과 신체 건강 사이에는 밀접한 관계가 있었다.[7] 이러한 사고방식은 빅토리아 시대로 이어져 모든 감정이 질병으로 분류되기도 했다. 1892년 프랑스 심리학자 샤를 페레Charles Féré는 맹렬한 감정이 출혈과 심장 마비를 일으킬 수 있다고 말했다. 공포가 혈액을 '역류'시킨다면 극도의 슬픔은 비만과 소화 장애를 일으키고 감염의 가능성을 높였다.[8] 영국의 정신과 의사인 대니얼 핵 튜크에 따르면, 감정은 다른 모든 심리적 충동을 합한 것보다 훨씬 더 신체에 나쁜 영향을 미쳤다.[9]

최근에도 감정과 우리의 신체 활동 간의 관련성을 보여주는 다양한 사례가 보고되고 있다. 1984년 스트레스성 위궤양의 원인이 박테리아 때문이라는 사실이 밝혀진 것처럼, 일부 사례들에서 감정이 신체적 불쾌감을 유발하는 원인이 아니란 점이 과학적으로 입증됐다. 하지만 그 반대 사례들도 계속 발견되면서 신체적 건강과 비정상적 감정 상태 간의 관련성을 둘러싼 우려는 수 세기 동안 계속되고 있다. 심장병 전문의들은 감정의 고조가 심박 리듬을 무너뜨려 치명적인 결과를 초래할 수도 있다고 주장해 왔다.[10] 또한 우리는 감정적 스트레스가 고혈압을 일으킬 수 있다는 경고를 끊임없이 듣는다. 하지만 그렇다 한들 아마도 대부분은 바쁘게 돌아가는 일상 속에서 그러한 감정적 스트레스를 실제로 어떻게 관리해야 하는지 알지 못한다.

그렇지만 모든 강렬한 감정이 늘 건강하지 않다거나 비정상적이라고 생각되어 온 것만은 아니다. 18세기에 뛰어난 감수성은 훌륭한 품성과 교육의 징표로 여겨졌다. 부유하고 교양 있는 유럽인들은 1771년 스코틀랜드 소설가 헨리 맥켄지Henry Mackenzie가 묘사했던 '감수성이 풍부한 사람'이 되고 싶어 했으며, 비통함은 그런 사람들이 표출하는 본질적 요소 중 하나라고 생각했다.

풍부한 감수성으로 치면 1774년에 첫 출간된 요한 볼프강 폰 괴테의 《젊은 베르테르의 슬픔》을 능가하는 이야기는 없을 것이다. 감수성이란 측면에서 이 책은 당시에 극찬을 받았지만 후대에는 최악의 평가를 받기도 했다.

이 소설은 가상의 마을 발하임에 사는 젊은 예술가 베르테르가 아름답고 지적이며 사랑스러운, 하지만 약혼자가 있는 로테에게 매혹되는 과정을 담고 있다. 로테를 향한 베르테르의 열정과 짝사랑은 극단으로 치닫고 결국 베르테르는 자살하게 된다. 소설 속 화자는 베르테르의 편지를 편집해서 소개하는 역할을 하는데, 괴테는 화자의 목소리를 빌려 자신의 문학적 창조물인 베르테르의 감정을 회상하듯 엮어나간다. 괴테는 독자들에게 "여러분 역시 그의 영혼과 품성에 감탄을 금치 못하며 사랑할 수밖에 없을 것이다"라고 말하면서, 베르테르의 고통에 공감하는 사람들이 '그의 슬픔에서 위안을 찾을' 수 있으리라고 암시했다.[11] 감상주의가 정점에 달했던 시대에 출판된《젊은 베르테르의 슬픔》은 유럽 전역에서 베스트셀러가 되었다. 후대의 작가들에 따르면 이 책으로 인해 자살이 유행병처럼 퍼지기도 했다고 한다.[12]

《젊은 베르테르의 슬픔》이 출간되고 수십 년이 지나는 동안, 비극적 정서와 자살을 인식하는 방식에 분명한 변화가 일어났다. 1829년에 이르러 그러한 감정의 고조는 불안정한 징후로 인식되며 점차 좋지 않게 생각되었다. 이제는 감성의 시대age of sentiment가 프랑스 혁명을 촉발시켰다는 주장까지 제기됐다. 1893년 미국 철학자이자 수학자인 찰스 샌더스 퍼스는 감상주의를 옹호했음에도 "그것으로 인해 공포 정치가 출현했다"고 단언했다. 이 기간 동안 1만 5000명이 넘는 사람이 사형 선고를 받았다.[13] 격렬한 감정은 이제 신체적으로도 정치적으로도 바람직하지 못한 것이 되었다. 오늘날의 독자에게 이러한 주장은 예기치 못한, 심지어 비이성적이기까지 한 설명으로 보일지도 모른다. 그러나 19세기에는 폭력적이고 혁명적인 정치와 감성 사이에 긴밀한 연관성이 있다는 주장이 자주 제기됐다.

베르테르의 자살은 감정이 예민할 정도로 고양되면 일어날 수 있는 부정적 결과의 증거로 제시됐다. 그렇지만 19세기의 의학 저술가들은 과거 수 세기 동안 비슷한 주장을 제기한 그 누구보다도 단호하고 명료한 어조로 자살(그리고 격렬한 감정)이 정신 질환과 관련 있다고 적었다. 정신과 의

사 포브스 윈즐로Forbes Winslow의 저서 《자살의 해부학Anatomy of Suicide》
(1840)에는 무작위로 선택된 듯 보이는 자살 사례들이 실렸는데, 양심의
가책부터 실연, 질투, 상처받은 허영심, 자존심, 야망, 절망에 이르기까지
그 원인도 다양했다. 이제 자살은 누군가가 '감수성이 풍부한 사람'임을
보여준다기보다는 감정 자체가 비정상적이라는 사실을 입증하는 것으로
여겨졌다.

이러한 정상성 개념 속으로 다시 한번 정치가 확고하게 파고들었다.
윈즐로는 자신을 '사회주의자라 사칭하는 근대의 이교도들'에게 특히 분
노했다. 윈즐로는 로버트 오언(Robert Owen, 영국 산업 혁명기의 사회개혁가이
자 사상가로 공상적 사회주의자였음_옮긴이 주)과 그 추종자들이 사회주의란
명목으로 '모든 사회적·공공적 질서와 미덕의 근본'을 뿌리째 흔든 탓에
영국의 자살률이 증가했다며 이들을 비난했다. "사회주의자들은 법과 규
제의 모든 장벽을 허물어버리고, 열정을 옳고 그름의 유일한 기준으로 만
들어버렸다. 이는 마치 동물적 욕망이 선과 악을 판별하는 유일한 기준이
된 것과 같다."[14]

따라서 강경 보수주의자였던 윈즐로가 보기에 개인이든 사회든 감정
에 이끌린다는 것 자체가 비정상이었다. 결국 그의 의학적 추론은 프랑스
대혁명 이후에 전개된 새로운 감정 정치를 끌어들여 자신의 정치적 견해
를 강화하는 결과를 초래했다. 프랑스 혁명이 발발(1789)한 이후로 이성
과 감정은 양극단에 위치하게 되었으며, 감정적 자제력이 소위 정상적인
사람을 정의하는 특징이 됨에 따라 편리하게도 정치적 현상을 자동적으
로 뒷받침할 수 있게 되었다.[15]

굳게 다문 입술

"당신은 '정상적인 사람'인가?" 1928년 미국의 심리학자이자 원더우먼 캐릭터의 공동 창조자 윌리엄 몰턴 마스턴은 자신의 저서 《정상인의 감정Emotions of Normal People》에서 이렇게 물었다. 마스턴은 사람들 대부분이 극단적인 감정을 자주 표출하지 않는 한, 자신은 정상이라 생각한다고 결론 내렸다. 이러한 견해는 1920년대 심리학계와 대중에게 널리 퍼져 있었다. 18세기와 19세기 초에는 판사들이 법정에서 공공연하게 울었으며, 남성과 여성들도 드러내놓고 화를 내거나 모욕을 일삼았지만, 누구도 심신이 불안정한 사람으로 여겨지지는 않았다.

그런데 빅토리아 시대가 시작되면서 이러한 분위기는 바뀌었다.[16] 1850년에 이르면 감정 억제 교육이 광범위하게 퍼졌다. 당시에 영국 공립학교들만큼 감정 억제를 강조한 곳도 없었는데, 학교에서는 소년들의 몸과 마음을 단련해서 인내력을 기르는 방법의 하나로 처벌 제도punishing regime를 도입했다.[17] 자제력과 자율은 문명화된 남성의 대명사처럼 여겨졌으며, 어린 시절에 습득해야 하는 자질이 되었다.

스코틀랜드 의사 앤드류 컴Andrew Combe은 1840년에 출간한 부모 가이드 책에서 다음과 같이 경고했다. "감정은 지성이 충분히 발달되거나 계몽되어 감정을 관리하고 통제할 수 있기 훨씬 전인 어린 시절에 드러난다. 따라서 부모가 아동의 이성이 깨어날 때까지 기다리며 아동이 받아야 할 적절한 규제 시점을 지나치게 미룬다면, 그러는 동안 아동의 품성과 행동은 운에 좌우되는 상황이 벌어질 것이다."[18] 달리 말해, 부모가 아이의 감정을 통제해 주지 않으면 아이가 자라서 고생한다는 것이다.

미국의 작가도 비슷한 조언을 내놓았다. 1891년 헨리 클레이 트럼불 Henry Clay Trumbull은, 아이들은 울음과 화를 제어하지 못하고 폭발적으로 표출함으로써 부모들의 진을 빼는 버릇이 있다고 말했다. 따라서 부모는 아동의 울고불고하는 성질의 싹을 초반에 도려내서 자제력을 키워주어야 한다는 조언이 뒤따랐다. "아이가 충분히 이해할 수 있을 만한 나이에 이르면 울고 몸부림치는 충동을 통제하도록 훈련하고 가르쳐야 궁극적으로 아이 스스로 불안한 느낌의 표출을 조절할 수 있다."[19]

토머스 딕슨은 20세기에 접어들면서 감정 통제라는 말은 태연한 척하며 자신의 진짜 감정을 숨길 수 있는 능력을 의미하게 되었다고 설명한다.[20] 제1차 세계대전 선전물에서는 이야말로 영국 군대와 간호 부대의 새로운 이상이라고 홍보했으며, 영국인의 '결연한 의지를 보이듯 굳게 다문 입술'은 이내 세계적으로 유명해졌다. 1930~1940년대에는 트레버 하워드, 로런스 올리비에, 제임스 메이슨 같은 유명 영국 배우들이 출연한 영화들을 통해 또박또박 끊어서 말하는 영국식 발음과 간단명료한 태도, 굳게 다문 입매가 영국인의 상징인 양 조장되었다. 물론 이 영화들을 본 팬들은 감정을 숨기려 애썼지만 눈물을 감추지는 못했다.

지금까지 보면서 눈물을 흘린 영화가 몇 편인지 목록을 작성해 달라는 1950년의 매스 옵서베이션 조사에서 중년의 가정주부 H 여사는 "내가 매우 감정적인 사람이긴 해요"라고 말했다. H 여사는 자신의 감정이 부끄럽지 않다고 주장하면서도 다음과 같이 덧붙였다. "웃는 것을 제외하면 다른 모든 감정의 기색을 숨기려고 애를 써요. 다들 보는 데서 우는 것은 옷을 벗는 것과 같으니까요."[21] 정상적인 감정이란 이제 사적이며 감추어야 할 것이 되었다.

영국인들이 눈물을 숨기는 데 열심이었다면, 미국인들은 분노를 가리기에 급급했다. 19세기 말의 조언 책자들과 심리학 교과서들은 미국인들에게 무엇보다 이 분노라는 감정을 통제할 필요가 있다고 역설했다. 마스턴이 '정상인'의 감정을 묘사하면서 했던 말들이 특히 비판적이었다. 그는 "만약 여러분이 공포나 분노, 고통, 충격, 속이고 싶은 욕구, 또는 그것이 무엇이든 혼란과 갈등을 내포한 어떤 다른 감정들로 괴로워하는 중이라면, 나는 여러분을 감정적으로 '정상인'이라고 보지 않는다"며 경고했다.[22]

그렇다고 마스턴의 사생활이 그의 정상적 감정 모델과 완전히 일치했던 것은 아니었다. 그는 다자간 연애 관계였던 아내 엘리자베스 홀로웨이와 연인 올리브 번에게 변덕과 심한 질투를 부리는 것으로 유명했다.[23] 그럼에도 이 심리학자는 자신의 페미니스트적 이상을 개진하는 데 감정을 이용했다. 최초의 보도자료에 따르면 마스턴이 원더우먼을 만들어낸 목적은 "여성이 남성보다 열등하다는 생각과 싸우는 한편, 소녀들에게 자신감을 불어넣어 지금까지 남성이 독점해 온 운동 경기와 일, 전문직에서 위업을 달성할 수 있도록 하기 위해서"였다. 비슷하게 그는 여성들에게 미래의 '사랑의 지도자'가 되어 남성의 입맛에 맞춘 현재의 리더십을 전복시키고 보편적인 감정 재교육을 고무하는 사람으로 거듭나라는 당부의 말로《정상인의 감정》을 마무리했다.[24]

물론 마스턴의 이 모든 주장이 자신의 여성 파트너들의 아이디어와 업적을 가로채고, '극심한 분노'를 표출하며 자신의 가족들을 지배하는 가운데 이뤄졌다는 것은 모두가 아는 사실이었다.[25] 이는 겉으로만 봐서는 누가 진정한 페미니스트인지 결코 알 수 없다는 것을 보여준다.

'생물학적으로 효율적인' 감정을 고취시켜 유쾌함과 사회적 조화를 만들어내고 싶다는 바람에서 마스턴을 능가하는 자는 없었지만, 미국의 다른 심리학자들도 칼 메닝거가 1938년에 발간한 《자신을 배반하는 인간Man Against Himself》에서 지적했듯이 '인간의 내재된 파괴적 본성'의 증거로서의 분노를 조심하라고 일렀다. 심리학자이자 문예지 《파퓰러 매거진Popular Magazine》의 칼럼니스트였던 닥터 칼에게 이 파괴적 본성이란 주로 자신을 향한 분노를 가리키는 것으로 프로이트의 '죽음의 본능'과 같은 것이었다.[26]

1950년 정신분석가 프리다 프롬라이히만은 이러한 분노에 대한 거부가 20세기 전반에 두 차례에 걸쳐 일어난 세계대전에 대한 반작용은 아니었을지 물었다. 나치의 박해를 피해 미국으로 망명한 유대인 출신의 독일인이었던 프롬라이히만은 "요즈음 나타나는 적의와 반감, 어떤 두 개인 간에 발생하는 악의적 행동은 우리 서구 문화에서 용납하기 어려운 다른 인간 행동들보다 더 많은 비난을 받아왔고, 그럼으로써 더 많이 억눌려온 것처럼 보인다"고 말했다.[27] 과거에는 섹스가 가장 큰 골칫거리이자 비난받는 인간의 본능이었다면, 이제 그 자리를 분노가 대체한 것처럼 보였다.

1940~1950년대에 제작된 교육 영화들은 미국의 젊은이들에게 자신의 좌절감을 제어해서 '감정의 통제력 상실'을 피하는 것이 얼마나 중요한지를 설파했다. 영화들은 심각한 감정적 고통이 자주 효율성을 떨어뜨린다면서 감정의 절제가 가정을 화목하게 할 뿐만 아니라 개인의 주요한 성공 수단이라는 점을 강조했다.[28]

로이드 워너Lloyd Warner는 1953년에 발간한 《미국인의 삶: 꿈과 현실 American Life: Dream and Reality》에서 중산층 가족들이 아이를 양육할 때 직면하게 되는 두 가지 기본적인 딜레마로 섹스와 함께 분노 관리managing anger를 꼽았다.[29] 영국에서와 마찬가지로 감정에 대한 이러한 견해는 계급에 기반했다. 워너는 미국의 하위 계층이 '분노를 거리낌 없이 표출한다'고 생각했다. 인류학자이기도 했던 워너는 삶의 다양한 방식을 객관적으로 기록하려는 의도를 가지고 있었던 게 분명하지만, 그는 노동 계층 10대 소년의 '주먹질'과 중산층 10대 소년들의 '진취적 기상, 야망, 말솜씨, 숙련된 경제적 기술'을 부정적으로 대비시킴으로써 감정을 이성과 지성의 반대편에 위치 지우는 빅토리아 시대의 프레임에서 벗어나지 못했다.[30]

그렇지만 분노는 여전히 양날의 검과 같았다. 가정에서는 눈총의 대상이었지만, 스크린에서는 점점 더 많이 등장했다. 1976년에 개봉된 영화 〈네트워크〉를 보면, TV 뉴스 앵커인 하워드 빌은 단지 전보다 더 많은 인기를 끌고 싶다는 이유 하나로 방송 도중 미친 듯이 소리를 지르기 시작한다. 영화는 현대 미디어 시대의 정서와 불안을 지적하는 것처럼 보인다. "나는 미칠 듯이 화가 난다. 그리고 이젠 더 이상 분노를 억누르려 하지 않을 것이다." 빌은 고함을 지르며 보통의 미국인들에게 창문을 활짝 열어젖히고 자신이 한 말을 거리를 향해 외치라고 부추긴다.

하지만 이 영화가 제작된 시기는 보통의 미국인들에게 분노의 통제가 여전히 개인의 인성에서 가장 중요한 부분이라고 여겨지던 시절이었다.[31] 물론 사람들이 아직도 그렇게 생각한다고 해서 오늘날을 '분노의 시대'라고 속단 내리지 못할 이유는 없다. 2016년 미국의 도널드 트럼프 대통령 당선에 결정적인 역할을 했던 유권자들조차 스스로를 '불만이 가득

하지만 분노하지 않는다'고 밝혔다는 것을 보면 말이다.[32]

오늘날 과도한 감정의 표출은 험하게 손을 놀려대는 트위터 트롤부터 최근의 백악관 주인들에 이르기까지 매우 공공연하게 행해지는 것 같다. 그러나 우리가 150년 넘게 칭송해 온 감정의 억제가 어떻게 현재의 과잉 분노 행동을 형성해 왔는지를 우리는 좀처럼 멈춰 서서 생각하지 않는다. 또한 특정 유형의 감정이 어떻게 서로 다른 문화에서 비정상으로 보이는 지에 대해서도 숙고하지 않는다. 영국 어린이들은 한 세기가 넘게 눈물을 참으라는 소리를 들어왔다면, 미국 어린이들은 분노를 감추라는 소리를 들어왔다. 문화가 다르면 '규칙'도 다르다.

1960년대 초반 미국의 인류학자 진 브릭스Jean Briggs가 캐나다 북서부에 거주하는 이누이트족의 하나인 우트쿠Utku* 부족과 함께 생활하며 1년을 보냈을 때, 변덕스러운 감정들로 인해 백인 이방인이라는 브릭스의 지위는 유독 도드라져 보였다. 브릭스는 자신의 인류학 보고서에 '화내지 않는 사람들Never in Anger'이란 제목을 붙이고 자신이 함께 살며 경험한 부족민들의 극도의 자제력에 대해 기록했다. 우트쿠 부족에게 브릭스의 감정적 반응들은 어린애 같고 사회화되지 않은 것처럼 보였다.

오늘날 우리는 정상적인 감정의 기준을 정의할 때, 문화적 특수성과 사회적 정체성이라는 두 가지 상반된 요소 사이에서 사고의 균형점을 잡으려고 한다. 즉 정상적인 감정에 대한 정의는 문화에 따라 달라지지만, 이 문화적 특수성은 다시 계급, 인종, 젠더 같은 사회적 정체성으로부터 영향을 받는다고 할 수 있다.

※ 브릭스는 이 부족을 '우트쿠'라 불렀지만, 그들의 정식 명칭은 우투히칼링미우트Utkuhikhalingmiut다.

1868년의 어느 금요일. 열여덟 살의 벨기에 재봉사 루이스 라토Louise Lateau는 갑자기 손과 발에서 피를 흘리기 시작했다. 이러한 성흔이 나타난 뒤로는 바로 열에 달뜬 몽환 상태ecstatic trances가 이어졌다. 가톨릭교회는 라토의 출혈이 정말로 기적에 의한 것인지를 살펴보기 위해 관행대로 조사단을 파견했다. 조사단에는 루뱅의 정신과 의사 페르디난드 르페브르Ferdinand Lefebvre도 포함되어 있었다.

처음에 르페브르는 라토의 상처들이 자해로 인한 것이라고 추측했다. 하지만 결국 라토의 이례적인 상태를 과학적으로 설명할 수 없다는 결론에 이르렀다.[33] 그 후 10년간 르페브르의 견해에 동의하지 않았던 다른 의사들은 열정이 라토의 전신에 영향을 미친 탓에 성흔이 나타난 것이라고 생각했다. 그들은 강렬한 감정이, 감정 통제의 능력을 갖추지 못한 '무학자'나 가냘픈 체구의 사람들에게 특히 위험하다고 가정했다.[34] 다시 한번 노동 계급과 여성이 등장하는 순간이었다.

미국 뉴욕의 의사 메러디스 클라이머Meredith Clymer는 라토가 경험한 무아지경이 "의식과 자유 의지의 갑작스러운 단절이 만들어낸 감정적 무질서"라고 결론 내렸다.[35] 클라이머는 이러한 증상은 대개 종교적 열광에서 비롯된다면서 라토의 성흔은 그녀의 감정적 무질서가 가시화된 증거일 뿐이라고 했다. 과거 수 세기 동안 이런 강렬한 종교적 정서는 신앙심의 징표라고 여겨져 왔다. 하지만 이제 미국과 유럽의 의사들은 라토의 출혈이 기적도 사기도 아니며, 단지 그녀의 '열렬한 상상력'과 '가냘픈 체구',

'흥분하기 쉬운 기질' 탓으로 벌어진 일이라고 봤다. 어린 노동 계급 여성이었던 라토는 감정이 무질서해질 위험에 처한 것으로 여겨졌다.

윌리엄 부스가 1865년 영국에서 설립한 기독교 선교단체 구세군의 여성 사관들을 일컬었던 '할렐루야 래시스Hallelujah Lasses' 역시 마찬가지였다. 중간 계급 여성들은 다양한 종교적 영역에서 자선과 선교 활동을 벌였다. 하지만 여성이 설교와 성찬 전례를 집전하고, 노동 계급 여성에게조차 그러한 역할을 할 수 있도록 허용된 곳은 구세군이 유일했다.[36] 할렐루야 래시스의 외모와 감성은 새침하고 단정한 중간 계급의 여성과는 대비됐으며 호의적인 시선을 받지 못했다. '가장 거친 공장 노동자 계급' 출신의 소녀 엘리자 헤인스Eliza Haynes는 머리카락과 재킷에 장식 테이프를 붙이고 등 뒤에는 "나는 행복한 엘리자입니다"라고 쓴 플래카드를 단 채 노팅엄 거리를 행진하며 군중을 끌어모았고, 그렇게 지역 구세군 모임까지 인도했다. 엘리자의 행동은 빈축을 사기도 했지만, 그녀의 행진 후에 열린 구세군 모임은 성황을 이루었다. 행복한 엘리자 광고는 분명 효과가 있었다![37]

빅토리아 시대의 사람들에게 감정이란 매우 계급적인 문제였다. 중간 계급의 사람들은 자제력을 가졌던(또는 가지고 있다고 생각했던) 데 반해, 대중은 감정적이고 제멋대로였다. 주간지 《새터데이 리뷰》는 구세군이 열광하는 모습을 대중에게 전시하듯 보여줌으로써 '가장 어리석은 인간들만이 느끼는' 종교적 열의로 '영국의 체면'을 손상했다며 가차 없이 비난했다.[38] 비정상적 감정에 대한 이러한 사고방식은 타인을 공격하는 무기로 이용되기도 했다. 감정을 드러내는 어떠한 행동도 그 사람의 견해를 비이성적인 것으로 불신하게 만드는 데 이용될 수 있었다.

반면에 과도한 감정의 표출은 여성과 노동 계급의 속성이라고 규정함으로써 이들에 대한 사회적·정치적 억압을 정당화했다. 여성 참정권 반대 국가 연맹National League for Opposing Woman Suffrage의 대표인 커즌 경Lord Curzon은 여성에겐 '냉정함'과 '평정심' 부족하다며, 이것이 여성에게 참정권을 부여하지 말아야 하는 '15가지 타당한 이유' 중 하나라고 지적했다.[39] 1913년 미국의 에드워드 레이먼드 터너Edward Raymond Turner 교수는 "여성의 바로 그 기질과 남녀관계가 여성의 투표를 탐탁지 못한 것으로 만든다"고 경고했다.[40] 이성적인 엘리트들은 감정적으로 불안정한 사람들에게 투표권을 주는 것은 무책임한 일이라고 확신했다.

강렬한 감정이 '원초적'이라는 생각은 인종주의적 신념을 강화하는 데도 이용됐다. 소위 감정적 불안정을 이유로 여성들의 투표권을 거부했던 것처럼, 서구 과학자들은 합리적 통치자가 필요하다는 인식을 근거로 식민주의를 정당화했다. 진화심리학자 허버트 스펜서는 "열등한 유형의 인간들이 드러내는 갑작스러운 감정 분출은 지속 기간이 짧은 만큼 그 강도는 과도할 정도로 강력하다"고 말했다. 그는 남아프리카 토착민인 "부시맨 같은 일부 인종은 본성이 매우 격정적이어서 사회적 화합에 '부적당'하다"고 단언했다.[41] 감정적 상태에 대한 주장을 근거로 사람들을 불신하는 것은 억압을 정당화하는 데 이용되었다. 하지만 그러한 주장을 제기한 서구 과학자들조차도 자신이 논하고 있는 대상 지역에 실제로 한 번도 가본 적 없는 경우가 대부분이었다.

정상적인 기준을 정하려고 했던 다른 많은 시도처럼 이러한 유형의 사고방식은 순환적이었다. 1860년대에 아프리카 서부와 남부를 도는 장기 여행을 마친 여행 작가 윌리엄 윈우드 리드는 아프리카 대륙 남성이 서구 여성처럼 매끄러운 얼굴에 나긋나긋한 팔다리를 지녔다고 주장했다. 덧붙여 그는 "서구 여성이 멍청하고 새침하며 냉담한 구석이 있다면, 아프리카 남성은 명랑하고 호기심이 많으며 믿기지 않을 정도로 수다스러운 한편 겁이 많다"라고 경솔하게 일반화했다. 그는 아프리카 남성은 '눈치가 빠르고, 직관적이며, 신경질적일 정도로 상상력이 풍부하고, 사람을 빠르게 파악할 줄 아는 출중한 능력'을 갖췄다면서 "이는 문명화된 여성의 특징이라고 널리 알려진 것과 같은 특성이다"라고 말했다. 이러한 여성과의 감정적 유사성으로 인해 그들은 '집안일을 돌보는 뛰어난 하인'이 될 수 있었다.[42]

리드는 소위 백인과 흑인 남성 사이에 존재한다고 추정되는 감정적 차이를 이용해 식민지 위계질서를 정당화하기도 했다. 만약 흑인 남성이 여성이나 어린이와 유사한 존재라면, 이는 그들이 열등한 역할에 적합한 사람들이라는 것을 '입증'하는 셈이었다. '원초적' 감정 상태에 대한 이러한 식의 서사는 식민주의 체제를 구성하는 중요한 요소로서, 서구가 지배하는 권력 구조를 창출하고 정당화하는 데 일조했다.

정작 리드 자신은 서구적인 합리적 이상에 정확히 부합하는 사람은 아니었다. 앙골라에서 현지 해먹 운반자들이 해먹에 탄 그를 운반하던 도중 바위에 부딪히게 하자, 그는 '공손한 미소를 지으며 비굴하게 머리를 조아릴' 때까지 신체적 공격을 가했다.[43] 상한 달걀을 내왔다며 마을 촌장에게 달걀을 집어 던진 적도 있었다.[44] 그러는 내내 리드는 자기 자신을 다른 모든 인종을 비교할 때 기준으로 삼아야 하는 유럽 백인의 '표준'이라고 여겼다. 또한 그는 자신이 아프리카인들을 위해 엄청난 봉사를 하는 중이라고 생각하기도 했다. 어쨌거나 그는 자신의 저서에서 노예무역을 비난했으며, "피부색에 우월감을 느끼고 인종적 편견에 치우치는 경향이 다소 있기는 했지만, 앵글로 색슨인의 정신을 아프리카인에게 가르쳐야 겠다"는 결심을 피력했다.[45] 물론 이는 정치적으로 진보적인 관점을 가진 사람이라 하더라도 서구 규범에 뿌리박힌 편견으로부터 자유롭지 못했음을 보여줄 따름이다.

유럽의 인류학자와 심리학자 대부분은 다른 인종과 백인 유럽 남성을 비교할 때면, 거의 항상 그 차이를 비정상적인 것으로 해석함으로써 서로 비슷한 결론에 도달했다. 리드처럼 그들도 '정상적인' 남성적 감정에 대한 기대에서 시작했다. 즉 그들의 출발점은 유럽 중간 계급이 감정을 표출하는 방식에 기반하고 있었다.

찰스 다윈은 경험 없는 여행자들이 외국을 연구하는 데 도움이 되도록 쓴 안내서《인류학 연구를 위한 질문과 메모Notes and Queries on Anthropology》의 감정 부분에서, 자신이 서구에서 찾을 것으로 기대하는 것들을 설명하고 독자들에게 비교해 볼 것을 주문했다. "극단적인 감정을 표출하는 방식이 유럽인과 비슷한가?" 다윈은 마치 유럽인의 감정 표출 방식이 보편적이고 확실하다는 듯이 물었다.[46] 스펜서는 인종에 따라 "경험하는 감정의 유형도, 느끼는 감정의 총량도 다르다"라고 결론 내렸다.[47] 스펜서와 그 동시대인들은 여성이나 노동 계급처럼 흑인들도 충동적이고 지나치게 감정적이라고 생각했다. 의학 저널《랜싯The Lancet》은 성흔이 나타난 라토 같은 '반쯤은 병적 흥분 상태인 숭배자들'은 '자신의 일족과 함께 끔찍할 정도로 방종한 삶을 누리는 남태평양 야만인들과 다르지 않은' 것처럼 보인다고 지적했다.[48]

인종과 젠더, 충동적 감정을 결부 짓는 이러한 관점은 수 세기까지는 아니지만 적어도 수십 년간 인식되지 못한 채로 과학적 인종주의 안에 남아 있었다. 그리고 우리는 20세기 초반의 여성 참정권 운동women's suffrage movement부터 1960년대 흑인 민권 운동Black civil rights marches에 이르기까지 영국과 유럽, 북미에서 격렬한 정치적 폭발이 일어날 때마다 정부가 보여주는 반응 속에서 아직도 빅토리아 시대의 태도가 유산으로 남아 있음을 목격할 수 있다. 반대자들은 이러한 저항운동이 참가자들의 진정한 좌절감에서 비롯된 것이라기보다는 그들의 성과 인종이 감정적으로 폭발하기 쉬운 본성, 즉 위험하고 통제되지 않으며 비합리적인 분노를 표출하는 특성이 있기에 발생한다고 보았다. 예를 들어, 1912년 세균학자 암로스 라이트 경Sir Almroth Wright은 일간지 《타임스》에 분노에 찬 편지를 보내, 여성 참정권 운동이 '전투적 히스테리militant hysteria'의 발로라며 맹비난을 쏟아냈다.[49]

이러한 반응에 대해 에설 스마이스Ethel Smythe 박사는 "여성 참정권을 주장하는 여성들은 정부 각료들과 언론의 주요 기사에서 '마이나데스(maenades, 술의 신 디오니소스를 추종하는 여사제를 이르는 말로 술에 취해 횡설수설하는 미친 여자를 의미함_옮긴이 주)', '히스테릭에 걸린 어린 여자애들', '불쌍한 여자들' 등으로 취급되고 있다"고 한탄하면서 "나는 이처럼 밝고 단호하며 불굴의 의지를 가진, 그 누구보다 정상적이고 인간적인 여성들을 멋진 동료로 사귀어본 적이 없다"고 말했다.[50]

오늘날 '전투적 히스테리'는 사용 언어가 달라졌음에도 이따금 젊은이들을 겨냥한 비난조로 사용되곤 한다. 침착한 성격과는 거리가 먼 것으로 유명한 도널드 트럼프는 10대의 기후 변화 활동가인 그레타 툰베리를 향해 "그녀 자신의 분노 조절 장애 문제를 해결하는 데 좀 더 공을 들일 필

THE SHRIEKING SISTER.

The Sensible Woman. "*YOU* HELP OUR CAUSE? WHY, YOU'RE ITS WORST ENEMY!"

1906년 잡지 《펀치Punch》에 실린 버나드 패트리지Bernard Partridge의 풍자화. '감정적인' 여성 참정권 운동론자와 '분별 있는' 여성을 선명하게 대비시키고 있다.

요가 있다"는 유명한 말을 트위터에 남겼다. 그러자 툰베리는 이 미국의 전 대통령이 2020년 대선 패배에 불복해 싸우려 들자 똑같은 말로 응수했다. 트럼프는 툰베리의 나이와 젠더를 이용해서 자신이 듣고 싶지 않은 주장의 신뢰도를 떨어뜨리려 했다. 하지만 이는 트럼프뿐만이 아니었다. 영국의 우파 칼럼니스트인 피어스 모건도 툰베리를 '지나치게 감정적'이라고 말했다.[51]

2020년, 흑인의 생명도 소중하다Black Lives Matter 운동은 집회 도중 시위자들이 유럽 식민지 시대의 유산과 노예무역을 연상시키는 역사적 기념물들을 철거하려고 했을 때 비슷한 반응을 받았다. 비판자들은 젊고 '감정적인' 시위대가 이 역사적 조각상들의 평화적이고 합리적인 철거 수순을 순순히 받아들이지 않고 있다고 주장했다. 하지만 브리스틀 노예무역상이었던 에드워드 콜스턴의 조각상처럼 일부는 수십 년간 평화적인 철거 대상으로만 거론되어 왔을 뿐이었다. 시위대의 이 같은 행동들이 없었다면 콜스턴 조각상은 여전히 브리스틀 항구에 서 있지 않았을까? 여러분이 도널드 트럼프라면 모를까, 모든 권력이 여러분 손 안에 있다면 침착하고 '합리적'이기란 쉬운 일일 것이다. 이것이 바로 엘리트 집단이 감정 통제를 배제의 수단으로 사용하게 된 또 다른 이유다.

감정 측정 기계

19세기 내내 서구 세계는 측정할 수 없는 성질인 감정 억제에 점점 더 큰 가치를 부여해 왔다. 대부분의 규범이 그렇듯, 감정 억제 역시 열망하기에는 눈에 보이지 않는 이상이었다. 하지만 '정상적' 감정과 '비정상적' 감정이라는 개념들이 유럽과 북미의 형사 사법제도에서 양형 결과에 영향을 미치기 시작하면서 서구 사회는 유별날 정도로 범죄의 동기와 뉘우침에 집착하는 모습을 보이고 있다.

서구의 판사들은 피고가 얼마나 뉘우치고 있느냐에 따라 관대한 처분을 내리기도 한다. 다른 문화에서는 피고가 실제로 무엇을 '했느냐'가 중요하지, 범죄 행동의 이전이나 이후의 생각과 감정은 고려의 대상이 아니다. 예컨대 마을 상수도에 독을 타는 행위는 의도적이건 우발적인 실수건 간에 똑같이 중범죄로 취급된다.[52] 범죄와 감정적 반응에 대한 서구의 관심에서 비롯된 '거짓말 탐지기'의 출현으로 인해 감정은 측정될 수 있고 그래프로 나타낼 수 있는 어떤 것으로 전환하게 되었다.

어느 심리학 교수의 명석하지만 성미 급한 젊은 조교 루서 트랜트Luther Trant가 그러한 감정 측정 기술의 초기 제안자이기도 했다. 동료 한 명이 급작스레 사망하자 트랜트는 탐정 역할에 몰두하더니 실험심리학계의 셜록 홈스가 됐다. 선임 교수의 명성이라는 그늘에서 벗어나기로 작정이라도 한 듯 트랜트는 용의자들을 대상으로 다양한 심리 실험을 실시했다. 실제 살인범을 찾는 데 성공한 트랜트는 '과학적 심리학을 다시 시도'해봐야겠다 결심하고 휴가를 냈다. 그 후 트랜트는 20세기 초반, 시카고의 바람 부는 거리를 누비며 살인자들을 잇달아 붙잡았다.[53]

트랜트의 성공 비결은 감정을 측정한 데 있었다. 이 탐정 심리학자는, 누구든 감정을 경험하는 순간 신체에 흐르는 약한 전류 저항에 변화가 생기며 이는 '의심의 여지 없이' 확실한 사실이라고 주장했다.[54] 트랜트는 '소울 머신soul machine'을 비롯한 다양한 장치들을 활용해 감정을 기록했다. 그는 이 기계를 '불안과 공포, 죄책감 같은 인간의 감정을 감지하고 기록할 수 있는, 가장 섬세하고 효율적인 기구'라고 칭했다.[55]

트랜트는 실존 탐정이 아니었다. 그는 시카고에서 활약했던 두 언론인, 에드윈 발머Edwin Balmer와 발머의 처형 윌리엄 맥하그William McHarg가 창조해 낸 추리 소설 속 가상 인물이다. 그렇지만 트랜트가 정상적 감정 수준을 측정하기 위해 활용한 방식은 (소울 머신 자체는 아니라 하더라도) 20세기 감정 연구의 주된 특징 중 하나였다.

감정을 계량화하기란 쉬운 일이 아니었다. 트랜트가 등장하기 50년 전인 1858년에 케틀레의 통계학 연구 서적을 읽고 영감을 받은 공리주의 경제학자 윌리엄 스탠리 제번스는 여동생에게 편지를 보내 사회 연구에 수학을 활용하고 싶다고 했다.[56] 그러나 그는 감정이란 문제와 부딪치며 쩔쩔매게 되었다. 제번스는 공리주의 철학이 인간 행동의 두 가지 주된 동인이라고 보았던 '쾌락과 고통의 단위'를 '상상하기가 어렵다'는 것을 인정하지 않을 수 없었다. 이 때문에 그는 "우리 인간이 우리의 마음속 감정을 직접 측정할 수 있는 수단을 갖게 될 것이라고 말하는 것조차 주저하게 되었다."[57] 대신에 제번스는 행동으로 감정을 측정하자고 제안했다.

1881년, 또 다른 통계학자 프랜시스 에지워스는 '쾌락 측정기hedonimeter' 개발을 구상함으로써 한 발짝 더 나아갔다. 이 정신 물리학 기계는 '개인이 경험하는 쾌락의 높낮이'를 연속적으로 기록하게 될 것이라며, 에지워스는 쾌락 측정기에 대해 다음과 같이 시적으로 묘사했다. "우리는 쾌락 측정기의 민감한 눈금이 바야흐로 열정의 두근거림에 따라 요동치는 광경을 관찰하게 될 것이다. 두뇌 활동이 이뤄지는 지금, 눈금은 안정적인 상태를 유지한다. 하지만 대부분의 시간 동안 제로 부근에 낮게 침잠해 있던 눈금은 어느 시점이 되면 순식간에 무한대를 향해 뛰어오를 것이다."[58]

트랜스의 소울 머신처럼 에지워스의 쾌락 측정기 역시 결코 실제로 존재한 적은 없다. 하지만 에지워스의 묘사는 빅토리아 시대의 과학자들이 열정이나 감정을 어떤 식으로 이해했는지를 부분적으로나마 보여준다. 그들에게 열정이나 감정은, 지성과 대립하지만 지성에 의해 통제될 수 있는 것으로, 끊임없이 요동치지만 때때로 극단적인 경우를 제외하면 대개는 좀처럼 존재하지 않는 것이었다.

쾌락 측정기가 존재하지 않았기에 빅토리아 시대의 사람들은 행동과 표정으로 감정을 측정했다. 이를테면 다윈의 지적처럼 얼굴을 붉히는 행동blushing은 '우리 인간만이 지을 수 있는 가장 독특하고 가장 인간적인 표정'이다.[59] 범죄자들은 얼굴을 붉히지 않으며, 그것이야말로 그들이 비정상적인 상태라는 증거라고 생각됐다. 이탈리아 범죄학의 아버지 체사레 롬브로소는 59명의 젊은 남성 범죄자를 조사한 결과, 거의 절반이 '질책이나 그들의 범죄 행위를 일깨우는 말, 또는 빤히 응시하는 시선 등에 정상적인 개인들과는 달리 얼굴을 붉히는 반응'을 보이지 않았다고 밝혔다. 여성 범죄자의 경우는 롬브로소 표본의 81퍼센트가 질책을 당했을 때 얼굴을 붉히지 않았지만 생리 불순 여부에 대한 질문에는 이들도 얼굴을 붉혔다.[60] 롬브로소에게 이러한 결과는, 뉘우치지 않는 범죄자에게는 섬세한 감정이 결여돼 있음을 입증하는 것으로 여겨졌다.

20세기에 가상의 쾌락 측정기는 유럽에서 트랜트의 미국으로 그 아이디어가 전파되면서 '현실 속의 감정 그래프emotiograph'가 되었다. 20세기로의 전환기에 다양한 의료 진단용 기계들이 개발되었다. 1906년 영국의 심장외과 전문의 제임스 메켄지James Mackenzie 박사가 불규칙한 심장 박동을 탐지하기 위해 개발한 기계가 대표적이다. 하지만 머지않아 이들 기계로 생리적인 변화뿐만 아니라 감정적인 변화도 측정할 수 있다는 주장이 제기되었다.

윌리엄 몰턴 마스턴은 오늘날 범죄 수사에 사용되는 폴리그래프(polygraph, 여러 가지 생리현상을 한 번에 측정할 수 있는 다원 생체 기록기_옮긴이 주)의 원조인 '거짓말 탐지기' 발명에 참여한 여러 심리학자 중 하나였다. 마스턴은 폴리그래프로 피부의 전기 전도도electrical conductance뿐만 아니라 호흡과 혈압도 측정했다. 이 다양한 생리적 과정에서 관찰되는 변화는 감정의 고조와 관련 있다고 추정됐다. 트랜트와 마스턴을 비롯한 당대의 심리학자들에게 감정은 느닷없이 유죄를 입증할 수 있는 증거가 되어버렸다. 물론 이러한 인식이 롬브로소의 냉담한 범죄자들이 보여줬던 감정의 '결여'와 정반대였다는 것은 두말할 필요도 없었다.

이러한 인식의 변화가 설명되지 않았음에도 폴리그래프는 1935년까지 미국 사법 체계에서 널리 이용되었다. 그러나 폴리그래프가 감정을 재는 것이 확실한지, 어떤 수준의 감정이 유죄 또는 정상이나 비정상과 관련되는지를 아무도 증명한 적이 없었다. 이처럼 모든 게 불확실한 상황에서 용어에도 변화가 생겼다.

1930년대에 이르러 '거짓말 탐지기'는 현재 널리 알려진 것처럼 감정보다는 사실 여부를 측정하는 기계라고 주장되었다. 이미 유죄 판결을 받은 범죄자들이 거짓말 탐지기 테스트를 성공적으로 통과함으로써 그들의 유죄 선고를 뒤집어엎을 수도 있었지만, 어쨌든 테스트받기를 거부한다는 것은 용의자의 유죄를 암시했다.[61] 1935년 위스콘신의 한 선술집에 도둑이 들었을 때, 블러드하운드 추적견들은 한 용의자의 소재를 재빨리

1922년 살인 혐의로 기소된 제임스 프라이James Frye가 제기한 항소심에서 폴리그래프를 사용하는 윌리엄 몰턴 마스턴(우측 의자에 앉아 있음)의 모습. 프라이의 항소는 기각되었다.

찾아냈다. 하지만 이 용의자는 폴리그래프의 테스트를 통과했고, 그럼으로써 결백이 증명된 것으로 여겨졌다. 졸지에 추적견들이 '진짜' 거짓말쟁이가 됐으며 그렇게 용의자는 풀려났다.[62]

감정을 정의하고 측정하는 이 소위 과학적인 방법들의 매력은, 이것들이 보편적인 것처럼 보인다는 데 있었다. 하지만 폴리그래프는 '정상적인' 감정 반응이라는 기존 관념에 의거했다. 테스트의 기준은 한 개인이 보여주는 구체적인 생리적 반응이었는데, 이 반응을 해석하기 위해서는 많은 가정이 필요했다. 생리적 반응이 강렬한 감정과 연관 있다거나, 이러한 반응 수준의 변화가 누군가의 거짓말이나 유죄 사실을 의미한다와 같은. 미국과 요르단 학생들을 대상으로 한 연구에서 밝혀졌듯이, 일상생활에서 누가 거짓말을 하고 있는지 아닌지를 판단할 때조차 우리는 그저 문화적 차이에 불과한 반응을 '비정상적인' 행동으로 해석하는 것일 수도 있다.[63] 흔하지는 않지만, 이따금 문화 특수적인 '거짓말 탐지기'가 만들어지기도 했다고 하나, 감정과 반응의 이처럼 복잡한 관계를 설명하거나 문화와 성장 과정에 따른 차이를 탐구하는 데는 거의 관심을 기울이지 않았던 것도 사실이다.[64]

폴리그래프 자체가 측정 대상자의 불안을 조장할 수도 있다. 2018년 크리스틴 블레이시 포드Christine Blasey Ford는 대법관 지명자인 브렛 캐버노Brett Kavanaugh가 자신을 성폭행했다는 주장을 뒷받침하기 위해서 폴리그래프 테스트를 받는 것에 동의했다. 테스트를 마치고 포드는 측정 자체가 '극도의 스트레스'였다며 테스트 도중 울었다고 회고했다. 그때까지만 해도 폴리그래프의 측정치는 해석하고 싶은 대로 해석하는 것이 가능했다. 포드의 지지자들은 테스트의 결과로 포드의 신뢰성이 입증됐다고 주장했다. 반면에 포드를 비방한 사람들은 심리학 교수인 포드가 폴리그래프를 '우회'하는 방법을 알고 있었다고 주장했다.

감정 측정 문제는 여전히 극도로 논쟁적인 사안이다. 테스트들은 우리가 이미 알고 있다고 생각하는 것만 증명할 수도 있다. 그렇다면 이는 위험한 상황으로, 우리가 알고 있다고 생각하는 것들이야말로 문화적 기대에 기반할 뿐만 아니라 테스트 자체에 내재하는 가정들의 영향을 받고 있기 때문이다. 정확히 무엇을 측정하는 것인가. 이 문제를 둘러싸고 제기되는 무수한 질문에도 불구하고, 폴리그래프는 오늘날 비정상적인 감정을 측정하는 방법 중 가장 널리 알려져 있으며, 매년 수천 명의 미국인이 테스트를 받고 있다.[65]

폴리그래프는 감정 과잉이 죄의식과 관련 있다고 가정한다. 하지만 감정의 부재 역시 범죄 수사의 역사에서 중요하게 다뤄졌다.

1879년 어느 날, 서른여섯 살의 가칭 윌리엄은 캐나다 온타리오주 킹스턴 감옥에서 풀려난 후에 집으로 걸어가고 있었다. 아버지의 집까지 얼마 남지 않은 곳에서 이 전과자는 벌판에서 풀을 뜯는 한 마리 말을 발견했다. 철책을 넘어 목초지로 들어선 윌리엄은 말을 난도질한 후 잔인하게 토막을 냈다. 목격자들은 윌리엄의 기이한 행동을 설명하느라 고역을 치렀다. 윌리엄은 10년 복역 후 석방된 지 하루도 안 돼서 다시 법정으로 끌려갔다.

윌리엄은 영국 웨일스의 스완지에서 태어났는데, 열 살 되던 해에 가족이 캐나다로 이주했다. 윌리엄의 계모에 따르면 어린 시절의 윌리엄은 늘 음침한 분위기를 풍겼으며 "좀처럼 말이 없고, 태연하게 굴며, 교활하고 믿을 수 없었다." 게다가 동물들을 고문하고 어린 동생들을 학대하는 버릇이 있었다. 이웃집 말들도 결코 안전하지 못했다. 여러 마리의 말 목에서 길게 베인 상처가 자주 발견되곤 했다. 1869년, 젊은 윌리엄은 열 살 소녀를 성추행한 죄로 종신형을 선고받았다. 하지만 불가사의하게도 사면 석방됐고, 풀려난 날 집으로 가는 길에 또 말을 토막 내고 말았다.

영문을 알 수 없는 윌리엄의 행동에 법원은 그가 제정신이 아니라고 판단했다. 그는 무죄 판결을 받고 킹스턴 정신병원으로 이송됐다. 그로부터 5년이 지난 1884년에 대니얼 핵 튜크가 온타리오를 방문했다. 윌리엄은 여전히 정신병원에 수용되어 있었고, 그에게 호기심을 느낀 튜크는 하루 동안 그의 사례 보고서를 조사한 다음, 관련한 모든 사항을 영국의 한 정신의학 저널에 게재했다. 튜크가 보기에 윌리엄은 '도덕적 심신장애 moral insanity'의 전형적 사례이자, 특이하게도 강박적으로 피를 갈망하는 마니아 상기니스(mania sanguinis, 상기니스는 라틴어로 피를 뜻함_옮긴이 주)라는 점에서 차별성이 있었다.[66]

도덕적 심신장애는 정신과 의사이자 인류학자였던 제임스 콜스 프리처드 James Cowles Prichard가 1835년에 처음 사용한 진단명이다. 프리처드는 어떤 분명한 지능상의 장애나 뚜렷한 이유 없이 관습의 경계를 벗어난 행동을 일삼는 사람을 설명하기 위해 이 말을 사용했다. 하지만 이때의 도덕이란 심리적이고 감정적인 의미로, 우리가 오늘날 도덕이라는 말에 부여하는 윤리적인 함의를 꼭 지니고 있었던 건 아니었다. 도덕적 심신장애인 사람은 도덕 감정이 약하고 사회적 정서를 느끼지 못한다. 그렇다고 이들이 아무런 감정도 못 느낀다는 뜻은 아니었다. 실제로 사회적 정서의 결핍은 충동적인 감정 폭발을 야기할 수 있었다.

결국 빅토리아 시대의 사람들이 감정 결핍이라는 말로 일반적으로 가리키고 싶었던 것은 '특정 유형의' 감정이 부재한 상태였다. 누군가가 사회적 관례에 반하는 행동을 한다면, 그 또는 그녀는 아마도 문명화되지 못한 사람임에 틀림없을 것이다. 튜크는 윌리엄이 "과거의 미개한 인간 유형에 속하며 우연히 잘못된 세기에 태어난 존재"라고 결론지었다. 빅토리아 시대의 과학적 사고방식이 대부분 그랬듯이, 이러한 주장 역시 인종차별적 가정들에 의해 뒷받침되었다. 튜크는 윌리엄이 "미개한 시대나 현재 아프리카 어디쯤에서만 태어났더라도 피를 갈망하는 그의 성향을 충분히 만족시키며 자신을 둘러싼 환경과 조화를 이루며 살 수 있었을 것이다. 하지만 지금 같은 문명사회에서는 절대 일원으로 받아들여질 수 없다"고 말했다.[67] 당시의 과학자들은 감정의 정점에는 동정과 이타심이 자리하며, 서구의 백인 남성이야말로 이러한 속성을 다른 누구보다 많이 가진 사람들이라고 자신들 편할 대로 생각했다.

튜크는 정신병질(psychopathy, 이상 성격장애나 사이코패스로도 불리는 비정상적인 성격을 뜻함_옮긴이 주)이 정골요법(osteopathy, 근육 조직과 뼈를 물리적으로 제자리에 넣는 대체의학 치료법_옮긴이 주)이나 동종요법(homeopathy, 다른 질병과 비슷한 증상을 유발시켜 치료하는 방법_옮긴이 주)과 같은 치료법의 일종이라고 생각했기에 사이코패스라는 말은 사용하지 않았을 것이다.[68] 하지만 오늘날의 우리는 윌리엄의 납득 불가능할 정도의 사악한 행동을 설명하는 데는 정신병질이라는 말이 제격이라고 여길지 모른다. 때로는 조용하고 유능한 면도 있었지만, 그는 전혀 신뢰할 수 없는 사람이었으며 그가 "누군가에게 애정을 품어본 적이 있을지조차 매우 의심스러웠다."[69]

그렇다면 질투심에 사로잡힌 젊은 여자나 말썽을 일삼는 다섯 살짜리 두 아이들 역시 도덕적 심신장애라고 볼 수 있을까? 혹은 지루한 나머지 자신이 평소 알고 지내는 젊은 남성에게 이따금 잘 그리지도 못한 관 그림이나 이상야릇하고 은근한 협박성 편지를 보냈던 귀부인 M은? 혹은 기차에 무임승차하기를 즐겼던 토목 기사이자 발명 천재 C는?[70] 이들 모두 도덕적 심신장애 진단을 받았다. 현재의 우리는 이들을 사이코패스라고 생각할까?

사이코패스란 말은 20세기가 되어서야 과학적으로 사용되기 시작했으며, 그때는 지금과 매우 다른 의미를 지녔다. 영국의 의사 앨버트 윌슨

Albert Wilson은 사이코패스를 범죄자의 한 유형으로 분석한 초기 학자 중 한 명으로 1910년 '사이코패스 또는 퇴화한 인간'에 대한 과학 논문을 발표했다. 다른 저자들이 범죄 심리학을 탐구할 때 윌슨은 '미완의 인간'이라는 특수한 종류에 주목했다.

윌슨의 사이코패스는 셜록 홈스 시리즈의 모리아티 교수나 DC 코믹스에 등장하는 악역 렉스 루터와는 달랐다. 지능적인 '전문 범죄자'는 윌슨의 소관 밖이었다.[71] 사이코패스는 '정상인으로 분류될 수 없는 사람들로 그 규모가 방대'하며 '우리 모두가 그 속에 포함되기를 바라는 보통의 평균적이고 관대한 지성과 도덕성'에 한참 못 미쳤다.[72] 윌슨은 이들의 '두뇌 구조'가 미완성 상태이기 때문에 이들이 정상인처럼 되리라고 기대하기란 불가능하다고 주장했다. 윌슨의 생각에 이들은 '뇌 손상을 입은 채로 태어난 백치 또는 저능아'와는 달랐다. 이들은 '왕립위원회와 의사회가 정신 박약자로 명명한 집단과 동류인' 새로운 범주에 속했다.[73]

3년 뒤인 1913년에 제정된 정신지체법Mental Deficiency Act은 이 새로운 범주의 '정신 박약자들'을 법에 등재해 학습 장애자, 미혼모, 경범죄자, 빈민을 비롯해 사회적으로 바람직하지 않다고 간주된 다른 사람들과 함께 이들의 생활에 규제를 가했다. 이들이 바로 공식적인 최초의 '사이코패스들'이었다. 인종차별주의는 정신 박약자들을 정의하는 데 있어서 또다시 중요한 역할을 했다. 윌슨은 '두뇌 연구'를 근거로 자신이 사이코패스라 명명한 사람들을 '흑인종과 원시 인종의 복귀'라고 결론 내렸다.[74] 생물학자 스티븐 제이 굴드가 말했듯이 이러한 두뇌 연구는 당연하게도 서구의 백인 과학자들에 의해 진행되어 왔으며, 이들은 백인 남성이 가장 큰 뇌를 가졌고, 따라서 가장 우수한 두뇌의 소유자라는 자신들의 가정을 입증

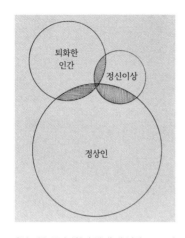

월슨의 논문 〈미완의 인간〉에 실린 도표. 사람들을 명확하게 구분되지 않는 '세 개의 범주'로 보여주려 했다. 도표를 보면, '정상인' 가운데 낮은 점수를 받은 소수의 사람은 '경계선상에 위치'한다.

하기 위해 종종 데이터에 조작을 가하는 일도 서슴지 않았다.[75]

빅토리아 시대의 도덕적 심신장애자와 에드워드 시대(1901년부터 1910년까지 에드워드 7세의 치세 기간을 말함_옮긴이 주)의 사이코패스라는 범주 간에는 분명한 차이가 존재하지만 공통점도 두 가지 있었다. 이들 모두 '인종적 퇴화'의 증거로 여겨졌을 뿐만 아니라, 이 두 용어 모두 관습을 비웃는 사람들에게까지 폭넓게 적용됐다. 이들은 오늘날 우리가 사용하는 의미의 '사이코패스'처럼 무자비하고 무감각한 개인이 아니었다. 요즘은 사이코패스라는 말을 들으면 연쇄 살인범이나 독재자를 떠올리기 십상이다. 하지만 대략 1940년까지만 해도 사이코패스는 여러 가지 다양한 의미를 내포하고 있었다. 폭력적이거나 범죄적인 행동 성향을 묘사할 때 사용되기도 했고, 학습 장애와 동의어로 쓰이기도 했다. 정신병처럼 특수한 심리 상태를 가리킬 때도 있었다. 역사가 수산나 섀플랜드Susanna Shapland는 사이코패스란 말이 정신적으로 '정상적'이지 않다고 여겨진 사람들을 싸잡아 부른 '쓰레기통' 같은 용어였다고 지적한다.[76]

제2차 세계대전 이후에 사이코패스는 개념적으로 보다 분명하게 정의되었다. 하지만 놀랍게도 사이코패스를 알아보기란 더 어려운 일이 되었다. 영국 보건성이 공격성에 대한 이해를 높이기 위해서 1960년에 제작한 영화에서 사이코패스 환자로 등장하는 앤드루 루이스Andrew Lewis를 예로 들어보자.

앤드루는 까다로운 환자였지만, 자신이 하고 싶은 대로 교묘하게 일을 처리하는 데 능숙한 사람이었다. "앤드루에게 있어서 자신의 매력은 일종의 영업자산으로, 필요하다 싶으면 십분 활용할 줄 알았다." 앤드루가 병원 크리켓 경기에서 한 여성 간호사와 시시덕거리자 그의 담당 간호사는 불평을 한다. 영화에는 이따금 폭력을 행사하는 지저분하고 혼미한 상태의 여성 환자도 등장하는데, 간호사들은 그녀가 끔찍한 환각에 시달리니 그럴 만도 하다고 생각한다. 반면에 앤드루는 젊고 잘생겼으며 옷매무새도 늘 훌륭하다. '정상적'이란 말보다 그에게 더 적당한 말은 없는 듯 보인다.[77]

영화는 앤드루가 아기였을 때조차 사랑받지 못하고 필요로 한 사람도 없었음을 보여준다. 다섯 살 무렵 "아무도 사랑해 주지 않는 이 작은 소년의 마음속에서 사랑할 줄 아는 능력은 질식당한 지 오래였다."

앤드루라는 인물은 제2차 세계대전 이후 영국 대중이 건강을 바라보던 사회적 인식과, 사익보다 사회적 지원을 우선시하는 새로운 복지국가의 등장을 반영한다. 정상적인 감정을 보여주려고 애쓰는 이들은 동정과 도움의 대상이었지, 비난의 대상이 아니었다. 정신과 의사 데이비드 헨더슨David Henderson은 사이코패스가 "긴급하게 도움이 필요한 사회 부적응자이자 고군분투하는 인간의 부류"라고 말했다.[78] 헨더슨은 사이코패스가 감정적으로 무딘 이유를 설명하면서 아동기 때 겪은 부정적 경험의 충격을 강조했다. 하지만 그의 연구도 인종차별적인 진화 구조에 근거하고 있었다. 그는 사이코패스가 '원시적 미개인' 감정 수준에 머물러 있다고

말했다. 이처럼 1939년까지도 빅토리아 시대의 수사적 표현은 여전히 강력하게 유지되고 있었다.[79]

미국 정신병 분야의 선구자인 허비 클레클리Hervey Cleckley는 사이코패스에 대해 한층 더 비판적이었다. 그는 부모나 사회를 비난하는 것은 잘못된 행동을 하는 사람들에게 책임을 회피하는 수단을 제공할 뿐이라고 생각했다. 사이코패스는 믿기 어려울 정도로 널리 퍼져 있었는데, 사이코패스 감별사이기도 했던 클레클리는 1941년까지 병원과 외래 진료실, 상담실 등에서 사이코패스들을 찾아내 왔다. 그리고 그렇게 수집한 사이코패스들의 특징을 솜씨 좋게 하나의 목록으로 만들어 우리가 주변의 사이코패스들을 알아차릴 수 있도록 했다. 클레클리가 만든 16가지 사이코패스 특징 목록은 이후 사이코패스를 판별하는 기준을 만들어내는 데 큰 영향을 미쳤다.

클레클리는 사이코패스가 겉으로 보기에는 매력적이고 지적이지만, 믿을 수 없고 위선적이며 '마음 깊은 곳에서 짙게 우러나오는 노여움, 일관되거나 진정한 분노, 정직함, 깊은 슬픔, 한결같은 자신감, 강렬한 기쁨, 거짓 없는 절망'이 전혀 존재하지 않는 '감정적 빈곤' 상태라고 공언했다.[80] 그들도 기쁨과 분노, 절망 등을 느끼지만 '정상적인' 사람들처럼 성숙하거나 진실되며 지속적인 방식으로 경험하는 것은 아니었다. 이는 결국 사이코패스를 알아차리는 데 있어서 클레클리보다 훨씬 미숙할 수밖에 없는 사람들에게는 분별하기가 거의 불가능한 특징들처럼 보인다.

라이오넬 슈라이버의 소설《케빈에 대하여》(2003) 속 주인공처럼 오늘날 보통 사람들의 마음속에는 사이코패스라고 하면 극악한 범죄가 떠오르며, 대개는 치료가 불가능한 것으로 여겨진다. 문학과 영화에 등장하는 사이코패스들은 거의 하나같이 연쇄 살인범들이다. 하지만 로버트 헤어 Robert Hare 같은 몇몇 심리학자는 이 '감정 없는 안드로이드'가 사실은 우리 주변에 늘 존재한다고 주장한다.[81] 어쨌든 헤어가 계산한 숫자가 맞다면, 북미에서만 200만~300만에 달하는 사이코패스가 산다. 많은 사람이 그들이 사이코패스라는 사실조차 인식하지 못한다.

신경과학자 제임스 팰런은 태어나서 쉰여덟 살이 될 때까지 자신을 '평범한 남자'라고 생각했다. 그러다 우연히도 사이코패스들의 두뇌 스캔 사진을 조사하던 중, 비교를 위해 촬영한 자신의 두뇌 스캔 사진이 그들의 것과 매우 비슷하다는 걸 발견하고는 깜짝 놀랐다. 이로 인해 팰런의 인생철학과 신경과학 지식이 모조리 뒤집혀 버렸다. 과거의 그는 그러한 스캔 사진이 인간의 본성을 이해하는 손쉬운 방법이며, 두뇌와 생물학에 대한 이해를 통해 우리가 누구인지를 80퍼센트 이상 설명할 수 있다고 믿어 의심치 않았다. 하지만 2005년의 그날, 팰런은 '우리가 어떤 사람인지는 날 때부터 이미 결정되어 있다는, 그 자신이 평생 신봉해 온 이론이 틀렸음을 보여주는 산 증거'가 되었다.[82]

그런데 팰런의 발견은 '사이코패스'라는 범주가 우리가 요구하는 것보다 여전히 덜 분명하고 측정하기도 쉽지 않다는 것을 시사한다. 두뇌 스캔만으로 누군가를 정말로 사이코패스라고 '증명'할 수 있을까? 만약 그들이 어떠한 범죄도 저지르지 않는다면, 그래도 그들을 사이코패스라고 할 수 있는가? 로버트 헤어가 주장하듯 차갑고 무감각한 괴물들이 정말로 우리의 비즈니스와 은행, 정부를 움직이고 있는 걸까? 이런 식으로 말하면 모든 것이 음모론처럼 들리기 시작한다. 마치 사이코패스 시체 도둑들의 대규모 침공이 임박한 것 같다.

사이코패스에 대해 많이 들으면 들을수록 주변에서 그들을 더 많이 목격하게 마련이다. 바로 그것이《사이코패스 테스트The Psychopath Test》를 집필하는 동안 존 론슨Jon Ronson에게 일어났던 일이다.[83] 아니, 어쩌면 그 반대일지도 모른다. 만약 누군가가 뭔가 끔찍한 일을 저질렀다는 말을 듣는다면 우리는 그의 행동과 표정에서 그 일을 설명해 줄 만한 실마리를 찾게 된다.

그들도 우리와 똑같이 느낄까? 아니면 헤어가 묘사했듯 안드로이드와 같은 존재라서 '진짜 인간'이 경험하는 것을 이해할 수 없는 걸까? 공상과학 작품들 덕에 인간과 안드로이드와의 비교는 대중적이 되었다. 1987년 〈스타트렉: 넥스트 제너레이션〉에서부터 등장하는 데이터 소령이 그 후 15년 동안 인간이 경험하는 감정을 조사하고 고려했던 것을 떠올려 보라. 필립 K. 딕의 1968년 작《안드로이드는 전기양의 꿈을 꾸는가?》에는 공감 능력 테스트를 이용해 비인간 복제품들을 구별해 내는 장면이 등장한다. 그러나 이 소설 속에는 자신의 감정을 조작하는 인간들도 나온다. 이들은 논쟁에서 이기는 데 필요한 엄청난 분노부터 '6시간짜리 자책성 우울감' 예약에 이르기까지 '기분 조절 기관'을 통해 어떤 감정이든 경험할 수 있도록 자신을 프로그래밍할 수 있다.[84] 누가 더 진짜에 가까운지 말할 수 있겠는가? 설계된 복제 인간인가, 아니면 프로그램된 인간인가?

헤어로서는 정말 성가시겠지만, 어쨌든 우리가 감정 결핍을 특정한 행동이나 범죄와 연관 지을 수 있는 가능성이 더 커진 것 같다. 이는 어쩌면 우리에게 더 큰 안전감을 주기 때문일 수도 있다. 만약 우리가 시체처럼 차가운 눈동자만으로 살인자를 알아볼 수 있다면, 사이코패스를 판별하기 위한 값비싼 로버트 헤어 코스^{Bob Hare course}가 대체 왜 필요할까? 하지만 우리는 얼마나 자주 우리의 가정대로 판단하는가? 2012년 덴버 교외의 한 극장에서 과거 신경과학 전공생이었던 제임스 홈스^{James Holms}가 〈배트맨: 다크 나이트 라이즈〉 상영 도중 총기를 난사해 12명을 살해하는 사건이 발생했다. 홈스의 심리 과정 영상이 TV에 공개되자 내 친구 중 한 명은 홈스의 표정이 차갑고 감정이 없어 보인다고 평했다. 친구에게는 홈스가 사이코패스 살인자처럼 보였다. 하지만 내가 보기에 그는 그저 약에 심하게 취한 것 같았다.

이는 감정을 드러내는 게 항상 쉬운 일은 아니라는 걸 우리에게 상기시켜 준다. 한번은 동료 한 명이 조현병 진단을 받은 자기 형제의 경험담을 내게 말해준 적이 있다. 동료가 말하길, 그는 약을 복용하는 중에는 대체로 상태가 괜찮았다고 한다. 하지만 감각이 없어지고 아무런 감정도 느낄 수 없다며 자주 불평했다고 한다. 그들의 어머니가 돌아가셨을 때, 그는 일주일 동안 항정신병약물^{anti-psychotics}을 끊었다. 어머니의 장례식에 갔는데 눈물이 나오지 않으면 부적절할 것 같다면서. 동료는 이에 대해 가타부타 따지지 않았다고 했다.

우리는 타인의 감정을 읽을 때, 문화적 차이와 개인적 특성뿐만 아니라 상황의 맥락에 대한 이해, 때로는 약물이나 술이 일으키는 혼동까지 다양한 요인들을 고려한다. 그러다 보면 성급한 판단을 내릴 수도 있고, 감정적 실마리를 찾아내려고 고군분투할 수도 있다. 이러한 노력을 기울이는 일이 일부 신경 발달상의 장애가 있는 사람에게는 더 힘들지도 모른다. 하지만 한 번도 다른 누군가의 감정을 오해해 본 적이 없다고 생각하는 사람이 있다면, 나는 그게 더 놀라울 것 같다. 오해가 다른 사람에 대한 기

대로 인해 빚어지든, 옳고 그름 혹은 정상과 비정상에 대한 우리의 가정
으로 인해 빚어지든 간에 감정의 복잡한 불확실성은 대체로 우리가 인간
임을 느끼게 해주는 중요한 요소다.

감정과 함께 살아가기

서른 살 생일을 맞기 직전에 나는 한 유서 깊은 가옥 박물관에서 일하
게 되었다. 나는 내 새로운 역할에 흥분했다. 조지 왕조 시대에 지어진 이
타운 하우스의 정문 열쇠를 내가 가지고 있었기에 나는 출근할 때마다 그
집에 사는 사람이라도 되는 양 문을 열고 들어갔고, 그게 참 좋았다. 나는
경사진 계단도, 윤이 나게 닦은 나무 향을 가득 품은 어두운 방들도 좋았
다. 언젠가 회사 행사에 박물관을 빌리고 싶다는 중년의 미국 여성에게
집을 보여줄 때였다. 나는 신이 나서 그녀에게 집의 역사를 들려주었으
며, 그녀를 끌고 이 방 저 방을 다니며 내가 그 집과 그 집의 역사를 얼마
나 사랑하는지를 알려주려 했다. 우리가 꼭대기 층에 다다르자 나는 숨을
고르느라 잠시 멈췄다. 그때 그녀는 엄한 표정을 지으며 나를 쳐다보더니
"당신 지나치게 열성적이군요"라고 낮은 목소리로 말했다.

이 낯선 사람이 내 열정과 관련해 어떤 점이 그렇게 지나치다고 생각
했는지는 정확히 듣지 못했다. 하지만 오늘날 우리 대부분은 격앙된 감정
을 마주하면 어떤 미심쩍은 생각부터 들곤 한다. 아마도 낯선 사람이 그
런다면 특히 더 그럴 것이다.

폴란드에서는 낯선 이에게 미소를 짓는 행동이 비정상적인 것으로 여

겨진다. 나는 그 사실을 크라쿠프에 갔을 때 무뚝뚝해 보이는 가게 종업 원들에게 습관적으로 미소를 짓다가 당황해하는 그들의 모습을 보고 어렵사리 알게 되었다. 감정은 주의 깊게 방어되어야 하는 것으로 선택받은 소수에게만 허락된다. 그래서 때때로 영국인들은 무심코 내뱉는 "좋은 하루 보내세요!"란 흔해 빠진 말이 너무 가식적이진 않은지 염려하기도 한다. 최근 감정적으로 정직한 것이나 우리 자신에게 솔직해지는 것을 중시하는 분위기가 생겨나고 있긴 하지만, 영국인은 '굳게 다문 입술'이라는 역사적인 감정적 유산과 여전히 함께 살아가는 중이다.

그래서 지금 우리는 어떤 상태에 처해 있는 것일까? 정상적인 사람들의 감정이란 어떤 것일까? 우리는 모든 부정적인 감정을 거부하고 사랑과 이해를 받아들여 미래의 '원더우먼'이 되어야만 할까? 아니면 프로이트와 그의 학파가 믿었듯이 억눌린 슬픔과 분노는 그 자체로 위험한 것일까?

최근 들어 심리학자 대니얼 골먼이 1995년에 전파한 '감정 지능'이 주목받고 있다. 흔히 EQ로 알려진 이 이론에서 감정은 개인에 의해 규제되고 발산되는 내적 욕망이라기보다는 타인과의 관계를 위한 '능력'이라는 측면에서 이해된다. 하지만 소설이나 TV, 영화에서는 이 복잡한 감정의 역사가 초래해 온 문제점들을 계속해서 강조한다. 2021년 HBO 코미디 드라마 〈화이트 로투스The White Lotus〉에서 등장하는 불안한 타냐처럼 감정적 솔직함은 불가능한 이상이거나 주목받고 싶어 하는 딱한 욕망에서 비롯된 일종의 조롱거리에 불과한 것처럼 보인다.

감정 그래프를 그리고 소울 머신을 고안하느라 한 세기를 보냈지만, 결국 우리는 감정을 설명하거나 이해할 수 있는 보편적인 방법을 찾아내는 것은 고사하고 감정의 강도를 측정하는 것 근처에도 가지 못했다.

1971년, 심리학자 폴 에크먼은 소위 '기본적인' 감정들과 그 감정을 나타내는 일련의 기본적인 표정들이 모든 문화에 걸쳐 공통적으로 나타난다고 주장하기 시작했다. 에크먼의 모델은 디즈니/픽사의 2015년 작〈인사이드 아웃〉에 나올 정도로 광범위한 영향을 미쳤다. 에크먼의 모델에 포함된 감정의 수는 시간이 지나면서 변화해 왔다. 하지만 대체로 분노와 역겨움, 공포, 행복, 슬픔, 놀람(만화로는 표현하기에 너무 모호했던지 영화에서는 인정사정없이 빼버렸다)이 기본 감정으로 포함된다. 하지만 이 '기본적인' 감정들과 그에 따른 표정은 에크먼이 처음 가정했던 것만큼 보편적이지는 않다. 한 연구 결과에 따르면, 파푸아뉴기니의 외딴 섬에 사는 사람들은 서구인의 '공포'에 질린 얼굴을 화가 났거나 위협을 가하는 표정으로 해석했다.[85] 어쨌든 간에 우리가 일상생활에 반응하는 과정에서 여러 감정을 각각 하나씩 별개로 느끼는 경우가 얼마나 되겠는가? 전문 연기자들의 표정 연기를 대상으로 한 2021년 연구 결과에 따르면 "감정에 따른 얼굴의 움직임과 감정을 인지하는 방식은 상황에 따라 다르며 일반적으로 전형적으로 여겨지는 표정들과는 거리가 멀다."[86]

특정 집단을 염두에 두고 정상적인 감정을 정의하게 된다면, 그러한 정의는 자기충족적 예언에 빠지기 쉽다. 특정 집단에서 우세한 감정적 제약이나 구체적 감정 표현들이 다른 집단을 판단하고 재단하는 기준이 될 수도 있기 때문이다. 지난 2세기 동안 이러한 정의는 현상 유지의 논거로 자주 이용되어 왔다. 엘리트적이고 인종차별적인 감정 과학은 19~20세기에 정치적·경제적으로 가장 큰 권력을 가진 사람이 가장 뛰어나고 가장 바람직한 사회적 정서를 지닌 사람들이라고 주장했다. 그들이 식민주의나 성차별주의, 계급에 기반한 억압을 통해 타인을 지배하는 행위는 자녀의 감정적·육체적 안녕에 무엇이 최선인지를 잘 아는 자애로운 부모의 행동인 양 제시되었다.

분노한 젊은 흑인 남성부터 교묘하게 감정을 속이는 여성에 이르기까지, 이러한 가정과 관련된 부정적 고정관념 중 일부는 여전히 대중의 상상력 속에 살아남아 영향력을 행사한다. 우리는 감정이 인간 본성에 내재한 것이라서 타고날 뿐만 아니라 우리가 어떤 사람인지를 구성하는 기본요소라고 생각할지도 모른다. 하지만 감정의 역사는 우리에게 이 감정 규범들이 어떻게 구성되어 왔는지, 그리고 그 과정에서 누가 이득을 보고 누가 손해를 입어왔는지를 명확하게 보여준다.

6장

내 아이들은
정상인가

AM I
NORMAL?

엄마 아빠가 너를 망쳤어

세 살 때, 나는 놀이학교 선생님들에게 밤이 되면 내 장난감들이 살아난다고 말했다. 나는 곰 인형들과 함께 켄트의 오트퍼드 궁Otford Palace으로 날아가서, 내 가장 친한 친구인 헨리 8세와 저녁을 먹었다. 이 말을 증명하려고 그들을 그림으로 그리기도 했다. 아주 오래전 인물인 튜더 왕조 시대의 왕을 밤마다 만나러 간다는 내 말에 아무도 눈 하나 깜짝하지 않았다. 하지만 다른 놀이학교에 다니던 내 친구 소피는 나와는 전혀 다른 경험을 했다.

소피는 선생님들한테 자신을 작은 고양이라고 했다. 선생님이 못 들은 척 "소피, 가위 갖고 장난치지 마세요"라고 경고하자 소피는 풀 죽은 듯 선생님을 흘끗 봤다. 그러고는 "고양이는 말을 못 알아들어요!"라며 그것도 모르느냐는 듯이 말했다. 소피의 행동이 정상이 아닐까 봐 걱정이 된 선생님은 소피의 부모에게 전화를 걸었다. "소피가 정신과 진료를 받아

봐야 하지 않을까요? 소피는 자신이 정말로 고양이라고 생각하는 것 같아요!" 물론 소피는 아니었다.

아동의 성장과 발달 방식, 행동 방식, 행위는 지난 2세기 동안 정상적인 행동의 경계를 정하는 문제와 관련해 가장 감정적이고 가장 논쟁적인 주제였다. 우리는 유아의 체중과 발달 과정이 정상인지, 자녀의 학습과 사회화가 적절하게 이뤄지고 있는지, 아이들의 행동이나 감정에 문제가 있지는 않은지 걱정한다. 빅토리아 시대의 사람들은 정상적인 아동기에 대해 앞 시대 사람들보다 걱정이 더 많았다. 아동은 더 이상 작은 성인이 아니라 특별한 욕구를 가진 존재로 인식됐으며, 그런 욕구를 제대로 충족시켜야 아동기와 청소년기를 잘 거쳐 이상적인 시민으로 성장할 수 있다고 여겨졌다. 의무 교육 도입과 아동 노동법 제정, 1885년의 성관계 동의 연령 상향 조치는 모두 어린이를 보호하고 선도하려는 바람의 일환이었으며, 이러한 추세는 20세기에 들어서도 계속되다가 지난 50년 사이에 특히 강화됐다.

이러한 일련의 제도 개혁 밑바탕에 깔린 우려들은 아이들을 향한 것이기도 했지만 동시에 성인을 향한 것이기도 했다. 문학가 필립 라킨은 말했다. "그들이, 네 엄마와 아빠가 너를 망쳤다네."¹ 이 염세적인 시인의 마지막 충고는 자녀를 갖지 말라는 것이었지만, 우리 대부분은 그러한 경고를 크게 신경 쓰지 않는다. 하지만 우리는 우리의 비정상적인 부분이 우리의 후손들에게까지 이어지는 상황에 대해 라킨이 보였던 우려만큼은 진지하게 받아들인다. 빅토리아 시대의 사람들은 '생물 유기체의 횡포 tyranny of organisation'를 두려워했다. 즉 신경증 부모 밑에서 태어난 아이는 부모를 따라 똑같이 신경증에 걸릴 것이라고 믿었다. 생물 유기체의 횡포라는 말을 만들어낸 정신과 의사 헨리 모즐리Henry Maudsley는 자신이 한 말 때문인지는 모르겠지만 확실히 자녀를 갖지 않았다.

20세기로 접어들면서 양육이 사회적 의제로 부상하기 시작했다. 아동 돌봄은 더 이상 본능적이고 자연스러운 것이 아니라 학습해야 할 기술이 됐다. 먼저 20세기 초반 수십 년 동안에는 아동 돌봄의 초점이 유아의 신체적 건강에 맞춰져 있었다. 하지만 제2차 세계대전 전후로는 감정적 욕구로 초점이 옮겨갔다. 이때부터 부모의 불안정한 유전적 특질이 자녀에게 옮아갈지도 모른다는 우려는 줄어들었다. 대신에 자녀의 발달 단계마다 자녀에게 도움이 되지 못할까 하는 걱정이 커지게 되었다.

내 부모님도 분명 이 점을 걱정했던 것 같다. 내가 10대였을 때, 엄마는 내게 미안하다고 했다. "네 아빠나 나나 다른 사람을 대하는 데 능숙하지 못해. 그런 성격을 물려준 것 같아 미안하구나"라며 당신을 탓했다. 엄마는 이 말이 단순히 자신의 부족함을 인정한 것에 불과하다고 생각했을 수도 있다. 하지만 서투르고 혼란스러웠던 10대의 나에겐 중요한 의미를 지녔다.

엄마의 말은 내가 혼자라는 느낌을 확실히 덜어주었다. "부모님이 그러니 나 역시 절대 바뀌지 않겠지"란 일종의 숙명론을 조장할 수도 있었지만, 오히려 정반대의 결과를 가져왔다. 엄마와의 대화를 계기로 나는 사회적 상황에 유연하게 대처할 수 있도록 사람 사귀는 법을 배워야겠다고 마음먹었다. 나는 사람들과의 접촉이 몹시 불편했지만, 포옹에 익숙해지도록 나를 단련했다. 몇 년이 걸렸다. 지금은 주춤하지 않으면서, 심지어 아무 생각 없이 친구를 포옹할 수 있게 되었다. 별일 아닌 것처럼 들릴지도 모른다. 하지만 내게는 엄청난 일이었다.

아동 발달 과정은 정해져 있는 게 아니다. 모든 아이는 각자만의 아이디어나 통찰로 우리를 놀라게 하고 감동시키는 재주를 가지고 있다. 우리가 아이들에게 놀라는 이유는, 아이들이 우리와는 다른 방식으로 느끼고 행동하기 때문일 수도 있고, 우리가 아동에게 적합하다고 들어온 범주와 실제가 다르기 때문일 수도 있다. 이따금 아이들을 또래 친구들과 비교하다가 감동을 받거나 흥미를 느끼게 될 수도 있다. 이 수많은 차이 중에서 어떤 것을 정상적인 아동 발달로 이해하고 정의해야 할까? 아동에게 비정상이라는 꼬리표를 붙이는 것이 도움이 되는 건 언제이고 방해가 되는 건 언제일까? 첫걸음마부터 첫 데이트까지, 우리는 자녀의 삶을 일련의 기준들과 비교하면서 자녀들만큼이나 부모로서 우리가 부족해 보이지는 않을까 걱정한다.

뚱뚱하고 건강한 아이

2017년, 내 첫 조카딸이 태어났다. 잘 먹고 잘 자는 건강하고 행복한 아기로, 들뜬 가족들은 아기에게 홀딱 빠져 있었다. 조카딸은 비교적 작은 편에 속했는데, 아기 체중표를 보면 항상 25~50퍼센트 범위에 속해 있었다(이 말은 같은 나이의 아기 100명당 50~75명이 조카보다 크다는 의미였다). 여동생의 기억으론 '다들 항상 큰 아이를 칭찬'했으며 "와, 모유가 역시 최고야!"라고 말했다고 한다. 좋은 뜻에서 하는 말이지만, 그리고 정의를 내리면 아기들의 절반은 늘 50퍼센트 이하에 해당할 테지만, 작은 아기를 둔 엄마에게 그런 말은 듣기 좋지 않다.

한번은 여동생이 아기를 데리고 체중을 재러 갔는데, 방문 간호사가 얼굴을 찌푸리며 "흠, 아기의 체중이 30퍼센트 선이네요. 다음 주에 다시 와요. 계속 관찰해 봐야 할 것 같아요"라고 말했다고 한다. 여동생은 더 먹여서 아이의 체중을 늘려야겠다고 생각하면서 걱정을 한가득 안고 집으로 돌아왔다. 하지만 그다음 주에 갔을 때 다른 방문 간호사의 생각은 달랐다. "좋네요! 28퍼센트 선이고, 처음부터 같은 범위를 꾸준히 유지했네요. 아기도 아주 좋아 보여요!" 수치는 거의 달라진 게 없었다. 그저 해석만 달라졌을 뿐이었다. 여동생은 한숨을 쉬며 고개를 저었다. "결국 일주일 동안 체중표에만 근거해서 아무것도 아닌 일로 걱정했던 거지."

여동생이 딸아이의 신체 사이즈를 편안한 마음으로 받아들이기까지는 시간이 꽤 걸렸다. 주변 사람들 모두 아기의 상태를 좋게 생각한다고 확신하기까지는 그보다 훨씬 더 오래 걸렸다.

우리가 처음 아이를 평가하는 항목 중 하나가 신체 발육 상태다. 아이가 적절하게 자라는 중인가? 영양은 충분히 공급받고 있는가? 모유 수유가 신생아 건강에 가장 중요하다는 메시지가 줄기차게 퍼부어지지만, 보통의 엄마들은 모유 수유에 어려움을 겪는다. 미국에서 산모 418명을 대상으로 한 연구 결과에 따르면, 산모의 92퍼센트가 출산 후 첫 며칠 동안 모유 수유로 인한 문제를 경험하는 것으로 나타났다. 아기를 가슴에 밀착시켜 젖을 빨도록 위치를 잡는 데 어려움을 겪는 경우도 있었고, 모유가 부족하거나 극심한 젖몸살로 고생하는 경우도 있었다. 이러한 문제가 늘 원만히 해결되는 건 아니었다. 산후 두 달 후에 연구 대상 산모의 4분의 1이 모유 수유를 완전히 포기해 버렸기 때문이다.[2]

물론 이는 오늘날의 문제만은 아니다. 작가 베라 브리테인Vera Brittain은

1927년에 태어난 첫 아이에게 모유 수유를 하려다 실패하면서, 현재 일부 여성들이 그렇듯 전문가의 도움 부족이 그 주된 원인이라고 지적했다.[3]

브리테인이 살던 시대에는 아이의 신체 사이즈를 두고 엄마에게 한층 더 혹독한 평가가 내려지곤 했다. 1906년 런던 핀즈베리의 지역 의료 책임자 조지 뉴먼George Newman은 '영아 사망률이 사회적 문제'라고 공표했다. 1881년 이후 잉글랜드와 웨일스의 출생률은 계속 하락했으나 영아 사망률은 출생률과 같은 비율로 하락하지 않았다. 1899년에는 신생아 1000명당 163명이 첫돌을 맞기도 전에 사망했는데, 이는 이전 10년의 평균치를 크게 웃도는 숫자였다.[4] 사망률은 뉴먼이 담당했던 런던의 지역처럼 빈곤할수록 높게 나타났다. 하지만 뉴먼은 높은 영아 사망률의 원인이 빈곤 때문이라는 결론을 내리진 않았다. 대신에 "영국 가정에 유해한 환경이 존재함을 보여주는 것이자, 어떤 점에서는 영국의 사회생활과 밀접한 관계가 있다"고 지적했다.[5] 뉴먼에 따르면 영아 사망률은 아기가 아니라 아기 엄마에 대해 더 많은 것을 보여줬다. "직설적으로 말하자면 영아를 사망에 이르게 하는 대부분의 직접적인 원인은 엄마의 무지와 부주의에서 비롯된다."[6]

뉴먼과 그 동료들은 모유 수유 감소와 묽은 캔 우유의 사용이 높은 영아 사망률의 원인이라고 보았다. 이러한 결론은 많은 여성이 심한 영양실조 상태라 아기에게 충분한 양의 젖을 먹일 수 없으며, 노동 계급의 가족들이 제대로 된 우유를 사기에는 그 가격이 턱없이 비싸다는 광범위한 문제를 속 편하게 회피해 버리는 처사였다.[7]

수유에 대한 강조는 영아의 신체 사이즈 증가가 건강의 일반적인 척도로서 새롭게 주목받게 되었음을 의미했다. 1878년 독일에서는 아기들의 정기적 체중 측정이 관례로 자리 잡기 시작했다.[8] 1890년대에 이르러서는 유럽과 북미 전역의 의사들 사이에서도 하나의 관행으로 받아들여졌다. 하지만 20세기 초반, 영국의 가정에까지 이러한 관행이 자리 잡을 수 있었던 것은 가정 방문 간호사들Health Visitors 덕분이었다. 1905년에 잉글랜드와 웨일스 전역의 50개 타운이 유급 방문 간호사를 채용하고 있었으며, 1907년에는 모든 신생아가 6주 안에 출생 신고를 해 방문 간호사의 왕진을 받도록 해야 한다는 법이 통과되었다.[9]

방문 간호사는 노동 계급 어머니에게 조언을 제공하고, 방문한 가정 아이의 신체 사이즈 상태를 측정해야 했다. 그레타 앨런Greta Allen은 《방문 간호사를 위한 실용 지침Practical Hints to Health Visitors》(1905)에서 아기가 정상적이고 건강한지 확인할 수 있는 두 가지 방법을 제시했다. 하나는 체중, 다른 하나는 대변의 색깔과 농도였다(으깬 달걀 같은 변은 괜찮지만, 다진 시금치 같은 변은 좋지 않았다).[10]

아기의 체중 측정이 의료계의 관행으로 자리 잡은 지 수십 년이 지나자 평균을 기초로 '정상' 체중을 정의할 수 있게 되었다. 이에 따라 앨런은 아동의 정상 체중과 신장을 출생 시점부터 열다섯 살까지 기록한 편리한 체중표를 발간해 방문 간호사들이 비교하기 쉽게 만들었다. 이 체중표 속 숫자들은 한 뉴욕 의사가 발행한 책에서 그대로 가져온 것으로 다소 모호한 구석이 있었다. 그 숫자들은 '원래의 표본 측정치들'의 평균치였을 뿐만 아니라 표본의 크기도 500 사례에 불과했기 때문이다.[11] 이 누군지도 모르는 500명의 아이가 건강하고 영양 상태가 좋았다고 확신할 수 있을까? 우리는 그 답을 모르지만, 이들의 평균 체중은 그 맥락을 제거당한 채 정상적인 영유아의 건강을 정의하는 정확한 기준으로 변모했다.

체중표로 아기의 건강을 나타낼 때 망각하기 쉬운 것은 평균의 법칙상 일부 아기들은 항상 다른 아기들보다 작을 수밖에 없다는 사실이다. 1900년대의 아동 복지 진료소는 체중 카드에 모든 관할 영아의 체중을 기재해야 했다.[12] 또한 진료소는 각 연령의 정상 체중(대체로 평균에 기반한)으로 제시된 정확한 수치들을 비교에 활용했는데, 현실의 아기들이 이 수치에 부합하기란 거의 불가능했다. 조언하기는 쉬웠지만, 조언을 따르기는 어려워졌다. 1907년에 문을 연 성 판크라스 어머니 학교St Pancras School for Mothers의 한 '딸아이를 둔 엄마'는 '온갖 어려움에도 조언용 편지의 지침대로 애써 따랐건만' 아기가 체중이 줄었다고 하자 흐느껴 울었다.[13]

바쁜 엄마들은 빈부를 막론하고 의료 전문가의 표적이 되었다. 한 중간 계급 엄마는 주치의로부터 "아마도 바깥으로 너무 많이 뛰어 돌아다닌 탓에 모유가 휘저어지며 좋은 성분이 다 날아가 버린 것 같다"는 말을 들었다.[14] 한편 런던 중심부의 방문 간호사 및 위생 감독관 책임자Chief Health Visitor and Sanitary Inspector였던 이니드 이브Enid Eve는 노동 계급 엄마들이 '아이들의 몸'에 이와 벼룩 같은 '해충이 득실거리게' 하고 있다고 경고했다.[15] 이브는 방문 간호사들이 "엄마들을 설득해 아이들과 함께 집에 머물도록 함으로써 탁아소가 불필요해지도록 전력을 다해야 한다"고 주장했다.[16] 이러한 주장은 제2차 세계대전이 끝나고 한참이 지나서까지도 아동 지도를 관통하는 주제가 되었다. 런던의 보건의료 담당관들은 '엄마들이 일하러 나가느라 아이들에게 적절한 점심 식사를 챙겨줄 수 없을' 때 영양실조가 생긴다며 특히 우려했다. 하지만 실제로 저체중 아동의 숫자는 부모가 바빠서 식사를 거른 아동들보다 빈곤 가정의 아동들이 세 배 더 많은 상황이었다.[17]

런던 이스트엔드 지역에 사는 빈곤 아동들의 모습을 찍은 사진. 1900년경에 촬영된 것으로 추정된다.

일부 개혁주의자들은 빈곤과 환경이 아동 발달에 미치는 영향에 대해 보다 강경한 목소리를 내왔다. 호주 출신의 페미니스트 사회주의자 모드 펨버 리브스Maud Pember Reeves가 이끌었던 페이비언 여성 그룹Fabian Women's Group은 1909년부터 1913년까지 런던 남부 램버스의 42개 저소득 가정을 조사했다. 그리고 그 결과를 〈주당 1파운드에 맞춰 살아가기Round About a Pound a Week〉란 보고서로 발표했다. 당시 연구 대상의 개인별 평균 임금이 1파운드였다. 일부 정치인은 빈곤(따라서 아동의 영양실조)의 원인이 개인의 부주의함에 있다고 논하면서, 어떤 가족이라도 주당 1파운드면 생존할 수 있다고 주장했다.

하지만 리브스의 조사단이 연구한 가족들은 이 수입을 놓고 매우 세심한 지출 계획을 세워야 했다. 돈을 아끼는 행동 하나하나가 가족의 건강에 영향을 미칠 수 있었다. 리브스에 따르면, 환기가 잘 되는 위층 방 하나를 빌리는 비용과 습기가 많아 축축한 지하 방 여러 개를 빌리는 비용이 얼추 비슷했다. 그러다 보니 가족들은 비위생적인 생활환경에서 최대한 효율적으로 서로 부대끼며 살 수밖에 없었다. 결국 가족의 집세 지출이 감소할수록 영아 사망률은 높아졌다.[18] 리브스는 "의심의 여지 없이 확실한 사실은, 출생 시에는 건강했던 아기가 석 달이 지나면 건강이 나빠지고, 한 살이 되면 더 나빠졌다가 학교 갈 나이가 될 무렵이면 대부분 구루병에 걸리거나 폐 질환을 앓는다는 것이었다. 이 모든 질환은 전적으로 예방이 가능하다"고 엄숙히 선언했다.[19]

리브스는 이러한 아동들의 실상을 심금을 울릴 정도로 상세하게 묘사했다. "양말을 신고도 키가 140.2센티미터밖에 되지 않는 열 살 난 엠마는 기묘할 정도로 작은 체구의 소녀였지만 여섯 형제 중 맏이인 탓에 늘 팔에 아기를 안고 있었다. 두 살 난 도로시는 엄마가 전남편과의 사이에서 낳은 아이로 언니 오빠들과 함께 학교에 가고 싶었지만, 엄마가 새로 태어난 동생을 돌보는 동안 높은 의자에 앉혀진 채 안절부절못하며 속을 끓여야 했다. 열두 살 난 베니는 나이에 비해 작았지만 아주 진중했다. 일자리가 없어 쉬는 아버지를 위해 베니는 등하교 전후 두 시간 동안 부모 모르게 동네 우유 배달을 했다."[20]

리브스는 아동들이 열악한 주거 환경 속에 살면서 충분하지 못한 식사를 했지만 "예의범절과 청결, 품행 면에서 손색이 없을 정도로 잘 자랐으며, 아이들의 어머니들은 친절하게 인내심을 가지고 그들을 대했다"고 강조했다. 하지만 아이들은 나이를 먹어갈수록 확연히 '삶의 기쁨을 잃어'갔다. 이 아이들도 그들의 엄마가 그랬듯이 자신들에게 지워진 한계를 받아들이게 됐다. 리브스는 "이 아이들은 결코 좌절에 맞서 저항하지 않는다"라고 결론 내렸다. "좌절은 이들이 견뎌야 할 운명이었다. 적어도 아이들은 그렇게 예견했다."[21]

페이비언 여성 그룹은 아동의 건강한 신체 발달을 지원하기 위해 최저 임금과 아동 수당, 학내 무상 급식, 학내 진료소 운영을 실시하라고 권고했다. 하지만 이러한 조치들이 도입되기까지는 오랜 시간이 걸렸다. 제1차 세계대전 이후에도 빈곤은 광범위한 사회 현상이었으며, 1930년대의 공황과 실업으로 더욱 악화되었다. 그렇지만 아동의 건강을 과학적으로 이해하는 방식에도 변화가 생겨났다. 비타민 또는 부차적 식품 요소가 아동의 건강과 발달에 새로운 열쇠로 떠오른 것이다. 괴혈병과 구루병을 막기 위해 조제분유에 과일 주스와 바이롤(Virol, 맥아추출물 브랜드)이 첨가됐고, 1928년 제약회사 글락소는 자사 조제분유에 비타민 D를 추가하기 시작했다.[22]

모두가 한 번쯤 들어봤을 법한 새로운 비타민에 대한 지식으로 아동 건강의 건설적인 새 시대가 열리는 것처럼 보였다.[23] 예컨대 구루병으로 인한 골격 기형은 도시 빈민 지역 아동들 사이에서 꽤 오랫동안 관찰되고 있는 상황이었다. 1925년경 (현재 런던 북동부에 위치한) 월섬스토 보건의료 담당관은 비타민에 대한 지식으로 취학 아동들의 건강이 현저하게 개선됐다고 주장했다.[24] 이 주장은 꽤나 성급했다. 비타민의 효능을 인지하게 되었다고 해서 비타민이 모든 아동에게 공급된다는 의미는 아니었기 때문이다.

1943년, 옥스퍼드 영양조사Oxford Nutrition Survey가 월섬스토를 포함한 세 개 지역을 대상으로 아동의 신체적 건강과 영양 상태에 대한 실태 조사를 했다. 버밍엄과 월섬스토, 옥스퍼드셔의 도시 아이들의 비타민 C 섭취 수준은 '최적 권장치를 훨씬 밑돌'았고, 신선한 과일과 채소를 재배했던 옥스퍼드셔의 시골 마을 아이들만 '정상 범위 이내'인 것으로 나타났다. 또한 정상 체중에 미달하더라도 '다른 항목들이 양호한' 경우 건강한 아동으로 분류되었음에도 아동의 40퍼센트 이상이 건강하지 못한 것으로 나타났다.[25]

제2차 세계대전 이후에 의사들은 건강한 아동들 사이에도 엄청난 차이가 존재한다고 강조하기 시작했다. 1953년 로널드 일링워스Ronald Illingworth 소아보건학 교수는 다음과 같이 말했다. "의사라면 누구나 특정 연령이나 성별의 아동에 대해 평균 체중과 신장이 얼마인지 말할 수 있을 것이다. 그러나 아무도 정상적인 수치가 얼마인지를 말할 수는 없다. 정상 체중과 신장을 정의하는 것 자체가 불가능하기 때문이다"[26]

정상 체중과 신장을 정의할 수 있다고 하더라도 평균적인 아이들은 수십 년 전과 같지 않았다. 1959년 영국 보건성Ministry of Health은 1920년대 영유아 및 아동의 정상 체중치는 1940년대와 1950년대에 조사한 평균치보다 낮았다고 보고했다. 이에 따라 보건성은 영유아 및 아동의 '몸무게가 늘고 키가 커졌다'는 사실을 반영할 수 있도록 평균 기준을 갱신해야 한다고 제안했다.[27] 1950년대의 보건 담당관들은 이러한 평균 기준치의 상향을 대체로 긍정적인 현상으로 여겼다. 평균 사이즈의 증가는 '급식과 일반적인 돌봄 상태의 개선' 징표라고 생각했기 때문이다.[28]

하지만 반대 목소리도 있었다. 일부 보건의료 담당관들은 '영양 과다'

와 비만이 수명을 줄어들게 하고 있다고 공표하기 시작했다.[29] 1960년대 중반에 이르러 이제는 익숙한 '아동 비만'이라는 문구가 등장하기 시작했는데, 이때 아동 비만은 유행병 진단을 받을 정도로 그 비율이 크게 늘었다. 1962년《타임스》보도에 따르면, 케임브리지셔주 교육 당국은 아동의 체중 증가에 대응한답시고 학교 근처 과자점에서 롤빵과 도넛의 판매를 금지하는 대신, 적지 않은 지방을 함유한 감자칩과 가염 땅콩을 권하는 웃지 못할 조치가 취해지기도 했다.[30] 1962년 말《타임스》는 '건강하고 뚱뚱한 아기fine fat baby'란 궤변에 불과하며, 과체중 아동의 문제가 '매우 심각'하기 때문에 진료소의 포스터 캠페인을 활용해 엄마들에게 과체중의 위험을 경고해야 한다고 조언했다.[31]

학교 의료 담당관 필리스 기번스Phyllis Gibbons에 따르면, 비만 증가는 생활 수준 향상에 따른 식습관 변화와 관련 있으며 현재 취학 아동의 5~15퍼센트는 연령, 신장, 체격을 헤아렸을 때 평균 체중보다 최소 10퍼센트 이상 과체중인 것으로 나타났다.[32] 물론 이는 체중의 정규분포를 고려하면 항상 있었던 일이기에 당연한 결과였지만, 전후 시대에는 하나의 사회 문제로 새롭게 부각되었다. 기번스는 1965년 런던 남부 크로이던 지역에 거주하는 소규모 10대 소녀들을 대상으로 두 차례에 걸쳐 다이어트 실험을 실시했다.

4년 후, 기번스의 시도는 자치구 전체로 확대되어 학교마다 체중 조절 클리닉이 설치되었다.[33] 1967년 영국 최초로 웨이트 워처스(Weight Watchers, 체중 감량자라는 뜻으로 미국의 과체중 여성 진 니데치Jean Nidetch는 다이어트에 계속 실패하자 일주일에 한 번씩 자신의 집에서 같은 문제를 가진 사람들과 경험을 나누고 체중을 감시하는 미팅을 갖기 시작했고, 이러한 모임이 성공을 거두자 동명의 회사를 설립, 1967년에 영국에도 지사를 설립했음_옮긴이 주) 모임이 개최됐고, 점차 런던의 다른 자치구에도 과체중 10대(대개는 소녀들)를 타깃으로 하는 웨이트 워처스 프로그램이 도입되었다. 1930년대 다이어트 식단이 성인만을 대상으로 했다면, 웨이트 워처스 프로그램은 성인은 물론 어린이와 10대에도 새롭게 초점을 맞췄다.[34]

　30년 후, 서구의 정부와 건강 활동가들은 '비만 유행병'이라는 개념에 실제로 사로잡히게 되었다.《타임스》는 이미 1962년에 비만 유행병이란 위기를 처음 주장했었음에도 언제 그랬냐는 듯 2001년 "아동 비만이 놀라울 정도로 증가하고 있다"고 지적했다. 기사는《영국의학저널British Medical Journal》에 발표된 연구를 인용, 과체중 진단을 받은 아동의 숫자가 1984~1994년간 50퍼센트 증가했다고 보도했다.[35] 1960년대 말에 제기된 우려와 크게 다르지 않은 내용이었다. 하지만 아동 체중에서 나타나는 변동에 대해서는 관심도가 덜했다. 그럼에도 기사는 많은 사람에게 감명을 주었는지, 2004년 내내 아동 비만을 비롯해 '비만 문제를 제기하는 자문과 보고서가 봇물 터지듯' 급증하면서 미래를 암울하게 전망했다.[36]

　과체중은 1900년대 초반 영아의 영양실조 문제가 그랬듯이, 개인의 문제에서 사회와 국가의 문제로 전환되었다.[37] 오늘날 아동의 정상적인 사이즈에 관한 한 과체중이 모든 것을 하나로 통합하는 요인인 듯 보인다. 정상적인 아동 그리고 정상적인 어머니는 한 세기를 넘는 동안 국가의 미래를 좌우하는 정치적·문화적 관심사였다. 1900년대 초반 일하는 엄마가 국가에 대한 의무를 다하지 못한 탓에 방치되어 생겨난 저체중 유아부터 게으르고 비만한 밀레니얼 세대에 이르기까지, 정상적인 아동은 사회의 미래에 대한 공포를 조명해 준다. 영양실조와 아동 비만에 대한 우려는 어떤 개별 아동의 정상성을 보여준다기보다 부모에 대한 우려, 나아가 빈곤과 젠더, 계급에 대한 우려를 반영한다.

만약 우리가 아동을 그 아이가 처한 환경이란 맥락 속에서 바라본다면, 아마도 아동들은 표준으로 제시되는 기준에서 크게 벗어나지 않을지도 모른다. 1979년 소아과 의사 얀 반 에이스Jan van Eys는 만약 어떤 공동체가 일부 아동을 비정상적이라고 판단한다면, 그것은 일반적으로 '공동체 자체에 어떤 근본적인 결함'이 존재하기 때문이라고 주장했다.[38] 정상 아동의 역사야말로 그의 주장을 입증하는 확실한 증거다.

IQ 테스트에 관한 함의

제임스 헨리 풀런James Henry Pullen은 열다섯 살 때 왕립 얼스우드 보호시설Royal Earlswood Asylum에 입소했다. 당시 얼스우드는 국립 백치 전용 보호시설National Asylum for Idiots로 불렸다. 서리주 레드힐의 얼스우드 공유지에 자리 잡은 이 보호소는 잉글랜드와 웨일스의 '백치 아동'을 위해 설립된 최초의 자선기관이었다. 1850년, 풀런은 당시 특수교육이 필요한 아동을 위해 건립된 몇 안 되는 학교의 하나였던 콜체스터의 에식스 홀Essex Hall 급우들과 함께 시설에 당도했다. 다른 '백치와 천치 아이들'처럼, 빅토리아 시대에 이들에게 붙여졌던 이 귀에 거슬리는 의학적 용어에서 미루어 짐작할 수 있듯이, 풀런도 전통적인 환경에서 학습을 이어나가느라 애를 먹고 있었다. 풀런의 발달 속도는 느려서 일곱 살이 되도록 한마디도 하지 못했다. 어느 학교도 그를 받아주지 않았다. 풀런은 계속 집에 있다가 열두 살 때 에식스 홀로 보내졌다. 이곳에서 여교사 세라 피어스^{Sarah} ^{Pearce}의 세심한 보살핌 아래 풀런은 그의 생애 첫 단어인 '남성'의 철자를 배웠다.

10대인 풀런은 얼스우드에서 그의 평생 보금자리가 될 집으로 들어갔다. 위압적일 정도로 거대한 시설물은 400명을 수용할 수 있도록 설계되었으며, 수용자들은 모두 입소 당시 기준으로 8~18세 사이의 아동이었다. 이 아동들은 시설의 자선 혜택을 받을 만하다는 사실을 입증해야 했으며, 그들 가족 역시 구빈법에 따른 원조를 받은 적이 없는 '점잖은 respectable' 노동 계급의 남녀여야 했다.[39] 백치 보호시설은 1840~1850년대에 잉글랜드와 웨일스 전역에 새로 생겨나고 있었던 주립 정신병원에 상응하는 기관으로, 빅토리아 시대의 방대하고 체계적인 자선활동 구조의 일부였다.

물론 풀런이 살던 시대 이후로 이러한 시설들을 대하는 태도는 확연히 변화해 왔다. 1997년 얼스우드가 마침내 문을 닫았을 때 많은 사람이 이 사실에 안도했다. 이런 곳에서의 생활이 학습 장애자에 대한 방치와 학대, 부정적 태도를 연상시켰기 때문이다. 하지만 1850년의 얼스우드는 더 나은 시대가 도래하고 있음을 알리는 하나의 전조였다. 이러한 시설의 설립자들은 학습 장애 아동들이 더 이상 가정에서 학대당하고 방치되지 않게 되었다며 떠벌리고 다녔다(역사가 사이먼 재럿에 의하면 이들 가정에서 실제로 학대와 방치가 일어났기에 얼스우드 같은 보호시설이 생겨난 것은 아니었지만 말이다).[40] 시설에서 이들은 잘 먹고 안전하게 지냈다. 사회의 쓸모 있는 일원이 되는 법과 생활 기술, 수작업 기술도 익혔고 다른 사람과 소통하는 법도 학습했다.

그렇다고 해서 얼스우드에 입소한 아동들이 이곳에서 행복했다거나 심지어 세심한 보살핌을 받았단 의미는 아니다. 풀런이 그랬듯 이들은 자신의 새 보금자리에 대한 선택권이 없었다. 이들은 돌볼 능력이나 의지가 없는 가족들에 의해 얼스우드에 보내졌으며, 부모와 의사 모두로부터 정신적으로 비정상이라는 판정을 이미 받은 상태였다. 열 살 된 로버트 캠벨Robert Campbell을 검사한 의사는, 캠벨이 "보통의 아이라면 관심을 보일 대상에 완전히 무관심했을 뿐만 아니라 일반적으로 보통의 아이들과는 다른 행동을 했다"고 말했다.[41] 윌리엄 그린William Green의 어머니는 그린을 가르치느라 꽤 많은 시간을 들였는데도 읽기를 전혀 가르칠 수 없었다며 우는소리를 했다.[42]

　풀런은 10대 시절 내내 얼스우드의 정규 교과 과정을 따라가기 위해 고군분투했다. 그는 단어 몇 개를 더 말할 수 있게 되었지만, 읽고 쓰는 법은 끝내 배우지 못했다. 그랬음에도 그는 얼스우드의 가장 유명한 입소자 중 하나가 됐으며, '얼스우드 보호시설의 천재'라는 찬사를 들었다.

　어렸을 때부터 풀런은 모형 배를 스케치하고 만드는 데 재능이 있었다. 얼스우드에서 공예 훈련을 받기 시작하면서 그는 탁월한 솜씨를 보였고, 스무 살 때는 전용 공방을 얻고 시설의 목수로서 적지만 임금도 받았다. 풀런은 보호소에 필요한 가구를 만들었다. 유명한 배를 본떠 대형 모형을 제작하기도 하고, 기계 거인을 만들어 자신의 공방 밖에 세워두는 등 자신만의 프로젝트를 수행하기도 했다. 풀런에게 직공으로서의 명석함과 학습 장애가 동시에 나타날 수 있었던 이유는 여전히 해결되지 않는 논쟁거리로 남아 있다. 하지만 그 시대에 학습 장애는 유전적이라고 여겨졌으며, 때에 따라서는 퇴행의 징후로 여겨지기도 했다.

자신이 만든 모형 배 하나를 나무 수레에 싣고 그 끝에 앉은 제임스 헨리 풀런의 모습. 찍은 날짜는 정확하지 않지만 G. E. 셔틀워스G.E. Shuttleworth가 1867년 이후에 찍은 것으로 여겨진다.

빅토리아 시대의 다른 질병이나 장애를 분류하던 체계들이 그랬듯이, 유전적 가정은 인간을 신체적 특징에 따라 여러 집단으로 나누는 인종 범주와 인종차별주의에 기반했다. 풀런의 주치의였던 정신과 의사 존 랭던 다운John Langdon Down은 그의 이름을 딴 다운증후군을 처음 발견한 것으로 유명해졌는데, 그의 표현대로라면 다운증후군은 '백치라는 새로운 인종 범주ethnic classification of idiots'의 하나였다.[43]

다운은 얼스우드 입소자 대부분이 "그들의 출신 계급이 아니라 그들의 출생 가계에서 크게 갈라져 나온 한 부류로 불릴 수 있다"고 주장했다. 얼스우드 입소자들은 모두 유럽의 백인 혈통이었다. 그럼에도 다운은 그들의 생김새에 따라 주로 '하얀 흑인 표본specimens of white negroes', '남태평양 제도에 거주하는 종족 유형types of the family which people the South Sea islands', 그리고 소위 '몽골계 백치 유형Mongolian type of idiocy'으로 구분될 수 있다고 보았다. 그러면서 처음 보고된 이 마지막 유형에 자기 이름을 붙여 다운증후군이라 명명했다.[44] 다운은 자신이 관찰한 '인종적' 특징들이 원시 상태로 복귀하려는 격세유전(atavism, 사라진 것처럼 보였던 선조의 열성 형질이 후대에 나타나는 현상_옮긴이 주)의 증거라고 말했다. 아울러 다훈증후군은 빅토리아 시대의 많은 백인에게 비서구인 자체가 어떤 식으로 '비정상'을 의미했는지를 보여주는 또 다른 증거이기도 했다. 즉 다운의 분류 체계는 학습 장애자뿐만 아니라 유색인에 대한 차별에 근거하고 있었다.

특정 아동에 대한 인식을 전환하는 데 기여한 것은 비단 과학적 분류 체계만은 아니었다. 공교육의 등장 역시 크게 일조했다.[45] 쉽게 말해, 점점 더 많은 인구가 읽고 쓰는 법을 배움에 따라 풀런이나 그린처럼 읽고 쓰기에 어려움을 겪는 이들이 더 많이, 더 어린 나이에 눈에 띄었다. 아동의 정상 지능이라는 개념의 윤곽이 명확히 드러난 곳도 다름 아닌 교실이었다. 1880년부터 잉글랜드와 웨일스에서는 취학이 의무화되었다.[46] 덩달아 읽고 쓰는 능력은, 일상 업무에서 그러한 능력이 필요하지 않았던 사람들을 포함해 남녀 모두에게서 높은 가치를 지니게 되었다.[47] 1840년에 잉글랜드의 남성 3분의 2와 여성 2분의 1이 문해력을 갖추었으며, 19세기 말에는 남녀 4분의 3이 읽고 쓸 수 있게 되었다.[48]

유럽 대부분 지역에서도 같은 현상이 발생했다. 예를 들어, 1881년부터 초등학교 무상 의무교육을 실시한 프랑스에서는 19세기 말에 인구 전체가 거의 기초 문해력을 갖추게 되었다. 이러한 상황에서 프랑스의 심리학자 알프레드 비네는 1904년 교육부 장관으로부터 학급에서 부진을 겪고 있는 아이들의 학습 능력 개선 방안을 찾아달라는 요청을 받았다.

학습 부진 아이들을 파악하기 위해 비네와 연구 조교 테오도르 시몽Theodore Simon은, 그들의 표현대로 하자면 기초 학습 능력, 이를테면 항목의 순차적 배열 능력, 이해력, 단어 선택 능력, 오류 인지 및 정정 능력을 측정하고자 했다. 광범위하고 다양한 테스트를 통해 비네는 개별 아동의 학습 잠재력을 나타내는 방법을 찾을 수 있길 바랐다. 그의 테스트들은 모든 아동을 서열화하려던 게 아니라 학습 부진인 아이들의 능력을 더 잘 이해하는 것이 목적이었다. 그렇게만 된다면 해당 아동들의 지능을 개발하기 위해 교사들이 도움과 지원을 제공할 수 있을 터였다.[49] 후일 지능지수, 즉 IQ로 알려진 이 능력은 처음에는 유전되거나 변하지 않는 속성처럼 보이지는 않았다.

IQ는 절대치를 주장했던 이전의 지능 테스트들과는 달리 '정상' 지능과의 비교에 기초했다. 오늘날의 우리는 지능이 연령에 따라 변한다는 생각에 익숙하다. 하지만 150년 전까지만 해도 이러한 견해를 주장하거나 지능이라는 속성이 정규분포를 구성할 수도 있다는 의견은 결코 당연시되지 않았다. 1869년 프랜시스 골턴이 자신의 저서 《천재의 유전Hereditary Genius》에서 천재는 유전적이라는 근거가 희박한 주장을 펼치자 다윈도 골턴의 입장을 쫓아 자신의 기존 입장을 바꾸겠다고 선언했다. "나는 바보들을 빼면 인간은 지능 면에서 크게 다르지 않으며, 기껏해야 열정과 노력이 다를 뿐이라고 주장해 왔습니다." 같은 해 12월, 다윈은 골턴에게 보낸 편지에서 이렇게 말했다.[50]

그런데 골턴의 책을 읽고 마음을 고쳐먹기 전까지만 해도 다윈의 입장은 매우 합리적이었다. 다윈은 진화 연구를 통해 자연 선택이 얼마나 길고 고된 과정을 걸쳐 발생하는지를 보여줬다. 그는 인간의 정신적 진화는 개체로서가 아니라 종을 단위로 이뤄졌다고 주장해 왔다. 이러한 주장이 사실이라면 사람들의 지적 능력이 그렇게 크게 다른 이유는 무엇일까?

자신의 사촌이었던 다윈을 사람마다 지능이 다르다는 자신의 입장으로 전향시키는 데 성공한 골턴은 그러한 개념을 대중화하고 지능을 정규 분포에 따라 표준화할 수 있다는 가정을 증명하는 일에 착수했다. 골턴은 케임브리지 학생들의 지능 측정 점수로 종형 곡선을 만든 다음, 이를 활용하여 척도 하단에 '백치와 천치'부터 정점의 천재에 이르는 인간 지능의 일반 규칙을 구성했다. '평균 편차의 법칙law of deviations from an average'을 확인한 골턴은 인간의 지능이 인류의 정신적 평균 수준을 정점으로 하는 종형 곡선을 구성한다고 자신 있게 선언했다.[51] 오늘날 우리가 지능을 타고난 고정적 속성으로 가정하는 경향이 있는 것도 대개는 이 빅토리아 시대의 우생학자 때문이다. 따라서 이 부분은 다시 생각해 볼 필요가 있다.

다시 알프레드 비네에게로 돌아와 보면, 비네의 테스트들 또한 그의 자녀를 포함해 '정상적인' 아동을 기준으로 표준화됐다. 아이들은 연령에 따라 대개 그 나이대라면 간신히 완성할 수 있는 난이도의 다양한 과제들을 수행했다. 비네는 정상적인 4세 아동이라면 자신의 성별과 기본적인 물건들의 이름을 말할 수 있고, 세 가지 숫자를 듣고 그대로 따라 할 수 있으며, 길이가 다른 두 개의 직선을 비교할 수 있어야 한다고 했다. 7세 아동이라면 오른쪽 손과 왼쪽 귀를 구분해서 가리킬 수 있고, 그림을 묘사할 수 있으며, 네 가지 색상의 이름을 댈 수 있었다. 10세 아동은 다섯 개의 물체를 무게 순서대로 정리할 수 있고, 기억을 떠올려 그림을 그릴 수 있으며, 부조리한 진술의 결함을 찾아내고 어려운 질문들을 이해할 수 있었다.[52]

아마도 비네는 열 살 무렵 아이들에겐 상당히 잔인한 구석이 있다고 생각했던 것 같다. 비네가 '부조리한 진술'이라며 제시한 문장들은 끔찍한 사건이나 신체의 훼손을 묘사한 것들이 대부분이었기 때문이다. 그중 하나는 다음과 같았다. "어제 요새에서 한 불행한 어린 소녀의 시신이 18조각으로 토막 난 채 발견되었다. 소녀는 자살한 것으로 추정된다." 이에 대한 답은 이 불쌍한 소녀가 자신을 18조각으로 토막 낼 수는 없으리란 것이었다.[53] 비네의 테스트를 받은 아이들이 그러고 나서 악몽을 꾸었는지 아닌지는 기록되지 않았다.

그렇다면 나이에 따라 주어진 과제를 모두 완수하지 못한 아이들은 어떻게 되었을까? 이 발달 지체 아동들은 세 개 집단으로 구분되어 각각 과학적 명칭을 부여받았다. 그러나 곧 이 명칭들은 모욕을 가하는 용도로 널리 사용되었다. 실제 나이는 그보다 많음에도 1~2세용 테스트만 통과할 수 있는 아동은 '백치idiots'로, 3~7세 능력을 갖춘 아동은 '천치imbeciles'로, 비네 척도에서 8~12세 사이에 위치하는 아동은 '저능아moron'로 분류되었다.

4년 후, 독일의 심리학자 빌리암 슈테른은 아동 정신 연령을 실제 연령으로 나누는 방식으로 비네의 척도를 살짝 변형시켰는데, 백분율로 표시된 이 숫자가 소위 말하는 IQ를 구성했다.[54] 이로써 IQ 100이 기준으로 자리잡게 되었다. 하지만 이는 100이 필연적으로 평균값을 나타냈기 때문이 아니라, 아동의 정신 연령과 신체 연령이 같다는 관념을 표현한 값이었기 때문이다(비네의 테스트는 평균이 아니라 아동들의 '최고' 능력치를 측정했다). 즉 정신 연령 열두 살을 실제 연령 열두 살로 나누면 1이 나오고, 이를 백분율로 나타내면 100퍼센트였기 때문이다.

그런데 비네의 테스트가 미국에 수입됐을 때는 아동뿐만 아니라 모든 사람의 등급을 매기는 용도로 새롭게 활용됐다. 미국의 심리학자들은 지능 테스트 점수가 사회적 지위와 관련 있다고 가정했다. 스

한 아동에게 테스트를 실시하는 알프레드 비네의 모습. 1907년에 찍은 것으로 작가는 미상.

탠퍼드-비네 IQ 테스트를 설계한 심리학자 루이스 터먼에 따르면, 사회적 위계질서는 그야말로 누구나 알고 있는 '상식'이었다.[55] 그렇지만 상식이란 사물이 현존하는 모습 그대로 보는 것에 불과하다. 그렇지 않나? 엘리트들이 태어날 때부터 가지는 특권적 조건과 부유한 부모가 그들의 자녀에게 쥐어주는 기회는 골턴이 말하는 천재들이 재생산되기 쉽도록 보장해 주는 요소들이었다. 20세기 초반의 지능 검사자들은 검사 결과에 투영된 현상을 보고, 그것이 자연적 결과라고 가정했다.

그뿐만 아니라 그들이 실시한 검사의 대부분은 편향적이었다. 이러한 편향성은 그들이 테스트에 사용한 질문들이 문화 특수적이었기 때문에 발생했다. 다음 질문을 보자. "크리스코Crisco는 다음 중 무엇을 가리키는가? 1. 특허 의약품, 2. 소독제, 3. 치약, 4. 식료품." 여러분이라면 검색 없

이 답할 수 있겠는가? 즉 이러한 편향성은 특정 계급에 매우 익숙한 화제를 선정한 탓에 생겨났다. 모든 사람이 크리스코를 구매할 수 있는 건 아니었기 때문이다. 아니면 제시된 질문들이 소비주의와 브랜드 동일시를 특권화했던 어떤 특수한 사회 모델을 반영했던 탓일 수도 있다.

만약 아이가 서구 백인 중산층의 생활양식을 가지고 있는 것인지 아닌지를 테스트하려고 하는 것이라면, 1917년에 개발된 미군의 알파 IQ 테스트가 딱 맞을 것이다. 알파 IQ 테스트에는 앞서 언급한 크리스코 질문을 비롯해 비슷한 다른 천 개의 파생 질문들이 담겨 있기 때문이다. 하지만 개인의 심리에 내재하는 특정 속성을 측정하고자 한다면 이러한 테스트의 유용성은 떨어질 것이다. 그럼에도 이러한 테스트들이 다른 무엇보다 이민 할당량immigration quotas, 직업 역할, 아동의 교육 진로를 결정하기 위해 사용되었다.

하지만 유전적 특성이라 여겨지는 IQ와 관련해 아마도 가장 기이한 점은 측정법이 수년에 걸쳐 변화해 온 방식일 것이다. IQ 테스트들은 100이 종형 곡선 중앙을 유지할 수 있도록 1932년부터 계속해서 '기준을 재조정re-normed'해 왔다. 만약 여러분이 1932년 테스트와 1947년 테스트를 동시에 받는다면, 1932년의 점수가 더 높게 나올 것이다. 1984년 심리학자 제임스 플린James Flynn이 미국에서 실시된 IQ 테스트 점수들을 살펴보니 지난 46년간 IQ 점수가 엄청 상승했으며(13.8포인트), 다른 나라에서도 거의 비슷한 결과가 나왔다고 지적했다.[56] 사람들이 점점 더 똑똑해진 걸

크리스코는 제빵에 사용되는 식료품이다. 만약 여러분이 북미에서 오랜 시간을 보냈다면 십중팔구 정답을 맞힐 수 있었을 것이다. 하지만 그렇지 않다면, 맞히지 못하는 것도 당연하다.

까? 아니면 표준화된 테스트에 점점 익숙해진 걸까? 그것도 아니라면 완전히 다른 뭔가가 있었던 걸까? 플린은 IQ 테스트와 지능 간에는 느슨한 관련성이 존재할 뿐이라고 결론 내렸다.

이러한 인식에도 IQ 테스트는 사라지지 않았다. IQ 테스트는, 심리학자 리처드 헌스타인Richard Herrnstein과 정치 과학자 찰스 머리Charles Murray의 논쟁적인 1994년 책《종형 곡선The Bell Curve》에서처럼 계급과 인종, 사회적 편견을 지탱하기 위해 여전히 이용되고 있었다. 헌스타인과 머리는, 이들의 빅토리아 시대 선조들이 그랬듯이, 지능이 정규분포를 이룬다는 사실은 인종과 사회 계급들에서 나타나는 지능의 차이가 유전에 의한 것임을 보여주는 증거라고 생각했다. 이들은 '학자들이' IQ의 40~80퍼센트가 유전적으로 전달된다는 가정을 '받아들이고 있다'는 경솔하고 잘못된 주장을 펼쳤다.[57] 헌스타인과 머리는, 더 부유하고 더 많은 교육을 받은 사람일수록 IQ가 더 높은 경향이 나타난다면, 이는 우수한 지능이 나타나야 할 곳에 적절히 잘 나타났음을 입증하는 것이라고 생각했다. 또다시 종형 곡선이 기존의 편견을 강화하는 편리한 수단을 제공했다.

그렇다면 한 세기가 넘게 실시되어 온 IQ 테스트가 증명한 것은 대체 무엇일까? 우리는 고정불변의 지능을 가지고 태어나는 것일까? 다시 말해, 우리가 아동이었을 때 측정한 IQ는 평생 변하지 않은 채로 우리를 따라다닐까? 아니면 다윈이 생각한 것처럼 사람들 사이의 지능이란 거의 차이가 없는 것일까? 여전히 많은 사람이 지능이라는 속성이 존재할 뿐만 아니라 측정 가능하다는 관념을 지지하고 있기는 하지만, 오늘날의 심리학자들은 IQ 테스트에 점점 더 비판적 시선을 보내고 있다. 무엇보다 정상적인 지능이 존재할 수 있는지, 또 존재해야 하는지와 관련해서는 해

답보다 의문이 훨씬 더 남아 있다.[58]

특수교육 필요 및 장애Special Educational Needs and Disabilities, SEND 시설에 지원되던 기금이 영국 전역에서 감소하면서 IQ 테스트를 활용해 개별 아동의 필요에 부합하는 지원책을 결정하고자 했던 비네의 원래 계획은 요원한 꿈이 되어버린 듯하다. 근 한 세기 동안 (과다) 사용되어 온 지능 검사의 종형 곡선은, 그 곡선이 실제로 무엇을 의미하는지에 대해 어떠한 의견 일치도 없는 가운데 여전히 아동의 교육 및 삶의 기회에 큰 영향력을 행사하고 있다.

문제 아동이라고?

초등학교 교사 일을 시작한 지 얼마 되지 않는 친구가 말했다. "나 오늘 아무래도 내 인생 첫 번째 연쇄 살인범을 만난 것 같아." 모임의 다른 사람들이 이러쿵저러쿵 못 믿겠다는 말을 하자 친구는 "교사라면 모두 한 번쯤 만나봤을 거야!"라고 강조했다. "너희가 안다고 생각하는 그 아이한테도 어딘가 수상한 구석이 있을지 몰라. 몇 년 후에 뉴스를 보다가 그 아이가 죄수복을 입고 머그샷(mugshot, 범인 식별용 얼굴 사진_옮긴이 주) 속에서 너희를 노려보는 모습을 보게 될지도 모른다고."

나중에 알고 보니 친구의 연쇄 살인범은 다섯 살배기 꼬마 해리였다. 해리는 변기에 햄스터를 넣고 물을 내려버린 일에 조금도 반성하는 기미가 없었다고 했다. 친구는 아동기에 나타나는 동물에 대한 잔인한 행동이 연쇄 살인범 프로파일에 자주 등장한다고 말했다. 하지만 해리는 다섯 살이었다. 그 나이의 아이에게 문제 아동이라는 딱지를 붙이는 것이 온당한 것이었을까?

문제 아동은 20세기 초반의 산물로 처음에는 법정에서, 연이어 교실과 가정에서, 그리고 북미와 유럽, 오스트레일리아의 도시 거리에서 등장했다. 이들은 신체적으로도 정신적으로도 정상이었지만, 파괴적이거나 침울하고 다루기 까다롭게 여겨졌다. 소리를 지르고 욕을 하고 부모에게 반항하고 밤늦게까지 돌아다니거나 절도, 음주, 흡연 등의 문제를 일으킬 수도 있었다.

오늘날이라면 이러한 문제는 정상적인 10대나 10대 직전 아동의 전형적인 문제라고 생각할지도 모른다. 하지만 20세기 초반에 10~15세의 문제 아동은 부모와 심리학자, 정치인들에게 새로운 걱정거리가 되었다. 사람들은 이 다루기 어려운 아동들이 미래에 비행 청소년이 될 위험이 있다고 생각했다. 꼬마 해리가 21세기의 잠재적인 연쇄 살인범이었던 것처럼, 1930년대를 살던 열두 살짜리 조시의 짜증과 열다섯 살짜리 맬컴의 우울감은 미래에 범죄자가 될 징후들이었다.[59] 문제 아동이 정상적이고 행복한 성인 생활에 도달할 수 있도록 하는 열쇠는 오직 조기 개입뿐이었다.

물론 향후 장기간 지속될 문제들이 아동기에 출현한다는 사고방식이 완전히 새로운 것은 아니었다. 1892년 원로 정신과 의사 조지 필딩 블랜드퍼드George Fielding Blandford는 '신경증, 간질, 히스테리, 건강 염려증을 앓고 있거나 불안정한' 부모를 둔 아동은 면밀한 통제 아래 양육되어야 한다고 말했다. 아동기 초반에는 '신경성 유전nervous inheritance'의 징후들이 악몽, 어둠에 대한 공포, '성마르고 변덕스러운' 기질, '폭력적이고 격렬한' 성격으로 나타나곤 했다.[60] 앞 장에서 살펴보았듯이 오랜 자위 행위는 허약한 청년의 건강을 위협하는 주된 위험 요소 중 하나였다. 지나친 공부와 교육 경쟁은 학교 교육이 확대되면서 뒤따른 새로운 걱정거리였다. 블랜드퍼드는 학교 시험으로 인해 "온갖 위험이 따르는 수년간의 정신노동 끝에 학생들이 얻는 것이라곤 정신적인 실망감과 실패감이라는 유해한 결과들뿐이다"라고 생각했다.

1891년, 스물일곱 살의 프랑크 베데킨트는 자신의 첫 희곡《사춘기》에서 학교 교육이 젊은이들에게 유발하는 스트레스를 탐구했다. 독일의 시골을 배경으로 한 이 성장 이야기에서 10대인 모리츠는 시험에 낙제하자 자살한다. 모리츠의 가장 친한 친구인 멜히오는 열네 살 소녀 벤들라를 강간한 뒤 소년원에 보내진다. 벤들라는 낙태 수술이 잘못돼 사망에 이른다. 자비로 출판된(베데킨트는 어떤 극장도 자신의 희곡을 무대에 올려주지 않으리라는 사실을 잘 알고 있었다) 이 희곡은 1974년 이전까지는 온전하게 상연되지도 못했다.

《사춘기》는 10대 등장인물의 관점에서 쓰였기 때문에 정상적이거나 건강한 아동에 대한 1890년대의 의학적 묘사와는 극적으로 달랐다. 권위적인 성인들은 우스꽝스러운 이름에 부주의한 태도를 지닌 인물들로 희화화되었다. 부모들은 10대 자녀들의 순결을 보호하겠다는 명목으로 자녀들을 성에 무지하게 만든다. 벤들라는 자신이 임신했다는 말에 아연실색하며 엄마에게 한탄한다. "엄마, 왜 내게 다 말해주지 않았어요?" 그녀의 엄마는 늘 사랑에 빠져야만 아기를 가질 수 있다고 말해왔기 때문이다.[61]

1906년 11월, 마침내《사춘기》는 심하게 난도질당한 채로 베를린 카머슈필레Kammerspiele 소극장에서 초연되었다. 그 후 20년간《사춘기》는

카머슈필레에서 상연되면서 베데킨트를 유명하게 만들었다. 1891~
1906년 사이에 대체 어떤 변화가 있었기에 10대의 고뇌를 공공연히 이
야기할 수 있게 된 걸까? 크게는 아동기 심리학에 대한 새로운 관심 덕분
이었다.

　아마도 여기서 가장 먼저 생각나는 인물이 지그문트 프로이트일 것이
다. 프로이트는 실제로 아동을 치료하지는 않았지만, 장황한 정신분석학
적 사례 연구들을 통해 환자의 과거 이력을 상세하게 파고들었을 뿐만 아
니라, 그 과정에서 성인 신경증의 원인을 아동기 경험들에서 찾았다. 아
동 섹슈얼리티에 대한 프로이트의 견해는 비판자들로부터 격렬한 논쟁
을 불러일으키긴 했지만, 분명 정신분석학계에 지대한 영향을 미쳤다. 하
지만 일반 대중이 비정상적인 아동에 대해 가지고 있던 관념들 또한 문제
행동이 아동기 초반의 경험들에서 비롯되니만큼 처음부터 심리학적으로
이해될 필요가 있다는 생각으로 수렴되었다. 이러한 견해는 20세기 초반
의 아동 지도 운동(처음에는 미국에서, 이어 유럽으로 확산된)의 토대가 되었
다. 유아 체중 클리닉과 다소 비슷하긴 했지만, 좀 더 나이가 많은 아동을
대상으로 1920~1930년대에 설립된 이 새로운 아동 지도 센터들은 부모
와 아이에게 다양한 조언과 지원을 제공했다.

　아동 지도는 1899년 최초의 소년법원juvenile courts이 생긴 일리노이주
에서 처음 시작되었다. 이로 인해 '비행 소년'에 대한 새로운 인식이 생겨
났다. 일리노이 법에 따르면 비행 소년이란 다음과 같은 행동에 연루된
아동을 가리킨다. '악의적이거나 비도덕적인 사람'과 어울리기, 가출, 도
박장이나 술집 혹은 공공 당구장 출입, 밤거리 배회, '공공장소에서 비열
하고 음란하며 불경스러운 혹은 버릇없는 언어'를 사용하기, '음란하고

외설적인 행동으로 잘못 저지르기' 등.[62] 이는 경범죄에 해당하는 것으로 성인이라면 체포로 이어질 수도 있었으나 대부분 그렇지 않았다. 비행 소년법Juvenile delinquency laws의 목적은 무엇보다 아동에게 비정상적으로 여겨지는 일련의 행동들을 규제하는 것이었다. 비행 소년은 '폭력적이기보다 성가셨고, 범죄자보다 사회적으로 더 거슬렸다.'[63]

하지만 이 새로운 비행 소년들은 빅토리아 시대의 입법가들이 생각했던 것보다는 좀 더 순진하게 여겨졌다. 이들은 더 이상 타고난 범죄자들이 아니라 주변 사람들에게 상처받기 쉬운, 방치되고 제대로 이해받지 못하는 젊은이였다. 사회개혁가 제인 애덤스는 비행 소년에 대해 다음과 같이 낭만적으로 묘사했다.

"'나는 젊음의 화신이니 나와 함께라면 불가능할 것이 없다!'고 외치며 거리를 활보하는 자신감 과잉의 욕심 많은 피조물들을 우리는 마치 안 보이는 양 묵살했던 것 같다. 그들이 행동으로 많은 의미를 나타내고 있음에도 우리는 그들이 무엇을 원하는지 이해하지 못하며, 심지어는 그들의 행동을 제대로 보려고조차 하지 않는다."[64]

소년 범죄에 대한 가혹한 처벌은 바람직하지 못한 것으로 여겨졌다. 이들의 나쁜 행동은 이제 드러나지 않았던 정신적 트라우마가 발현된 것으로 생각됐기 때문이다. 개혁가들은 문제 아동에게 필요한 것은 처벌이 아니라 상담과 재교육이라고 주장했다.

비행 아동들의 이야기에는 자주 비극이 포함되었는데, 대부분은 가족에 의해 빚어진 것들이었다. 1912년 소포니스바 브레킨리지Sophonisba Breckinridge와 에디스 애보트Eddith Abbott가 시카고의 비행 소년들을 대상으로 수행한 연구에는 이러한 비극적 이야기들이 다수 포함되어 있다.

코라의 경우, 부모가 술을 많이 마셨고 코라를 학교에 보내지 않은 채 네 살 된 남동생을 돌보게 했다. 집 안은 술에 취해 흥청대는 사람들로 가득했다. 이런 분위기를 피하려고 코라는 자주 늦은 시간까지 거리를 배회했다. 결국 코라는 '인도 아래' 잠들어 있는 게 발견돼 법정에 세워졌다.[65] 열세 살의 한 폴란드 소년은 철로가 집들에서 곡물을 훔치다 체포됐다. 아버지가 결핵으로 아팠기 때문에 먹을 것도 땔감도 없었던 소년과 가족들은 굶어 죽기 직전이었다.[66] 열다섯 살의 한 영국 소녀는 손가락에 심한 상처를 입고 더 이상 공장에서 일할 수 없게 되자, 어머니가 돈을 벌 수 있는 다른 방법을 찾기 전까지는 집에 들어오지 말라며 딸을 사창가로 내몰았다.[67]

브레킨리지와 애보트는 이들의 범죄는 아동 그 자신에게 책임이 있는 것이 아니라 빈곤과 불운, 도덕적 퇴보, 인구 밀집, 교육 부족, 이웃의 무관심 같은 환경에 있다고 보았다. 이 모든 환경적 요인은 극빈 가족, 특히 최근의 이민자 가족에게 가장 극심한 형태로 가중되었다. 제인 애덤스처럼 이 두 학자도 성인이 아이를 이해하지 못하는 점을 우려했다.

이는 새로운 세대의 아동심리학자들이 지지하던 견해였다. 그중 가장 독보적인 인물은 윌리엄 힐리William Healy였다. 그 자신이 이민자이기도 했던 힐리는 1978년 부모를 따라 잉글랜드에서 시카고로 옮겨왔다. 가족을 부양하기 위해 학교를 중퇴하고 독학을 이어가던 힐리는 스물네 살에 청강생 자격으로 하버드대학교에서 수학했다. 힐리는 아동심리학 연구를 시작했다. 그러나 정상 아동을 대상으로 한 과학적인 행동 연구와 생리학 연구의 부족이 아동의 심리 연구를 어렵게 한다는 사실을 깨닫게 되었다.[68]

워싱턴 아동 지도 클리닉에서 심리학자 혹은 사회복지사로 보이는 사람과 함께 앉아 있는 한 아동의 모습(1931).

1915년 힐리가 교재로 집필해 내놓은《비행 소년의 특수성The Individual Delinquent》은 '드러나지 않는 정신생활 속 갈등의 그림자 아래에서 많은 범죄적 성향이 탄생한다'는 생각을 널리 알리는 계기가 되었다.[69] 빅토리아 시대 후반의 정신과 의사들은 오직 신경증이 있거나 불안정한 아동만이 비행을 저지를 위험이 있다고 가정했다. 하지만 힐리와 그 동료들은 어떤 아동이라도 비정상적인 환경에 처하면 대개 비정상적으로 될 가능성이 크다고 주장했다. 비행 아동의 비정상적인 환경은 "'신의 은총을 받지 못한다면' 우리 대부분에게도 그대로 나타날 수밖에 없는 너무도 당연한 효과와 반작용을 보여줬다."[70] 이러한 견해는 아동 지도 운동의 성장을 촉진했으며, 제1차 세계대전 이후 미국 전역에서 350개의 아동 지도 클리닉이 문을 여는 데 크게 일조했다.[71]

이러한 인식의 전환으로 아동심리학에 관심을 보이는 사람의 수가 엄청나게 늘어났다. 1918년 미국에서 아동을 주된 연구 대상으로 삼았던 심리학자는 세 명에 불과했다. 하지만 1937년에 81명에 달했고, 1956년에는 미국심리학회American Psychological Association, APA 소속 정회원과 특별회원 중에서 아동 혹은 아동 관련 연구가 자신의 주된 관심사라고 언급한 사람은 거의 1천 명에 육박했다.[72] 비정상적인 행동이 아동기 경험에서 비롯된다는 견해가 확산됨에 따라 미국 학계와 비슷한 현상이 영국과 오스트레일리아에서도 나타났다.[73]

비행 아동의 의미가 재해석됨에 따라, 20세기 초반 미국의 개혁가들은 정상 아동이라는 개념 역시 재정의했다. 빅토리아 시대의 사람들은 풀런처럼 어쩌다 보니 그렇게 태어난 특정 아동만이 정신적으로 비정상이라고 가정했다. 하지만 20세기 초반의 심리학자들은 비록 '정상'으로 태어났다 하더라도 그들이 처한 환경으로 인해 많은 아동이 심리적 부적응이라는 위험에 처할 수 있다고 생각했다. 제2차 세계대전 이후에 이러한 아동 심리학적 관점은 한 걸음 더 나아갔다. 이제 전후 심리학자들은 '모든' 아동이 잠재적으로 비정상이라고 전제하게 되었다. 또한 부모의 행동이야말로 아동의 감정적·심리적 건강을 위협하는 가장 큰 요인으로 생각되었다.

전후 아동 발달에 대한 영화 중 가장 큰 영향을 미쳤다고 평가받는 한 영화는 다음과 같은 내레이션으로 시작된다. "이 아이는 로라입니다. 로라는 지금 자신의 집 정원에 있습니다." 두 살 반인 로라는 밝고 활동적이었다. 사랑 가득한 부모는 하루가 다르게 쑥쑥 커가는 로라의 발달 속도에 무척 감격스러워했다. 이어지는 내레이션. "로라의 부모는 '로라가 여간해서는 울지 않는다'며 어느 정도 자부심이 깃든 목소리로 말합니다."

〈두 살짜리, 병원에 입원하다A Two-Year-Old Goes to Hospital〉라는 이 영화는 심리학자 존 볼비John Bowlby와 사회복지사 제임스 로버트슨James Robertson이 1952년에 제작한 것으로, 배꼽 탈장을 치료하기 위해 입원한 로라의 8일간의 병원 생활을 꼼꼼하게 기록한 다큐멘터리다. 볼비의 설명대로면 배꼽 탈장은 '흔하게' 생기는 질병이었다. 영화는 "경미한 수술을 받기 위해 8일간 병원에서 지내야 하는 두 살 반 아이에 대한 이야기로, 아이는 병원에 있는 동안 대부분 짜증을 부렸다."[74]

영화는 로라가 보이는 불안과 초조함을 조명함으로써 아동기에 경험하는 정상적인 고통조차도 정서 장애를 유발할 수 있다고 주장한다. 아동의 감정적 반응에 주목한 것은 아마도 이 영화가 처음이었던 것 같다.

영화는 내레이션을 빼면 어떤 소리도 들리지 않는다. 로라가 눈물을 흘리는 장면에서도 우리는 내레이터를 통해서만 로라의 말을 들을 수 있다. 의사나 간호사가 로라를 달래기 위해 무엇을 하고 어떤 말을 하는지는 거의 들리지 않아서, 이들의 노력은 멀고 낯설게 느껴진다. 영화는 로라가 특별한 아이라는 내레이션을 계속해서 들려주는데, 바로 이 점이 집중력을 높인다. 로라는 병원 직원이 무작위로 선정한 아동임이 분명해 보이지만, 내레이터는 "로라가 자신의 감정을 조절해서 표현할 줄 아는 매우 이례적인 아이"라고 말한다.[75] 특별하고 이례적인 아이라는 내레이션은 불안과 초조에 떠는 로라의 모습과 대비되어 로라가 받은 충격이 얼마나 큰지 강조하는 효과를 가져옴으로써 관객으로 하여금 지금 당장 눈에 보이는 것 너머를 보도록 고무한다.

영화가 제작된 지 70년이 지난 오늘날, 우리는 부모가 자신을 병원에 남겨두고 떠났다는 사실을 로라가 알게 되면 분명 충격을 받으리라 생각할 것이다. 그러나 1950년대의 관객은 영화를 보고 깜짝 놀랐다. 아이의 관점이 제시된 이 영화는 어른들이 기존에 가지고 있던 생각을 완전히 깨버렸다. 당시에는 부모의 병원 면회가 자주 제한됐는데, 기껏 안정돼 보이는 아이에게 또다시 느닷없는 고통을 일으켰기 때문이다. 볼비와 로버트슨은 로라가 마침내 울지도 않고 관심을 끌려고도 하지 않게 된 것은 좋은 징조가 아니라고 주장하며 반론을 제기했다. 이는 로라가 분리에 대처하고 있는 것이 아니라 위축되었다는 증거였다. 즉 로라의 '초조함'을 드러내거나 '저항'하던 행동이 '체념'으로 바뀐 것이다.[76]

분리의 두 번째 단계인 체념은 첫 번째 단계보다 더 위험했다. 로디라는 소년은 1~4세 때 병원과 결핵 요양원에 격리되어 엄마와 떨어져 지내는 동안 모든 인간관계에서 위축된 모습을 보였다.[77] 로디와 엄마와의 관계는 로디가 집에 돌아온 이후로도 2년 반이 지날 때까지 힘들었다.[78] 로라와 로디를 비롯해서 엄마와의 분리를 경험했던 다른 아이들 역시 원래부터 불안정하거나 까다롭지는 않았다. 이들이 보인 정서적 반응은 충분히 예측할 수 있는 것들이었다. "정상적인 아동이라면 누구나 그렇듯 서서히 영향을 받았을 뿐이었다." 그럼에도 이러한 변화는 아이를 감정적으로 불안정하게 만들었기에 위험한 것으로 해석되었다.

볼비는 영아 분리 사례를 좀 더 나이가 든 아동들의 사례와 비교했다. 예를 들어 열한 살의 데스몬드는 치료사의 의자에 불을 지르려 한다거나 자신의 머리와 스타킹을 태우고 자신의 목을 조르는 등의 폭력성을 보였다. 볼비는 "데스몬드의 사례에서 알 수 있듯이 유아의 초조함은 애정 관계 형성 능력이 파괴되기 시작했다는 것을 보여주는 징조"라고 결론 내렸고, 이러한 볼비의 과감한 결론은 다양한 세대의 부모들을 경악하게 만들었다.[79]

미국에서는 심리학자 해리 할로Harry Harlow의 유명한 영장류 실험이 볼비의 이론에 힘을 실어주었다. 할로는 부모가 없는 새끼 원숭이들에게 두 종류의 대리모를 제공했다. 하나는 철사 틀로 만든 것, 다른 하나는 부드러운 천을 덧대 만든 것. 그런 다음, 새끼 원숭이 절반은 철사 엄마에게 부착된 젖병에서 우유를 먹게 했고, 나머지 절반은 천으로 된 엄마에게서 우유를 먹게 했다. 어느 쪽에서 우유를 먹었는지와는 상관 없이 새끼 원숭이들은 모두 천 엄마에게 매달려 대부분의 시간을 보냈다.

할로의 실험은 세계적으로 유명해졌다. 실험은 전후에 새로이 등장한 TV 시청자의 시선을 완전히 사로잡았다. 다큐멘터리 영상은 큰 눈의 새끼 원숭이들이 대리모에 바싹 달라붙어 있거나, 심지어 대리모의 얼굴에 코를 비비고 '입을 맞추는' 모습을 보여준다. 할로가 이러한 행동을 '사랑'이라고 설명하자, 시청자들은 자신이 본 것을 좀 더 쉽게 의인화할 수 있었다. 할로에 따르면 철사 엄마는 '생물학적으로는 충분했지만 심리학적으로는 부적절'했다. 새끼 원숭이들에게 과장되게 웃는 입과 큰 눈을 부착한 천 엄마는 원숭이의 모성애를 시각적으로 상징하는 것이었다.

1956년 볼비의 애착 이론이 발표되었을 때 할로의 실험은 이를 방어할 수 있는 이상적인 무기가 되어주었다.[80] 이 실험으로 새끼 원숭이들이 (할로에 따르면 인간 역시) 정상적인 정서적 발달을 이루기 위해서는 부드러운 대리모와 밀접한 신체 접촉이 필요하다는 가정이 입증된 것처럼 보였다. 연구자들은 철장에서 격리된 채 자라난 원숭이들을 같은 나이의 다른 원숭이들과 함께 놀이방에 풀어놓았을 때, "격리되었던 원숭이들에게 감정 조절 능력을 비롯해 다른 모든 정상적인 사교적 감정 능력이 전무하다는 사실을 발견하고는 크게 놀랐다."[81] 볼비는 "지치거나 아플 때 로라가 의지하며 위로를 구한 사람은 다름 아닌 그녀의 엄마다"라고 지적하면서 엄마가 아동의 정서 발달에 가장 중요한 역할을 한다고 가정했다.

하지만 할로는 그렇게 생각지 않았다. 할로의 새끼 원숭이들이 대리모에게서 필요로 했던 것은 따뜻함과 안락함이었다. 대리모는 우유를 제공하지 않았을 때조차 이러한 역할을 훌륭히 해냈다. 할로는 "이러한 결과는, 아이 양육이라는 부모의 핵심적 역할을 수행하는 데 있어, 미국의 남성도 미국의 여성과 대등하게 맞설 수 있을 만큼 여성에 못지않은 매우 실질적인 신체적 조건을 갖췄음을 깨닫게 해준다는 점에서 고무적이다"라고 결론 내렸다.[82] 천 대리모가 위안과 안도감을 줄 수 있다면 누구를 막론하고 모든 인간의 부모가 똑같이 그럴 수 있을 테니까 말이다.

그렇지만 할로를 제외하면 다른 누구도 아버지의 이러한 양육 잠재력을 알아채지는 못했던 것 같다. 1920년대의 어머니들이 아이들의 체중과 위생 상태로 비난받았듯이, 이때의 어머니들도 여전히 일하러 다닌다는 이유로 여기저기서 광범위하게 비난을 받았다. 이제 이 '철사 엄마들'이 소홀히 한 것은 아이들의 신체적 건강이 아니라 정서적 욕구가 되었다.

미국의 아동 돌봄 전문가 닥터 스폭^{Spock}은 일하러 가겠다는 어머니의 '결정'은 자녀의 욕구를 전혀 인지하지 못했음을 보여주는 것이라고 말했다.[83] 로널드 일링워스에 따르면, 어머니들이 일반적으로 보모에 의지하는 이유는 '양육으로 귀찮음을 감수하고 싶지 않기에, 또는 보모에게 아이를 맡기는 게 유행이라고 생각하기 때문'이었다. 하지만 이러한 주장은 일할 수밖에 없거나 일하고 싶은 어머니들에게는 자녀를 돌봐줄 누군가의 도움이 필요하다는 사실을 외면하는 것이었다.[84] 아이의 정상적인 발달은 오로지 어머니에게 달려 있다는 가정은 여전히 강력하게 유지되고 있었다.

수줍음부터 과잉행동까지

일링워스는 "모든 정상 아동이 행동 문제를 가지고 있다"고 강조하며, "이러한 문제를 지닌 아동들을 어쨌거나 비정상적이고 버릇없으며 신경증적이거나 부적응적이라고 치부하는 것은 잘못이다"라고 덧붙였다. 바뀌어야 할 사람은 대개 부모지 아동이 아니었다. 볼비가 지적했듯이, 심지어 아무리 사랑스러움이라곤 눈곱만큼도 찾아볼 수 없는 아이라 할지라도 지속적인 사랑과 안전감을 필요로 하기 때문이다.[85] 먹기나 잠자기 거부, 야뇨증, 짜증, 엄지손가락 빨기, 자위, 불안, 낯가림, 말더듬증은 전후 이후 정상적인 아이들의 행동 문제로 여겨졌다. 그러다 새롭게 주목받게 된 것이 있었으니, 바로 과잉행동이다.

주의력 결핍 및 과잉행동 장애Attention Deficit Hyperactivity Disorder, ADHD는 오늘날에도 여전히 논쟁거리다. 정상 아동의 뜻을 명확히 하는 과정에서 최근 추가된 항목이기 때문이다. 1957년 전까지만 해도 과잉행동은 임상적 차원에서 일반적으로 중요하게 여겨지지 않았다. 앞선 로라의 사례처럼, 아동 지도의 대상은 보통 내성적이고 조용한 아이들이었다. 하지만 1975년 이후로 관심의 축은 수줍음이 심하고 신경증적인 아동에서 '과도하게 활동적인' 아동으로 옮겨가기 시작했다.[86]

처음부터 과잉행동은 '정상적인' 아동의 문제로 인식되었다. 1957년 정신과 의사 모리스 라우퍼Maurice Laufer와 에릭 덴호프Eric Denhoff가 지적한 것처럼 '과운동성 행동 증후군hyperkinetic behaviour syndrome'은 몇몇 소수 아동에게서 나타나는 문제가 아니라 '정상 지능'을 갖춘 아동들에게서 나타나는 '통상적인 행동 장애'였다.[87] 과잉행동은 1962년까지 미국 아동들에게서 가장 광범위하게 발견되는 행동 문제 중 하나로 여겨졌고, 1968년 DSM-II에 등재된 이후에는 급속히 확산되고 있는 질병으로 인식되었다.[88] ADHD라는 약어는 1987년에 들어서야 비로소 사용되기 시작했다(그전에는 1980년에 나온 주의력 결핍 장애, 즉 ADD라고 했다).

이 새로운 질병 ADHD로 진단받는 아동의 수가 급격히 증가한 데에는 제약산업 및 직접 광고 시장의 성장, 학부모 로비 단체의 증가, 증상의 자기 관리에 초점을 맞춘 새로운 정신의학적 접근법 출현, 그리고 후에 등장한 아동 식단에 사용되어 온 첨가제에 대한 공포 등 여러 요인이 작용했다.

역사학자 매슈 스미스Matthew Smith에 따르면 냉전이 ADHD가 번성하는 데 완벽한 환경을 조성했다. 소련이 세계 최초로 인공위성 발사를 성공시키자, 이에 위기의식을 느낀 미국에서는 교육 시스템을 개선해야 한다는 목소리가 높아졌다. 미국의 과학 기술이 소련과 경쟁할 수 있으려면 아동 중심의 교육 구조가 보다 엄격한 시스템으로 대체되어야 했다. 아이들은 학교에 더 오래 머물고, 있는 동안 더 많이 배울 것을 요구받았다. 이에 지장을 주는 아이들은 점차 표적이 되기 시작했다. 이들은 자신의 학습뿐만 아니라 급우들의 학습에도 나쁜 영향을 주는 것으로 간주되었다. 그렇지만 새로 도입된 학교 상담사의 도움으로 이 '과잉행동' 아동을 선별하고 교정할 수 있을 것으로 기대되었다.[89]

처음부터 과잉행동은 계급과 인종에 근거해 진단되었다. 1960년대에 미국 소수 인종 집단 출신의 빈곤 아동들은 '경도 정신지체'라는 진단을 받고 낙인찍힐 공산이 컸던 데 반해, 부유한 백인 아동들은 운동 과다증 혹은 '미세 뇌기능 장애'란 진단을 받았다. 심지어 아이들이 똑같은 증상을 보이는데도 다른 진단이 내려졌다.[90] 드러내놓고 모욕적인 용어를 사용했던 빅토리아 시대의 인종적인 발달 위계 체계보다는 덜했지만, 과잉행동 진단 체계도 여전히 철저하게 인종차별적이었다. 그레나다 출신의 작가 버나드 코어드Bernard Coard는 영국에서 '교육적으로 평균 이하'의 아이들이 다니는 ESNEducational Sub-Normalality 학교에 흑인 아동의 비율이 상대적으로 매우 높다는 사실에 경악을 금치 못했다. 서인도 출신 아동들이 인종차별적 경험과 같은 정서적 또는 환경적인 문제와 씨름하는 가운데 나타나는 행동과 학습상의 어려움들을, 이들의 백인 교사는 외적 문제에 대한 정상적인 반응이 아니라 정신지체로 분류했다.[91]

이와는 대조적으로 20세기 말 무렵 ADHD는 백인 중산층, 즉 '정상성'

의 완벽한 본보기로 간주되어 온 바로 그 계층과 불가분의 관계를 맺게 되었고, ADHD 진단을 받는 것은 거의 지위의 상징인 양 여겨지게 되었다. 1997년 한 연재만화에서는 은수저를 입에 문 백인 아기가 부모를 놀리듯 다음과 같이 묻는 장면이 등장한다. "건강하고 정상적이며 완벽한 당신의 소중한 아기가 앞으로 살면서 필요한 것은 무엇일까요? 바로 특별한 도움을 받을 수 있도록 아주 작고 사소한 장애 판정을 받는 것이랍니다!"[92]

전후 미국에서 아동들의 과잉행동 진단은 일종의 유행이 되었다. 단순히 신경증이 있다는 설명만으로도 간단하게 리탈린 처방을 받을 수 있었다. 집중력을 높여주는 각성제의 일종인 리탈린은 심각한 부작용이 있음에도 부모, 교사, 정신과 의사들 사이에서 쭉 인기를 누렸다. 어쨌거나 전후에는 볼비와 일링워스가 장려했던 사회심리학적 처방보다는 약에 의지하는 것이 훨씬 더 쉬웠다. 1993년 무렵에는 미국에서 리탈린을 복용하는 아동의 수가 300만 명을 넘어섰고, 성인도 ADHD 진단을 받기 시작했다. ADHD 진단이 전 세계로 퍼지면서 초기에 ADHD 진단을 옹호했던 사람들까지도 우려하는 상황이 빚어졌다. 1960년대에 과잉행동 표준 등급 척도standard rating scales for hyperactivity를 최초로 개발한 심리학자 키스 코너스Keith Conners는 《영국의학저널》에 행여라도 자신의 부고 기사를 싣게 된다면 과잉행동의 과다 진단에 대한 경고도 함께 넣어달라고 요청하면서 그러한 과다 진단을 "위험할 정도로 확산하고 있는 국가적 재앙"이라고 칭했다.[93]

우리는 모두 행동에 대한 설명을 구하는 일에 익숙하다. 그리고 이따금 정신과 진단은 아주 매력적인 설명을 제공한다. 우리의 자녀가 나쁘거나 게으르지 않은데도 어떤 특정한 행동을 할 때, 그래서 다른 사람들에게 자녀의 좋은 모습을 증명해야 할 필요가 있을 때 정신과 진단은 특히 유용하다. 약물은 상담만큼이나 도움이 될 수 있다. 하지만 역사적으로 아동의 환경과 관계를 탐구하던 것에서 약물에 의지하는 쪽으로 변화해 온 것을 고려할 때, 이러한 변화의 또 다른 측면도 살펴봐야 할 것 같다. 볼비 시대로부터 우리는 정상적인 아동이라 할지라도 자칫 행동 문제를 일으킬 수 있다는 교훈을 얻었다. 21세기는 우리에게 약물의 도움만 있으면 까다로운 아동들도 신속히 '교정'될 수 있다고 제안한다.

하지만 의학적 진단과 약물 치료가 정말로 문제의 본질을 해결할 수 있을까? 우리가 아이들 행동에 과잉행동이나 자폐증을 비롯한 다른 어떤 이름을 붙일 때, 아동의 경험을 형성하는 사회적 요인들은 쉽게 간과되는 경향이 있다. 그러다 보면 늘 해오던 대로 하면서 그게 약물이 되었건 심리상담이 되었건 계속 의존하려 들지도 모른다. 어쨌거나 다양한 학습 스타일에 맞게 학교 시스템을 변화시키기보다는 아이에게 리탈린을 먹이기가 훨씬 쉽다. 인종주의가 우리의 제도화된 구조들 곳곳에 자리 잡고 있다는 사실을 인정하고 해결하기보다는 흑인 아동에게 교육적으로 평균 미달이라는 딱지를 붙이기가 더 쉽다. 물론 고통받는 아이들과 애쓰는 부모들은 약물이나 심리적 지원을 필요로 할 수 있다. 하지만 그렇다고 해서, 그러한 사실로 인해 중요한 사회적 맥락을 보지 못하게 되어서는 안 될 것이다.

타일러 페이지Tyler Page는 30대 중반이 되자 ADHD를 앓아왔던 자신의 삶을 생생하게 소설로 나타내 보기로 마음먹었다. 그가 처음 ADHD 진단을 받았던 것은 아홉 살이었던 1985년으로, 수십 년이 지나 자신의 어린 시절의 의료기록을 살펴보면서 그는 답변보다 질문이 더 많다는 사실을 발견했다.

페이지가 기억하기로는 단순했던 투병기(진단, 투약, 개선이라는 간단한 의료 과정)는 사실상 단순한 것과는 거리가 멀었다. 그는 "잊고 있었던 일이 떠올랐다"면서 다음과 같이 썼다. "무엇보다 당시 우리 가족이 꼭꼭 숨겨 두고 있었던 문제가 표면화됐던 일과 칼 사건(스쿨버스 좌석을 칼로 그어버린)이 서로 연관되어 있었다는 사실이 생각났다. 내 기억 속에서 그 두 가지는 별개의 일이었다."

페이지는 자신의 환경이나 어린 시절 경험이 자신의 증상을 이해하는 데 중요한 일이라고 판단했다. 하지만 ADHD 진단은 유용했다고 결론 내렸다. 덕분에 그가 자신의 경험을 이해하고 관리할 수 있었기 때문이다. 물론 그렇다고 해서 그가 계속 문제를 겪지 않았단 뜻은 아니었다. 그는 궁금했다. '약 복용이 내가 어떤 사람이 되는지에 영향을 미쳤을까? 게다가 가장 중요한 것, 약 복용이 내 자녀에게 어떤 영향을 미칠까?'[94]

자녀를 가짐으로써 우리는 자녀들의 삶뿐만 아니라 우리 자신의 삶도 재평가할 수 있다. 얼마 전에 가까운 친구 하나가 자폐증 검사를 받아볼까 생각 중이라고 말했다. 그는 자신의 행동 특성에 대해 오래전부터 걱정하고 있었다. 자신의 행동과 관련해 새로운 걱정을 불러일으킨 건 다름 아닌 자신의 어린 딸과의 관계였다.

여러분의 엄마와 아빠가 여러분을 망칠지도 모른다. 하지만 어쩌면 부모들도 그럴까 봐 걱정하느라 본인들 삶의 절반가량을 허비할지도 모를 일이다. 빅토리아 시대의 사람들은 신경증이나 손상된 유전형질 같은 부모의 생물학적 특성이 자녀를 망치는 주된 요인이라고 생각했으며, 그러한 생물학적 요인을 자주 인종이나 계급의 관점에서 설명하곤 했다. 에드워드 시대에는 아동의 환경이 한층 중요해졌다. 그렇다고 부모들이 책임을 면하게 되었다는 뜻은 아니었다. 특히 노동 계급의 어머니들은 영아의 신체 사이즈가 비정상적으로 작다거나 자녀의 몸에 '해충이 득실거린다'는 이유로 비난을 받아야 했다.

이러한 맥락에서 20세기 초 문제 아동이 출현했다. 또다시 '문제 부모'가 이 '비정상적인 아동'의 원인으로 지목되었다. 사회복지사들은 부모의 방치나 돌봄 부족 혹은 그저 단순히 빈곤한 것만으로도 아동기에 문제가 발생할 수 있다고 생각했다. 그러나 아동 지도 운동이 성장하고 아동심리학이 주목받게 되면서 '보살핌을 잘 받은' 아이라 할지라도 불안정해질 수 있다는 인식이 생겼다. 이따금이라도 부모들이 이러한 흐름을 바꾸기 위해 할 수 있는 일이란 거의 없었다. 로라의 부모가 로라의 수술을 피하거나, 분리로 인한 혼란을 없애기 위해 병원을 설득해 정책을 변화시킬 수 있었을까? 그렇게 보이진 않는다. 하지만 이들을 비롯한 수많은 부모가 자녀의 정서적 건강을 걱정하고, 이제 문제들이 확연히 드러날 것이라는 전제하에 행동 문제들을 발견하고 식별하기 시작했다.

친구와 그가 지닌 여러 가지 공포에 관한 이야기를 나누다가, 문득

10대 때 농장에서 일하는 동안 만났던 한 어린 소녀가 떠올랐다. 나는 그때 자폐증에 대해 처음 알게 되었다. 당시에도 나는 그녀와 내가 나이가 몇 살 차이 난다는 것 외에는 별다를 게 없어서 놀랐었다. 소녀는 어려운 시기를 보내고 있는 내게 친절했고, 그녀가 했던 말은 늘 내 마음속에 남아 있었다. 내가 그녀에게 붙은 자폐증이란 딱지에 대해 더 많이 알았더라면 그녀를 다르게 생각했을까?

한때 내가 일하던 박물관에 초등학교 학생들이 견학 왔던 일도 기억난다. 그때 우리 박물관 직원들 모두는 초등학생들이 복잡한 문제와 씨름하며 창의적인 아이디어들을 도출하는 방식에 크게 감동받았다. 나중에 인솔 교사가 견한 온 아이들은 말도 안 듣고 학습 능력도 떨어진다면서, 다른 아이들은 더 인기 있는 장소로 소풍 갔다고 했다.

학교에서 자신들이 그다지 재능 있는 학생들로 평가받고 있지 않다는 사실을 아무도 모를 때 아이들이 어떻게 반응하는지를 보고 교사 역시 깜짝 놀랐다. 낙인찍히기는 쉽지만, 낙인을 털어버리기란 훨씬 더 어려운 법이다. 낙인은 우리를 설명하고 이해하는 데 도움이 될지도 모르지만, 우리에게 한계를 지을 수도 있다. 내가 포용할 수 없는 것이 내 DNA 속에 새겨져 있는 속성이라고 믿었다면, 내가 번거롭게 몇 년씩 걸려가며 사람들을 포용하거나 그들의 눈을 직시하는 법을 배우려 했겠는가?

아동의 평균적인 모습 혹은 흔하다고 여겨지는 행동들은 사실 엄청나게 다양하다. 우리가 한 집단을 기준으로 다른 집단들을 평가한다면(마치 미군의 알파 IQ 테스트에서처럼 백인 중산층의 생활방식을 '정상적인' 것으로 치부한다면), 다른 배경을 지닌 사람들은 분명 다르게 보일 수밖에 없을 것이다. 그렇게 되면 지금껏 살펴봤듯이 이러한 자의적 기준에 부합하지 않는 사람은 비정상이 되어버리고 만다. 그런데 바꾸어야 할 것이 환경이라면 어떻게 될까? 예컨대 학교 무상 급식과 비타민 공급 같은 사회적 개입으로 이전에 눈에 띄던 '비정상성'은 쉽게 사라질 수 있었다. 알프레드 비네는 교육적인 지원을 한다면 학습 능력이 떨어지는 아이들의 IQ도 향상될 수 있다고 생각했다. 우리 아이들의 행동과 능력 중 일부는 유전자 또는 생물학과 관련 있을지도 모른다. 하지만 확실한 것은, 대부분은 그렇지 않다는 사실이다.

7장

사회는
정상인가

AM I
NORMAL?

팬데믹 세상에서

2020년 1월 29일, 나는 기침을 하면서 출근했다. 새해가 시작되자마자 앓기 시작한 감기는 나아가고 있었지만 짜증스러운 기침은 끈질기게 떨어지질 않았다. 점심시간 직전 동료와 함께 자리에 앉았다. 하지만 기침이 쏟아지는 통에 회의는 시작도 하지 못했다. 동료가 실눈을 뜨며 물었다. "코로나에 걸린 건 아니지?" 우리는 둘 다 웃었다. 당시에는 상상조차 할 수 없는 생각 같아서였다. 그때까지 내가 코로나에 걸릴지도 모른다는 생각은 꿈에도 해본 적이 없었다. 하지만 그 일이 있고 나서 이 새 전염병의 확산에 대해 처음으로 진지하게 생각해 보았다.

그로부터 5주 후인 3월 11일 수요일, 세계보건기구는 코로나 바이러스 팬데믹을 발표했다. 이 무렵, 이미 널리 알려진 대로 코로나바이러스 감염증-19(COVID-19, 이후 코로나19로 표기)는 114개국으로 퍼졌고 4000명이 넘는 사망자가 나왔다. 영국에 사는 사람 중 다수는 팬데믹 선포가 곧 있으리라는 사실을 알고 있었다. "그냥 손만 확실히 잘 씻으면 돼. 이건 상식이라고!" 동료와 이웃들은 대수롭지 않다는 듯이 말했다.

팬데믹이 선포된 그다음 주말, 나는 생후 2주 된 둘째 조카를 보러 여동생네 집에 갈 예정이었다. 여동생은 그 며칠 전에 문자를 보내서 좀 앞당겨 올 수 있느냐고 물었다. 바로 그 주에 모든 것이 바뀌었다. 유럽 전역에서 직장마다 직원을 집에 보내기 시작했다. 유럽의 발병 진원지였던 이탈리아는 총 봉쇄에 들어갔고, 다른 국가들은 국경을 폐쇄하기 시작했다. 관광은 막을 내렸다. 친구 몇몇은 애타게 기다리던 해외여행을 취소해야만 했다. 어찌어찌 칠레로 떠난 친구가 있었는데, 하마터면 돌아오지 못할 뻔했다.

증상이 조금이라도 있는 사람은 자가 격리를 강력하게 권고받았다. 70대 이상, 장기 질환자, 임산부 같은 취약 계층도 자가 격리 대상이었다. 내가 런던으로 돌아오는 날 부모님이 동생 집에 도착하셨고, 우리 가족은 짧은 재회의 시간을 가진 후 부모님은 호젓한 시골 생활을 준비하러 도싯의 작은 마을로 되돌아갔다. 엄마는 내가 크리스마스 선물로 드렸던 직소 퍼즐을 분해한 다음 처음부터 다시 맞출 거라며 신이 나서 말씀했다. 봉쇄 조치가 얼마나 오래갈지, 그때는 사실 아무도 예측하지 못했다.

팬데믹이 선포된 그다음 주말에 동생네 방문을 마치고 다시 런던으로 돌아왔을 때, 런던 옥스퍼드 거리는 전과 다름없이 쇼핑객들로 넘쳐나고 있었다. 마스크는 여전히 귀했다. 상황은 크게 변한 게 없어 보였지만, 그 이면에서 변화는 시작되고 있었다. 세계 곳곳에서 마트마다 두루마리 화장지와 파스타, 통조림 토마토가 동이 났다. 몇 주 전에 예약했던 테스코 배달은 도착 예정 몇 시간 전에 취소됐다. 다음번 배달은 2주 후에나 가능했다. 어쨌거나 예약을 했으니 나는 운이 좋은 편이었다.

사회 전반에 걸쳐 더 큰 균열이 나타나기 시작했다. 국민보건서비스는 이미 과부하가 걸려 밀려드는 환자들을 받아내느라 애를 먹고 있었다. 병원에서 검사도 하지 않은 채 환자들을 퇴원시키는 바람에 요양원 상황은 더욱 심각해졌다. 병원 직원들은 마스크를 직접 만들어 썼고, 감염된 환자를 처리하기 위해 당번 표를 마련했으며, 증상이 경미할 경우 검사 없이 강제로 격리시켰다. 불안정한 고용 상태에 있던 최저 임금 근로자는 자가 격리에 들어갈 여력이 전혀 없었다. 2020년 3월 18일까지 영국의 병원에서 코로나19로 사망한 사람은 759명에 달했다.[1] 그로부터 2년이 흘러 이 책이 인쇄 들어가는 현재를 기준으로 영국 사망자 수는 17만 5000명에 달한다.

술집과 음식점, 헬스장, 상점은 문을 닫았다. 일자리를 잃었거나 일시적으로 해고된 사람들에게 평소 임금의 80퍼센트를 지급하겠다는 정부 계획안이 나왔다. 그러나 모든 사람에게 정부 보조금이 지급된 것은 아니었으며, 지급 받았더라도 생계 유지에 충분하지 않아 푸드뱅크 이용자가 급증했다. 사람들은 집세를 마련하느라 고군분투했고, 집을 잃을까 봐 걱정했다. 학교가 문을 닫으면서 전국적으로 정보 격차가 나타났다. 모든 어린이가 온라인 수업을 받을 수 있는 것은 아니었다. 광대역 고속 통신망이나 컴퓨터가 없는 집도 있었기 때문이다. 정부는 빈곤층 어린이들에게 노트북 100만대를 지급하겠다고 약속하고는 곧 이를 잊어버렸다.

사회는 알아보기 힘들 정도로 바뀌었다. 정상과는 멀어 보이는 상황. 하지만 묘하게도 정상으로 보였다. 마거릿 애트우드의 디스토피아 소설 《시녀 이야기》에서 시녀를 감독하고 통제하는 계급의 리디아는 말한다.

"일상이란 별거 아니야. 너한테 익숙한 게 곧 일상이거든. 이 상황이 지금은 일상적이지 않은 것처럼 보일 수도 있어. 하지만 시간이 지나면 이게 곧 일상이 될 거야."[2] 규제가 시작되고 몇 달이 지나자, 우리는 통제받는 삶으로의 변화를 지친 한숨을 내쉬며 받아들이기 시작했다. 우리는 뉴 노멀에 익숙해지기 시작했고, 이것이 일상이 되었다.

그렇다고 해서 코로나19 팬데믹으로 드러난 여러 문제점과 불평등이 더 이상 충격적이지 않게 되었던 건 아니다. 팬데믹은 우리 사회 내부에 존재했던 많은 결함을 드러냈다. 팬데믹은 우리를 하나로 이어주던 끈이 얼마나 끊어지기 쉬운지, 모든 것이 얼마나 쉽게 뒤집힐 수 있는지 똑똑히 보여주었다. 많은 사람이 자연스러운 질서라고 여겼던 것들이 더 이상 확실하지 않은 것이 되어버렸다. 정시 근무, 고용 보장, 보편 교육, 소비주의, 보건의료, 개인의 자유. 한때는 이 모든 것이 아주 평범해 보였다. 그러다 하루아침에 그렇게 확실했던 것들이 갑자기, 그리고 예기치 않게 박탈되고 사라져 버렸다.

사회 유기체라는 식민지 시대의 유산

코난 도일의 셜록 홈스 두 번째 시리즈 《네 개의 서명》에서는 홈스의 좋지 못한 코카인 습관뿐만 아니라 후일 의사 왓슨의 부인이 될 매리 모스턴도 등장한다. 소설은 정상성의 과학도 끌어다 쓴다. "이 책을 읽어보게. 걸작 중의 걸작이야." 무언가를 조사하려고 막 뛰쳐나가던 홈스가 앞뒤 맥락도 없이 왓슨에게 말한다. "윈우드 리드가 쓴 《인간의 순교

Martyrdom of Man》일세."[3] 그러나 왓슨은 장래 아내가 될 여인에게 정신이 팔려 책에 집중할 수 없었다. 소설 말미에 홈스는 대중적 인기를 끌었으나 여전히 논쟁적이던 리드의 문명 진화론으로 다시 돌아가 자신의 생각이 리드로부터 왔음을 밝히며 마무리한다. "개개의 인간은 풀기 어려운 퍼즐과 같지만, 집단으로서의 인간은 수학적 확실성이 구현되는 대상이다."[4]

물론 이러한 생각은 케틀레 이후 통계학계에서는 일찌감치 퍼져 있었다. 1872년에 발간된 리드의 책은 1890년에 17판을 찍었다. 이로써 리드의 관점은 훨씬 더 널리 퍼져나갔으며, 사회 자체가 하나의 집합체라는 믿음 또한 공고해졌다.

괴팍한 성격의 영국 철학자 허버트 스펜서가 명명한 '사회 유기체social organism'는 정상성의 과학에서 등장한 완전히 새로운 개념이었다.[5] 사회는 마치 신체 속 세포처럼 그 안에서 살아가고 활동하는 개인들로 구성된 생명체와 같은 존재로 여겨졌다.[6] 이는 사회가 인간 개개인과 마찬가지로 자연적 존재라는 것을 의미했다. 찰스 다윈은 비서구인들을 '원시인'과 동일시한 인류학자들의 연구에 근거해 자신의 저서 《인간의 유래와 성선택》(1871)에서 사회 진화가 자연적 과정의 일부임을 시사했다.[7] 이들 인류학자는 다른 여행자들이 수집한 자료를 이용해 안락한 거실에서 결론을 써내려 갔다고 해서 '안락의자 인류학자armchair anthropologists'로 불리기도 했는데, 이들은 소규모 부족들의 관습과 풍속이 고고학 발굴로 발견된 과거 시대의 사회 관습 및 풍속과 동일하다고 추정했다.

※ 나도 20대 초반 무렵 홈스가 추천한 이 책을 읽으려고 시도한 적이 있다. 그러나 왓슨처럼 집중하는 데 애를 먹었다. 왓슨과는 달리 이 책이 당면 사건이나 홈스의 탐정 활동과 대체 어떤 관련이 있는 건지 의아해서였다. 추정컨대 그즈음 코난 도일이 이 책으로부터 많은 영향을 받았던 게 아닌가 싶다.

사회가 유기체라는 믿음은 서구 백인 사회가 비서구 사회보다 더 진화했다고 보는 기존의 생각을 뒷받침했다. 널리 존경받던 인류학자 에드워드 버넷 타일러는 "열등한 인종에 대한 종합적인 조사 결과를 보면, 높은 등급의 문화를 갖추지 못한 열등한 인종의 경우 이기적이고 악의적인 성향을 가진 비율이 높고 이타적이고 관대한 성향을 가진 비율은 낮다"고 일반화했다.[8] 다윈 역시 비슷한 맥락에서, 역사적으로 볼 때 사회본능의 진화를 통해 이기적 집단보다 협동적 집단이 우세해졌다고 주장했다.[9] 즉 유전된 습관, 성선택, 사회적 비난이 기묘하고도 모호하게 섞이면서 사회적 정서가 높은 개인이 사회 질서의 정상에 오르게 되었다.

앞서 여러 차례에 걸쳐 살펴봤듯이, 백인 서구 과학자들은 자신들이 사는 사회가 최고라고 여겼으며, 문화적이고 물질적인 지배를 확립하는 수단으로 정상성 개념을 이용했다. 타일러는 "우리 정부는 최근 영국령 인도에서 범죄에 관련된 부족이나 계층을 소탕하는 데 참여했다"고 밝히면서, "정부 당국은 그들의 도덕 법률이 그들에게나 자연스러운 미덕이지 우리 사회의 안녕과는 양립할 수 없다고 판단했다"고 말했다.[10] 여기에서 정상성은 특정 집단의 사람들이 '자연스러운' 것으로 여기는 것이 아니라 지배적인 문화가 외부로부터 강제로 부과한 것이었다. 타일러가 언급하고 있는 것은 1871년에 제정된 '범죄부족법Criminal Tribes Act'으로, 억압적인 이 법은 상습적으로 범죄를 저지르는 특정 집단이 있다는 믿음하에 인도 전역에 걸쳐 범죄 가능성이 있다고 판단되는 특정 집단을 등록하고 통제할 것을 요구했다.

이 법은 이른바 영국령 인도 전체 주민, 그중에서도 특히 영국 당국이 접근할 엄두도 내지 못하는 오지 마을을 대상으로 특정 집단에 대한 감시를 요구했다. 인도가 마침내 독립하게 된 1947년에 폐지될 때까지 1300만 명에 달하는 인구가 이 법의 영향 아래 있었다.[11] 이 법의 규제를 받던 부족 가운데 하나가 히즈라^{Hijra} 또는 히즈다^{Hijda}로 불리는 부족이었다. 이 부족은 여성과 남성이라는 일반적인 젠더 구조에 속하지 않는 집단으로 오늘날 인도 아대륙(Indian Subcontinent, 인도 반도라고도 불리며 현재 남아시아 지역을 뜻함_옮긴이 주)에서는 이들을 공식적으로 제3의 성으로 인정하고 있다. 18세기에 이 부족은 구걸할 수 있는 공식적인 권리와 국고 세입에 대한 합법적 청구 권리를 가졌던 것으로 보인다. 역사학자 로렌스 프레스턴$^{Laurence\ Preston}$에 따르면 영국은 이에 반대했으며, 결과적으로 히즈라는 범죄 부족으로 분류되고 말았다.[12]

히즈라를 비정상적인 집단으로 분류한 것은 표면적으로는 경제적 이유 때문이었으나, 다른 한편으로는 그들의 관습이 사회에 대한 모욕이라고 여겨졌기 때문이었다. 1855년 사타라 지역 경찰국장은 "남성이 히즈라가 되어 여성 옷차림으로 대중 앞에 나서는 것은 해당 부족의 존속을 즉각 보류해야 한다는 현 정부의 입장을 정당화할 만큼 도덕과 공공질서를 심각하게 위반하는 행위"라는 기록을 남겼다.[13]

영국의 인도 식민정부는 히즈라를 이미 문제 계층으로 분류하고 있었다. 그러다 1857년 세포이 항쟁이 일어나자 그 여파로 다른 부족들마저 문제 집단으로 분류되었다. 《네 개의 서명》에서 홈스의 미스터리를 풀 열쇠도 이 식민지 억압이라는 맥락 속에 있었다. 영국인 조너선 스몰이 '대규모 반란'을 틈타 보물을 손에 넣은 것이 밝혀진다. 코난 도일은 명백히 인종차별적 표현을 사용해 그 상황을 묘사한다. "20만 명이나 되는 검은 마귀들이 풀려나 나라 전체가 완전히 지옥이었다."[14] 당시 영국의 다른

악기를 들고 있는 히즈라들. 인디아. 1860년대경.

보고서와 마찬가지로 코난 도일도 세포이 항쟁을 미개한 성향이 표출된 것으로 묘사했다. 스몰 역시 이런 분위기에 휩쓸려 시크 교도 두 명과 함께 부유한 인도 상인을 살해하고 보물을 훔치는 데 가담한다.

그러다 인도에서 사건이 있은 30년 후, 영국인을 대상으로 런던에서 일어난 또 다른 살인 사건에서 스몰은 끝내 책임을 면한다. 살인을 저지른 사람은 안다만 제도의 원주민 출신이자 스몰의 친구였던 통가였다. '피에 굶주린 작은 도깨비'였던 통가는 "자신이 매우 영리하게 사람을 해치웠다고 생각했다."[15] 과학에서처럼 소설에서도 다시 한번 비서구인은 서구 문명에 위험한 존재로 묘사되었다.

소설 속의 퉁가는 스몰에 대한 충성심은 높지만 양심의 가책은 느끼지 못한 인물로 그려지는데, 이는 소수 집단을 중심으로 한 '야만적 법률'은 "부족 안에서만 살인과 절도가 규제될 뿐 부족 밖에서는 허용된다"는 타일러의 주장을 반영한다.[16] 이 같은 논리에 따라 식민지 지배자들은 소규모 부족과 마을 단위 공동체, 유목민들이 사회라는 보다 큰 공동체에 위험한 존재라고 간주하고 이들을 잔인하게 억압하는 경우가 많았다.

이런 식의 과도한 일반화sweeping generalisations를 한 것은 당연히 산업화된 서구 사회의 교육 수준 높고 부유한 백인 남성들이었다. 소수 집단을 강제할 법을 고안하고 시행한 것도 이들이다. 이렇게 만들어진 관념은 대중 소설 속에도 녹아 들어가 사회 규범과 관습에 대한 인종차별적이고 식민주의적인 가정이 얼마나 광범위하게 퍼져 있는지 보여주었다.

인류학자들은 20세기에 들어와서야 다양한 사회 구조와 이를 뒷받침하는 법률 체계를 문화 상대주의 관점에서 보기 시작했다. 빅토리아 시대의 과학자들에게 특정 사회는 개인과 마찬가지로 건강하거나 건강하지 않을 수 있고, 정상적이거나 비정상적일 수 있으며, 바람직하거나 바람직하지 않을 수 있었다. 그들은 개개인이 진화하는 것처럼 사회 역시 진화하며, 진화의 정점에 위치한 사회는 자신들이 속한 서구 사회라고 생각했다. 이들은 서구 외의 지역에서 자신들의 기대에 부합하는 상황과 자주 마주쳤다. 이를 문명의 위계라는 자신들의 선입견을 지지하는 근거로 삼는 한편, 서구의 관습과 관행을 나머지 세계를 판단하는 잣대로 삼았다.

서구 사회를 잣대로 삼았음에도, 아니 어쩌면 바로 그 이유 때문일지도 모르지만, 1924년 1월 로버트와 헬렌 린드Robert and Helen Lynd 부부가 소규모 연구 지원팀과 함께 인디애나주 먼시에 도착하기 전까지는 정상적인 서구 사회 그 자체를 연구 대상으로 삼은 경우는 거의 찾아볼 수 없었다. 이제 막 결혼한 이 젊은 신혼부부의 첫 번째 공동 사회 과학 프로젝트가 바로 그 유명한 미들타운 연구였다.

린드 부부는 많은 설문 조사와 관찰을 통해 마을 사람들의 생활을 관찰하며 1925년 6월까지 먼시에 머물렀다. 이들은 먼시 사회의 일상적인 부분에 초점을 맞춰 기록을 해나갔다. 이들이 일상에 초점을 맞췄던 이유는 '중간middle'이라는 것을 통계적으로 측정할 수 없는 상황에서(대체 무엇이 평균적인 직업이나 삶이란 말인가) 일상적인 것이 일종의 평균이라고 생각했기 때문이다. 1929년 마침내 이들이《미들타운Midletown》을 출간했을 때, 놀랍게도 출간과 동시에 베스트셀러 목록에 이름을 올리며 그해에 6판까지 찍어내는 기염을 토했다. 이는 사회과학 분야의 서적으로는 경이로운 판매 수치였다.[17]

미국 출판 시장은 왜《미들타운》에 매료됐을까? 한 가지 요인을 들자면 미들타운이 이른바 보통의 '정상적인' 사람들에 대한 연구였다는 점이다. 제1차 세계대전 이후 수십 년간 심리학자들이 일상을 연구하는 방향으로 나아간 것처럼, 린드 부부의 연구도 서구인의 사회적 삶에 대한 최초의 인류학적 조사 가운데 하나였다. 물론 사회학의 조부 격인 에밀

인디애나주 먼시의 오두막 단칸방 침대에 걸터앉은 스콧과 리자벨 브랜던버그Scott and Lizabelle Brandenburg의 모습. 《라이프》지에 실린 마가렛 버크 화이트Margaret Bourke-White의 사진(1937).

뒤르켐 역시 정상성이 무엇인지를 규명하는 데 큰 업적을 남겼다. 뒤르켐은 1985년 "개인적 삶이든 사회적 삶이든, 삶을 다루는 모든 과학의 핵심 목적은 정상적인 상태를 정의 및 설명하고 정상적인 상태와 그 반대 상태를 구분하는 것"이라고 주장했다.[18]

사회의 어떤 속성이나 관습이 정상적인지 아닌지를 판단하려면 사회학자는 우선 그것이 자주 발생하는지부터 밝혀내야 한다. 그런 다음 관습이 생겨나게 된 상황의 조건에 주목하고, 그 조건들이 계속해서 작동하는지 살펴야 한다. 달리 말하면, 그 관습이 중요한 사회적 기능 또는 용도를 가지고 있는지 확인해야 한다. 두 가지 조건, 즉 기능과 용도를 만족시킨다면 그 관습은 뒤르켐이 명명한 '사회적 사실'로서 정상적인 것이 될 수 있었다. 이로써 정상성은 사회에 가장 흔하게 존재하는 것이자 동시에 사회에 반드시 존재해야만 하는 어떤 것이 됐다. 묘사description에서 판단judgement으로의 이 같은 도약은 정상적인 사회와 관련된 곳에서 수없이 반복되어 일어나는 일이다.

따라서 린드 부부가 정상적인 사회를 상대적인 개념이라고 생각했음에도 정작 그들이 미들타운을 이해한 방식은 상대적인 것과 거리가 멀었단 사실은 그리 놀랄 만한 일이 아니다. 린드 부부는 1920년대 미국인의 삶을 '단순히, 특정 조건하에서 인간이 취할 것으로 가정되는 행동 유형'으로서 검토하고 싶어 했다.[19] 그러나 이 책은 특정 유형의 사회를 기술하거나 그 사회의 규범들이 상대적이었음을 보여주는 책이라기보다는 미들타운을 "현대 미국의 축소판이자 '우리는 누구인가'에 대한 요약본으로 재빠르게 자리매김하는 역할을 했다."[20] 린드 부부가 자신들의 연구를 "다른 도시들이나 미국인 일반 생활에 적용할 때는 주의를 기울여야 한다"고 분명히 밝혔음에도 독자와 비평가들은 미들타운이 평범한 미국을 비추는 거울이라고 비약해서 생각했다.[21] 1930년대 내내 광고업자들이 먼시에 떼를 지어 몰려들 만큼 미들타운은 전형적인 미국을 압축적으로 상징하는 곳이 되었다. 광고업자들 눈에는 먼시라는 도시가 '미합중국 미들타운에 거주하는 시민 존 씨 부부'의 마음을 사로잡기 위해서는 제일 먼저 제품 테스트를 해봐야 할 이상적인 장소였기 때문이다.[22]

하지만 역사학자 사라 이고Sarah Igo가 '평균적인 미국인'에 대한 연구에서 지적하듯 먼시는 사실 전형적인 것과 거리가 먼 도시였다. 먼시와 비슷한 규모의 도시 중 90퍼센트는 여성 유급 고용의 비율이 먼시보다 훨씬 높았다.[23] 먼시는 또한 비정상적으로 인종적 다양성이 부족한 도시이기도 했다. 먼시 인구의 92퍼센트는 미국에서 태어난 백인, 즉 린드 부부의 말을 빌자면 '미국 토종native American stock'이었다. 이는 미국 중서부의 다른 어떤 도시보다 높은 비율이었다.[24] 그런 데다가 린드 부부는 먼시의 백인 인구만을 조사 대상에 포함시키기로 결정했다. 따라서 미들타운에 거주하는 2000명가량의 아프리카계 미국인(전체 인구의 5.6퍼센트)의 응답은 집계표에 포함되지도 않았다.[25] 노르마의 사례가 그랬듯이 백인 미국인을 대상으로 표준을 정하게 되면 일련의 왜곡된 기대치가 만들어지게 마련이다. 그럼에도 이 왜곡된 기대치는 애초에 표준을 정하는 데 포함되지도 않았던 흑인과 이주민에게까지 확대 적용되었다.

이러한 의도적인 인종 회피는 먼시에 거주하는 백인 인구 집단의 삶을 이해하는 방식도 바꿔놓았다. 린드 부부는 먼시 시민 중 3500명(전체 인구의 10퍼센트)이 KKK단원이라는 점과 KKK단이 '먼시의 정부를 통제하는 한편, 가톨릭 및 유대계 기업들에 맞서 보이콧을 주도'했다는 점을 시인했다.[26] 그러나 이러한 사실을 일자리와 가족, 가정생활에 대한 논의와 멀찍이 떨어뜨려 책 말미에나 집어넣었다. 린드 부부는 인종차별 정책이 모든 시민의 삶을 규정 지은 방식, 다시 말해 다른 집단을 체계적으로 배제함으로써 미국의 백인 중심적 문화 규범이 만들어지게 되었다는 점은 고려하지 않았다.[27] 오히려 그들은 먼시에서 거주하는 흑인 인구 집단을 연구에서 제외시킴으로써 이러한 배타적 관행을 악화시켰다. 빅토리아 시대의 사람들이 세계의 다양한 문화 중에 백인, 서구 사회라는 특정 유형만을 '정상'으로 여겨온 것처럼 미들타운은 특정 집단에 속한 사람들만이 산업화된 미국을 대표한다는 인식을 굳혀놓았다.

비록 린드 부부는 미국 사회를 형성하는 한 가지 요인으로서의 인종은 무시했지만, 계급이 먼시 주민에게 미친 영향에 대해서는 상당히 자세하게 기술했다. 린드 부부는 기업가 계급^{business class}인지 노동 계급 출신인지가 '가장 중요하고도 단일한 문화적 변수'라고 주장했다. 계급이 '일생 동안 하루 종일 무얼 할지, 누구와 결혼할지, 몇 시에 일어날지, 오순절교의 광신도가 될지 장로교 신자가 될지, 포드를 운전할지 뷰익을 운전할지' 등에 영향을 미친다는 것이다.[28] 노동 현장의 변화는 지난 수십 년간 먼시에서 계급 분화를 악화시켰다. 제조 및 주조 공장의 기계화는 노동 계급의 직업 만족도를 크게 떨어뜨렸고, 마찬가지로 나이 든 노동자들의 삶을 더욱 고단하게 만들었다.[29] 남성보다 훨씬 적은 임금을 받으면서도 어쩔 수 없이 일해야 하는 노동 계급 여성의 수도 점차 증가했다.[30]

린드 부부는 곳곳에서 계급 분화가 일어나고 있다는 사실에 주목했지만, 중도적인 미들타운이라는 대중적인 개념은 많은 독자에게 지역 사회의 공동체를 대표하는 중간 계급을 의미했다. 1937년《라이프》지의 사진작가 마가렛 버크 화이트가 먼시로 파견되었을 때, 그녀가 찍은 빈곤층 거주 지역의 가정 사진을 보고 많은 사람이 분개했다. 한 지역 언론인은 "화이트의 사진은 먼시의 평균 가정이 아니라 극단적인 사례만 보여주고 있다"고 불평을 늘어놓았다. 또 다른 주민은 지역 사회를 파이에 빗대어 "파이에서 가장 중요한 부분은 가운데 부분"이라 주장하면서, "사진 기자가 파이 가운데를 채우고 있는 속은 안 찍고 파이의 바삭한 윗부분과 축축한 아랫부분만 찍었다"고 이의를 제기했다.[31]

중간 계급이 특히 '정상적'이라는 생각은 전혀 새로운 것이 아니었다. 빅토리아 시대 후반 부르주아지가 성장하면서 '평균인'은 이미 중간 계급의 전문직 종사자라는 형태를 갖추게 되었다. 하지만 미들타운 이후에는 정상으로서의 중산층이란 시각이 확산되기 시작했다. 일반적으로 표준적인 미국 사회는 미국에서 태어나 도시에 거주하는 백인 중산층 주민에 의해 대표된다고 가정된 것이다. 린드 부부가 먼시 주민의 70퍼센트를 노동 계급으로 분류했듯이, 인구의 상당수가 이 기준에 맞지 않아도 문제 될 것은 없었다. 공동체라는 파이의 가운데를 채우고 있는 속이 생각만큼 특별히 두껍지 않음에도 파이 속에 해당하는 중간층은 미국의 표준이 되었다. 요즘에도 백인, 중산층, 정치적으로 보수적인 특정 집단을 지칭할 때 다소 비하하는 의미를 담아 '미들 아메리카Middle America' 혹은 '미들 잉글랜드Middle England' 같은 용어를 사용한다.

어떤 사회도 중간 계급의 백인 보수주의자가 인구의 가장 흔한 유형을 구성했던 적은 없었다. 그저 이들이 '정상성'을 수호하는 역할을 하게 됨에 따라 이들이 대변한다고 생각하는 보수적 가치와 더불어 이들의 문화적 지배가 강화되었을 뿐이다. 그리고 너무나 당연하게도 상황이 그러면 그럴수록 어떤 이유에서건 이들의 규범에 맞지 않는 사람들은 더욱더 주변으로 내몰렸다.

미래의 지도자들

1936년 9월, 존 F. 케네디가 하버드대학교에 입학했다. 부유하고 정치계와 연이 있던 집안에서 태어난 그는 대학 입학 2년 뒤에 시작된 하버드 그랜트 연구Harvard Grant Study의 후보가 되기에 확실히 손색이 없었다.[32] 과학 프로젝트인 하버드 그랜트 연구는 신체, 정신, 건강, 품성, 배경, 학업

성과 등 이른바 '정상적인 젊은이'의 모든 특성을 측정하는 것을 목표로 삼았다. 측정 대상은 다양했다.[33] 참가자들 대부분은 분명 평균인이 아니었다.[*]

우선 이들은 모두 명문대학교에 다녔다. 이 특별한 모집단에서 심리적·육체적으로 가장 건강하고 학업 성과가 일정 수준에 이른 것으로 판단되는 학생들이 선발되었다. 연구 대상의 3분의 2는 사립학교를 나왔으며, 모두 연간 소득이 1만 5000달러 이상인 집안 출신이었다(1940년 기준 미국의 1인당 연간 중위 소득은 956달러였다). 연구에서 특별히 분류되진 않았지만 아마도 이들 모두 백인이었을 것이다. 이렇게 엄격한 사전 심사를 거쳤음에도 이 '정상적인' 남성들은 체온부터 성격까지, 육체적으로나 정신적으로나 모든 점에서 상당한 차이를 보였다. "이들을 '정상적'으로 만든 유일한 요인은 '정상'이란 딱지를 붙인 범주에서 미리 이들이 선택된 것"이라고 역사학자 안나 크레딕Anna Creadik 은 언급했다.[34]

이 젊은이들이 정상이라는 주장은 다양한 가정에 근거한 것이었다. 하버드 그랜트 연구에서 정상적인 사람이란 통계적인 평균인도, 신체 건강한 사람을 의미하는 것도 아니었다. '자신이 가진 모든 자질을 조합하여 다방면에서 효과적이고 기능적으로 사용하는 균형 잡힌 사람'을 의미했다.[35] 정상성에 대한 이러한 기준은 미들타운으로 대표되는 집단보다 훨씬 제한된 특정 집단, 즉 백인 중산층 혹은 상류층, 건강한 신체, 기능적인 두뇌, 특히 '남성적인' 남자에 국한되어 만들어졌다.[36] 그랜트 연구는 바

---

[*] 하버드 그랜트 연구는 보스턴 빈민 지역 소년원에 수감돼 있던 456명의 소년들을 대상으로 한 글룩 연구(Glueck study, 1940~1962)와 함께 오늘날까지 수행되고 있다. 그러나 여기에서 살펴볼 논문은 모두 '정상적인 젊은 남성'을 연구한 그랜트 연구에 초점을 맞추었다.

로 이러한 젊은 남성들이 미래의 지도자가 될 것이라고 주장했다. 하지만 이 주장의 유일한 근거는 젊은이들이 매우 '정상적'이라는 믿음 하나밖에 없었다.

물론 케네디 사례만큼은 그랜트 연구가 리더를 정확하게 짚어냈다. 존 F. 케네디는 결국 1961년 미국의 35대 대통령이 되었으니까 말이다. 하지만 이 연구의 사례 선택이 자기충족적 예언으로 작용한 것은 아니었을까? 그랜트 연구는 우생학적 표현을 사용해 정상 상태와 사회적·정치적 권력을 연결하면서 "건강하고 적합한 사람들 중에서 국민의 지도자가 나와야 한다"고 결론 내렸다.[37] 자연 인류학자 어니스트 후턴Ernest Hooton은 그랜트 연구를 바탕으로 책을 써서 인기를 끌었는데, 이 책은 그랜트 연구에서 한발 더 나아가 '유전적으로 명백히 열등한 이들이 후손을 갖지 못하도록 조치'가 취해져야 한다고 권고했다.[38] 정상성은 어떤 특성은 강조하고 어떤 특성은 배제하는 가운데 만들어졌고, 제2차 세계대전 막바지에 이를 때까지 계속적으로 차별을 정당화하는 데 사용됐다.

케네디는 대통령이 된 지 채 3년도 되지 않아 암살됐고, 그로 인해 핏빛 유산을 남겼다. 케네디는 시민권 운동을 지지하는 민주당원이었음에도 일종의 '정상적인' 미국을 상징하는 인물이었다. 정상적인 미국의 지도자라면 일련의 자질들을 지니고 있고, '건강하고 적합한' 사람으로 보여야 했다. 케네디 시대로 들어오면서 '정상적인 사회'의 테두리에서 배제됐던 사람들의 목소리가 점차 커지기 시작했다. 세계는 흑인 민권 운동, 동성애자 인권 운동, 반정신의학 운동, 장애의 새로운 사회적 모델이 성장하는 것을 목격했다. 하지만 대중의 삶을 구성하는 많은 영역이 느리게 변한다는 사실은, 안락함을 누리는 사람들이 타인의 배제와 그로 인한 고통을 인식하기란 쉽지 않음을 의미한다. 그럼에도 우리는 모두, 서구 사회는 물론 그 외 세계에서도 정상성이란 관념은 그 자체로 자연적인 실체가 아니라 지난 수 세기 동안 사회적·정치적으로 설계된 것임을 받아들여야 한다.

프롤로그에서 언급했던 위어드한 사람들을 다시 한번 살펴보자. 2010년 조지프 헨릭과 그 동료들이 설명한 위어드한 대학생들은 하버드 그랜트 연구가 대상으로 삼았던 대학생들과 매우 비슷했다. 이 대학생들은 사회 안에서 소수만이 누릴 수 있는 삶과 경험을 가지고 있었다. 그럼에도 심리학(그리고 의학과 사회학) 테스트에서 대체로 일반인을 '대표'하는 것으로 나타났다. 우리가 이들의 경험에 정상적 표준이라는 특권을 부여하는 순간, 우리는 우리의 삶을 이들의 기준에 따라 (우리가 그 기준에 부합하는지 아닌지와는 상관없이) 평가하게 될 것이다. 그리고 우연이라도 우리가 가상의 평균에 맞춰 우리의 몸과 마음을 측정하게 된다면, 우리는 달성 불가능한 목표를 달성하겠다고 아등바등하게 될 수밖에 없다. 결국 사회적 평균이란 실제 시민들의 통계 수치로 나온 것이 아니라 다양한 정치적·문화적 목적에 부합하도록 만들어진 하나의 이상일 뿐이다.

1974년 저명한 인류학자 클리퍼드 기어츠는 "인간을 한계가 있고 독특하며 어느 정도 통합된 동기를 가지고 있는 인지적 존재로 여기는 서구의 개념은 세계 문화의 맥락에서 볼 때 다소 예외적인 사고방식"이라고 지적했다.[39] 달리 말해 자신을 다른 사람들과 완전히 별개의 존재라고 생각하는 개인주의적 관점에서 보자면, 공통의 신념common belief이란 서구 자본주의 사회에서는 결코 정상적이지 않다. 나는 대학 입시용 심리학을 공부할 때 이 개념을 이해하느라 애를 먹었다. 내가 다른 사람으로부터 분리된 독립적 개체라는 사실은 더할 나위 없이 분명한 것으로 보였다. 그런데 조금만 더 생각해 보면 우리 삶에서 일어나는 상황은 대부분 관계적으로 해석될 수 있다. 베트남어나 일본어 같은 일부 언어에서는 대명사가 화자와 청자의 관계에 따라 달라진다. 자아는 고정된 실체가 아니며 누구와 함께 있느냐에 따라 달라질 수 있다.

어쩌면 서구인들도 우리가 생각하는 것처럼 그렇게 개인적이지 않을지도 모른다. 제2차 세계대전 후에 이뤄진 수많은 심리학 연구들은 이 문제에 대해 의구심을 제기했다. 아마 그중에서 가장 유명한 연구는 스탠리 밀그램의 복종 실험, 학습과 체벌에 관한 연구일 것이다. 이 젊은 심리학자는 대학원 시절 솔로몬 애쉬와 함께 진행했던 순응 연구conformity study로부터 많은 영감을 받았다. 애쉬는 사람들이 오답을 내놓는 집단에 속하게 되면 쉬운 질문에도 오답을 내놓는 경향이 있다는 것을 발견했다. 밀그램의 연구는 진짜처럼 보이지만 전혀 해가 없는 전기 쇼크 장치를 사용해 더 큰 주목을 받았다. 그는 배우를 고용해 학생 역할을 맡겼고, 실제 피실험자들에게는 교사 역할을 맡겼다. 그리고 교사에게 일련의 기억력 문제를 읽어주도록 하고, 학생이 오답을 내놓을 때마다 전기 충격을 가하게 했다. 충격은 점차 증가해 최대 450볼트에 이르게 설정돼 있었다. 전기 충격 기계에 'XXX' 표시가 나타난다면, 이는 이미 불길한 '위험: 심각한

언어마다 표현 방식이 다르다는 점은 매력적이다. 예를 들어 '내게는 친구가 하나 있다'라는 말을 표현할 때, 러시아어에서는 '나는 한 친구를 가지고 있다I have a friend'라고 쓰기보다는 '내 옆에 한 친구가 존재한다By me exists a friend'라고 쓴다. 생각해 보면 러시아어가 문자 그대로의 의미를 더 잘 표현하는 것 같다. 러시아어 문장에서는 친구가 주어인 반면, 영어 문장에서는 나가 주어다. 하인리히가 지적했듯이 이는 위어드한 특징의 사람들이 가진 '개인주의 콤플렉스'에 대해 많은 점을 시사한다. 러시아는 하인리히가 개인주의를 척도로 작성한 지도상에서 중간쯤에 위치하는 데 반해, 북미와 유럽, 호주는 가장 개인주의적인 쪽에 위치한다. 조지프 헨릭Joseph Henrich, 《위어드The WEIRDest People in the World》 (New York and London: Allen Lane, 2020), 26-7.

1963년 밀그램의 '기억력 연구' 실험을 위한 자원봉사자 모집 광고 원본. 자원봉사자들은 권위에 대한 복종 실험에서 사실상 피실험자들이었다.

쇼크'보다 두 단계 더 높은 상태에 도달한 것을 의미했다.

밀그램의 초기 실험에서 피실험자의 65퍼센트는 전기 충격을 한계치인 최대 450볼트까지 끌어올렸다. 이는 연구에 앞서 일단의 정신과 의사들이 예측한 120~135볼트보다 상당히 높았다.[40] 보통 사람이라면 전기 충격이 300볼트까지 이르러 학생이 더 이상 질문에 답하지 않겠다며 항의하는데도 계속해서 '충격'을 가하지는 않을 것이다. 수십 년간 밀그램의 동료들은 주로 윤리적인 문제로 그의 실험을 비난했다. 그럼에도 밀그램의 실험은 여전히 우리를 사로잡는 동시에 동요시킨다. 누구든 이 실험에 대한 이야기를 들었을 때 '나라면 어디까지 갔을까?' 자문해 볼 수밖에 없을 것이다. 밀그램의 실험은 정상적 사회라는 관념을 전복하는 것처럼 보였다.

중산층 가정주부 엘리너 로젠블럼Elinor Rosenblum°을 예로 들어보자.° 대졸 학력의 로젠블럼 부인은 공직 생활에 몸을 담은 적이 있었다. 그녀는 학교 중퇴자를 위한 멘토로 자원봉사 활동을 했고, 걸 스카우트에 도움을 주었으며, 교사-학부모 모임에도 열성적이었다. 그녀의 10대 딸은 우등생이었다. 그러나 로젠블럼 부인은 학생에게 두 번이나 450볼트의 충격을 가하며 충격 레벨을 계기판 끝까지 밀어붙였다. 밀그램은 로젠블럼 부인이 학생에게 보여준 '유능한 공적 임무 수행 능력'과 실험자에게 보여준 주저하는 모습 사이에는 큰 차이가 있었다고 언급하며 다음과 같이 회상했다. "그녀는 마치 두 얼굴을 가진 사람 같았다."[41]

자신의 가치관과 상충되어 보이는 행동을 했는데도 로젠블럼 부인은 정상이었을까? 전후의 시사 평론가들은 밀그램의 실험을 나치 독일이나

° 밀그램이 연구에서 사용했던 다른 모든 이름처럼 이 이름도 밀그램이 택한 가명이다. 완벽하게 미국적인 여성이라는 인상을 주기 위해 사용된 이 이름을 두고, 평범하면서도 존경받는 중산층 주부였으나 1951년 소련 스파이 혐의로 체포되어 유죄를 선고받고 1953년 남편 줄리언Julian과 함께 처형돼 세상을 발칵 뒤집어놓았던 에셀 로젠버그Ethel Rosenberg의 이름을 교묘하게 포장해서 가져다 쓴 것 아니냐고 의심하는 사람도 있다.

냉전 시대 공산주의에 대한 공포와 연관 지으며 이 실험이 순응에 따른 위험을 보여주는 증거라고 생각했다. 1963년 《에스콰이어》지는 이런 질문을 던졌다. "이방인을 전기 처형하라고 히틀러가 명령한다면 당신은 따를 것인가?" 결론은 "아마도"였다.[42] 이는 전례 없이 커진 개인주의에 있었다. 그게 아니라면 저런 답변이 가능했을까? 어쩌면 개인주의적 삶이 개인의 고립과 공동체의 붕괴를 낳았을지도 몰랐다.

1964년 3월 13일 이른 시각, 이를 암시하는 듯한 살인 사건이 일어났다. 피살자는 이탈리아계 미국인으로 캐서린 수전 제노비스(Catherine Susan Genovese, 언론은 그녀를 키티[Kitty]라고 불렀다)라는 젊은 여성이었다. 사건 발생 2주 후인 3월 27일 《뉴욕타임스》 보도에 따르면 큐 왕립식물원에서 제노비스를 뒤따라간 살인자가 세 차례에 걸쳐 그녀를 찌르는 장면을 준법정신이 투철하고 존경받을 만한 퀸스 시민 38명이 한 시간 반 동안 지켜봤다.[43] 실제 목격자가 38명인지는 확인된 바 없지만 실제 목격자 중 두 명이 경찰에 신고했음에도 불구하고, 이 38명의 정상적인 사람들은 도시의 무관심이라는 신화 속에서 전설의 소재가 되었다.[44]

20세기 중반에 이르자 정상 사회는 축하할 일인 동시에 우려의 대상이 되었다. 정상이라고 해서 반드시 바람직한 것은 아니었다. 아니면 부분적이나마 정상의 기준 자체가 바뀌고 있던 탓은 아니었을까? 제노비스의 여자 친구였던 메리 앤 지론코[Mary Ann Zielonko]는 제노비스의 사체를 확인할 때 경찰로부터 장시간에 걸쳐 심문을 받았는데, '레즈비언들은 침대에서 뭘 하는지' 알려달라는 매우 부적절한 질문도 받았다.[45] 어떤 면에서는 제노비스의 생활방식이 자신의 죽음에 책임이 있다는 것을 암시하는 질문이었다. 그렇다면 결국 정상적이었던 사람은 누구였을까? '무관심한'

방관자들? 아니면 인기 많은 젊은 술집 매니저와 그녀의 동거녀? 이 사건은 20세기 후반에 등장하는 놀랄 만큼 많은 이야기를 관통하는 질문이기도 하다. 이 이야기들은 사람들에 의해 인정받지도 못하고 또 이따금 감춰져 있지만, 우리가 잠시 멈춰 서서 찾으려고 한다면 찾을 수 있는 것들이다.

"오늘 정상이던 것이 내일은 더 이상 정상이 아닐 수 있으며, 그 반대도 마찬가지다. 개인에게는 병적인 것이 사회에는 정상적일 수 있다." 에밀 뒤르켐은 이렇게 숙고했다.[46] 은밀하게 숨어 있는 '정상성'을 찾아낼 수 있을 때만이 우리는 현상 유지를 위해 사회가 어떤 방식으로 변화하는지 알 수 있다. 서구 산업 사회에서 정상성이 구성되는 방식은 개인의 정상성이 구성되는 방식과 같다. 즉 정상성은 실제 사람들이 살아가는 현실, 그것도 '일부'가 아닌 '대부분'이 마주하는 현실과 상충한다.

마케팅 컨설턴트 케빈 오키프Kevin O'keefe가 2000년대 초반 '평균적인 미국인'에 대한 연구를 시작하기로 했을 때, 그는 평범한 것the ordinary에 대한 가정이 반드시 평균과 일치하는 것은 아니라는 사실을 금방 깨달았다. 가장 전형적인 미국인은 이성애자 핵가족이 아니었다. 전체 미국 가정의 4분의 1만이 이성애자 핵가족을 구성하고 있었다. 전형적인 미들타운의 본질로 여겨졌던 '일하는 아빠와 집에 머무는 엄마 그리고 자녀'로 구성된 가정은 2000년에 실시된 인구 센서스 결과 전체 가정의 7퍼센트에 불과했다.[47]

평균이나 흔하다고 여겨지는 것과 정상이나 평범하다고 여겨지는 것 사이에 존재하는 간극은, 정상성이 역사를 통해 의도적이면서도 무의식적으로 형성돼 온 것임을 분명하게 보여준다. 하버드 그랜트 연구의 원래

의도가 미래의 지도자를 찾아내는 것뿐만 아니라 그들의 이미지에 맞는 사회를 만들기 위한 것이었듯이, 정상적인 사회에 대한 가정도 우리가 생각하고 행동하는 방식, 제도와 사법기구의 운영, 시민사회 구조에 지속적으로 영향을 미친다. 영국의 전반적인 사법 체계는 '합리적'이라는 용어로 점철돼 있지만, 이때의 합리성이란 가설적인 평균인에 대한 신념에 근거해서만 정의될 뿐이다.

이와 유사하게 미국 대법원이 1973년 이래로 음란 행위와 관련된 판결을 내리는 데 참고하고 있는 '밀러 테스트(Miller test, 당시 캘리포니아 대법원장이 음란물 유포 혐의로 기소된 밀러라는 남성의 심리를 진행하면서 배심원이 음란물 여부를 판단할 수 있도록 제시한 가이드 라인을 말함_옮긴이 주) 역시 '오늘날의 공동체 기준에 부합하는 평균인'이라는 믿음에 근거했다. 두 나라의 사법 체계는 정상성의 기준이 변한다는 것을 인정하는 한편, 모든 시대에는 평균적이거나 합리적인, 혹은 '정상적'인 사람이 존재한다는 것을 의심치 않는다. 그런데 정상적인 사람은 누구인가? 소위 말하는 '클래펌 옴니버스의 남성(man on the Clapham omnibus, 대중 버스를 탄 클래펌에 사는 남성이란 말로 평범하고 합리적인 일반인을 뜻하는데 정확한 기원은 알려져 있지 않으며 법정에서 주로 사용함_옮긴이 주)'인가? 우리가 지금껏 살펴봤듯이 그런 사람(남자든 여자든, 혹은 그들이든)은 사실 존재하지 않는다.

새로운 표준

모든 것이 변한 '뉴 노멀' 시대에 우리는 어디를 향해 가고 있을까?

2021년 봄, 영국의 많은 지역이 봉쇄 조치에서 벗어나기 시작할 무렵, 나는 이 책의 거의 마지막 부분에 다다랐다. 나와 봉쇄 문제로 이야기를 나눈 사람들은 모두 '정상으로 복귀'하고픈 욕구와 정상으로의 복귀가 무엇을 의미하는지 모르겠다는 두려움 사이에서 갈피를 잡지 못하고 우왕좌왕했다. 상호 부조와 공동체 결속력에서 비롯된 초기의 낙관주의는 무너져 버렸다. 한쪽에서는 일부 재택 근무자들이 속한 온라인 소비주의가, 한쪽에서는 불행한 사람들이 속한 푸드뱅크와 복지 투쟁이, 세상은 이렇게 두 개로 분열된 것처럼 보였다.

사법 체계, 공교육, 보건의료, 정시 근무, 오르는 집세와 집값 등은 수십 년간 당연한 것으로 여겨졌다. 이처럼 표면적으로 안정된 세상 속에서 사회는 그저 단순히 존재할 뿐, 주민들을 에워싼 힘은 변함없고 앞으로도 변하지 않을 것처럼 보였다. 이를 사실이라고 가정하기는, 규범적 기대에 의해 권리를 박탈당한 사람이나 규범적 기대에 의해 혜택을 받는 사람이나 마찬가지였다. 우리가 받는 교육, 거주하는 주택, 하는 일, 노동 시간은 인종이나 성별, 성적 취향, 이민에 대한 우리의 태도만큼이나 무엇이 정상적인지에 대한 우리의 생각으로부터 지배받는다.

정상성에 대한 선입견은 우리를 둘러싼 세상 모든 곳에서, 우리가 말하고 행동하는 모든 것을 관통하며 작동한다. 그럼에도 우리가 무엇이 정상인지에 대한 선입견을 가지고 산다는 사실을 우리는 너무 자주 잊지는 않는가? 10대 때 나는 지역 사투리를 꼭 배우리라 생각했다. 나는 사투리를 쓰지 않는다고 생각했기 때문이다. 그런데 몇 년 전 한 친구가 내 켄트주 사투리에 대해 언급했다. 난 사투리를 안 쓴다고 항변하자 친구는 내가 'I'를 발음할 때 'Oi'로 발음하는 버릇이 있다고 지적했다. 지금도 나는 가끔 '아이'를 '오이'로 발음하는 내 자신을 발견한다. 하지만 친구가 언급하기 전까지 나는 내가 그냥 '다른 모든 사람'처럼 발음한다고 생각했다.

그런데 잠깐, '모든 사람'이라니, 대체 누구를 말하는 걸까? 10년 전이라면 국영 TV에서 들리는 RP(Received Pronunciation, 표준 발음), 즉 또박또박 정확하게 발음하는 상류층의 억양, 그래서 외국 배우들이 영국인처럼 발음하고 싶을 때 따라 하곤 하는 그런 발음을 하는 사람들이었을지 모른다. 1990년대까지만 해도 영국 남동부 사람들은 대부분 나처럼 좀 더 비공식적인 하구 영어(Esturary English, 템스강 어귀 지역에서 쓰는 억양이라고 해서 이런 이름이 붙었으며 정계 및 재계, 학계, 엘리트층에서 주로 사용함_옮긴이 주)를 사용했다. 하구 영어와 RP 둘 다 TV에서 어느 정도 자주 들리는 억양이기 때문에 두 발음을 사용하는 사람들이 다수라는 생각이 들 수도 있겠지만, 실제로 두 발음 사용자는 전국적으로 과반에도 못 미친다. 하지만 내게는, 내가 말하는 방식이 의심할 여지 없이 정상으로 느껴졌다. 나와 다르게 발음하는 사람이 있다면 그 사람이 사투리를 쓰는 것이었다.

이렇게 우리는 종종 우리의 기대와 다르게 행동하는 사람을 발견했을 때에야 비로소 우리 사회가 정상성에 대한 기준을 가졌다는 사실을 깨닫게 된다. 규범이 자신의 신념이나 생활방식에 어긋날 경우에나 규범의 존재를 알아차릴 공산이 크다. 그렇지 않다면 우리가 보는 것은 그냥 평범하고 예상했던 것이라 우리는 규범이 있다는 것조차 깨닫지 못한다. 그러나 이 보이지 않는 정상성은 자신만의 고유한 역사를 가지고 있다. 그리고 정상 사회의 역사는 정상 혹은 평균 사람의 역사보다 훨씬 짧다.

19세기 후반 새로운 '평균인'이었던 과학자와 의사, 철학자들은 사회 유기체에도 생물 종과 동일한 법칙이 적용된다고 가정했다. 이는 이들 빅토리아 시대 후반의 '평균인'들이 보기에 사회의 부와 권력이 소수의 손에 집중되는 일이 정상임을 의미했다. 한 줌밖에 되지 않는 서구 백인 자본주의 사회가 식민지 시대 유산을 통해 다른 문화에 자신의 규범을 강요하며 전 세계를 대표하게 되었으며, 그 영향은 오늘날까지 이어지고 있다.

그러나 시야를 서구 자체로 돌려봐도 미들타운이 보여주는 것처럼 사회를 대표하는 특정 인물을 선택하기 위한 배제와 강조의 과정은 계속되었다. 1920년대 먼시를 대표하는 사람은 중산층의 백인 미국인이었다. 미들타운은 '정상적인' 삶을 따지고 든 게 아니라 오직 선택받은 소수에 바탕을 둔 정상 사회라는 관념을 강화하거나 만들어내는 역할을 수행했다. 그렇지만 미들타운 연구는 바로 그 정상성의 의미가 어떻게 왜곡됐고 변화했는지를 보여주기도 했다. 미들타운에서 정상적인 것은 때로는 통계적 평균이었고, 때로는 가장 일반적인 관행이나 풍습이었다. 그리고 책을 읽은 대중의 마음속에는, 미들타운 시민 중 KKK 단원이든 아니든 간에 가장 훌륭하다고 간주할 만한 사람들을 기준으로 어떤 이상형이 만들어졌고, 그 이상형이 정상이라는 생각이 자리 잡았다.

정상성은 그럴 것으로 기대하는 것이나 그렇게 되고자 열망하는 어떤 것이었다. 기대나 열망의 대상으로서의 정상성이란 의미는 하버드 그랜트 연구에 참여한 젊은 남성들에게도 적용되었다. 그랜트 연구에서 '정상'이라는 것은 건강한 신체와 건강한 정신 상태를 의미했다.

정상이란 단어에 우리가 이토록 오랫동안 사로잡혀 있었던 이유는, 부분적이긴 하지만 정상이란 말 뒤에 복잡한 의미가 숨어 있기 때문이다. 실제로 여러분이 그렇게 되기를 바라는 거의 모든 것이 정상이 될 수도 있다. 정상은 평범하고 단조로운 일상을 의미할 수도 있지만, 이상이나 기대를 의미할 수도 있다. 그러나 궁극적으로 역사를 통해 분명히 알 수 있는 것은, 사회 규범이란 살아 숨 쉬는 사회 유기체의 일부로서 기적처럼 존재하게 된 독립적 실체가 아니라는 점이다(허버트 스펜서로 인해 우리가 믿게 된 것이 무엇이든 간에). 규범은 특정한 이념적 토대에서 비롯되고 이를 지지하는 데 사용된다.

이처럼 어렵고 때론 불쾌해 보이기까지도 하는 정상성의 역사로 우리는 무엇을 할 수 있을까? 당연히 정상성의 정의에 포함되는 것만큼이나 그 정의로 인해 배제당하는 것 또한 많다는 점을 인식하는 것이 중요하다. 미들타운이라는 이상에 맞지 않아 배제되었던 흑인, 노동 계급, 이민자, 도시의 빈민, 농촌의 지역 사회 등. 한 발 더 나아가 우리는 정상성이란 개념을 따져 묻고, 그 개념 한가운데가 실은 텅 비어 있다는 것을 드러낼 필요가 있다. 즉 정상성이란 것이 특정 맥락에서 어떤 의미를 가지고 있으며, 어떻게 그 의미가 구성되었는지 질문해야 한다.

뒤르켐에게 '사회적 사실'은 분명 유용한 개념이었을 것이다. 하지만 우리가 그러한 규범들로 성취해 온 것은 무엇인가? 규범은 진화적으로든 경제적으로든 위계 구조들을 떠받쳐 왔고, 그 위계 구조 속에서 어떤 이들은 다른 이들의 희생을 대가로 이득을 보았다. 그렇다고 오늘날의 사회 구조가 허버트 스펜서 시대의 식민주의 정책보다 자연적이고 필연적인 것은 아니다. 우리가 코로나19 팬데믹으로부터 얻은 교훈이 있다면, 과연 우리가 다시 새로운 정상을 찾아야만 하는가 하는 의문일 것이다.

정상성을 넘어

스물한 살 무렵, 런던의 북부 순환로 어딘가의 버스 정류장에 서 있는 내 모습이 또렷이 기억난다. 늦은 밤이었다. 기계 소음을 내며 빠르게 지나치는 차들의 헤드라이트 불빛이 차가운 밤공기를 갈랐다. 희미하게 비치는 지그재그로 난 길을 따라 웅크린 관목들 뒤로 보이는 거리는 저 멀리 위에 있었다. 혼자라면 절대 버스 정류장까지 걸어 내려가지 않았을 것이다.

하지만 그날 밤, 나는 혼자가 아니었다. 남자 친구와 함께였다. 겨울바람을 조금이나마 피하려고 들어선 낙서투성이의 정류소 간이건물 안에서 남자 친구는 호주머니에 손을 넣은 채로 발을 동동 굴렀다. 당시에 휴대전화는 인터넷 기능은 고사하고 아직 카메라도 탑재되어 있지 않았다. 얼마나 오래 버스를 기다려야 하는지 알 수 없었다. 춥고 지루한 나머지 나는 몸을 덥히려고 춤을 췄다. 아마 노래도 불렀던 것 같다. 남자 친구가 나를 언짢은 듯 쳐다보며 불평했다. "좀 정상적인 여자 친구일 수는 없는 거야?"

그는 어떤 뜻으로 정상적이란 말을 썼던 걸까? 아마 본인 스스로도 정확히는 몰랐을 것이다. 확실한 건 그의 말이 모욕을 주려는 의도가 있었다는 것이다. 그는 피곤하고 춥고 우울했다. 어쩌면 나의 매우 불안정한 정신 건강 탓에 반복되는 극적인 사건들에 질렸던 건지도 모른다. 돌이켜 보면 당시의 내 상태가 그에게는 스트레스였고 진을 빼는 일이었으리란 생각이 든다. 그럼에도 그때의 나는 그런 그가 고맙지는 않았다. 그의 말은, 다른 한편으로 보면, 나의 행동을 바꾸게 해서 우리 둘 다 정확히 알지 못하는 이상적이라고 여겨지는 기준에 부합하게 만들려는 시도이기도 했다.

몇 년 후, 나와 같이 공유 주택에 살던 멤버 중 두 명이 클럽에서 놀다가 집에 돌아오는 길에 같이 사는 우리 중에서 누가 가장 정상적인지를 두고 논쟁을 벌였다고 한다. 그 영예를 차지하려 애쓰고 싶은 마음이 전혀 없었던 두 친구는 "우리 둘 중에는 없는 게 확실해. 그러니까 우리가 친구지"라고 마무리했단다.

일상생활에서 우리 자신의 경험을 기준으로 무엇이 정상이고 바람직한지를 판단하는 것은 종종 아주 상식적인 일처럼 보인다. 지금까지 우리가 살펴본 것처럼 정상성과 관련해 부유한 백인 남성들이 역사적으로 반복해서 해온 일도 이와 다르지 않다. 하지만 우리 모두는 관점과 배경이 다 다르고, 정상이라는 개념이 정확히 무엇을 의미하는지에 대해서조차 확실히 알지 못한다. 우리가 살면서 하게 되는 경험이라는 것도 사실은 정상성을 두고 역사적으로 형성되어 온 기대에 따라 구성된다. 이러한 기대들은 우리의 일상과 사회 제도 속에, 의료 관행과 국제 관계 속에 깊이 새겨져 있으며, 우리가 '정상'에 부합하는지 아닌지를 판단하는 데 영향을 미친다.

정상이란 것에 대한 내 생각 역시 나의 성장 과정을 통해 형성되었다. 나는 잉글랜드 남부 교외 지역에서 백인 중산층 소녀로 자랐고, 그 과정에서 내게 주어진 온갖 기회를 누렸다. 그렇지만 아주 부유한 아동이라고 할 수 없었던 나는, 특권층 어린이들로 가득한 선발제 공립 학교를 다니면서 받았던 차별 또한 인지하고 있었다. 나는 빅토리아 시대의 사람들이 옹호했던 평균인에 근접한 사람이었고, 그런 점에서 대개는 유리한 입장에 서 있었다. 그럼에도 나는 내가 정상적이지 않을까 봐 늘 조마조마했다.

만약 우리가 정상성을 하나의 역사적 범주에 불과하다고 비판한다면, 그러한 정상성 개념이 탄생부터 죽음에 이르는 우리의 삶 전체와 어떻게 뒤얽혀 있는지를 하나하나 풀어서 살펴볼 필요가 있다. 이 책에서 개인적 일화들을 중요하게 다룬 것도 이 때문이다. 물론 독자 여러분이 그러한 일화들에 동질감을 느낄 수도 있고, 전혀 다른 경험을 가지고 있을 수도 있다. 그렇지만 개인적 일화들도 질문의 대상이 되고 서로 비교해 보는 것 또한 필요한 일이다.

우리가 지금껏 따라온 정상성의 탐구 여정도 이제 막바지에 다다랐다. 그 과정에서 우리는 정상성의 역사가 비교와 문제 제기의 끊임없는 실패로 점철되어 있음을 목격할 수 있었다. 이제 우리는 하나의 범주로서 정상성이 평균 혹은 자연적인 표상이기도 하지만, 케틀레의 '평균인'부터 '정상적인' 젊은이들에 대한 하버드 그랜트의 연구에 이르기까지 의료계와 과학계 그리고 대중문화에 의해 구축되어 온 것이기도 하다는 걸 알게 되었다.

정상성에 실체를 부여하려 했던 거의 모든 시도는 일련의 특징을 공유한다. 서구에서 '정상적인' 존재란 늘 백인 남성이자 건강한 신체를 지닌 중간 계급에 성별과 성 정체성이 일치하는 이성애자였다. 이러한 특징이 통계적 평균과 무관하다는 것은, 이러한 속성들이 어떠한 인구 집단에서도 결코 가장 흔한 특징이라고 말할 수 없다는 사실로부터 확실히 알 수 있다. 1920년대 미들타운에서 백인 중산층 남성은 기껏해야 인구의 15퍼센트밖에 되지 않았다.

전형적인 여성의 대표 격인 노르마의 신체 사이즈에 완벽히 맞아떨어지는 사람이 한 명도 없었다는 사실에서 알 수 있듯이, '정상 기준'은 우리가 예상하는 것보다 훨씬 적은 아주 소수의 사람만이 충족시킬 수 있다. 최근에 나는 업무차 한 온라인 강좌를 수강해야 했다. 수강 등록을 하려면 나이와 성별, 결혼 상태 등을 포함한 여섯 가지 개인 정보를 입력해야 했는데, 각 항목은 2011년 인구 센서스 통계 자료를 기초로 범주화되어 있었다. 응답 결과, 영국에서 나와 같은 특징을 공유하는 사람은 불과 50만 명밖에 되지 않았다. 즉 나는 전체 영국 인구의 불과 1퍼센트에 속했다.

소위 정상적이라 일컬어지는 특징을 구현하고 있는, 어떤 다수 집단이 존재할 거라는 생각은 착각이다. 게다가 '정상적'이라고 가정되는 속성들에 어떤 고유하고 불변적인 가치가 내재하는 것도 아니다. 지금까지 살펴본 대부분의 역사가 증명하듯 그 속성들은 권력을 쥔 사람들이 어쩌다 보니 갖고 있었을 따름이다.

만약 여러분이 이러저러한 이유로 배제당한 경험이 있다면, 정상성의 정의가 보편적이지 않다는 사실을 인식하기란 그리 어렵지 않을 것이다. 1830년대부터 1960년까지, 그리고 그 후로도 꽤 오랫동안 '평균인'에 반영되지 않은 수많은 사람이 이중적인 배제를 당해왔다. 먼저 평균을 산출하는 데이터에서 제외됐다. 예를 들어 미들타운과 킨제이 보고서는 아프리카계 미국인을 제외한 상태로 작성되었고, 골턴과 그 동료들은 남성의 측정치들에 부합하도록 여성의 데이터들을 수정했다. 결과적으로 이들은 자신들을 제외하고 산출된 평균들로부터 만들어진 정상적인 이상에 부합하지 않는 것으로 나타났다.

이러한 배제에도 불구하고 인종과 계급, 젠더, 섹슈얼리티에 근거한 관례적인 정상성 개념들은 유럽과 북미, 그 외 국가들에서까지 전반에 걸쳐 모든 시민의 삶과 행동을 규정하는 지침으로 작용해 왔다. 정상성은 다양한 차이를 보여주는 하나의 기준이라기보다는 성취할 것으로 기대되는 목표이자 원하든 원하지 않든, 할 수 있든 할 수 없든 간에 달성해야 하는 이상적인 것이 되었다.

이에 따른 결과는 엄청나서, 현대 세계에까지도 그 영향력이 남아 있다. 규정된 정상 규범에 부합하지 않는 사람들은 징벌적 제재를 받을 수 있었다. 별종이라는 딱지가 붙을 수도, 범죄자나 정신이상자라는 낙인이 찍힐 수도 있었다. 감옥이나 정신병원에 감금되고 국가 지원이나 의료 혜택을 받지 못할 수도 있었다. 정상 규범에 따라 공동체 전체가 엄격하게 분리될 수도 있었다. 미국에서 광범위하게 작동해 오던 인종차별적 분리 관행은 1964년 민권법 제정으로 적어도 법적으로는 종식되었다. 그전에는 분리 관행에 의해 흑인이냐 백인이냐에 따라 학교, 주택, 대중교통을 비롯해 수많은 일상생활 영역이 강제로 분리되었다. 하지만 많은 나라와 도시에서 인종 및 계급에 따른 시민의 분리는 오늘날까지도 이어지고 있으며, 빈곤이나 사회적 불평등과 뒤섞여 보다 복잡하게 전개되고 있다.

물론 정상과 다르다고 해서 항상 처벌받는 것은 아니다. '정상적인 것'이란 다수의 상태를 일컫는다는 잘못된 관념 속에서 때때로 차이가 원래부터 없었던 것인 양 지워지기도 한다. 예컨대 1960년대의 신문들이 키티 제노비스의 레즈비언 정체성을 너무도 완벽히 삭제해 버린 나머지, 한 연구자가 대중이 알고 있던 그녀의 이미지를 바로잡기까지 꼬박 50년이 걸렸다.[1] 트랜스젠더를 출생할 당시 혹은 트랜스 이전의 이름으로 부르는, 데드네이밍deadnaming을 둘러싼 최근의 논쟁도 예로 들 수 있다. 이러한 무례는 개인적 차원에서 본다면 심리적 고통을 일으키고 관계를 훼손한다는 점에서 당연히 파괴적인 행동이다. 좀 더 광범위한 차원에서는 어떤 특정한 유형의 정상성이 존재한다는 관념을 지지함으로써, 이러한 정상성에 순응하지 않거나 순응할 수 없는 사람으로 하여금 이들의 차이를 정당하지 않은 것으로 만들어서 강제로 적응시키려는 압박이기도 하다.

지금은 거의 잊힌 듯하지만, 이미 1960년대부터 의학과 과학, 철학과 대중 인식 속에서 작동하는 정상성 개념과 관련해 공개적인 문제 제기가 이루어졌다. 또한 역설적이게도 정상성을 둘러싼 논쟁도 늘어나고 있었다. 영국과 북미, 유럽에서 의사들은 정상 아동이 존재하는지의 문제를 놓고 논쟁을 벌이면서도 정상적인 건강과 체중 그리고 혈압을 정의하려고 시도했다. 심리학자들은 '정상적'인 사람들이 불쾌한 상황을 마주했을 때 어떻게 반응하는지, 또는 어떠한 의도에서 질서를 준수하는지와 같은 주제를 연구했다. 사람들은 평균 혹은 평범한 행동이 반드시 바람직하거나, 심지어 가능하지 않을 수도 있다는 사실에 새삼 불안해했다. 하지만 과거와는 다르게 정상성을 둘러싼 논의가 공개적으로 활성화되었음에도 불구하고, 이 전후 연구들은 특정 유형의 평균적인, 혹은 평범한 행동이 (우리가 그것을 발견하고 이해할 수만 있다면) 존재한다는 생각을 여전히 지지했다.

정상성의 힘이 여전히 강력한 위력을 발휘하는 이유 중 하나는, 일반적으로 정상이 그 반대말인 소위 비정상에 의해 정의되어 왔기 때문이다. 평균인은 사회의 중심이며, '평균인을 둘러싸고 다양한 사회적 요소들이 진동한다'고 여겨졌다.[2] 이는 정상성이 불변의, 단일하고, 다른 모든 차이와 변이를 지탱하는 고정적 실체임을 함축했다.

정상이라는 말은 처음부터 평균과 이상이라는 개념에서 시작됐다. 정상이라는 것 자체가 허구적인 관념인 탓에 현상status quo과 같은 것으로, 또는 우주의 중심인 부유한 백인 남성과 같은 것으로 이해해도 무리가 없었다. 이들의 지위는 견고했는데, 자신들을 기준으로 다른 모든 인간을 평가했고, 그럼으로써 정상성을 자신들 이미지에 맞춰 창조했기 때문이었다. 정상 기준이란 근대 서구 사회 전체를 관통하는 하나의 허구적인 신념 체계다. 노르마는 존재하지 않고, 케틀레의 평균인도 없다. 그럼에도 정상성이라는 관념은 마치 벌거벗은 임금님의 있지도 않은 망토처럼 존재한다. 즉 정상성은 문제를 제기하고 싶지만, 질문하기 부끄럽고 실체가 너무 불확실한 개념이라 완전히 반박하는 것이 불가능한 어떤 것이다.

이 책을 쓰는 동안 나는 규범적인 판단을, 심지어 깨닫지도 못하는 사이에 재생산하기가 얼마나 쉬운 일인지를 잘 알게 되었다. 내가 성장하는 동안 갖게 된 규범들을 문제 삼지 않고 넘어감으로써 경솔하게 인정하는 셈이 된 경우들도 있었고, 이분법적 사고방식이나 가치 판단을 부지불식

간에 재생산한 경우들도 있었다. 언제라도 가차 없이 비판할 준비가 되어 있는 친구들이 있음에도 불구하고 어쩌면 아직도 그런 경우들이 꽤 있을지도 모른다. 존재하는 모든 것에 대해 단순하고 명료하게 설명해야 한다는 욕구 때문일까, 우리는 그저 선형적인 논리적 서사를 따른답시고 사각형 말뚝을 둥근 구멍 속에 강제로 끼워 넣으려 하는 걸지도 모른다. 하지만 킨제이의 유명한 말대로 "세상을 양과 염소처럼, 정확히 이분법적으로 구분할 수는 없다."

여러분의 삶에 감동을 준 어떤 이야기들이 분명 있을 것이다. 어쩌면 이 책에서 그러한 일화를 발견했을지도 모른다. 아닐지도 모르겠지만. 뭐가 됐건, 나는 이 책이 이야기의 시작이 되기를 희망한다. 무수히 많은 일화가 이야기되기를 기다리고 있기 때문이다. 이야기 자체만큼이나 우리가 그것을 이야기하는 방식도 중요하다. 정상과 비정상의 범주들에 관한 우리의 가정들은 오랫동안 우리에게 서사를 각색하는 한 가지 편리한 방식을 제공해 왔다. 그리고 이따금 우리는 그러한 방식을 더 쉬운 길이라는 이유로 아무 생각 없이 받아들인다. 나는 언젠가 여러분이 그러한 교차로에 섰을 때, 이 책이 여러분이 가야 할 길에 대해 질문하고 다르게 접근할 방법은 없는지 고민할 수 있게 하는 계기가 되었으면 한다.

끝으로 나는 다음과 같은 문제를 여러분의 몫으로 남겨두고자 한다. 우리가 제기하는 바로 그 질문들은 우리가 정상성에 대해 사고하고 느끼는 방식을 어떻게 규정하는가? 더글러스 애덤스의 《은하수를 여행하는 히치하이커를 위한 안내서》에 등장하는 깊은 생각이라는 이름의 슈퍼컴퓨터는, 750만 년에 걸쳐 삶과 우주 그리고 모든 것에 대한 해답을 계산한 끝에 유쾌할 정도로 단순한 42라는 답을 제시한다. 그러나 이는 결국 삶과 우주 그리고 모든 것에 대해 '궁극적'으로 묻고 싶었던 것이 무엇인지 아무도 모른다는 사실을 드러낼 뿐이다. 공상과학 소설에서처럼 실제 삶에서도 질문은 답변만큼이나 중요하다. 그리고 이따금 답변보다 더 중요할 때도 있다.

그렇다면 나는 정상인가? 글쎄, 그렇기도 하고 아니기도 하다. 그런데 이 질문이 과연 물어볼 만한 가치가 있을까?

열한 살인 나의 대녀 윌로우에게 내가 쓰고 있는 책 주제를 말했더니 그녀는 반신반의하는 표정을 지으며 차라리 자기가 대신 써주겠다고 했다. A4 용지에 쓴 윌로우의 결과물은 고이 접혀 내 책상 위에 자랑스럽게 자리를 잡았고, 그 후 3년이라는 긴 기간 동안 버팀목이 되어주었다. "나는 정상인가?" 윌로우는 겉장에 질문을 쓰고 안쪽에 답을 달아두었다. "아니! 그냥 받아들여." 복잡한 주제의 아름다운 요약이다.

이 책을 쓰고 만드는 과정에서 필요했던 연구에 도움을 주신 많은 분께 감사의 말을 전하고 싶다. 웰컴 컬렉션(영국의 의료 및 생물 박물관 겸 도서관), 영국국립도서관, 왕립간호대학 도서관 및 문서 보관소, 벨기에 과학 문학 미술 왕립아카데미 문서 보관소, 런던대학 도서관 특별전시관, 구세군 국제유산센터, 베들렘정신박물관. 이들 도서관과 문서 보관소가 없었더라면 단 한 줄도 쓰지 못했을 것이다. 특히 아이디어와 의견을 나눠준 웰컴 컬렉션의 로스 맥팔레인과 앨리스 화이트, 골턴 컬렉션에 대해 설명해 준 런던대학 도서관의 수바드라 다스와 한나 코니시에게 감사드린다.

책을 쓰는 내내 지원을 아끼지 않았던 런던퀸메리대학교와 왕립간호대학 동료들에게도 감사드린다. 특히 런던퀸메리대학교의 토머스 딕슨과 왕립간호대학의 안나 세멘스는 매니저처럼 한결같은 지원군이 되어주었고, 엠마 서턴과 프랜시스 리드는 시간을 내어 초고와 최종본을 읽어주고 같이 토론해 주었다.

그 밖에 친절하게도 여러 챕터의 초안을 읽고 유용한 제안과 평가를 해주었던 친구들, 가족들, 동료들에게도 감사의 마음을 전하고 싶다. 아사 얀슨, 데비 쉽톤, 베키 매슈스, 인디 랄리, 로런 크래크넬, 앨리스 니컬스, 사샤 가르우드 로이드, 샐리 프램프턴, 제마 에인절, 게일 로버트슨, 샤즈 록우드, 나트 헤이든, 타라와 마이크 알렉산더, 제인 프래드글레이, 브라이언과 캐시 채니, 앨리슨 피니, 스튜어트 케인 등.

작업 전반에 걸쳐 조언과 비판, 열정을 아끼지 않은 편집자 프란체스카 배리에게 큰 마음의 빚을 졌다. 그녀 덕에 이 책이 훨씬 좋아질 수 있었다. 또한 웰컴 컬렉션과 프로파일 출판사에서 일하시는 모든 분, 특히 교정과 편집을 맡은 샘 매슈스와 이 책의 기초가 되어준 연구를 위해 많은 후원을 아끼지 않은 웰컴 트러스트에 감사드린다.

고립된 상태에서 책을 쓴다는 것은 영혼이 파괴될 만큼 힘든 과정일 수도 있었는데, 그럼에도 계속 밀고 나갈 수 있게 나를 응원해 준 모든 분께 더할 수 없는 감사를 드린다. 매주 귀한 정보를 빠지지 않고 업데이트 해준 런던퀸메리대학교의 박사후과정 재학생들과 십자말풀이와 퀴즈를 내주던 왕립간호대학의 오락부에도 감사의 말을 전한다.

감사하게도 가상 게임 쿱래시의 여왕을 같이 해준 미셸과 세이디, 고담의 여왕을 함께 한 월로우는 내게 비건 간식도 나눠주었다. 멀리서 내내 지켜봐 준 케이트, 리-앤, 실라에게도 고마운 마음을 전한다. 그리고 우리 겐팅 멤버들한테도 너무나 고맙다는 말을 하고 싶다. 지난 몇 년 동안 전보다 훨씬 더 자주 볼 수 있어서 정말 다행이었어. 게일, 샤즈, 나트, 타라, 홀리, 영원히 사랑해.

가장 감사하고 너무 중요한 사람들이 있으니, 바로 변함없이 한결같은 지지를 보내준 가족이다. 스튜어트는 불평 한마디 없이 반복해서 초고를 읽고 비교 검토해 주었고, 고양이 찰스와 에릭은 내게 포옹이 필요할 때마다 나를 넘치도록 안아주었다. 엄마와 아빠는 관심을 가지고 여러 제안을 해주셨다. 알리는 6장에 대해 놀라우리만큼 사려 깊은 의견을 제시해 주었을 뿐만 아니라 드물게나마 이따금 나를 런던에서 빼내준 고마운 동생이다.

그리고 마지막으로 우리 가족의 새 식구, 애너벨과 라라에게 큰 사랑을 보낸다. 애너벨, 너와 함께 한 온라인 베이킹은 지난 2년 동안 진정으로 가장 빛나는 순간이었단다. 라라, 너의 전염성 있는 미소는 언제나 내 곁에 머물러 있을 거야.

이 책이 제기하는 질문들을 뒷받침하기 위해 19~20세기에 실시된 역사적인 조사 연구의 질문지 일부를 공개한다. 이후에 순차적으로 나오는 도표와 질문지들, 그리고 이 문서들의 출처는 다음과 같다.

국제건강박람회 인체 측정 실험실 카드, 프랜시스 골턴, 인체측정연구소 Anthropometric Laboratory, 1884년.

노르마를 찾아서 참가 신청서, 1945년 9월 9일자 《클리블랜드 플레인 딜러》.

환각 경험에 대한 인구 전수 조사, 1889년, 〈환각 총조사 보고서Report on the Census of Hallucinations〉, 《심리연구학회 회보 10Proceedings of the Society for Psychical Research 10》 (1894)의 부록 A.

성격 목록, L. L. 서스톤L. L. Thurstone과 델마 그윈 서스톤Thelma Gwinn Thurstone, 〈신경학목록A Neurotic Inventory〉, 《사회심리학 저널 1Journal of Social Psychology 1》, 1930년 제1권. 응답은 348쪽을 참조하라.

남성성-여성성 테스트 / 태도-관심 분석 테스트, 루이스 M. 터먼과 캐서린 콕스 마일스, 《성과 성격Sex and Personality》, 1936년. 응답은 349쪽을 참조하라.

성적 행동에 대한 매스 옵서베이션 질문지, 1949년 3월 28일.

감정 성숙도 척도, 1931년, R. R. 윌로비R. R. Willoughby, 〈감정 성숙도의 척도A Scale of Emotional Maturity〉, 《사회심리학 저널 3》, 1932년 제1권.

공감 능력 테스트: 양식 A, 월러드 A. 커Willard A. Kerr, 1947년.

비네-시몽 지능 테스트: 문제 해결, 1905년, 알프레드 비네와 테오도르 시몽, 《아동 지능 발달The Development of Intelligence in Children》, 1916년. 응답은 349쪽을 참조하라.

미군 알파 IQ 테스트, 클래런스 요컴Clarence Yoakum과 로버트 여키스Robert Yerkes, 《육군 정신 테스트Army Mental Tests》, 1920년. 응답은 349쪽을 참조하라.

인체 측정 실험실 카드

프랜시스 골턴 편집, F.R.S.

| 성별 | 눈 색깔 | | 날짜 | 이름의 머리글자 |

시력 / 신속성

시력			신속성
	오른쪽	왼쪽	1초당 발등을 손으로 때리는 횟수 }

'다이아몬드' 유형을 읽을 때 최대 거리(인치) }

색각 적합도

강도

| 악력 (단위: 파운드) } | | 오른손 왼손 | 당기는 힘 (단위: 파운드) } |

시각 능력 판정

15인치 선을 나눌 때 발생하는 오차 백분율 } 3개로 나눌 때 2개로 나눌 때

직각도 측정 오차 }

팔 길이

한쪽 손끝에서 다른 쪽 손끝까지의 길이 } 피트 인치

청력

이곳에서는 소음과 울림이 있어 청각 예민성 측정은 불가능합니다.

가청 고음 최대치 } 사이 { 0.000 과 0.000 } 1초당 진동수

신장

의자에 앉아서 측정한 키 } 피트 인치

신발을 신은 상태로 서서 측정한 키 피트 인치

신발 굽이 없는 상태에서 측정한 키 피트 인치

신발을 벗은 상태에서 측정한 키 피트 인치

호흡 능력

날숨 최대치 (단위: 세제곱인치) }

몸무게

실내용 일상복을 입은 상태에서 측정한 몸무게(단위: 파운드) }

만 나이는 _____

혼인 여부는 _____

출생지는 _____

직업은 _____

거주지(타운, 교외, 시골)는 _____

노르마를 찾아서 참가 신청서

노르마 편집자: 아래 제시된 '노르마 찾기' 표에서 자신의 치수를 찾아 입력해 주십시오.

이름 ....

주소 ....

도시 .... 지역 ....

직업 ....

나이 .... 기혼 / 미혼 (해당 상태에 표시) 자녀 수 ....

치수표(인치, 파운드)

신장	58	59	60	61	62	63	64	65	66	67	68
	58½	59½	60½	61½	62½	63½	64½	65½	66½	67½	68½
가슴둘레	30	31	32	33	34	35	36	37	38	39	40
	30½	31½	32½	33½	34½	35½	36½	37½	38½	39½	40½
허리둘레	25	26	27	28	29	30	31	32	33	34	35
	25½	26½	27½	28½	29½	30½	31½	32½	33½	34½	35½
엉덩이둘레	34	35	36	37	38	39	40	41	42	43	44
	34½	35½	36½	37½	38½	39½	40½	41½	42½	43½	44½
허벅지 둘레	15	16	17	18	19	20	21	22	23	24	25
	15½	16½	17½	18½	19½	20½	21½	22½	23½	24½	25½
종아리 둘레	10	10½	11	11½	12	12½	13	13½	14	14½	15
발목 둘레	8¼	8½	8¾	9	9¼	9½	9¾	10	10¼	10½	10¾
발 길이	7¾	8	8¼	8½	8¾	9	9¼	9½	9¾	10	10¼
몸무게	118	120	122	124	126	128	130	132	134	136	138
	119	121	123	125	127	129	131	133	135	137	139

— 치수 측정 안내 —

가슴둘레는 가장 넓은 지점을 측정합니다. 허리둘레는 가장 가는 부분을 측정합니다. 엉덩이둘레는 허리 바로 아래 엉덩이뼈 부분에서 가장 튀어나온 부분을 측정합니다. 허벅지 둘레는 엉덩이뼈와 무릎 관절 사이의 허벅지 중간을 측정합니다. 종아리 둘레는 발을 평평하게 한 상태에서 종아리의 가장 굵은 부분을 측정합니다. 발목 둘레는 발목 안쪽 돌출부를 지나는 부분을 측정합니다. 발 길이는 오른쪽 발을 평평하게 유지한 상태에서 뒤꿈 치부터 엄지발가락까지의 길이를 측정합니다. 치수를 측정할 때는 테이프가 항상 바닥과 평행을 유지하도록 하십시오.

위의 표에서 여러분의 각 신체 치수와 가장 가까운 숫자를 골라 해당 칸을 검은색으로 표시하십시오.

참가 신청서는 동봉된 신청서나 정확한 복사본을 클리블랜드 16, 플레인 딜러 빌딩 508번지 노르마 편집자 앞으로 우편을 통해 즉시 보내주십시오.

《클리블랜드 플레인 딜러》, 1945년 9월 9일

환각 경험에 대한 인구 전수 조사, 1889

아래 문서의 내용을 모두 작성하신 후
케임브리지의 시지윅Sidgwick 교수에게 반송해 주시기 바랍니다.

B 실험 심리학 국제 학술대회

목록 A의 질문에 "예"라고 답하신 분은 다음 질문에 추가 답변을 해야 합니다.
질문: 자신이 완전히 깨어 있다고 믿고 있는 상태에서 살아 있는 존재나 무생물 또는 목소리를 보거나 만지거나 목소리를 듣는 듯 생생한 인상을 받아본 적이 있습니까? 그 인상이 외부의 물리적 원인에 의한 것이 아니라는 것을 알게 된 적이 있습니까?

---

1. 보거나 듣거나 느낀 것을 서술해 주십시오. 경험한 장소, 날짜, 시간도 가능한 구체적으로 알려주십시오.

2. 당시 어떤 직업에 종사하고 있었습니까? 건강이 좋지 않았거나 깊은 슬픔 혹은 불안감을 느끼는 상태였습니까? 당시 나이는 어떻게 됩니까?

3. 평소 자주 보던 사람에 대한 느낌이었습니까? 그리고 당신은 당시 그 사람이 무엇을 하고 있었는지 알고 있습니까?

4. 당시 당신은 다른 사람들과 함께 있었습니까? 함께 있었다면 어떤 식으로든 당신의 경험을 그들과 공유했습니까?

5. 이러한 경험을 한 번 이상 한 적이 있습니까? 있었다면 그 경험의 세부적 내용을 구체적으로 서술해 주십시오.

6. 당시 기록한 메모나 당시 경험한 것에 관련된 또 다른 정보가 있는 경우, 저희에게 제공해 주시면 감사하겠습니다.

서명　_____

주소　_____

날짜　_____

특별한 동의가 없으면 어떤 경우에도 이름과 주소는 공개되지 않습니다.

발신: 시카고 대학교 심리학 연구실

성격 목록

1928년 판

성명 이름   성

아래 질문들은 다양한 감정적 특성과 성격적 특성을 보여주기 위해 작성되었습니다. 응답을 통해 여러분은 정서적으로 잘 조정된 삶을 살고 있다는 것이 드러날 수도 있고, 혹은 스스로도 전혀 이해할 수 없는 어떤 형태의 긴장이나 걱정을 하고 있다는 점이 드러날 수도 있습니다.

각 질문에는 다음과 같은 내용이 표시됩니다: 예 아니오

각 질문에 대해 세 가지 답 중 하나에 동그라미를 그리면 됩니다. 가능한 "예" 또는 "아니오"로 답해주시기 바랍니다.

1b-1	잘 웃는 편입니까?	예 아니오	?
1b-2	창피했던 경험을 두고두고 걱정합니까?	예 아니오	?
1b-3	다른 사람의 기분을 상하지 않게 말하려고 주의를 기울입니까?	예 아니오	?
1b-4	사교적 모임에서 리더 역할을 자주 맡습니까?	예 아니오	?
1b-5	일어날 가능성이 거의 없는 일에 대해 상상합니까?	예 아니오	?
1b-7	새로운 곳을 돌아다니는 경우가 많습니까?	예 아니오	?
1b-8	다른 사람들과 함께 있을 때에도 외로움을 자주 느낍니까?	예 아니오	?
1b-9	어머니보다 아버지를 더 사랑합니까?	예 아니오	?
1b-10	스스로를 다소 긴장하는 편이라고 생각합니까?	예 아니오	?
1b-11	높은 곳에 있으면 떨어질까 봐 두렵습니까?	예 아니오	?
1b-13	다양한 종류의 사람들을 만나는 데 관심이 있습니까?	예 아니오	?
1b-15	많은 것들에 두려움을 느낍니까?	예 아니오	?
1b-16	신경쇠약을 앓은 적이 있습니까?	예 아니오	?
1b-17	감정이 쉽게 상하는 편입니까?	예 아니오	?
1b-18	성적인 주제나 선정적인 이야기 같은 것에 쉽게 충격을 받습니까?	예 아니오	?
1b-19	사교적인 모임에서 앞에 잘 나서려고 하지 않는 편입니까?	예 아니오	?

응답은 348쪽을 참조하시오.

정상성에 관한 도표와 설문지 341

남성성-여성성 테스트 / 태도-관심 분석 테스트

다음을 먼저 읽으시오.

본 질문지의 항목에 응답 표시를 함에 있어 진지하고 신중하게 참여해 주실 것을 부탁
드립니다. 이 검사는 지능 검사가 아닙니다. 직업, 가정 상황, 취미와 관련하여 사람들
의 태도와 관심사에 대해 알아보고자 합니다.

이름 _____ 나이 _____ 성별 _____ 인종 _____

시 _____ 주 _____

해당 사항에 밑줄을 그으세요: 미혼, 기혼, 사별, 별거, 이혼

exercise 2

지시문: 여기 잉크 얼룩과 비슷하게 생긴 그림이 있
습니다. 특별한 형태를 묘사한 그림은 아니지만, 구
름이 때때로 어떤 모양처럼 보이듯이 여러분에게 어
떤 형태로 보일 수 있습니다. 각각의 그림 옆에는 네
가지 항목이 제시되어 있습니다. 그림을 보고 연상
된 것에 가장 가깝다고 생각되는 한 단어에 밑줄을
그으십시오.

보기:

아기		
개		
남자		
다람쥐		

팔		
불꽃		
꽃		
꼬리		

개의 머리		
장갑		
손		
말의 머리		

생략

1.	물병	0	0
	우편함	–	
	파이프	+	
	묘비	+	

2.	야구 방망이	–	0
	햄	0	
	(먹는) 배	+	
	올챙이	+	

3.	양초	0	0
	컵	0	
	모자	+	
	잉크통	–	

4.	물고기	0	0
	거울	0	
	눈 신발	+	
	숟가락	–	

루이스 M. 터먼과 캐서린 콕스 마일스, 《성과 성격》, 1936

응답은 349쪽을 참조하시오.

성적 행동에 대한 매스 옵서베이션 질문지　　　　1949년 3월 28일

(a) 성별

(b) 나이

(c) 전일제 교육을 마친 연령

20	a	현재 약혼한 상태이거나 과거 약혼한 적이 있습니까? (어느 쪽인지 답하시오)		
	b	현재 약혼 상태가 아니라면 – 현재 특별히 친한 남자/여자 친구가 있습니까?		
	c	b에 해당되지 않는다면 – 특별한 남자/여자 친구를 사귀어본 적이 있습니까?		
21	a	남자/여자와 성관계를 가져본 적이 있습니까?	예	아니오
	b	만약 있다면 – 마지막으로 남자/여자와 성관계를 가진 적이 언제입니까?		
22	a	성관계에 국한된 연애에 빠져본 적이 있습니까?	예	아니오
	b	만약 있다면 – 이런 종류의 연애에서 성적 절정은 얼마나 자주 경험했습니까?		
25	a	성관계를 가진 남성/여성은 몇 명 정도 됩니까?		
	b	이 사람/사람들 가운데 사랑에 빠졌던 사람이 있습니까?		
	c	만약 약혼한 상태라면 – 약혼자와 성관계를 가진 적이 있습니까?		

31	a	당신과 같은 성별의 사람과 성관계를 가져본 적이 있습니까?	예	아니오
	b	a의 경험이 없다면 – 당신과 같은 성별의 사람과 연애를 해본 적이 있습니까?		
	c	a나 b의 경험이 있다면 – 마지막 경험은 언제였습니까?		
		작년 1년 동안　지난 5년 동안　10년 동안　20년 동안　20년 전		
	d	a나 b의 경험이 있다면 – 이런 종류의 관계에서 성적 절정은 얼마나 자주 경험했습니까?		

32	a	꿈에서 어떤 종류든 성적 쾌감을 경험해 본 적이 있습니까?	예	아니오
	b	a의 경험이 있다면 – 마지막으로 경험한 것은 언제입니까?		
	c	a의 경험이 있다면 – 이런 종류의 꿈을 꿀 때 성적 절정은 얼마나 자주 경험했습니까?		

33	a	자위 행위를 해본 적이 있습니까?	예	아니오
	b	a의 경험이 있다면 – 마지막으로 자위 행위를 한 것은 언제였습니까?		
	c	a의 경험이 있다면 – 자위 행위를 할 때 성적 절정은 얼마나 자주 경험했습니까?		
	d	a의 경험이 있다면 – 자위 행위를 할 때 몽상을 꾸거나 환상 같은 것은 얼마나 자주 경험합니까?		
	e	몽상이 있다면 – 당신의 몽상은 대략 어떤 내용으로 이루어집니까?		

| 36 | a | 전반적으로 자신이 성적으로 정상이라고 생각합니까, 아니면 정상이 아니라고 생각합니까?
만약 정상이 아니라고 생각한다면 – | | |
| | b | 어떤 면에서 자신이 성적으로 정상적이지 않을 수도 있다고 생각합니까? | | |

감정 성숙도 척도, 1931

다음 각 상황에서 'S'는 현재 피험자입니다. 기술한 바와 같은 상황에서 피험자가 (a) 기술한 바와 비슷하게 반응한다면 3번에 동그라미를, (b) 기술된 것과 다르게 반응-한다면 0에 동그라미를 표시합니다. 피험자가 기술한 상황을 접해본 적은 없지만 만약 같은 상황이 벌어진다면, 피험자가 (a) 기술된 바와 비슷한 반응을 보일 것으로 생각된다면 2에, (b) 기술된 바와 다르게 반응할 것으로 생각된다면 1에 표시합니다. 자신에 대한 척도를 직접 작성한 후, 친구든 친척이든 동료든 두 명에게 피험자인 당신에 대하여 이 척도를 사용하여 평가하도록 하십시오. 테스트 점수가 높을수록 감정 성숙도가 더 높음을 의미합니다.

1.	S는 보통 자신과 직접적인 관계에 있는 사람들에게 우호적으로 대하지만 위기의 순간에는 짜증을 내고 적대적인 모습을 보인다.	0	1	2	3
6.	S는 직계 가족에 대한 염려가 지나치다.	0	1	2	3
7.	S는 자신의 죽음과 관련된 문제가 있는 경우, 객관적으로 대상화하여 계획을 세운다. 그때 그가 보이는 감정적 반응은 장기 여행에 대한 계획을 세울 때 보이는 반응과 크게 다르지 않다.	0	1	2	3
9.	S는 옷차림에 매우 신경을 쓰는 편이다. 따라서 다른 부분의 소비는 엄격하게 통제할지언정 옷에 관련된 활동에는 수입의 상당 부분을 지출한다.	0	1	2	3
10.	S는 행동 지침을 결정할 때 자신을 최대로, 또한 즉각적으로 만족시키는지를 기준으로 삼는다.	0	1	2	3
11.	S는 수학처럼 정확하거나 현실적인 사고가 필요한 경우가 생기면 감정적으로 어려움을 겪는다.	0	1	2	3
12.	S는 누군가 자신의 가치관을 위반하는 상황을 접하게 되면 감정적으로 충격을 받기보다는 지적 흥미를 느끼면서 위반자의 입장에 서서 그의 행동이 어떤 동기와 만족감에서 비롯되었는지 그 원인을 찾기 위해 파고든다.	0	1	2	3
15.	S는 고대하던 기회를 놓치면 반드시 이 목표를 달성하기 위해 두 배로 노력한다.	0	1	2	3
17.	S는 자신의 문제를 해결하는 데 도움을 호소하는 성격이다.	0	1	2	3
23.	S는 자기보다 훨씬 더 높은 위세를 가진 사람들 앞에서 다소 자의식이 강해지는 편이다.	0	1	2	3
25.	S는 토론에 임할 때 서로의 진실을 밝히는 것이 토론의 유일한 목적인 것처럼 행동한다.	0	1	2	3
26.	S는 자동차를 운전할 때 평소에는 침착하지만, 자신의 진로를 방해하는 운전자에게는 화를 내는 편이다.	0	1	2	3
29.	S의 망상은 현실의 굴욕적인 상황을 반전시켜 보여준다.	0	1	2	3
31.	S는 원칙적으로 민주주의를 신뢰하지만, 자신과 전혀 다른 생각을 가진 그룹과는 개인적으로 별로 가깝게 지내고 싶어 하지 않는다.	0	1	2	3
34.	S는 호텔이나 침대차 같은 곳에서 서비스를 꼼꼼하게 요구하는 편이다.	0	1	2	3

공감 능력 테스트

점수 200 – _____ = _____
백분위

월러드 커

INFORMATION

나이

이름 _____ 날짜 _____

지시문

여러분은 평균적인 사람들이 좋아하는 것과 싫어하는 것에 대해 얼마나 잘 알고 있습니까? 이 모든 테스트 항목을 여러분이 평균적인 사람이 되었다는 가정하에 임해보십시오. 질문에 답하는 사람은 당신이 아닙니다. 평균적인 사람이 대답할 만한 답을 해주시기 바랍니다.

1. 사무직이 아닌 일반 공장 노동자는 직장에서 어떤 음악을 선호할까요? 미국의 비사무직 공장 노동자들 사이에서 인기가 있을 것 같은 순서대로 순위를 매겨보십시오. 가장 인기 있는 항목에는 '1', 두 번째로 인기 있는 항목에는 '2', 그리고 가장 인기 없는 항목에는 '14', 이런 식으로 순위를 매기면 됩니다.

순위	음악
_____	폴카
_____	정통 클래식
_____	왈츠
_____	댄스 뮤직
_____	웨스턴 뮤직
_____	종교 음악
_____	'히트곡'
_____	컨트리 뮤직
_____	세미 클래식
_____	영적인 음악
_____	하와이안 음악
_____	포크 댄스
_____	유머러스하고 참신한 음악
_____	블루스

(검사를 마치면 이 부분을 접어주십시오.)

2. 평균적인 미국인은 어떤 잡지를 읽을까요? 총 유료 발행 부수가 많을 것 같은 잡지부터 가장 적을 것 같은 잡지 순으로 순위를 매겨보시기 바랍니다.

순위	잡지
_____	프레리 파머Prairie Farmer
_____	실버 스크린Silver Screen
_____	리더스 다이제스트Reader's Digest
_____	파퓰러 메카닉스Popular Mechanics
_____	새터데이 이브닝 포스트Saturday Evening Post
_____	굿 하우스키핑Good Housekeeping
_____	에스콰이어Esquire
_____	애틀랜틱 먼슬리Atlantic Monthly
_____	유나이티드 스테이츠 뉴스United States News
_____	포춘Fortune
_____	페어런츠 매거진Paren's Magazine
_____	앤티크Antiques
_____	레이디스 홈 저널Ladie's Home Junrnal
_____	내셔널 지오그래픽National Geographic
_____	뉴 리퍼블릭New Republic

3. 다음은 25세에서 39세 연령대의 사람들이 흔히 겪는 짜증이 나는 경험입니다. 자신이 이 연령대의 평균적인 사람이라고 가정하고 다음 중 가장 짜증스러운 상황에서부터 가장 덜 짜증스러운 상황까지 순위를 매겨보십시오.

순위	짜증이 나는 경험
_____	잠시도 가만히 있지 못해 이목을 끄는 사람
_____	어떤 사람의 껌 씹는 소리
_____	콧물이 줄줄 흐르는 사람 만나기
_____	내 면전에 대고 기침하는 사람
_____	내 등짝을 손바닥으로 때리는 사람
_____	웃기려고 끊임없이 애쓰는 사람
_____	비속어를 많이 사용하는 사람
_____	대화를 독점하는 사람
_____	구취가 지독한 사람
_____	어떤 일을 막 하려고 했는데, 하필 그 순간에 그 일을 하라는 지시를 듣는 것

비네-시몽 지능 테스트: 문제 해결, 1905

15세가 된 아이들 대부분은 이 테스트 문제를 정확하게 풀 수 있어야 합니다.
각 질문에 대해 올바르게 답해야 합니다.

1. 한 여성이 퐁텐블로Fontainebleau 숲을 걷다가 갑자기 겁에 질려 멈춰 섰고 가장 가까이 있던 경찰관에게 달려가 방금 무언가 나뭇가지에 매달려 있는 것을 보았다고 말했습니다. (잠시 멈춘 후) 무엇을 보았을까요?

2. 제 이웃은 방금 특이한 손님들을 맞이했습니다. 의사, 변호사, 성직자가 차례로 방문한 것입니다. 제 이웃에게 무슨 일이 생긴 걸까요?

응답은 349쪽을 참조하시오.

미군 알파 IQ 테스트, 1920

다음 예시 문장을 참고하십시오.

사람들은 **눈 귀 코 입**으로 듣는다.

알맞은 단어는 **귀**입니다. 그래야 참인 문장이 되기 때문입니다.

아래 각 문장 안에는 네 가지 선택지가 있고, 그중 한 단어만 정답입니다. 문장마다 이 네 단어 중 문장을 참으로 만드는 단어 하나를 골라 아래에 밑줄을 긋습니다. 확실하지 않은 경우, 추측해서 답해도 좋습니다. 예시된 두 문장은 이미 답이 표시되어 있습니다.

예시문 { 사람들은 **눈 귀 코 입**으로 듣는다.

프랑스는 **유럽** 아시아 아프리카 오스트레일리아에 있다.

1 아메리카 대륙은 드레이크 허드슨 **콜럼버스** 발보아가 발견했다.   1

2 피노클은 라켓 카드 핀 주사위로 하는 게임이다.   2

3 디트로이트에서 가장 유명한 산업은 **자동차** 양조 밀가루 포장업이다.   3

4 와이언도트는 말 가금류 소 화강암의 한 종류다.   4

5 미국 육군사관학교는 애나폴리스 **웨스트 포인트** 뉴 헤이븐 이타카에 있다.   5

6 식료품을 만드는 회사는 스미스 앤드 웨슨Smith & Wesson **스위프트 앤드 컴퍼니** Swift & Co. 더블유 엘 더글러스W. L. Douglas 비 티 배빗B. T. Babbitt이다.   6

7 버드 피셔Bud Fisher는 유명한 배우 작가 야구선수 **만화가**다.   7

8 건지Guernsey는 말 염소 양 소의 한 종류다.   8

9 마거리트 클라크Marguerite Clark는 여성 참정권론자 가수 **영화배우** 작가로 잘 알려져 있다.   9

10 "아직 긁힌 적이 없어요"는 먼지떨이 밀가루 솔 세제 광고에 사용된 문구다.   10

응답은 349쪽을 참조하시오.

발신: 시카고 대학교 심리학 연구실

성격 목록 답

1928년 판

신경증 관련 해답

1b-1	잘 웃는 편입니까?	아니오
1b-2	창피했던 경험에 대해 두고두고 걱정합니까?	예
1b-3	다른 사람의 기분을 상하지 않게 말하려고 주의를 기울입니까?	아니오
1b-4	사교적 모임에서 리더 역할을 자주 맡습니까?	아니오
1b-5	일어날 가능성이 거의 없는 일에 대해 상상합니까?	예
1b-7	새로운 곳을 돌아다니는 경우가 많습니까?	예
1b-8	다른 사람들과 함께 있을 때에도 외로움을 자주 느낍니까?	예
1b-9	어머니보다 아버지를 더 사랑합니까?	예
1b-10	스스로를 다소 긴장하는 편이라고 생각합니까?	예
1b-11	높은 곳에 있으면 떨어질까 봐 두렵습니까?	예
1b-13	다양한 종류의 사람들을 만나는 데 관심이 있습니까?	아니오
1b-15	많은 것들에 두려움을 느낍니까?	예
1b-16	신경쇠약을 앓은 적이 있습니까?	예, ?
1b-17	감정이 쉽게 상하는 편입니까?	예
1b-18	성적인 주제나 선정적인 이야기 같은 것에 쉽게 충격을 받습니까?	예
1b-19	사교적인 모임에서 앞에 잘 나서려고 하지 않는 편입니까?	예

L. L. 서스톤과 델마 서스톤

남성성 - 여성성 테스트 / 태도-관심 분석 테스트

응답지

+점수는 남성적인 특성을 -점수는 여성적인 특성을 나타낸다.

A. EXERCISE 2

항목	응답				
	a	b	c	d	O1
(1)	0	−4	+3	+1	0
(2)	−4	0	+1	+3	0
(3)	0	0	−3	−3	0
(4)	0	0	−1	−1	0

비네-시몽 지능 테스트: 문제 해결, 1905

응답지

1. 문맥이 암시하는 유일한 정답: 목을 매단 사람

2. 두 번째 질문의 정답: 그는 매우 아파서 죽어가고 있다 - 그곳에 있던 누군가가 매우 아파서 죽었다.

잘못된 응답: 모른다. 다음과 같이 질문을 반복하는 내용으로 이루어진 오답도 종종 있다. 의사와 성직자가 방문하는 일이 그에게 일어났다.

미군 알파 IQ 테스트 응답지

1 콜럼버스
2 카드
3 자동차
4 가금류
5 웨스트 포인트

6 스위프트 앤드 컴퍼니
7 만화가
8 소
9 영화배우
10 세제

22p 아돌프 케틀레가 1835년 펴낸 사회 물리학 관련 서적에서 발췌. 케틀레가 다시 그림. *A Treatise on Man* (Edinburgh: W & R Chambers, 1842), plate 4, p. 133. 원본은 에든버러 왕립의과대학 제공 / 웰컴 컬렉션 33p 브루세 풍자화. 웰컴 컬렉션 제공 45p 골턴이 1883년 출간한 합성 사진들에서 발췌. 웰컴 컬렉션 제공 64p 1945년 '노르마' 선발 대회 우승자인 마사 스키드모어.《클리블랜드 플레인 딜러》 69p 진화의 인종적 서열을 보여주는 페트루스 캠퍼의 '아름다움'의 안면각. 폴 스튜어트Paul D. Stewart 제공 / 과학사진도서관Science Photo Library 71p 플로렌스 나이팅게일과 비교된 브리짓 맥브루저 풍자화. 웰컴 컬렉션 제공 80p 19세기 말 앨런의 안티팻 광고. 세계역사문서관World History Archive 제공 / 알라미 스톡 포토Alamy Stock Photo 95p 바넘 쇼의 홍보 전단지. 웰컴 컬렉션 제공 111p 호가스의 〈난봉꾼의 편력〉 마지막(여덟 번째) 판화 프린트. 윌리엄 호가스 작업 후 페넬H. Fernell이 제작, 1735. 웰컴 컬렉션 제공 132p 신경학자 장 마르탱 샤르코가 제시한 히스테리 발작의 대표적인 두 가지 단계, 1881. 웰컴 컬

렉션 제공 139p 볼드윈의 너버스 필스 광고. 웰컴 컬렉션 제공 158p《오나니아》183판(1756)의 속표지. 웰컴 컬렉션 제공 166p '삼류 통속 소설'에나 나올 법한 삽화. 자유 이용 저작물 187p 알렉산더 모리슨의《정신질환과 골상학》(1843)에 실린 삽화. 웰컴 컬렉션 제공 192p 초기 피임약 에티시클린(1954~1971). 런던 과학박물관 제공 / 웰컴 컬렉션 224p 1906년《펀치Punch》에 실린 버나드 패트리지의 풍자화. © Punch Limited 230p 1922년 제임스 프라이에게 폴리그래프를 사용하는 윌리엄 몰턴 마스턴. © Alpha Stock / 알라미 스톡 포토 236p 월슨의 논문〈미완의 인간〉(1910)에 실린 도표. 웰컴 컬렉션 제공 257p 런던 이스트엔드 지역에 사는 빈곤 아동들의 모습을 찍은 사진, 1900년경. © 런던박물관 266p 나무 수레 끝에 앉아 있는 제임스 헨리 풀런. 웰컴 컬렉션 제공 271p 아동에게 테스트를 실시하는 알프레드 비네. © AF Fotografie 라미 스톡 포토 280p 워싱턴 아동 지도 클리닉에서 심리학자 혹은 사회복지사로 보이는 사람과 함께 앉아 있는 아동. 해리스Harris와 유잉Ewing이 촬영. 의회도서관 / 자유 이용 저작물 304p 악기를 들고 있는 히즈라들. 인디아, 1860년대경. © Pump Park Vintage Photography / 알라미 스톡 포토 307p 먼시의 오두막 단칸방 침대에 걸터앉은 스콧과 리자벨 브랜던버그. 인대애나. © Margaret Bourke-White / 인생 사진 컬렉션The LIFE Picture Collection / 셔터스톡 316p 1963년 밀그램의 '기억력 연구' 실험을 위한 자원봉사자 모집 광고 원본. © Granger / 브리지맨 이미지Bridgeman Images.

주

프롤로그: 나는 정상인가

1   Satadru Sen, 'Schools, Athletes and Confrontation: The Student Body in Colonial India', in *Confronting the Body: The Politics of Physicality in Colonial and Post-Colonial India,* ed. James H. Mills and Satadru Sen (London: Anthem Press, 2004), 66-7.

2   'About Us', Bureau of Indian Education (US Department of the Interior), accessed 12 January 2022, www.bie.edu/topic-page/bureau-indian-education.

3   Joseph Henrich, Steven J. Heine, and Ara Norenzayan, 'The Weirdest People in the World?', *Behavioral and Brain Sciences* 33, no. 2-3 (June 2010): 61-83; Michael D. Gurven and Daniel E. Lieberman, 'WEIRD Bodies: Mismatch, Medicine and Missing Diversity', *Evolution and Human Behavior* 41, no. 5 (1 September 2020): 330-40.

4   Kathryn B. H. Clancy and Jenny L. Davis, 'Soylent Is People, and WEIRD Is White: Biological Anthropology, Whiteness, and the Limits of the WEIRD', *Annual Review of Anthropology* 48, no. 1 (21 October 2019): 169-86.

5   Michael Morris, 'Standard White: Dismantling White Normativity', *California Law Review* 104, no. 4 (2016): 958.

6   앨리슨 J. 맥그리거Alyson McGregor, *Sex Matters: How Male-Centric Medicine Endangers Women's Health and What We Can Do About It* (London: Quercus, 2020), 78-9.

7   Henrich, Heine, and Norenzayan, 'The Weirdest People in the World?', 61.

1장 정상성은 어떻게 태어나고 어떻게 적용되어 왔는가

1   Saul Stahl, 'The Evolution of the Normal Distribution', *Mathematics Magazine* 79, no. 2 (2006): 96-113; Donald Teets and Karen Whitehead, 'The Discovery of Ceres: How Gauss Became Famous', *Mathematics Magazine* 72, no. 2 (1999): 83-93.

2   Theodore M. Porter, 'The Mathematics of Society: Variation and Error in Quetelet's Statistics', *The British Journal for the History of Science* 18, no. 1 (1985): 58.

3   NatCen Social Research, UCL, *Health Survey for England 2016: Adult health trends*, Health and Social Care Information Centre, accessed 11 May 2022, healthsurvey.hscic.gov.uk/media/63757/HSE2016-Adult-trends.pdf.

4   Mark F. Schilling, Ann E. Watkins, and William Watkins, 'Is Human Height Bimodal?', *The American Statistician* 56, no. 3 (1 August 2002): 223-9.

5   아돌프 케틀레Adolphe Quetelet, *A Treatise on Man and the Development of His Faculties*, Robert Knox 역 (Edinburgh: W. & R. Chambers, 1842), x.

6   아돌프 케틀레, *Letters Addressed to HRH the Grand Duke of Saxe-Coburg and Gotha, on the Theory of Probabilities, as Applied to the Moral and Political Sciences*, Olinthus Gregory Downes 역 (London: C. & E. Layton, 1849), 93.

7   케틀레, *Letters*, 90.

8   케틀레, *Treatise*, v.

9   Martin Kemp, *Leonardo da Vinci: The Marvellous Works of Nature and Man* (Oxford: Oxford University Press, 2007), 22.

10   Alison Matthews David, 'Tailoring and the "Normal" Body in NineteenthCentury France', in *Histories of the Normal and the Abnormal*, W. Ernst 편 (London: Routledge, 2006), 151.

11   피터 크라일Peter Cryle과 엘리자베스 스티븐스Elizabeth Stephens, *Normality: A Critical Genealogy* (Chicago and London: University of Chicago Press, 2017), 3-4.

12   윌리엄 맥도월William McDowall, *History of the Burgh of Dumfries* (Edinburgh: A. & C. Black, 1867), 796-805.

13   이언 해킹Ian Hacking, 'Biopower and the Avalanche of Printed Numbers', *Humanities in Society* 5 (1982): 279-95.

14   이에 대한 보다 진전된 논의는 다음을 참조하라. Jean-Guy Prévost and Jean-Pierre Beaud, *Statistics, Public Debate and the State, 1800-1945* (London: Pickering & Chatto, 2012); Alain Desrosières, *The Politics of Large Numbers: A History of Statistical Reasoning*, Camille Naish 역 (Cambridge, MA and London: Harvard University Press, 1998); Theodore M. Porter, *The Rise of Statistical Thinking, 1820-1900* (Princeton: Princeton University Press, 1986); Kevin Donnelly, 'The Other Average Man: Science Workers in Quetelet's Belgium', *History of Science* 52, no. 4 (2014): 401-28.

15   브루세의 이론과 실제에 대한 보다 자세한 내용은 다음을 참조하라. 이언 해킹, *The Taming of Chance* (Cambridge: Cambridge University Press, 1990), 160-66; Georges Canguilhem, *The Normal and the Pathological*, Carolyn R. Fawcett 역 (New York: Zone Books, 1989).

16   다음에서 인용했다. Canguilhem, *The Normal and the Pathological*, 49.

17   Robert G. W. Kirk and Neil Pemberton, *Leech* (London: Reaktion, 2013), 58.

18   Kirk and Pemberton, *Leech*, 58.

19   이 부분은 다음 책에서 다루고 있다. Mary Pickering, *Auguste Comte: An Intellectual Biography*, vol. 1 (Cambridge: Cambridge University Press, 1993).

20   Frederick James Gould, *Auguste Comte* (London: Watts, 1920), 26.

21   자세한 전체 내용은 다음을 참고하라. *Auguste Comte*, vol. 1.

22   해킹, 《우연을 길들이다The Taming of Chance》, 167.

23   Female Patient Casebook for 1898 (CB 159), Bethlem Museum of the Mind, entry 125.

24   Female Patient Casebook for 1881 (CB 119), Bethlem Museum of the Mind, entry 93.

25   대니얼 핵 튜크Daniel Hack Tuke, 'Eccentricity', in *Dictionary of Psychological Medicine*, 대니얼 핵 튜크 편,

vol. 1 (London: J. & A. Churchill, 1892), 419-23.

26 오귀스트 콩트Auguste Comte가 Canguilhem에서 인용, *The Normal and the Pathological*, 49.

27 윌리엄 코너William Connor, *The Story of the 34th Company (Middlesex) Imperial Yeomanry* (London: T. Fisher Unwin, 1902), 1.

28 코너, *The Story of the 34th*, 11.

29 Vanessa Heggie, 'Lies, Damn Lies, and Manchester's Recruiting Statistics: Degeneration as an "Urban Legend" in Victorian and Edwardian Britain', *Journal of the History of Medicine and Allied Sciences* 63, no. 2 (2008): 182.

30 아놀드 화이트Arnold White, *Efficiency and Empire* (London: Methuen & Co., 1901), 101-2.

31 Charles F. G. Masterman, 'Realities at Home', in The Heart of the Empire: *Discussions of Problems of Modern City Life in England, with an Essay on Imperialism* (London: T. Fisher Unwin, 1907), 8.

32 화이트 및 그가 제시한 통계 수치에 대해서는 다음을 참고하라. Heggie, 'Lies, Damn Lies, and Manchester's Recruiting Statistics', 183-6.

33 윌리엄 R. 그레그William R. Greg, 'On the Failure of "Natural Selection" in the Case of Man', *Fraser's Magazine for Town and Country*, 1868.

34 찰스 다윈Charles Darwin, 《인간의 유래와 성선택The Descent of Man, and Selection in Relation to Sex》, vol. 1 (London: John Murray, 1871), 158.

35 로버트 루이스 스티븐슨Robert Louis Stevenson, *The Strange Case of Dr Jekyll and Mr Hyde* (London: Penguin, 1994), 23.

36 다음 사이트에서 온라인상으로 빈곤 지도를 열람할 수 있다. https://booth.lse.ac.uk/.

37 주디스 위코위츠Judith R. Walkowitz, *City of Dreadful Delight: Narratives of Sexual Danger in Late-Victorian London* (London: Virago, 1992).

38 William H. Kruskal and Stephen M. Stigler, 'Normative Terminology: "Normal" in Statistics and Elsewhere', in *Statistics and Public Policy*, Bruce D. Spencer 편 (Oxford: Clarendon Press, 1997), 84-5.

39 Porter, *The Rise of Statistical Thinking*, 110.

40 Desrosières, *The Politics of Large Numbers*, 113.

41 칼 피어슨Karl Pearson, *The Life, Letters and Labours of Francis Galton*, 3 vols (Cambridge: Cambridge University Press, 1924), 2:228.

42 프랜시스 골턴Francis Galton, 'Composite Portraits', *Nature* 18, no. 447 (1878): 97-100; Francis Galton, 'Typical Laws of Heredity', *Nature* 15, no. 388-90 (1877): 492-5; 512-14; 532-3.

43 골턴, 'Composite Portraits', 97.

44 Gina Lombroso and Cesare Lombroso, *Criminal Man: According to the Classification of Cesare Lombroso* (New York: Putnam, 1911), 7.

45 골턴, 'Composite Portraits', 97-8.

46 크라일과 스티븐스, *Normality: A Critical Genealogy*, 215-16.

47 R. Percy Smith, 'Sir George Henry Savage, MD, FRCP', *Journal of Mental Science* 67, no. 279 (1921): 402, 395.

48 Paul A. Lombardo, ed., *A Century of Eugenics in America: From the Indiana Experiment to the Human Genome Era* (Bloomington: Indiana University Press, 2010); Daniel J. Kevles, *In the Name of Eugenics: Genetics and the Uses of Human Heredity* (Cambridge, MA:

49 사례는 다음을 참조하라. 스티븐 제이 굴드Stephen Jay Gould, *The Mismeasure of Man* (Harmondsworth: Penguin, 1984), chap. 2.

50 Patrick Brantlinger, 'Victorians and Africans: The Genealogy of the Myth of the Dark Continent', *Critical*

Inquiry 12, no. 1 (1985): 166-203.

51 윌리엄 부스William Booth, *In Darkest England, and the Way Out* (London and New York: Salvation Army, 1890), 9.

52 부스, *In Darkest England*, 11.

53 Kevin R. Fontaine et al., 'Years of Life Lost Due to Obesity', *JAMA* 289, no. 2 (8 January 2003): 187-93.

54 내 UCL 동료 중 한 명이 모발 색상표 상자의 역사를 조사하는 박물관 연구 프로젝트 책임자였는데, 당시 그로부터 이 상자에 관한 이야기를 처음 접했다. 이 프로젝트의 결과에 대한 자세한 내용은 다음을 참조하라. www.ucl.ac.uk/culture/ucl-science-collections/eugen-fischers-hair-colour-gauge.

55 Anna Fazackerley, 'UCL Launches Inquiry into Historical Links With Eugenics', *Guardian*, 6 December 2018.

56 Bernard Rorke and Marek Szilvasi, 'Racism's Cruelest Cut: Coercive Sterilisation of Romani Women and Their Fight for Justice in the Czech Republic (1966-2016)', openDemocracy, accessed 2 August 2021, www. opendemocracy.net/en/can-europe-make-it/racisms-cruelest-cutcoercive-sterilization-of-roman/; Gwendolyn Albert and Marek Szilvasi, 'Intersectional Discrimination of Romani Women Forcibly Sterilized in the Former Czechoslovakia and Czech Republic', *Health and Human Rights Journal* 19, no. 2 (4 December 2017): 23-34.

2장 내 몸은 정상인가

1 'British feet are "getting bigger and wider"', BBC News, 3 June 2014.

2 1998년에 소비자가 구입한 미국 신발의 평균 사이즈는 245이며, 표준편차는 1.468이다.

3 폴 발레리Paul Valery, 'Aesthetics', in *Collected Works in English*, vol. 13 (Princeton: Princeton University Press, 1964).

4 구리야마 시게히사Shigehisa Kuriyama, 《몸의 노래: 동양의 몸과 서양의 몸The Expressiveness of the Body and the Divergence of Greek and Chinese Medicine》(New York: Zone Books, 1999), 131.

5 피터 크라일과 엘리자베스 스티븐스, *Normality: A Critical Genealogy* (Chicago and London: University of Chicago Press, 2017), 296.

6 Anna G. Creadick, *Perfectly Average: The Pursuit of Normality in Postwar America* (Amherst and Boston: University of Massachusetts Press, 2010), 20-21.

7 Creadick, *Perfectly Average*, 28-36.

8 Alan Petersen, *The Body in Question: A Socio-Cultural Approach* (Abingdon: Routledge, 2007), 65; Sarah Grogan, Body Image: *Understanding Body Dissatisfaction in Men, Women and Children*, 2nd edn (London and New York: Routledge, 2008), 3.

9 칼 피어슨, *The Life, Letters and Labours of Francis Galton*, 3 vols (Cambridge: Cambridge University Press, 1924), 2:458.

10 피어슨, *Life of Galton*, 2:341.

11 찰스 다윈, 《인간의 유래와 성선택》, vol. 2 (London: John Murray, 1871), 355.

12 다윈, 《인간의 유래와 성선택》, 2:350.

13 윌리엄 윈우드 리드William Winwood Reade, *The Martyrdom of Man*, 11th edn (London: Trubner & Co., 1886), 455.

14 리드, *The Martyrdom of Man*, 455.

15 샌더 L. 길먼, *Making the Body Beautiful: A Cultural History of Aesthetic Surgery* (Princeton: Princeton University Press, 1999), 85-7.

16 페트루스 캠퍼Petrus Camper, *The Works of the Late Professor Camper, on the Connexion between the Science of Anatomy, and the Art of Drawing, Painting, Statuary, &c., &c*, T. Cogan 역 (London: C. Dilly, 1794), 99.

17 새뮤얼 R 웰스Samuel R. Wells, *New Physiognomy* (New York: Fowler and Wells, 1867), 535-8.

18 Frances Eliza Kingsley, *Charles Kingsley: His Letters and Memories of His Life* (London and New York: Macmillan, 1899), 236.

19 Shoma Munshi, 'A Perfect 10-"Modern and Indian": Representations of the Body in Beauty Pageants and the Visual Media in Contemporary India', in *Confronting the Body: The Politics of Physicality in Colonial and PostColonial India*, James H. Mills and Satadru Sen 편 (London: Anthem Press, 2004), 162.

20 Munshi, 'A Perfect 10', 162.

21 Petersen, *The Body in Question*, 76.

22 Remi Joseph-Salisbury, 'Afro Hair: How Pupils Are Tackling Discriminatory Uniform Policies', *The Conversation*, 20 April 2021.

23 아돌프 케틀레, *A Treatise on Man and the Development of His Faculties*, Robert Knox 역 (Edinburgh: W. & R. Chambers, 1842), 64-6.

24 엔셀 키스Ancel Keys 외, 'Indices of Relative Weight and Obesity', *Journal of Chronic Diseases* 25 (1972): 329-43.

25 에이미 어드만 패럴Amy Erdman Farrell, *Fat Shame: Stigma and the Fat Body in American Culture* (New York and London: New York University Press, 2011), 34.

26 패럴, *Fat Shame*, 27.

27 사일러스 위어 미첼Silas Weir Mitchell, 《지방과 혈액 그리고 그것들을 만드는 방법Fat and Blood and How to Make Them》, 2nd edn (Philadelphia: J. B. Lippincott & Co., 1882), 25.

28 윌리엄 밴팅William Banting, *Letter on Corpulence, Addressed to the Public*, 5th edn (New York: Mohun, Ebbs & Hough, 1865), 6.

29 패럴, *Fat Shame*, 38.

30 *Life Magazine*, 3 December 1914, 1042.

31 윌리엄 하워드 헤이William Howard Hay, *Weight Control* (London: George G. Harrap, 1936), 21.

32 'Are our women scrawny?', *Harper's Bazaar*, 7 November 1896, 924.

33 쥘리앵-조제프 비레Julien-Joseph Virey, *Natural History of the Negro Race*, J. H. Guenebault 편역 (Charleston, SC: D. J. Dowling, 1837), 25.

34 사브리나 스트링스Sabrina Strings, 《흑인 신체 공포증Fearing the Black Body: The Racial Origins of Fat Phobia》 (New York: New York University Press, 2019), 85-98.

35 스트링스, 《흑인 신체 공포증》, 164.

36 Carl C. Seltzer, 'Limitations of Height-Weight Standards (Letters to the Editor)', *The New England Journal of Medicine* 272 (1965): 1132.

37 〈체격과 혈압 연구Build and Blood Pressure Study〉 (Chicago: Society of Actuaries, 1959), 1.

38 스트링스, 《흑인 신체 공포증》, 198.

39 스트링스, 《흑인 신체 공포증》, 202.

40 Kevin R. Fontaine et al., 'Years of Life Lost Due to Obesity', *JAMA* 289, no. 2 (8 January 2003): 187-93.

41 Zuzanna Shonfield, *The Precariously Privileged: A Medical Man's Family in Victorian London* (Oxford: Oxford University Press, 1987).

42 *The Diary of Virginia Woolf*, Anne Olivier Bell 편 (New York: Harcourt, Brace, Jovanovich, 1980), 152.

43 조지 크로간George Croghan, *Army Life on the Western Frontier: Selections from the Official Reports Made Between 1826 and 1845,* Francis Paul Prucha 편 (Norman: University of Oklahoma Press, 2014), 59.

44 로버트 로스Robert Ross, *Clothing: A Global History* (Cambridge and Malden: Polity Press, 2008), 56-7.

45 다음에서 인용. Stanley Chapman, 'The Innovating Entrepreneurs in the British Ready-Made Clothing Industry', *Textile History* 24, no. 1 (1993): 14-16.

46 로스, *Clothing*, 121.

47 로스, *Clothing*, 109, 114.

48 매스 옵서베이션 문서 보관고Mass Observation Archive: File Report no. 2045 'Women's Clothes in Chester', March 1944. Of course, wartime rationing undoubtedly had an impact on the proportion of clothes that were home-made or altered at this time.

49 크라일과 스티븐스, *Normality: A Critical Genealogy*, 314.

50 Ruth O'Brien et al., *Women's Measurements for Garment and Pattern Construction* (Washington, DC: US Dept of Agriculture, 1941), 47.

51 'Freaks in Revolt', *Daily News*, 7 January 1899.

52 〈기형들의 반란The Revolt of the Freaks〉,《스탠다드Standard》, 16 January 1899, 2.

53 로즈메리 갈런드 톰슨Rosemarie Garland Thomson, *Extraordinary Bodies: Figuring Physical Disability in American Culture and Literature* (New York: Columbia University Press, 1997), 61.

54 Rachel Adams, *Sideshow USA: Freaks and the American Cultural Imagination* (Chicago: University of Chicago Press, 2001), chap. 2; Garland-Thomson, Extraordinary Bodies, 62-3.

55 Arthur Goddard, '"Even as You and I": At Home with the Barnum Freaks', *English Illustrated Magazine*, no. 173 (February 1898), 495.

56 Adams, *Sideshow USA*, 30.

57 Nadja Durbach, *Spectacle of Deformity: Freak Shows and Modern British Culture* (Berkeley and Los Angeles: University of California Press, 2009), 92-3.

58 Adams, *Sideshow USA*, 40.

59 토드 브라우닝Tod Browning, 〈프릭스Freaks〉 (1932; 1947 reissue), dist. Dwain Esper.

60 수전 M. 슈베이크Susan M. Schweik, *The Ugly Laws: Disability in Public* (New York: New York University Press, 2009).

61 슈베이크, *Ugly Laws*, 6.

62 슈베이크, *Ugly Laws*, 4-5.

63 올리버 웬델 홈스Oliver Wendell Holmes, 'The Human Wheel, Its Spokes and Felloes', *Atlantic Monthly*, 1 May 1863, 574.

64 슈베이크, *Ugly Laws*, 1.

65 슈베이크, *Ugly Laws*, 3.

66 Lucy Wright and Amy M. Hamburger, *Education and Occupations of Cripples, Juvenile and Adult: A Survey of All the Cripples of Cleveland, Ohio, in 1916* (New York: Red Cross Institute for Crippled and Disabled Men, 1918), 222-3.

67 홈스, 'The Human Wheel, Its Spokes and Felloes', 574.

68 Frances Bernstein, 'Prosthetic Manhood in the Soviet Union at the End of World War II', Osiris 30, no. 1 (18 January 2015): 113-33; Katherine Ott, 'Introduction', in *Artificial Parts, Practical Lives: Modern Histories of Prosthetics*, Katherine Ott, David Serlin, and Stephen Mihm 편 (New York: New York University Press, 2002).

69 Wright and Hamburger, *Education and Occupations*, 19.

70 Joanna Bourke, *Dismembering the Male: Men's Bodies, Britain and the Great War* (London: Reaktion, 1996), 44.

71 Office for National Statistics, *Updated estimates of coronavirus (COVID-19) related deaths by disability status January to 20 November 2020* (London: Office for National Statistics, 2021).

72 Daniel J. Wilson, 'Passing in the Shadow of FDR: Polio Survivors, Passing, and the Negotiation of Disability', in *Disability and Passing: Blurring the Lines of Identity*, Jeffrey A. Brune and Daniel J. Wilson 편 (Philadelphia: Temple University Press, 2013), 15.

73 The story was uncovered by Hugh Gallagher, himself a polio survivor. Hugh Gregory Gallagher, *FDR's Splendid Deception*, rev. edn (Arlington, VA: Vandamere Press, 1994).

74 Wilson, 'Passing in the Shadow of FDR'.

75 Wilson, 'Passing in the Shadow of FDR', 28.

76 조지 버나드 쇼George Bernard Shaw, *Plays: Pleasant and Unpleasant* (New York: Brentano's, 1906), vii.

77 더 최근의 추정에 따르면 안경이나 콘택트렌즈가 필요한 사람들의 비율은 인구의 약 4분의 3으로 약간 낮다. *Britain's Eye Health in Focus: A Snapshot of Consumer Attitudes and Behaviour towards Eye Health* (London: College of Optometrists, 2013).

78 토드 로즈Todd Rose, 《평균의 종말The End of Average》 (London: Penguin, 2015), 4.

3장 내 마음은 정상인가

1 데이비드 로제한David L. Rosenhan, 〈정신병원에서 정상으로 살아가기|On Being Sane in Insane Places〉, *Science* 179, no. 4070 (19 January 1973): 379.

2 Robert L. Spitzer, 'On Pseudoscience in Science, Logic in Remission, and Psychiatric Diagnosis: A Critique of Rosenhan's "On Being Sane in Insane Places"', *Journal of Abnormal Psychology* 84, no. 5 (1975): 442–52; Susannah Cahalan, *The Great Pretender* (London: Canongate, 2020).

3 로제한, 〈정신 병원에서 정상으로 살아가기〉, 380.

4 네이선 파일러Nathan Filer, *The Heartland: Finding and Losing Schizophrenia* (London: Faber and Faber, 2019), 17.

5 Robert L. Spitzer et al., 'Schizophrenia and other psychotic disorders in DSM-III', *Schizophrenia Bulletin* 4 (1978): 493. See also DSM-III Task Force, DSM-III: *Diagnostic and Statistical Manual of Mental Disorders* (Washington, DC: American Psychiatric Association, 1980).

6 Henry Sidgwick et al., 'Report on the Census of Hallucinations', *Proceedings of the Society for Psychical Research* 10 (1894): 73–4.

7 다음을 보라. Christopher Chabris and Daniel Simons's 2010 video at www.theinvisiblegorilla.com/gorilla_experiment.html.

8 메리 보일Mary Boyle, *Schizophrenia: A Scientific Delusion?* (London: Routledge, 1990).

9 마이클 맥도널드Michael MacDonald, *Mystical Bedlam: Madness, Anxiety, and Healing in Seventeenth-Century England* (Cambridge: Cambridge University Press, 1981), 200.

10 대니얼 핵 튜크Daniel Hack Tuke, *Illustrations of the Influence of the Mind upon the Body in Health and Disease*, vol. 1, 2nd edn (London: J. & A. Churchill, 1884), viii.

11 Edmund Gurney, Frederic William Henry Myers, and Frank Podmore, *Phantasms of the Living* (London: Trubner and Co., 1886), x.

12 Sidgwick et al., 'Report on the Census of Hallucinations'. See also Christopher Keep, 'Evidence in Matters Extraordinary: Numbers, Narratives, and the Census of Hallucinations', *Victorian Studies* 61, no. 4 (2019): 582–607; Andreas Sommer, 'Professional Heresy: Edmund Gurney (1847–1888) and the Study of Hallucinations and Hypnotism', *Medical History* 55 (2014): 383–8.

13 Gurney, Myers, and Podmore, *Phantasms of the Living*, 499.

14 보일, *Schizophrenia*, 198.

15 HVN 네트워크에 대한 보다 자세한 개인적 설명은 다음을 참조하라. Gail A. Hornstein, *Agnes's Jacket: A Psychologist's Search for the Meanings of Madness* (New York: Rodale, 2009).

16 'HVN: A Positive Approach to Voices and Visions', accessed 12 January 2022, www.hearing-voices.org/about-us/hvn-values.

17 테오 B. 하이슬롭Theo B. Hyslop, *The Borderland: Some of the Problems of Insanity* (London: Philip Allan & Co., 1925), 1–2.

18 하이슬롭의 생애에 대한 간략한 개요는 다음을 참조하라. W. H. B. Stoddart, 'Obituary: T. B. Hyslop', *British Medical Journal* 1, no. 3764 (1933): 347. No one else has written much about him.

19 John MacGregor, *The Discovery of the Art of the Insane* (Princeton: Princeton University Press, 1992), 162–3.

20 하이슬롭이 익명으로 쓴 《라퓨타, 부활한 걸리버가 1905년에 다시 오다Laputa, Revisited by Gulliver Redivivus in 1905》2판, (London: Hirschfeld, 1905), 39.

21 테오 B. 하이슬롭, 《위대한 비정상인들The Great Abnormals》 (London: Philip Allan & Co., 1925), v.

22 하이슬롭, 《위대한 비정상인들》, 275.

23 테오 B. 하이슬롭, *Mental Physiology: Especially in Its Relations to Mental Disorders* (London: J. & A. Churchill, 1895), 469.

24 앤드류 윈터Andrew Wynter, *The Borderlands of Insanity* (London: Renshaw, 1877), 42.

25 George Savage, 'An Address on the Borderland of Insanity', *British Medical Journal* 1, no. 2357 (1906): 489–92.

26 빅토리아 시대의 사람들은 정신병원에 부당하게 감금되는 것을 매우 우려했고, 이런 이유로 빅토리아 시대에는 잘못된 진단을 소재로 한 소설들이 많았다. 이는 현대 독자들이 흔히 생각하는 것처럼 당시 랜체스터 사건과 같은 사례가 흔했기 때문은 아니다. 'The Lanchester Case, of Insanity and the New "Morality"', *The Lancet* 146, no. 3767 (1895): 1175–6.

27 'The Lanchester Case', *Journal of Mental Science* 42 (1896): 134–6.

28 Kieran McNally, *A Critical History of Schizophrenia* (Basingstoke and New York: Palgrave Macmillan, 2016), 199.

29 새뮤얼 A. 카트라이트Samuel A. Cartwright, 'Report on the Diseases and Physical Peculiarities of the Negro Race', *The New Orleans Medical And Surgical Journal* (1851), 708.

30 카트라이트, 'Report on the Diseases', 708.

31 Silas Weir Mitchell, *Fat and Blood and How to Make Them*, 2nd edn (Philadelphia: J. B. Lippincott & Co., 1882).

32 일레인 쇼월터Elaine Showalter, *The Female Malady: Women, Madness and English Culture, 1830–1980* (London: Virago, 1987).

33 조지 밀러 비어드George Miller Beard, *A Practical Treatise on Nervous Exhaustion (Neurasthenia)* (New York: E. B. Treat, 1889), 1.

34 Female Patient Casebook for 1895 (CB 152), Bethlem Museum of the Mind, entry 79.

35 Voluntary Boarders Casebook, 1893–5 (CB 147), Bethlem Museum of the Mind, entry 66.

36 George Savage, 'Marriage in Neurotic Subjects', *Journal of Mental Science* 29 (1883): 49.

37 윈터, *The Borderlands of Insanity*, 57.

38 하이슬롭, *Mental Physiology*, 469.

39 Rocco J. Gennaro, 'Psychopathologies and Theories of Consciousness: An Overview', in *Disturbed Consciousness: New Essays on Psychopathology and Theories of Consciousness* (Cambridge, MA and London: MIT Press, 2015), 3.

40 테오 B. 하이슬롭, 'On "Double Consciousness"', *British Medical Journal* 2, no. 2021 (1899): 782-6.

41 이언 해킹, *Rewriting the Soul: Multiple Personality and the Sciences of Memory* (Princeton: Princeton University Press, 1998), 166-7.

42 피에르 자네Pierre Janet, *L'automatisme psychologique: Essai de psychologie expérimentale sur les formes inférieures de l'activité humaine* (Paris: Félix Alcan, 1889), 89.

43 지그문트 프로이트Sigmund Freud와 요제프 브로이어Josef Breuer, *Studies on Hysteria*, Angela Richards and James Strachey 편, James Strachey 역, rev. edn (Harmondsworth: Penguin, 1991), 74.

44 프로이트와 브로이어, *Studies on Hysteria*, 77.

45 프로이트와 브로이어, *Studies on Hysteria*, 95.

46 Mikkel Borch-Jacobsen, 'Making Psychiatric History: Madness as Folie à Plusieurs', *History of the Human Sciences* 14, no. 2 (2001): 29.

47 Sonu Shamdasani, 'Psychotherapy: The Invention of a Word', *History of the Human Sciences* 18, no. 1 (2005): 1-22; Tuke, Illustrations, 2:231-85.

48 1913년 1월 3일, 프로이트가 카를 융에게 보낸 편지. *The Freud-Jung Letters: The Correspondence between Sigmund Freud and C. G. Jung*, William McGuire 편, Ralph Manheim and R. F. C. Hull 역 (Princeton: Princeton University Press, 1974), 539.

49 *Mental Health: New Understanding, New Hope* (Geneva: WHO, 2001), 23.

50 스티븐 진Stephen Ginn과 제이미 호더Jamie Horder, '"One in Four" with a Mental Health Problem: The Anatomy of a Statistic', *BMJ* 344 (22 February 2012).

51 진과 호더, '"One in Four"', 2.

52 제이미 호더, 'How True Is the One-in-Four Mental Health Statistic?' *Guardian*, 24 April 2010.

53 Paul C. Horton, 'Normality: Toward a Meaningful Construct', *Comprehensive Psychiatry* 12, no. 1 (1971): 57-9.

54 Alfred H. Stanton and Morris S. Schwartz, *The Mental Hospital: A Study of Institutional Participation in Psychiatric Illness and Treatment* (New York: Basic Books, 1954), 144.

55 Kwame McKenzie and Kamaldeep Bhui, 'Institutional Racism in Mental Health Care', *BMJ* 334, no. 7595 (31 March 2007): 649-50.

56 Care Quality Commission, 'Count Me in 2010: Results of the 2010 national census of inpatients and patients on supervised community treatment in mental health and learning disability services in England and Wales' (April 2011), www.mentalhealthlaw.co.uk/media/CQC_Count_me_in_2010.pdf.

4장 내 성생활은 정상인가

1 Liz Stanley, *Sex Surveyed 1949-1994: From Mass-Observation's "Little Kinsey" to the National Survey and the Hite Reports* (London: Taylor and Francis, 1995), 166.

2 사뮈엘-오귀스트 티소Samuel-Auguste Tissot, 《자위가 일으키는 질병들Diseases Caused by Masturbation》

(Philadelphia and New York: Gottfried & Fritz, 2015), 19-20.

3 토머스 라쿼Thomas Laqueur, *Solitary Sex: A Cultural History of Masturbation* (New York: Zone Books, 2003).

4 《오나니아: 혹은 자신을 타락시키는 파렴치한 죄악과 그에 따른 온갖 끔찍한 결과에 대한 탐구Onania: or, the Heinous Sin of Self-Pollution and All Its Frightful Consequences (in Both Sexes) Considered》(London: P. Varenne bookseller, 1716).

5 《오나니아》, 99-101.

6 라쿼, *Solitary Sex*, 17-19.

7 로버트 리치Robert Ritchie, 'An Inquiry into a Frequent Cause of Insanity in Young Men', *The Lancet* 77, no. 1955-60 (1861): 159.

8 제임스 패짓James Paget, *Clinical Lectures and Essays*, Howard Marsh 편 (London: Longmans, Green and Co., 1879), 292.

9 데이비드 옐로리스David Yellowlees, 'Masturbation', in *Dictionary of Psychological Medicine*, 대니얼 핵 튜크 편, vol. 2 (London: J. & A. Churchill, 1892), 784.

10 클레멘트 듀크스Clement Dukes, *The Preservation of Health as It Is Affected by Personal Habits: Such as Cleanliness, Temperance, etc.* (London: Rivington, 1884)

11 헨리 해브록 엘리스Henry Havelock Ellis, *Studies in the Psychology of Sex: The Evolution of Modesty; the Phenomena of Sexual Periodicity; Auto-erotism* (Philadelphia: F. A. Davis Company, 1901), 115.

12 엘리스, *Studies: The Evolution of Modesty*, 118.

13 George J. Makari, 'Between Seduction and Libido: Sigmund Freud's Masturbation Hypotheses and the Realignment of His Etiologic Thinking, 1897-1905', *Bulletin of the History of Medicine* 72, no. 4 (1998): 655-6.

14 'Contributions to a Discussion on Masturbation' (1912), in *The Standard Edition of the Complete Psychological Works of Sigmund Freud*, James Strachey 편역, vol. 12 (London: Hogarth Press, 1958), 239-54.

15 레슬리 홀Lesley A. Hall, 'Forbidden by God, Despised by Men: Masturbation, Medical Warnings, Moral Panic, and Manhood in Great Britain, 1850-1950', *Journal of the History of Sexuality* 2, no. 3 (1992): 386.

16 홀, 'Forbidden by God', 383-4에서 인용. 1927년 9월 24일자 편지 참조 (Wellcome Library PP/MCS/A.189).

17 Stanley, *Sex Surveyed*, 79-81

18 마리 스토프스의 편지, 1927년 9월 27일자에 타이핑한 추신 (Wellcome Library PP/MCS/A.189).

19 유스터스 체서Eustace Chesser, *Grow Up-And Live* (Harmondsworth: Penguin, 1949), 243.

20 Katharine Angel, 'The History of "Female Sexual Dysfunction" as a Mental Disorder in the Twentieth Century', *Current Opinion in Psychiatry*, 23:6 (2010), 537.

21 매스 옵서베이션 문서 보관고, MOA12, 12-12-A, img. 9426.

22 홀, 'Forbidden by God', 386; Marjorie Proops, *Dear Marje ...* (London: Andre Deutsch, 1976), 60.

23 Neil McKenna, *Fanny and Stella: The Young Men Who Shocked Victorian England* (London: Faber and Faber, 2013), 6.

24 이 부분은 다음에서 인용했다. Michelle Liu Carriger, '"The Unnatural History and Petticoat Mystery of Boulton and Park": A Victorian Sex Scandal and the Theatre Defense', *TDR: The Drama Review* 57, no. 4 (2013): 135.

25 'Police', *The Times*, 30 April 1870, 11.

26 Charles Upchurch, 'Forgetting the Unthinkable: Cross-Dressers and British Society in the Case of the Queen vs Boulton and Others', *Gender & History* 12, no. 1 (2000): 137.

27 McKenna, *Fanny and Stella*, 35.

28 주디스 로보덤Judith Rowbotham, 'A Deception on the Public: The Real Scandal of Boulton and Park', *Liverpool Law Review* 36 (2015): 126.

29 로보덤, 'A Deception on the Public', 127; 130.

30 성에 대한 논의를 할 때, '정상'과 '비정상'의 관계성을 다룬 또 다른 의학 분야 저자들의 사례들은 다음을 참조하라. Peter Cryle and Elizabeth Stephens, *Normality: A Critical Genealogy* (Chicago and London: University of Chicago Press, 2017), 288.

31 Matt Cook, '"A New City of Friends": London and Homosexuality in the 1890s', *History Workshop Journal* 56 (2003): 36.

32 잭 사울Jack Saul, 《평원 도시들의 죄악Sins of the Cities of the Plain》 (Paris: Olympia Press, 2006).

33 Cook, '"A New City of Friends"', 40.

34 Cook, '"A New City of Friends"', 51-2.

35 수정 헌법 1885Criminal Law Amendment Act 1885, 48 & 49 Vict. c 69, section 11. 독일 전역에서도 1871년 통일 이후 비슷한 법률들이 채택되었는데, 이는 오스트리아의 기존 법률들을 모방한 것이었다.

36 리하르트 폰 크라프트에빙R. von Krafft-Ebing, 《광기와 성: 사이코패스의 심리와 고백Psychopathia Sexualis, with Especial Reference to the Antipathic Sexual Instinct: A Medico-Forensic Study》, F. J. Rebman 역, 2nd English edn (New York: Medical Art Agency, 1906), 196-7.

37 크라프트에빙, 《광기와 성》, viii.

38 Renate Irene Hauser, 'Sexuality, Neurasthenia and the Law: Richard von Krafft-Ebing (1840-1902)' (PhD diss., UCL, 1992).

39 크라프트에빙, 《광기와 성》, 294.

40 크라프트에빙, 《광기와 성》, 382.

41 캐서린 콕스 마일스Catharine Cox Miles와 루이스 터먼Lewis M. Terman, *Sex and Personality: Studies in Masculinity and Femininity* (New York and London: McGraw Hill, 1936), 6.

42 마일스와 터먼, *Sex and Personality*, 9.

43 Michael C. C. Adams, *The Best War Ever: America and World War II* (Baltimore: Johns Hopkins University Press, 1994), 78.

44 Samuel A. Stouffer, ed., *The American Soldier: Combat and Its Aftermath*, vol. 2, Studies in Social Psychology in World War II (Princeton: Princeton University Press, 1949), 523.

45 Anna G. Creadick, *Perfectly Average: The Pursuit of Normality in Postwar America* (Amherst and Boston: University of Massachusetts Press, 2010), 92.

46 케이티 서튼Katie Sutton, 'Kinsey and the Psychoanalysts: Cross-Disciplinary Knowledge Production in Post-War US Sex Research', *History of the Human Sciences* 34, no. 1 (2021): 132.

47 Creadick, *Perfectly Average*, 93.

48 Tommy Dickinson et al., '"Queer" Treatments: Giving a Voice to Former Patients Who Received Treatments for Their "Sexual Deviations"', *Journal of Clinical Nursing* 21, no. 9-10 (2012): 1346.

49 헨리 해브록 엘리스 엘리스, *My Life* (London and Toronto: William Heinemann, 1940), 250-51.

50 엘리스, *My Life*, 254.

51 엘리스, *My Life*, 263. 이 무렵 엘리스는 이미 존 애딩턴 시먼즈와 알고 지내는 사이였고, 편지로 이 주제에 관해 논한 적도 있었다. 사건 순서에 대한 그의 기억은 그다지 정확해 보이지 않는다.

52 엘리스, *My Life*, 264.

53 엘리스, *My Life*, 179.

54 엘리스, *Studies: The Evolution of Modesty*, vi.

55 엘리스, *My Life*, 263.

56 해브록 엘리스와 존 애딩턴 시먼즈, *Sexual Inversion: A Critical Edition*, Ivan Crozier 편 (Basingstoke: Palgrave Macmillan, 2008), 34-5. 엘리스가 수행한 연구를 가지고 게이 문학가인 존 애딩턴 시먼즈와 함께 펴낸 첫 책으로, 후일 시리즈를 낼 때 두 권으로 출간되었다.

57 해브록 엘리스와 존 애딩턴 시먼즈, *Studies in the Psychology of Sex: Sexual Inversion* (London: Wilson & MacMillan, 1897), 94.

58 Patricia Cotti, 'Freud and the Sexual Drive before 1905: From Hesitation to Adoption', *History of the Human Sciences* 21, no. 3 (2008): 37.

59 Paul H. Gebhard and Alan B. Johnson, *The Kinsey Data: Marginal Tabulations of the 1938-1963 Interviews Conducted by the Institute for Sex Research* (Philadelphia: W. B. Saunders Company, 1979), 2.

60 Donna J. Drucker, *The Classification of Sex: Alfred Kinsey and the Organization of Knowledge* (Pittsburgh: University of Pittsburgh Press, 2014), 119.

61 Gebhard and Johnson, *The Kinsey Data*, 19.

62 Alfred C. Kinsey, Wardell B. Pomeroy, and Clyde E. Martin, *Sexual Behavior in the Human Male* (Philadelphia and London: W. B. Saunders Company, 1949), 637-9.

63 Kinsey, Pomeroy, and Martin, *Sexual Behavior*, 610.

64 Kinsey, Pomeroy, and Martin, *Sexual Behavior*, 666.

65 Drucker, *Classification of Sex*, 77.

66 Drucker, *Classification of Sex*, 118.

67 완료된 모든 설문 조사 자료는 매스 옵서베이션 문서 보관고에서 찾아볼 수 있다. 다음을 참조하라. 매스 옵서베이션 문서 보관고 12, folders 12-2-C; 12-9-G; 12-12-A to 12-12-E; and 12-13-A to 12-13-F.

68 Stanley, *Sex Surveyed*, 199.

69 응답자 중 한 명은 자신의 출생 시 성별을 명확하게 밝히지 않았다.

70 매스 옵서베이션 문서 보관고: 12-13-D, img. 10734.

71 Bob Erens et al., 'National Survey of Sexual Attitudes and Lifestyles II: Reference Tables and Summary', 2003, 8.

72 Stanley, *Sex Surveyed*, 51.

73 Tim Cornwell, 'George Michael Arrested Over "Lewd Act"', *Independent*, 9 April 1998.

74 크라프트에빙, 《광기와 성》, 381.

75 존 그레이[John Gray, 《화성에서 온 남자 금성에서 온 여자Men Are from Mars, Women Are from Venus》 (New York: HarperCollins, 1992).

76 Laura Gowing, *Common Bodies: Women, Touch and Power in Seventeenth-Century England* (New Haven and London: Yale University Press, 2003).

77 토머스 라쿼, *Making Sex: Body and Gender from the Greeks to Freud* (Cambridge, MA and London: Harvard University Press, 1990).

78 라쿼, *Making Sex*; Carol Groneman, 'Nymphomania: The Historical Construction of Female Sexuality', *Signs* 19, no. 2 (1994): 345-6.

79 Groneman, 'Nymphomania', 350; Ivan Crozier, 'William Acton and the History of Sexuality: The Medical and Professional Context', *Journal of Victorian Culture* 5, no. 1 (2000): 12.

80 윌리엄 액턴William Acton, *The Functions and Disorders of the Reproductive Organs*, 4th edn (London: John Churchill, 1865), 112.

81 Terri D. Fisher, Zachary T. Moore, and Mary-Jo Pittenger, 'Sex on the Brain?: An Examination of Frequency of Sexual Cognitions as a Function of Gender, Erotophilia, and Social Desirability', *Journal of Sex Research* 49,

no. 1 (1 January 2012): 69–77.

82 Groneman, 'Nymphomania', 341.

83 Groneman, 'Nymphomania', 337–8.

84 Groneman, 'Nymphomania', 352.

85 Ornella Moscucci, 'Clitoridectomy, Circumcision, and the Politics of Sexual Pleasure in Mid-Victorian Britain', in *Sexualities in Victorian Britain*, Andrew H. Miller and James Eli Adams 편 (Bloomington: Indiana University Press, 1996), 61.

86 Moscucci, 'Clitoridectomy', 68.

87 Andrew T. Scull, '"A Chance to Cut Is a Chance to Cure": Sexual Surgery for Psychosis in Three Nineteenth-Century Societies', in *Psychiatry and Social Control in the Nineteenth and Twentieth Centuries* (London and New York: Routledge, 2006), 160.

88 Female Patient Casebook for 1888 (CB 135), 베들렘정신박물관Bethlem Museum of the Mind, entry 148.

89 조세프 버틀러Josephine Butler, *Recollections of George Butler* (Bristol: Arrowsmith, 1896), 183.

90 주디스 워코위츠, *City of Dreadful Delight: Narratives of Sexual Danger in Late-Victorian London* (London: Virago, 1992), 88–9.

91 버틀러, *Recollections of George Butler*, 194.

92 Ruth Hall, *Dear Dr Stopes: Sex in the 1920s* (London: Andre Deutsch, 1978), 162.

93 Drucker, *Classification of Sex*, 163.

94 서튼, 'Kinsey and the Psychoanalysts', 139에서 인용한 로렌스의 미발표 자서전에서 발췌.

95 서튼, 'Kinsey and the Psychoanalysts', 139.

96 Hera Cook, *The Long Sexual Revolution: English Women, Sex, and Contraception 1800-1975* (Oxford: Oxford University Press, 2005), 179.

97 Stanley, *Sex Surveyed*, 139.

98 Stanley, *Sex Surveyed*, 139.

99 매스 옵서베이션 문서 보관고: 12-9-G / A-9-4, img. 7365.

100 Cook, *Long Sexual Revolution*, 289.

101 Susanna Kaysen, *Girl, Interrupted* (New York: Random House, 1993), 11.

102 Kaysen, *Girl, Interrupted*, 158.

103 Diane Francis, 'Sex, Cancer and the Perils of Promiscuity', *Maclean's*, 6 October 1980.

104 Sabrina Strings, *Fearing the Black Body: The Racial Origins of Fat Phobia* (New York: New York University Press, 2019), 81–2.

105 Sue Jackson, '"I'm 15 and Desperate for Sex": "Doing" and "Undoing" Desire in Letters to a Teenage Magazine', *Feminism & Psychology* 15, no. 3 (2005): 301; 304.

106 Jackson, '"I'm 15"', 305–6.

107 Samuel Osborne, 'Study Suggests "Ideal Number of Sexual Partners" to Have', *Independent*, 21 January 2016.

108 Claire R. Gravelin, Monica Biernat, and Caroline E. Bucher, 'Blaming the Victim of Acquaintance Rape: Individual, Situational, and Sociocultural Factors', *Frontiers in Psychology* 9 (2019): 2422. See also Joanna Bourke, *Rape: A History from 1860 to the Present* (London: Virago, 2007).

109 마이클 워너Michael Warner, 'Introduction: Fear of a Queer Planet', *Social Text* 29 (1991): 6.

110 젠더 및 섹슈얼리티 연구에서 이 용어가 사용되는 다양한 방식에 대한 매우 흥미로운 분석을 보려면 다음을 참조하라. Marchia and Jamie M. Sommer, '(Re)Defining Heteronormativity', *Sexualities* 22, no. 3 (2019): 267–95.

111 매스 옵서베이션 문서 보관고, 'Sexual Behaviour 1939-1950', Topic Collection 12, Box 12, A9-2, 12-12-

E, img. 9836.

5장 내 감정은 정상인가

1 윌리엄 제임스William James, 'What Is an Emotion?', *Mind* 9, no. 34 (1884): 188-205.

2 Georges Dreyfus, 'Is Compassion an Emotion? A Cross-Cultural Exploration of Mental Typologies', in *Visions of Compassion: Western Scientists and Tibetan Buddhists Examine Human Nature*, Richard J. Davidson and Anne Harrington 편 (Oxford: Oxford University Press, 2002), 31-2.

3 Translation of Saint-Just's unfinished essay in William Reddy, *The Navigation of Feeling: A Framework for the History of Emotions* (Cambridge: Cambridge University Press, 2001), 177.

4 토머스 딕슨Thomas Dixon, *From Passions to Emotions: The Creation of a Secular Psychological Category* (Cambridge: Cambridge University Press, 2003), 98-134, Entry for Tuesday, 26 March 1667, in *The Diary of Samuel Pepys*, Henry B. Wheatley 편 (London: George Bell and Sons, 1893).

5 Entry for Tuesday, 26 March 1667, in *The Diary of Samuel Pepys*, Henry B. Wheatley 편 (London: George Bell and Sons, 1893).

6 Erin Sullivan, *Beyond Melancholy: Sadness and Selfhood in Renaissance England* (Oxford: Oxford University Press, 2016), 53.

7 Sullivan, *Beyond Melancholy*, 58.

8 샤를 페레Charles Féré, *The Pathology of Emotions: Physiological and Clinical Studies*, Robert Park 역 (London: University Press, 1899).

9 대니얼 핵 튜크, *Illustrations of the Influence of the Mind upon the Body in Health and Disease*, vol. 2, 2nd edn (London: J. & A. Churchill, 1884).

10 Peter Taggart et al., 'Anger, Emotion, and Arrhythmias: From Brain to Heart', *Frontiers in Physiology* 2 (2011): 67.

11 요한 볼프강 폰 괴테Johann Wolfgang von Goethe, 《젊은 베르테르의 슬픔The Sorrows of Young Werther》, Michael Hulse 역, (London: Penguin Books, 1989), 23.

12 Michael MacDonald and Terence R. Murphy, *Sleepless Souls: Suicide in Early Modern England* (Oxford and New York: Oxford University Press, 1990), 190-92.

13 찰스 샌더스 퍼스Charles S. Peirce, 'Evolutionary Love', *The Monist* 3, no. 2 (1893): 181.

14 포브스 윈즐로Forbes Winslow, 《자살의 해부학Anatomy of Suicide》 (London: Henry Renshaw, 1840), 83.

15 Reddy, *Navigation of Feeling*, 216.

16 토머스 딕슨, 'The Tears of Mr Justice Willes', *Journal of Victorian Culture* 17, no. 1 (2012): 1-23.

17 토머스 딕슨, 'The Tears of Mr Justice Willes', *Journal of Victorian Culture* 17, no. 1 (2012): 1-23.

18 앤드류 컴Andrew Combe, *The Management of Infancy, Physiological and Moral*, James Clark 개정 및 편, 10th edn (Edinburgh: Maclachlan and Stewart, 1870), 197.

19 헨리 클레이 트럼불H. Clay Trumbull, *Hints on Child-Training* (Philadelphia: J. D. Wattles, 1891), 95.

20 토머스 딕슨, *Weeping Britannia: Portrait of a Nation in Tears* (Oxford: Oxford University Press, 2015), 202.

21 매스 옵셔베이션 문서 보관고: Directive Replies, August 1950, participant 105.

22 윌리엄 몰턴 마스턴William Moulton Marston, 《정상인의 감정Emotions of Normal People》 (London: Kegan Paul, Trench, Trubner & Co., 1928), 1-2.

23 두 여성 모두 마스턴과의 사이에 자녀를 두고 있었으며, 마스턴이 일찍 사망한 뒤로는 계속 함께 살았다.

인습에 얽매이지 않았던 이 가족의 삶에 대해 더 알고 싶다면 다음을 보라. Jill Lepore, *The Secret History of Wonder Woman* (Melbourne: Scribe, 2015).

24 마스턴, 《정상인의 감정》, 394-6.

25 Lepore, *Secret History of Wonder Woman*, 180.

26 칼 메닝거Karl A. Menninger, *Man Against Himself* (San Diego, New York and London: Harcourt, Brace, Jovanovich, 1985).

27 프리다 프롬라이히만Frieda Fromm-Reichmann, *Principles of Intensive Psychotherapy* (Chicago: University of Chicago Press, 1950).

28 *Control Your Emotions I* (Buffalo, New York: Board of Education, 1950; n.p.; AV Geeks, 2020), avgeeks.com/control-your-emotions-1950.

29 Carol Zisowitz Stearns and Peter N. Stearns, *Anger: The Struggle for Emotional Control in America's History* (Chicago: University of Chicago Press, 1986), 4.

30 로이드 워너W. Lloyd Warner, *American Life: Dream and Reality* (Chicago: University of Chicago Press, 1962), 108-10.

31 Stearns and Stearns, *Anger*, 211.

32 토머스 딕슨, 'What Is the History of Anger a History Of?', *Emotions: History, Culture*, Society 4, no. 1 (14 September 2020): 6.

33 페르디난드 르페브르Ferdinand J. M. Lefebvre, *Louise Lateau of Bois d'Haine: Her Life, Her Ecstasies, and Her Stigmata: A Medical Study*, Charles J. Bowen and E. MacKey 역, James Spencer Northcote 편(London: Burns and Oates, 1873).

34 'Louise Lateau', *The Lancet* 97, no. 2486 (1871): 543-4.

35 메러디스 클라이머Meredith Clymer, 'Ecstasy and Other Dramatic Disorders of the Nervous System', *Journal of Psychological Medicine* 4, no. 4 (1870): 658.

36 Pamela J. Walker, *Pulling the Devil's Kingdom Down: The Salvation Army in Victorian Britain* (Berkeley: University of California Press, 2001), 103-15.

37 Thomas F. G. Coates, *The Prophet of the Poor: The Life-Story of General Booth* (New York: E. P. Dutton and Co., 1906), 116.

38 'Rowdy Religion', *Saturday Review of Politics, Literature, Science and Art* 57, no. 1492 (31 May 1884): 700.

39 'Lord Curzon's 15 Good Reasons Against the Grant of Female Suffrage' (pamphlet; NLS 1937.21(82), c.1910-14), digital.nls.uk/suffragettes/sources/source-24.html.

40 에드워드 레이먼드 터너Edward Raymond Turner, 'The Women's Suffrage Movement in England', *American Political Science Review* 7, no. 4 (November 1913): 600.

41 허버트 스펜서Herbert Spencer, 'The Comparative Psychology of Man', *Mind* 1, no. 1 (1876): 12.

42 윌리엄 윈우드 리드, *Savage Africa: The Narrative of a Tour* (New York: Harper & Brothers, 1864), 426-7.

43 윌리엄 윈우드 리드, *The African Sketch-Book*, vol. 2 (London: Smith, Elder & Co., 1873), 260.

44 J. D. Hargreaves, 'Winwood Reade and the Discovery of Africa', *African Affairs* 56, no. 225 (1957): 308.

45 윌리엄 윈우드 리드, *The Martyrdom of Man*, 11th edn (London: Trubner & Co., 1886), 385.

46 British Association for the Advancement of Science, *Notes and Queries on Anthropology, for the Use of Travellers and Residents in Uncivilized Lands* (London: Edward Stanford, 1874), 13.

47 스펜서, 'The Comparative Psychology of Man', 8

48 'Louise Lateau', *The Lancet* 104.2669 (1874): 604.

49 암로스 에드워드 라이트Almroth Edward Wright, *The Unexpurgated Case Against Woman Suffrage* (New York: Paul B. Hoeber, 1913), 165-88.

50   에셜 스마이스Ethel Smyth, 'Mrs Pankhurst's Treatment in Prison', *The Times*, 19 April 1912.

51   Anna North, 'Attacks on Greta Thunberg Expose the Stigma Autistic Girls Face', *Vox*, 12 December 2019.

52   Joseph Henrich, *The Weirdest People in the World: How the West Became Psychologically Peculiar and Particularly Prosperous* (New York and London: Allen Lane, 2020), 50-52.

53   에드윈 발머Edwin Balmer와 윌리엄 맥하그William MacHarg, *The Achievements of Luther Trant* (Boston: Small, Maynard & Co., 1910), 38.

54   발머와 맥하그, *The Achievements of Luther Trant*, foreword.

55   발머와 맥하그, *The Achievements of Luther Trant*, 352.

56   William Davies, *The Happiness Industry: How the Government and Big Business Sold Us Well-Being* (London: Verso, 2015), 58.

57   윌리엄 스탠리 제번스W. Stanley Jevons, *The Theory of Political Economy* (London and New York: Macmillan, 1871), 13.

58   프랜시스 에지위스Francis Y. Edgeworth, Mathematical Psychics(London: C. Kegan paul & Co., 1881), 101

59   찰스 다윈,《인간과 동물의 감정 표현The Expression of the Emotions in Man and Animals》 (London: John Murray, 1872), 310.

60   체사레 롬브로소Cesare Lombroso, *Criminal Man*, Mary Gibson and Nicole Hahn Rafter 역 (Durham, NC and London: Duke University Press, 2006), 210.

61   Geoffrey C. Bunn, *The Truth Machine: A Social History of the Lie Detector* (Baltimore: Johns Hopkins University Press, 2012), 146-7.

62   'Lie Detector Test Proves Bloodhounds Are Liars', *The New York Times*, 11 November 1935.

63   Charles F. Bond et al., 'Lie Detection across Cultures', *Journal of Nonverbal Behavior* 14, no. 3 (1 September 1990): 189-204.

64   2015년 이스탄불에서 개발된 터키식 거짓말 탐지기 같은 것이 있다. Belgin Akaltan and Ines Bensalem, 'Lie Detector Machine Designed Especially for Turks Being Developed', *Hurriyet Daily News*, 13 June 2015.

65   David T. Lykken, *A Tremor in the Blood: Uses and Abuses of the Lie Detector* (New York: Plenum Trade, 1998).

66   대니얼 핵 튜크, 'Case of Moral Insanity or Congenital Moral Defect, with Commentary', *Journal of Mental Science* 31, no. 135 (1885): 360-66.

67   튜크, 'Case of Moral Insanity', 365

68   튜크, *Illustrations*, 2:285.

69   튜크, 'Case of Moral Insanity', 363.

70   George Savage and Charles Arthur Mercier, 'Insanity of Conduct', *Journal of Mental Science* 42, no. 176 (1896), 1-17.

71   앨버트 윌슨Albert Wilson, *Unfinished Man: A Scientific Analysis of the Psychopath or Human Degenerate* (London: Greening & Co., 1910), 3.

72   윌슨, *Unfinished Man*, 6.

73   윌슨, *Unfinished Man*, 3.

74   윌슨, *Unfinished Man*, 6.

75   스티븐 제이 굴드,《인간에 대한 오해The Mismeasure of Man》 (Harmondsworth: Penguin, 1984), chap. 1.

76   수산나 섀플랜드Susanna Shapland, 'Defining the Elephant: A History of Psychopathy, 1891-1959' (PhD diss., Birkbeck, University of London, 2019).

77   *Understanding Aggression* (London: Ministry of Health, 1960).

78   데이비드 케네디 헨더슨David Kennedy Henderson, 'Psychopathic States', *Journal of Mental Science* 88, no.

373 (October 1942): 33.

79 헨더슨, *Psychopathic States* (London: Chapman & Hall, 1939), 129.

80 허비 M. 클레클리Hervey M. Cleckley, *The Mask of Sanity*, rev. edn (New York: New American Library, 1982), 212-13.

81 로버트 D. 헤어Robert D. Hare, *Without Conscience: The Disturbing World of the Psychopaths Among Us* (New York: Pocket Books, 1993), 44.

82 제임스 팰런James Fallon, 《사이코패스 뇌과학자: 괴물은 태어나는가, 만들어지는가The Psychopath Inside: A Neuroscientist's Personal Journey into the Dark Side of the Brain》 (New York: Current, 2013), 112.

83 존 론슨Jon Ronson, *The Psychopath Test: A Journey Through the Madness Industry* (London: Picador, 2011).

84 필립 K. 딕Philip K. Dick, 《안드로이드는 전기양의 꿈을 꾸는가?Do Androids Dream of Electric Sheep?》 (London: Orion, 2011), 2.

85 Carlos Crivelli et al., 'The Fear Gasping Face as a Threat Display in a Melanesian Society', *Proceedings of the National Academy of Sciences* 113, no. 44 (1 November 2016): 12403-7.

86 Tuan Le Mau et al., 'Professional Actors Demonstrate Variability, Not Stereotypical Expressions, When Portraying Emotional States in Photographs', *Nature Communications* 12, no. 1 (19 August 2021): 5037.

6장 내 아이들은 정상인가

1 필립 라킨Philip Larkin, 'This Be the Verse', in *High Windows* (London and Boston: Faber and Faber, 1986), 30.

2 Nancy Shute, 'To Succeed at Breast-Feeding, Most New Moms Could Use Help', *NPR*, 23 September 2013.

3 Katharina Rowold, 'Modern Mothers, Modern Babies: Breastfeeding and Mother's Milk in Interwar Britain', *Women's History Review* 28, no. 7 (2019): 1163.

4 Anna Davin, 'Imperialism and Motherhood', *History Workshop Journal* 5 (1978): 10.

5 조지 뉴먼George Newman, *Infant Mortality: A Social Problem* (New York: E. P. Dutton and Co., 1907), vi.

6 뉴먼, *Infant Mortality*, 221.

7 모드 펨버 리브스Maud Pember Reeves, 〈주당 1파운드에 맞춰 살아가기Round About a Pound a Week〉 (London: Persephone Books, 2008), 90-91; Newman, *Infant Mortality*, 249.

8 George Rosen, *A History of Public Health*, rev. edn (Baltimore: Johns Hopkins University Press, 2015), 205.

9 Davin, 'Imperialism and Motherhood', 11.

10 그레타 앨런Greta Allen, 《방문 간호사를 위한 실용 지침Practical Hints to Health Visitors》 (London: The Scientific Press, 1905), 5-6.

11 L. Emmett Holt, *The Diseases of Infancy and Childhood, for the Use of Students and Practitioners of Medicine* (New York: D. Appleton and Company, 1902), 18-21.

12 이니드 이브Enid Eve, *Manual for Health Visitors and Infant Welfare Workers* (New York: Wood, 1921), 80.

13 Davin, 'Imperialism and Motherhood', 41.

14 Rowold, 'Modern Mothers', 1168.

15 이브, *Manual for Health Visitors*, 35.

16 이브, *Manual for Health Visitors*, 33.

17 London County Council and W. H. Hamer, *Annual Report of the Council, 1914*, vol. 3, *Public Health* (London: London County Council, 1915), 96-7.

18 리브스, 〈주당 1파운드에 맞춰 살아가기〉, 23-4.

19 리브스, 〈주당 1파운드에 맞춰 살아가기〉, 169.

20 리브스, 〈주당 1파운드에 맞춰 살아가기〉, 174-8.

21 리브스, 〈주당 1파운드에 맞춰 살아가기〉, 84-5.

22 B. C. Stevens, *Annual Report on the Health, Sanitary Conditions, etc. of the Urban District of Barnes* (London: Urban District Council of Barnes, 1918), 21; Rowold, 'Modern Mothers', 1163.

23 'Vitamines', *The Times*, 25 November 1919.

24 Walthamstow Urban District Council, *Report of the Medical Officer of Health and School Medical Officer for the Year 1925* (London, 1925), 90.

25 Mila I. Pierce, 'A Nutritional Survey of School Children in Oxfordshire, London, and Birmingham', *Proceedings of the Royal Society of Medicine* 37, no. 7 (1944): 313-16.

26 로널드 일링워스Ronald S. Illingworth, *The Normal Child* (London: J. & A. Churchill, 1953), 85.

27 Ministry of Health, *Standards of Normal Weight in Infancy* (London: HMSO, 1959), 1.

28 Roberta Bivins, 'Weighing on Us All? Quantification and Cultural Responses to Obesity in NHS Britain', *History of Science* 58, no. 2 (2020): 216-42.

29 Bivins, 'Weighing on Us All?', 8.

30 Buns Banned at the Tuckshop', *The Times*, 14 March 1961.

31 'Fallacy of the Fine Fat Baby', *The Times*, 26 September 1962.

32 Phyllis M. Gibbons, 'An Approach to the Treatment of Overweight Adolescents', in *Public Health in Croydon 1965*, S. L. Wright 편 (Croydon: Public Health Department, 1965), 84.

33 Bivins, 'Weighing on Us All?', 11.

34 Bivins, 'Weighing on Us All?', 9.

35 'Alarming Increase in Child Obesity', *The Times*, 5 January 2001.

36 Bivins, 'Weighing on Us All?', 24-5.

37 Bivins, 'Weighing on Us All?', 26.

38 Jan van Eys, ed., *The Normally Sick Child* (Baltimore: University Park Press, 1979), 24.

39 David Wright, '"Childlike in His Innocence": Lay Attitudes to 'Idiots' and 'Imbeciles' in Victorian England', in *From Idiocy to Mental Deficiency: Historical Perspectives on People with Learning Disabilities*, David Wright and Anne Digby 편 (New York: Routledge, 1996), 121.

40 사이먼 재럿Simon Jarrett, 《백치라 불린 사람들: 지능과 관념·법·문화·인종 담론이 미친 지적 장애의 역사Those They Called Idiots: The Idea of the Disabled Mind from 1700 to the Present Day》 (London: Reaktion, 2020).

41 David Wright, *Mental Disability in Victorian England: The Earlswood Asylum, 1847-1901* (Oxford: Clarendon Press, 2001), 122.

42 Wright, *Mental Disability*, 125.

43 존 랭던 H. 다운J. Langdon H. Down, 'Observations on an Ethnic Classification of Idiots', *Journal of Mental Science* 13, no. 61 (April 1867): 121-3.

44 다운, 'Observations'.

45 Wright, *Mental Disability*, 125.

46 하지만 이상하게도 1891년까지는 모두에게 무상 교육이 실시되지는 않았다. June Purvis, *Hard Lessons: The Lives and Education of Working-Class Women in Nineteenth-Century England* (Cambridge: Polity Press, 1989).

47 Joan Burstyn, *Victorian Education and the Ideal of Womanhood* (New Brunswick, NJ: Rutgers University

Press, 1984), 40.

48 Max Roser and Esteban Ortiz-Ospina, 'Literacy' (Oxford: Our World in Data, 2016), ourworldindata.org/literacy.

49 스티븐 제이 굴드,《인간에 대한 오해The Mismeasure of Man》(Harmondsworth: Penguin, 1984), 152-3.

50 Darwin to Francis Galton, 23 December [1869] (Cambridge: Darwin Correspondence Project, 2020), accessed 13 January 2022, www.darwinproject.ac.uk/letter/?docId=letters/DCP-LETT-7032.xml.

51 프랜시스 골턴, Hereditary Genius, an Inquiry into Its Laws and Consequences, 2nd edn (London: Macmillan, 1914), 29-32.

52 알프레드 비네Alfred Binet와 테오도르 시몽Théodore Simon, The Development of Intelligence in Children (the Binet-Simon Scale), Elizabeth S. Kite 역 (Baltimore: Williams & Wilkins, 1916), 7-9.

53 비네와 시몽, Development of Intelligence, 46.

54 굴드,《인간에 대한 오해》, 150.

55 굴드,《인간에 대한 오해》, 191.

56 제임스 플린James R. Flynn, 'Massive IQ Gains in 14 Nations: What IQ Tests Really Measure', Psychological Bulletin 101, no. 2 (1987): 171-91; James R. Flynn, 'The Mean IQ of Americans: Massive Gains 1932 to 1978', Psychological Bulletin 95, no. 1 (1984): 29-51.

57 리처드 헌스타인Richard J. Herrnstein과 찰스 머리Charles A. Murray, The Bell Curve: Intelligence and Class Structure in American Life (New York: Simon & Schuster, 1994), 298.

58 Ulric Neisser et al., 'Intelligence: Knowns and Unknowns', American Psychologist 51, no. 2 (1996): 86.

59 Kathleen W. Jones, Taming the Troublesome Child: American Families, Child Guidance, and the Limits of Psychiatric Authority (Cambridge, MA: Harvard University Press, 1999), 1.

60 G. 필딩 블랜드퍼드G. Fielding Blandford, 'Prevention of Insanity (Prophylaxis)', in Dictionary of Psychological Medicine, Daniel Hack Tuke 편, vol. 2 (London: J. & A. Churchill, 1892), 997-8.

61 프랑크 베데킨트Frank Wedekind,《사춘기Spring Awakening》, Edward Bond 역 (London: Eyre Methuen, 1980), 50.

62 Jones, Taming the Troublesome Child, 33.

63 Jones, Taming the Troublesome Child, 34.

64 제인 애덤스Jane Addams, The Spirit of Youth and the City Streets (New York: Macmillan, 1920), 161.

65 소포니스바 브레킨리지Sophonisba Preston Breckinridge와 에디스 애보트Edith Abbott, The Delinquent Child and the Home: A Study of the Delinquent Wards of the Juvenile Court of Chicago (New York: Survey Associates, 1916), 113.

66 브레킨리지와 애보트, The Delinquent Child, 87.

67 브레킨리지와 애보트, The Delinquent Child, 83.

68 Alice Smuts and Robert W. Smuts, Science in the Service of Children, 1893-1935 (New Haven and London: Yale University Press, 2006), 106.

69 윌리엄 힐리William Healy, The Individual Delinquent: A Text-Book of Diagnosis and Prognosis for all Concerned in Understanding Offenders (Boston: Little, Brown and Company, 1915), 352.

70 힐리, The Individual Delinquent, 353.

71 Smuts and Smuts, Science, 3.

72 Jones, Taming the Troublesome Child, 239.

73 Katie Wright, 'Inventing the "Normal" Child: Psychology, Delinquency, and the Promise of Early Intervention', History of the Human Sciences 30, no. 5 (2017): 54.

74 존 볼비John Bowlby와 제임스 로버트슨James Robertson, 〈두 살짜리, 병원에 입원하다A Two-Year-Old

Goes to Hospital〉, *Proceedings of the Royal Society of Medicine* 46 (1953): 425.

75 볼비와 로버트슨, 〈두 살짜리, 병원에 입원하다〉, *Proceedings of the Royal Society of Medicine* 46 (1953): 426.

76 Bican Polat, 'Before Attachment Theory: Separation Research at the Tavistock Clinic, 1948-1956', *Journal of the History of the Behavioral Sciences* 53, no. 1 (2017): 59.

77 Polat, 'Before Attachment Theory', 61-2.

78 존 볼비, 'Some Pathological Processes Set in Train by Early Mother-Child Separation', *Journal of Mental Science* 99, no. 415 (1953): 270.

79 볼비, 'Some Pathological Processes', 270.

80 Polat, 'Before Attachment Theory', 64.

81 Stephen J. Suomi, Frank C. P. van der Horst, and René van der Veer, 'Rigorous Experiments on Monkey Love: An Account of Harry F. Harlow's Role in the History of Attachment Theory', *Integrative Psychological and Behavioral Science* 42, no. 4 (1 December 2008): 362.

82 해리 할로Harry F. Harlow, 'The Nature of Love', *American Psychologist* 13, no. 12 (December 1958): 685.

83 *Dr Benjamin Spock's Pocket Book of Baby and Child Care* (New York: Pocket Books, 1953), 270.

84 Spock, *Baby and Child Care*, 220.

85 일링워스, *The Normal Child,* 216-19.

86 Matthew Smith, *Hyperactive: The Controversial History of ADHD* (London: Reaktion, 2012), 64.

87 Michael E. Staub, *The Mismeasure of Minds: Debating Race and Intelligence Between Brown and The Bell Curve* (Chapel Hill: University of North Carolina Press, 2018), 57.

88 Smith, *Hyperactive*, 52.

89 Smith, *Hyperactive*, 54-5.

90 Staub, *Mismeasure*, 59; 71.

91 버나드 코어드Bernard Coard, *How the West Indian Child Is Made Educationally Sub-Normal in the British School System* (London: New Beacon, 1971); Bernard Coard, 'Why I Wrote the "ESN Book"', *Guardian*, 5 February 2005.

92 Staub, *Mismeasure*, 76.

93 Allen Frances and Bernard J. Carroll, 'Keith Conners', *BMJ* 358 (6 July 2017).

94 타일러 페이지Tyler Page, *Raised on Ritalin: A Personal Story of ADHD, Medication, and Modern Psychiatry* (Minneapolis: Dementian Comics, 2016), 15.

7장 사회는 정상인가

1 Caroline Davies, Pamela Duncan, and Niamh McIntyre, 'UK Coronavirus Deaths Rise by 181 as Confirmed Cases near 15,000', *Guardian*, 27 March 2020. 이 기간 동안 영국 정부 공식 웹사이트에 보고된 사망자 수는 병원 밖 사망자 수가 포함된 관계로 이보다 훨씬 더 많다.

2 마거릿 애트우드Margaret Atwood, 《시녀 이야기The Handmaid's Tale》 (London: Vintage, 1996).

3 아서 코난 도일Arthur Conan Doyle, 《네 개의 서명The Sign of Four》 (Harmondsworth: Penguin, 1982), 22.

4 코난 도일, 《네 개의 서명》, 22.

5 역사학자 제임스 무어James Moor는 이 우울하고 비관적인 성격의 스펜서를 빅토리아 시대 과학계의 이요르(Eeyore, 곰돌이 푸에 나오는 회색 당나귀)라고 불렀는데, 이는 스펜서라는 인물을 아주 멋지게 요약해

준 별명이다. James R. Moore, 'Herbert Spencer's Henchmen: The Evolution of Protestant Liberals in Late NineteenthCentury America', in *Darwinism and Divinity: Essays on Evolution and Religious Belief*, ed. John R. Durant (Oxford: Blackwell, 1985), 85.

허버트 스펜서Herbert Spencer, *Social Statics; or the Conditions Essential to Human Happiness Specified, and the First of Them Developed* (London: Williams and Norgate, 1868), 493.

보다 자세한 내용은 다음을 참조하라. George W. Stocking, *Victorian Anthropology* (New York: Free Press, 1987).

에드워드 버넷 타일러Edward B. Tylor, 'Primitive Society (Part I)', *Contemporary Review* 21 (1872): 716

찰스 다윈,《인간의 유래와 성선택》, vol. 2 (London: John Murray, 1871), 158-67.

10 타일러, 'Primitive Society (Part I)', 716.

11 Arvind Verma, 'Consolidation of the Raj: Notes from a Police Station in British India, 1865-1928', in *Crime, Gender, and Sexuality in Criminal Prosecutions*, Louis A. Knafla 편, Criminal Justice History 17 (Westport, CT: Greenwood Press, 2002), 124.

12 로렌스 프레스턴Laurence W. Preston, 'A Right to Exist: Eunuchs and the State in Nineteenth-Century India', *Modern Asian Studies* 21, no. 2 (1987): 372.

13 다음에서 인용. Preston, 'Right to Exist', 385.

14 코난 도일,《네 개의 서명》, 115.

15 코난 도일,《네 개의 서명》, 136.

16 타일러, 'Primitive Society (Part I)', 717.

17 사라 이고Sarah E. Igo, *The Averaged American: Surveys, Citizens, and the Making of a Mass Public* (Cambridge, MA: Harvard University Press, 2008), 69.

18 에밀 뒤르켐Émile Durkheim,《사회학적 방법의 규칙들The Rules of Sociological Method》, George E. G. Catlin 편, Sarah A. Solovay와 John H. Mueller 역 (New York: Free Press, 1966), 74

19 헬렌 린드Helen Merrell Lynd와 로버트 린드Robert S. Lynd, *Middletown: A Study in Contemporary American Culture* (New York: Harcourt, Brace and Company, 1929), 4.

20 이고, *Averaged American*, 70.

21 린드와 린드, *Middletown*, 9.

22 이고, *Averaged American*, 87.

23 이고, *Averaged American*, 58.

24 린드와 린드, *Middletown*, 8; 이고, *Averaged American*, 56. 이고는 미국에서 출생한 백인의 비율을 이보다는 적게 제시한다. 하지만 88퍼센트로 여전히 이례적일 정도로 높다.

25 이고, *Averaged American*, 57.

26 린드와 린드, *Middletown*, 482-3; 이고, *Averaged American*, 59.

27 이고, *Averaged American*, 59.

28 린드와 린드, *Middletown*, 24.

29 린드와 린드, *Middletown*, 74-5.

30 린드와 린드, *Middletown*, 27.

31 이고, *Averaged American*, 94.

32 다음 책을 참조하라. 안나 크레딕Anna G. Creadick, *Perfectly Average: The Pursuit of Normality in Postwar America* (Amherst and Boston: University of Massachusetts Press, 2010), 48.

33 Clark Wright Heath, *What People Are: A Study of Normal Young Men* (Cambridge, MA: Harvard University Press, 1946).

34 크레딕, *Perfectly Average*, 58.

35 Heath, *What People Are*, 3. Emphasis in the original.

36 어니스트 알버트 후턴Earnest Albert Hooton, '*Young Man, You Are Normal*': *Findings from a Study of Students* (New York: Putnam, 1945), 186.

37 Heath, *What People Are*, 5.

38 후턴, '*Young Man, You Are Normal*', 209.

39 클리퍼드 기어츠Clifford Geertz, '"From the Native's Point of View": On the Nature of Anthropological Understanding', *Bulletin of the American Academy of Arts and Sciences* 28, no. 1 (October 1974): 31.

40 스탠리 밀그램Stanley Milgram, *Obedience to Authority: An Experimental View* (New York: Harper & Row, 1974), 29.

41 밀그램, *Obedience to Authority*, 79–81.

42 Ian Nicholson, '"Shocking" Masculinity: Stanley Milgram, "Obedience to Authority", and the "Crisis of Manhood" in Cold War America', *Isis* 102, no. 2 (2011): 262.

43 Martin Gansberg, '37 Who Saw Murder Didn't Call the Police', *The New York Times*, 27 March 1964, 1.

44 A. M. Rosenthal, *Thirty-Eight Witnesses: The Kitty Genovese Case* (Berkeley and London: University of California Press, 1999).

45 Marcia M. Gallo, '*No One Helped*': *Kitty Genovese, New York City, and the Myth of Urban Apathy* (Ithaca, NY: Cornell University Press, 2015), 34.

46 에밀 뒤르켐, 《자살: 사회학적 연구*Suicide: A Study in Sociology*》, George Simpson 편, John A. Spaulding and George Simpson 역 (London and New York: Routledge, 2002), 332.

47 케빈 오키프Kevin O'Keefe, *The Average American: The Extraordinary Search for the Nation's Most Ordinary Citizen* (New York: Public Affairs, 2005), 4.

에필로그: 정상성을 넘어

1 키티 제노비스의 레즈비언 정체성이 삭제된 이야기의 전모를 알고 싶다면 다음을 보라. Marcia M. Gallo, '*No One Helped*': *Kitty Genovese, New York City, and the Myth of Urban Apathy* (Ithaca, NY: Cornell University Press, 2015).

2 아돌프 케틀레, *A Treatise on Man and the Development of His Faculties*, Robert Knox 역 (Edinburgh: W. & R. Chambers, 1842), 8.

옮긴이 이혜경

고려대학교에서 불문학을 전공하고 사회학으로 박사학위를 받았다. 현재 대학에서 학생들을 가르치며 바른번역 소속 번역가로 활동하고 있다. 우리 사회의 불평등과 소수자 문제에 관심이 있으며, 번역과 글쓰기로 모두를 위한 민주주의에 기여하고 싶은 마음이 있다. 옮긴 책으로는 《꺼져가는 민주주의 유혹하는 권위주의》《변신의 역사》《진화하는 언어》《선거에서 이기는 법》등이 있다.

나는 정상인가

초판 1쇄 발행 2023년 8월 25일 | 초판 2쇄 발행 2023년 10월 20일

지은이 사라 채니 | 옮긴이 이혜경

펴낸이 신광수
CS본부장 강윤구 | 출판개발실장 위귀영 | 디자인실장 손현지
단행본개발팀 김혜연, 조문채, 정혜리, 권병규
출판디자인팀 최진아, 당승근 | 저작권 김마이, 이아람
출판사업팀 이용복, 민현기, 우광일, 김선영, 신지애, 허성배, 이강원, 정유, 설유상, 정슬기, 정재욱, 박세화, 김종민, 전지현
영업관리파트 홍주희, 이은비, 정은정
CS지원팀 강승훈, 봉대중, 이주연, 이형배, 전효정, 이우성, 신재윤, 장현우, 정보길

펴낸곳 (주)미래엔 | 등록 1950년 11월 1일(제16-67호)
주소 06532 서울시 서초구 신반포로 321
미래엔 고객센터 1800-8890
팩스 (02)541-8249 | 이메일 bookfolio@mirae-n.com
홈페이지 www.mirae-n.com

ISBN 979-11-6841-591-1 (03300)